D1716893

ESPAÑOL
en la comunidad

ESPAÑOL
en la comunidad

Julia Jordán Tabery
Houston Community College System

Marion Railsback Webb
Houston Baptist University

Holt, Rinehart and Winston
New York   Chicago   San Francisco   Philadelphia
Montreal   Toronto   London   Sydney
Tokyo   Mexico City   Rio de Janeiro   Madrid

In Memoriam
for George and Dick

Photo credits are on page 584.

Publisher: Rita Pérez
Acquisitions Editor: Vincent Duggan
Special Projects Editor: Jeanette Ninas Johnson
Production Manager: Lula Als
Design Supervisor: Lou Scardino
Text Design: Caliber Design Planning, Inc.
Cover: A. D'Agostino

Cataloging in Publication Data
Tabery, Julia Jordán.
  Español en la comunidad.

  English and Spanish.
  Includes index.
  1. Spanish language—Text-books for foreign speakers—
English. 2. Spanish language—Grammar—1950-
I. Webb, Marion R. II. Title.
PC4112.T28   1984   428.2′4   83-26419

ISBN 0-03-063168-8

CBS COLLEGE PUBLISHING
Holt, Rinehart and Winston
The Dryden Press
Saunders College Publishing

Contents

Lección 16

Lección 17

Appendix

Intereses especiales y viajes   Special Interests and Travel

Negocios   Business   425

1. ¿Cómo se llama? What's His/Her Name?   2. ¿Cuánto es? How Much Is It?   3. Un negocio A Business Deal   4. ¿Cuándo? When?   5. Empresas Businesses/Companies   6. En el banco At the Bank   7. La bolsa The Stock Market   8. Un préstamo comercial A Commercial Loan   9. Ventas al detalle Retail Sales   10. Importación/Exportación Import/ Export   11. Transacciones terminadas Completed Transactions   12. Descripción de servicios Description of Services   13. Cargas y medidas Shipments and Measures   14. Los seguros Insurance   15. La contabilidad Accounting   16. Movimiento de carga y transporte Movement of Cargo and Transportation   17. Administración de negocios Business Management   18. Publicidad Advertising   19. Las computadoras Computers   20. Moneda del mundo hispánico Currency in the Hispanic World

Justicia   Law Enforcement   444

1. ¿Cómo se llama? What's His/Her Name?   2. Lo voy a registrar. I'm Going to Search You.   3. ¿Quién está allí? Who's There?   4. Interrogatorios Questioning   5. Vamos a hacerlo. Let's Do It.   6. El arresto The Arrest   7. Descripción del sospechoso Description of the Suspect   8. El equipo de policía Police Equipment   9. ¿Qué está haciendo? What's He/She Doing?   10. El tránsito Traffic   11. Seguridad en el hogar Home Security   12. Reporte de un carro robado Report of a Stolen Car   13. En la aduana At Customs   14. Rehabilitación Rehabilitation   15. Los derechos del acusado Rights of the Accused   16. Ordenes Orders   17. El público The Public   18. Manejar bajo la influencia del alcohol Driving While Intoxicated   19. En patrulla en la carretera Highway Patrol   20. Las cortes The Courts

Enseñanza   Teaching   462

Viajes   Travel   481

Medicina   Medicine   500

El trabajo social   Social Work   517

Preface

Approach

With major emphasis on communication and functioning in the language, *Español en la comunidad* is particularly appropriate for today's students of Spanish. The text is designed to promote the development of communicative proficiency from the first day of study. It will meet the "survival" needs of those who study Spanish for immediate communication in their communities, in their career fields, or for travel. At the same time, the text presents functions and grammatical structures in a precommunicative format that encompasses the curriculum typically presented in first-year college Spanish courses.

Recognizing that over half of today's college students are adults, and that many students work in jobs in which they want to use Spanish, the authors have focused on content and activities that will help students to interact with Spanish speakers in their daily lives. Studies of learner needs and preferences established the approach and content of the text. Current theories of language learning and acquisition served as guidelines in planning the presentation of the material and the practices.

Special Features of the Text

Among the noteworthy features of the text are the following:

* New material is presented in a pre-communicative format of questions and answers. Students gain a sense of using the language as they become acquainted with new forms.
* Activities using real-life situations emphasize immediate communication in the language.
* The drama of a Spanish-speaking family in the United States introduces each lesson. Students learn practical Spanish as they become involved in the everyday occurrences, joys, and sorrows of a Hispanic family. An element of mystery heightens interest in the on-going story.
* An Appendix containing vocabulary and structures in six areas of special interest supplements, and can be integrated into, each lesson:

    Business   Travel
    Law Enforcement   Medicine
    Teaching   Social Work

* Material is flexible and can be used for short or long courses, credit or non-credit courses, large classes or small group sessions, classes geared to one particular career interest or to several.
* Techniques and content are appropriate for adults as well as for younger college students.

- Organization of the material enhances effective learning; new material is presented in numbered, easily-accomplished learning tasks; vocabulary practice is distributed; new vocabulary and structures are reintroduced in later lessons.
- "Learning Hints" share teacher "know-how," helping students study more efficiently.
- A functional/notional approach is complemented by essential grammar/structures presented in a conversational framework.

Plan of the Textbook

The text has 20 lessons that have the following organization:

- **Ficción** *Odisea de la familia Martínez*
  Dramatic episodes about a Hispanic family in the United States.
- **Fondo** New material with emphasis on vocabulary by topic; practices with each section of new material followed by "Comunicación–Fondo," communicative practice of new material with some review of previously studied material.
- **Forma** New material with emphasis on structures; conversational practices with each section of new material followed by "Comunicación–Forma," communicative practice of new structures with some review of previously studied material.
- **Función** Functional language activities; situations and activities for role-playing.
- **Opinión** Personalized language exercises that ask students to express personal or professional opinions.
- **Pronunciación** Pronunciation activities; explanations of accents, rules, etc.; in later lessons, replaced by word study, cognates, word families.
- **Notas culturales** Cultural information about Spanish speakers; focus on attitudes and values that Spanish speakers bring with them when they come to the United States. The notes are in Spanish beginning with Lesson 12, and thus serve as Spanish readings.
- **Explanations** Explanations of grammar and structures presented in the lessons, keyed to the presentation of new material; for use before or after the presentation of new grammar/structures.

Flexibility The format is designed to be flexible so that the text can be used in a variety of courses. Students in a first-semester traditional course can study the first ten lessons. Students in non-traditional ("survival" or short conversation courses) can study the most conversational or pertinent portions of five or ten lessons. In two semesters, students can study the entire text. By the end of the second semester, students who plan to study more Spanish are ready to continue with any second-year college text. They should be able to do so with a broad knowledge of the language and good basic communication skills.

Vocabularies The Spanish-English and English-Spanish vocabularies include the words introduced in the lessons as well as the new words introduced in the "Intereses especiales y viajes." The vocabularies thus afford students access to the richness of words from the everyday world that surrounds them. The Spanish-English vocabulary gives the lesson number in which each word is first introduced. The English-Spanish vocabulary includes cognates because students often look up such words in English to check spellings and gender.

Audio Tapes and Manual   In keeping with recent research in language learning and acquisition, the audio tapes give the student ample comprehension practice without forcing too early production of Spanish. Emphasis is on giving students meaningful listening material with which they can interact in natural ways. In early lessons, students are asked for short answers that demonstrate global comprehension. In later lessons, answers naturally become longer and focus on form as it affects communication.

Acknowledgements

The authors gratefully acknowledge the assistance of many persons in the preparation of this textbook. Among these are the following reviewers who gave invaluable suggestions on the manuscript: John Archibeque, University of Albequerque; Jack Bailey, University of Texas at El Paso; Samye Cimerhansel, University of Houston; Carmen Clough, California State University at Fresno; Lucila Fariñas, Fordham University; Dr. John Fritz, Loop College; Helen Merrick, San José State University; Dr. William Miller, University of Akron; Jarrett Phurr, Broward Community College-North; Ivania del Pozo, Youngstown State University.

In addition, this text would not have been possible without the many consultants from various career fields who contributed their expertise to the "Intereses especiales y viajes." We especially wish to express our appreciation to the teachers and staff at Houston Community College and Houston Baptist University. We are particularly grateful to our students whose enthusiasm in the field-testing stages spurred us on. Finally, a special word of thanks to our editors at Holt, Rinehart and Winston—Vince Duggan, Karen Misler, and Jeanette Ninas Johnson—for their invaluable suggestions and dedicated service in seeing the project through.

ESPAÑOL
en la comunidad

FICCION

ODISEA DE LA FAMILIA MARTINEZ

Introducción de la familia

In each lesson you will read an episode of the "Odyssey of the Martínez Family"—their joys, problems, and conflicts, and their interactions with various members of the community. Here is a brief sketch of each family member:

Julián Martínez

Julián came to the United States in 1962 with his wife Estela and their two children, Héctor and Carmen. In Cuba, he worked in a bank. In the United States, he owns a small grocery store that specializes in ethnic foods, *La Tienda.* Although he could retire now, he

1

prefers to remain active and busy, and in contact with people in his store. He is well-liked, known for telling jokes, chatting, and discussing politics.

Estela Ramírez de Martínez

Julián's wife, Estela, has always been a housewife whose life has revolved around her family. She is very traditional and feels that the old values should be kept. She cannot adapt well to American life. She is very protective of her grandchildren.

Alicia Velasco de Martínez

Estela and Julián's daughter-in-law, Alicia, grew up in a wealthy family in Cuba. But her family lost everything when they left the country, and they have not recouped their losses in the United States. Alicia is very attractive, ambitious, and a social climber. She misses the status she had in Cuba and would like to become wealthy above all else.

Héctor Martínez Ramírez

Julián and Estela's son, Héctor, is an accountant with a bank. He is intelligent and ambitious and has received several promotions. Yet his striving to please Alicia drives him to the limits of legality.

Carmen Martínez de Calderón

Carmen, Julián and Estela's daughter, is hard-working, pleasant, and well-liked by people, even though she is somewhat meddlesome. She is devoted to her family, and she is also a successful sales agent with a large real estate company.

Antonio Calderón

Carmen's husband, Antonio, is Mexican-American, of a family who has lived for several generations in the United States. Very traditional, he really doesn't understand why Carmen thinks she has to work. He believes that the family can manage quite well with what he makes as program director and host of a successful show on a local radio station.

José Antonio Calderón

At seventeen, José Antonio's greatest interests are cars and girls. His interests soon centers on one special girl from Puerto Rico.

Patricia Martínez

The daughter of Héctor and Alicia, at fifteen Patricia is just beginning to date. Her ideas are very modern and in conflict with her grandmother's traditional ideas.

María Eugenia Martínez

Patricia's little sister, María Eugenia, is eight years old. She is mischievous, always meddling in everyone's business, and tattling on her older sister.

These are the three generations of the Martínez family. You will meet them and other members of the *comunidad* in future episodes.

Episodio 1

Patricia visita a su abuela, Estela, en la tienda. Entra Jimmy.

Jimmy: *Hi, Patty, how ya' doing?*
Patricia: *Hi, Jimmy. I'm okay. How're you?*
Jimmy: *Okay.*
Abuela: ¿Quién es ese muchacho?
Patricia: Es mi amigo, Jimmy. Abuela, quiero que conozcas a Jimmy. *Jimmy, this is my grandmother, Mrs. Martínez.*
Jimmy: *Hello, Mrs. Martínez.*
Abuela: Hola, Jimmy.
Jimmy: *Patty, how about going to the party with me Saturday night?*
Patricia: *Sure, I'd love to.*
Abuela: ¿Qué dice?
Patricia: Quiere invitarme a una fiesta el sábado.
Abuela: Tú no vas sola con él, ¿verdad?
Jimmy: *What's she saying? I don't think your grandmother likes me.*
Patricia: *She asked if I was going alone with you.*
Jimmy: *Well, that's what I had in mind. We sure don't need a third!*
Abuela: ¿Qué dice?

Learning Hints

(First listen to the selection. Use the English to help you understand what's going on. Skip over the words you can't understand, but try to capture the general meaning.)

Patricia: Dice que está bien que vayamos solos.
  Abuela: ¿Y tú estás de acuerdo con eso? ¡Las muchachas
                decentes no salen solas con los jóvenes! ¡Se lo voy a decir
                a tu mamá! ¡Cuidado con los muchachos! ¡Todos son
                iguales! ¡Sólo quieren una cosa!

PREGUNTAS

*A. Can you compare the English and the Spanish to find out the
meaning of the Spanish words?*

1. abuela
2. hola
3. ¿Qué dice?

*B. What do you think the grandmother says to Patricia at the
end? Here are some key words in each sentence. By using them
and through your understanding of the situation, try to guess
completions to the sentences.*

1. And do you agree _____
2. Good ("decent") girls don't _____ .
3. I'm going to tell _____
4. Watch out for _____
5. They're all _____
6. They only want _____

(Even though you are just beginning to study Spanish, you can
learn a lot by being a good
guesser! That's the way language
works. We fill in the gaps for the
things we don't understand.)

FONDO 1

Learning Activities	Presentación de materia nueva	Learning Hints

(The frames present new vocabulary and structures. First listen to the questions and statements. Next read the statements as questions and answers. Where there are lists of words, repeat each one with the underlined question or answer completing the statement.)

1.1 Saludos

Explanation 1.a
Greetings

Por la mañana

Señor/Señora
Buenos días.
¿Cómo está usted, _____?

señor
señora
señorita
señor García
doctora Gómez

Señor/Señora
Buenos días.
Muy bien, gracias.

(These are the parts you can role-play.)

Good morning.

How are you _____?/Fine, thanks.

sir

ma'am (Mrs.)

ma'am (Miss)

(When you are familiar with the pronunciation of the material, you can practice with a partner or in a small conversation group. You can take turns asking and answering the questions.)

Por la tarde

Buenas tardes.
¿Cómo está usted?

Buenas tardes.
Bien, gracias, ¿y usted?
Estoy muy bien, gracias ¿y usted?

Good afternoon.

Fine, thanks, and you?

I'm fine, thanks, and you? (lit., very well)

Por la noche

Buenas noches.
¿Cómo le va, _____?

Buenas noches.
Regular, gracias.

Así así, gracias.

Good evening. (*Also* Good night.)

How's it going, _____?/Okay, thanks.

So-so, thanks.

Entre amigos

Amigo/Amiga

¿Cómo estás, _____?
¿Qué tal, _____?

Amigo/Amiga

Bien, gracias, ¿y tú?
Bastante bien, gracias, ¿y tú?

Between friends

Friend (male/female)

How are you?/Fine, thanks, and you?

How goes it?/Pretty well, thanks, and you?

PRACTICA

A. *Greet each person named, using one of these greetings:*

Buenos días   Buenas tardes   Buenas noches

Use the time in front of each name as the signal for the appropriate greeting.

Ejemplo: (9:00 a.m.)   señor Calderón
Buenos días, señor Calderón.

1. (10 a.m.)   señorita Calderón
2. (2 p.m.)   Antonio Calderón
3. (8 p.m.)   doctora Gómez
4. (6 p.m.)   señora
5. (9 a.m.)   señorita
6. (9 p.m.)   señor García
7. (1 p.m.)   señora Hernández
8. (12:30 p.m.)   señor del Río

*(After you have practiced asking and answering the statements in the **Presentación,** go on to the **Práctica.** In the **Práctica,** you practice using in different ways the material presented in the frames.)*

B. *Now go back to the **Presentación.** Practice asking and answering questions in random order.*

C. *Use the name tag to role-play formal and familiar situations with your classmates.*

You can use the formal form of address with last names and the familiar form of address with first names, even though this is not always exactly the way they are used in Spanish.

(Copy the name tag and cut it out. Fold the name tag down the middle, punch a hole through which you can thread a ribbon and then pin the name tag on yourself. With the name tag hanging freely, you can now flip it over to role-play the part of a community worker, family member, child, and so on.)

Ejemplo: (Name tag says *María*)
¿Cómo estás, María?

(Name tag says *señor Smith*)
¿Cómo está usted, señor Smith?

*(See Explanation 1.a for discussion of **tú** and **usted.**)*

Me llamo ◯	◯ Me llamo
¿Cómo se llama Ud.?	¿Cómo te llamas?

1.2
Cuenten, por favor

Count, Please

Profesor/Profesora	Estudiantes	
Cuenten de cero a diez:	0 cero	6 seis
	1 uno	7 siete
	2 dos	8 ocho
	3 tres	9 nueve
	4 cuatro	10 diez
	5 cinco	
Cuenten de diez a veinte:	10 diez	16 dieciséis
	11 once	17 diecisiete
	12 doce	18 dieciocho
	13 trece	19 diecinueve
	14 catorce	20 veinte
	15 quince	

Teacher (male, female)/Students

Count from 0 to 10.

(**Cuenten** is a command. Commands are words that ask people to do something. If you want to give this command to one person, say it without the final **n**.)

PRACTICA

Count the following:

1. Cuenten los estudiantes en la clase.
2. Cuenten las paredes en la clase.
3. Cuenten las ventanas en la clase.
4. Cuenten las puertas en la clase.
5. Cuenten las plumas en la clase.
6. Cuenten los libros en la clase.
7. Cuenten las llaves en su llavero.
8. Cuenten las fotos en su cartera.
9. Cuenten las tarjetas de crédito.
10. Cuenten el cambio en su cartera.

(This is a good practice to do in small groups.)

the students
the walls
the windows
the doors
the pens
the books
the keys on your key ring
photos in your billfold
the credit cards
the change

¡Muchas Gracias!

© 1982 Hallmark Cards, Inc.

1.3
¿Qué hay aquí?

There Is, There Are,
What's Here?

Persona 1	Persona 2	
¿Hay _____ aquí?	Sí, hay.	Is there a _____ here?/Yes, there is. No, there isn't.
	No, no hay.	
clase		(In Spanish you don't need a word for "a" here.)
fiesta		
baile		a dance
junta		a meeting
sesión		
		(Words that look or sound alike, and have the same meanings are called cognates. You can guess them.)
¿Hay _____ aquí?	Sí, hay.	Are there _____ here? Yes, there are. No, there aren't.
	No, no hay.	
profesores		teachers
estudiantes		students
padres		parents
doctores		
chicos / chicas		boys/girls
		(Many English words that begin with *st* begin with **est** in Spanish.)
		(**Hay** means both "there is" and "there are." It's a useful word for a beginner to know because you can use it to get around a lot of things you can't say yet.)

PRACTICA

Use a number and **hay** *to describe things in the classroom.*

(Review 1.2.)

Ejemplo: ventanas   *Hay cuatro ventanas.*

1. pizarras
2. paredes
3. puertas
4. plumas
5. lápices

6. personas
7. señores
8. señoritas
9. señoras
10. libros

1.4
¿Tiene Ud.?

¿Tiene usted _____?	**Sí, tengo _____.**	Do you have _____?/Yes, I have.
	No, no tengo _____.	No, I don't have _____.
dinero		money
aspirina		
anteojos		glasses
papel		paper
pluma		(also **bolígrafo** or **lapicero**)
libros		
llaves		
¿Tiene usted _____?	**Sí, tengo _____.**	
	No, no tengo _____.	
esposo/esposa		husband/wife
novio/novia		boy/girl friend (also fiancé[e]
tiempo		time

PRACTICA

Ask classmates if they have any of the following things:

Ejemplo: libros   **Student 1:** *¿Tiene usted libros?*
                 Student 2: *Sí, tengo un libro.*

1. yate
2. dinero
3. cartera
4. pluma
5. carro   (also **coche, auto**)
6. llaves
7. papel
8. bicicleta

1.5
¿Qué quiere usted?

Empleado	*Cliente*	Employee/Customer
¿Quiere usted _____?	**Sí, quiero _____.**	Do you want _____?
	No, no quiero _____.	Yes, I want _____./No, I don't want _____.
café		coffee
agua		water
vino		wine
una cerveza		a beer
una soda		soda (pop)
dulces		candy
cigarrillos		cigarettes
esto		this
eso		that

PRACTICA

What do you have and what do you want? One student asks a question and another answers it. Use the patterns suggested below.

(Review 1.4.)

Ejemplo: **Student 1:** *¿Tiene usted carro?*
           Student 2: *Sí, tengo carro.*

                       or

           No tengo carro, pero quiero un carro.

                       or

           No tengo carro y no quiero un carro.

Yes, I have a car.

I don't have a car, but I want a car.

I don't have a car and I don't want a car.

1. mucho dinero
2. una bicicleta
3. novio/novia
4. cigarrillos
5. casa en Acapulco
6. motocicleta
7. esposo/esposa
8. dulces

a lot of money

(guess!)

COMUNICACION—FONDO

A. *Someone says the following things to you. How do you respond?*

1. Buenos días.
2. ¿Cómo está usted?
3. ¿Hay fiesta aquí?
4. ¿Quiere usted mucho dinero?
5. ¿Tiene usted un libro?
6. ¿Tiene usted anteojos?
7. Buenas tardes.
8. ¿Hay policías aquí?
9. ¿Cómo le va?
10. ¿Tiene usted 20 dólares?

B. *You are going through customs and the inspector thinks you may be hiding something in your handbag or your pockets. He asks you:*

1. Señor, ¿qué tiene usted en los bolsillos?
2. Señorita, ¿qué tiene usted en la bolsa?

pockets
handbag

Name as many things as you can.

FORMA

Learning Activities | **Presentación de estructuras nuevas** | **Learning Hints**

1.6
¿Cómo se llama él, ella?

Persona 1

¿Cómo se llama _____?
él
ella

Persona 2

Se llama _____.
Héctor Martínez
Estela Ramírez
Marieta Gómez
Amparo Vásquez
Jaime Chávez
José Antonio Calderón

What's his/her name?/ His/Her name is _____. (lit., How does he/she call himself/herself.)

PRACTICA

A. Indicate five people in your class. Ask your classmates:
¿Cómo se llama él/ella?

Ejemplo: *Se llama Margarita del Valle.*

B. Look at the names of the community members in the pronunciation section at the end of the lesson. Tell what some of the community members' names are.

1.7
¿Cómo se llama usted?

Persona 1

¿Cómo se llama usted, _____?
señor
señora
señorita

Persona 2

Me llamo _____.
Julián Martínez
Estela Martínez
Amparo Vásquez
Sara Aguilar
Javier Longoria
Ernesto Perera
Ursula Cantú

What's your name, _____?/My name is _____.

(Initially, practice one column at a time. You can then practice putting question and answer together to form a conversation.)

PRACTICA

A. *Ask five people around you:* **¿Cómo se llama usted?** *Those you ask should answer* **Me llamo _____** *and the name.*

B. *Choose the name of a character in a television program or a movie. Imagine that you are that character. Give your name and let classmates or group members give the name of the program.*

Ejemplo: **Student 1:** *Me llamo Dan Rather.*
Student 2: *CBS News*

1.8
¿Cómo te llamas, niño/niña?

Explanation 1.c.
Me llamo, Te llamas
What's Your Name, Little Boy/Girl?

Adulto/Adulta	*Niño/Niña*
¿Cómo te llamas _____?	**Me llamo _____.**
niño	María Eugenia
niña	Pepe
	Juanito
	Mercedes
	Lupe

(The *te* and the *s* on *llamas* tell you that this is the familiar form.)

PRACTICA

A. *You want to ask some of the members of the Martínez family their names. Point to each drawing and ask each person represented what his or her name is. Use* **¿Cómo se llama?** *to ask the adults and* **¿Cómo te llamas?** *to ask the children.*

B. *Now tell who each person is. Use* **Se llama _____** .

COMUNICACION—FORMA

A. *You have just entered* **La Tienda.** *Julián Martínez greets you.*
See if you can carry on this conversation with him.   (Review 1.5.)

Julián: Buenos días.
 Usted: _____
Julián: ¿Cómo está usted?
 Usted: _____
Julián: ¿En qué puedo servirle?°   May I help you?
 Usted: _____
Julián: Muy bien. ¿Algo más?°   Something else?
 Usted: _____
Julián: ¿Es todo?°   Is that all?
 Usted: _____
Julián: Diez dólares en total.
 Usted: _____
Julián: Gracias. Adiós.
 Usted: _____

B. *The customs inspector wants to know if you have anything to*   (Review 1.4.)
declare:

1. ¿Tiene usted cigarrillos?   (This is common Spanish word
2. ¿Tiene usted vinos?   order for questions: verb, subject,
3. ¿Tiene usted dólares?   object.)
4. ¿Tiene usted vegetales o frutas?   (Guess!)
5. ¿Tiene usted carro?
6. ¿Tiene usted visa?
7. ¿Tiene usted pasaporte?
8. ¿Tiene usted monedas de oro?   gold coins

FUNCION

Learning Activities	Learning Hints
1.9 **Responder cortesmente**	Explanation 1.d Responding Politely

Persona 1	Persona 2	
Gracias.	De nada.	Thanks./You're welcome.
Lo siento.	Está bien.	I'm sorry./That's okay.
Por favor.	Sí, claro.	Please./Yes, of course.
Perdón.	Sí, ¡cómo no!	Pardon./Yes, of course.
		(also **perdóneme** or **dispénseme**)
Con permiso	Usted lo tiene.	Excuse me./Yes, of course.
¿Cómo se dice «pen»?	Se dice «pluma.»	How do you say "pen"?/You say "pluma."
¿Qué quiere decir «libro»?	Quiere decir «book.»	What does "libro" mean?/It means "book."
¿Qué quiere decir «puerta»?	No sé.	What does "puerta" mean?/I don't know.
Me gusta.	A mí también.	I like it./Me too.
¡A-chú!	¡Salud!	Ah-choo!/Good health!
Adiós.	Hasta luego.	Good-bye./Until later.

SITUACIONES

What would you say in each of the following situations?

1. You stepped on someone's toe.
2. You want to excuse yourself from the table.
3. Someone says "Gracias" to you.
4. You are asked the meaning of "No sé."
5. Someone asks you something you ought to know. You want to say: "I'm sorry. I don't know."
6. You want to ask someone how to say "Pardon me."
7. Someone has just sneezed.
8. Someone asks to be excused.
9. You want to say good-bye.
10. You want to say please.

16

OPINION PERSONAL

Una fiesta fantástica

In your opinion, what makes a perfect party? Circle the letter of your choice.

1. La música es de _____
   a. orquesta   c. discos
   b. guitarra

2. Los bailes de _____
   a. roc y rol   c. contradanza
   b. disco

3. El lugar es un _____
   a. club elegante   c. casino
   b. hotel   d. parque

4. El número de personas es _____
   a. 500 personas   c. 20 personas
   b. 50 personas   d. un grupo íntimo

5. Las comidas son _____
   a. hamburguesas   c. pizzas
   b. biftecs   d. tacos

6. Las bebidas son _____
   a. Coca Cola   c. café
   b. champán   d. tequila

7. Mi acompañante es _____
   a. mi amigo/amiga   c. mi novio/novia
   b. mi esposo/esposa d. mi mamá/papá

The music is (from)

(Guess the cognates!)

The dances
square dance

The place is a _____.

The number of people is _____.

The meals are _____

The drinks are _____

My companion is _____

INTERESES ESPECIALES Y VIAJES

Special Interests and Travel

Choose the area of special interest you want to work with:

Negocios — Business
Justicia — Law enforcement
Medicina — Medicine
Trabajo social — Social work
Enseñanza — Teaching
Viajes — Travel

Turn to the special interest section of the text just before the vocabularies. Working in interest groups, practice the vocabulary of your special interest for Lesson 1.

Pronunciación

An Overview of Spanish Pronunciation

Here are the names of 33 people you will meet **en la comunidad.** Their names contain all the sounds of Spanish. When you can pronounce these names, and transfer the sounds in them to other words, you should be able to pronounce any word you meet in Spanish.

(Repeat after the tape or your teacher. Try to approximate the sounds as closely as possible.)

Examples

Explanations

Learning Hints

Vowels

a   Margarita del Valle

Spanish **a** is similar to the English sound *ah* as in *father,* but shorter.

e   Ernesto Perera

Spanish **e** is similar to English *a* in *made* in syllables that end in **e.** In most syllables that do not end in **e,** Spanish **e** is similar to English e in *met.*

i   Alicia Martínez

Spanish **i** is similar to English *i* in *unique.*

o   Antonio Calderón

In syllables that end in **o,** Spanish **o** is similar to English o in *pose,* but short and clipped. In other syllables, is similar to English o in *for.*

u   Ursula Cantú

*Spanish **u** is similar to English oo in boot.*

(Vowels in Spanish are pronounced clearly and concisely, in contrast to English vowels, which tend to be drawn out. In English, unstressed vowels tend to become an "uh" sound, as in "uh minute." In Spanish even when the vowel does not receive the main emphasis in a word, the same short sound is maintained.)

(You will hear many variations of the **e** sound, depending on the region of the speaker.)

(Vowels are the keys to Spanish pronunciation. Clear, clipped pronunciation of vowels will make your Spanish easier to understand.)

Consonants—Some New Sounds

r   Ernesto Perera

Spanish **r** between vowels, or before a consonant, is similar to the English sound *d* in *Eddie* or the *t* sound in *Betty.*

rr   Luis Herrera
       Reinaldo de la Peña

Spanish **rr** or **r** at the beginning of a breath group, or after **l, n,** or **s,** is heavily trilled, with several quick taps of the tongue against the ridge above the front teeth.

(Tap your tongue once lightly against the ridge above your front teeth.

(If you have trouble making this trilled **r** sound, practice by saying "cut it" and then "cut it up" rapidly in English.)

b, v	Vásquez Velasco Jorge Vásquez Jacobo Córdoba	In most dialects of Spanish, **b** and **v** have the same sounds. At the beginning of a word or breath group, or after **m** or **n**, **b** and **v** are similar to English *b* in *but*, except without the puff of air that typically accompanies the English sound. In all other positions, **b** and **v** are similar to English *b*, but with the lips not closed, allowing air to escape.	(Almost bite your lips together to make the initial **b** sound.) (Make a "lazy **b**," leaving your lips slightly open.)
t	Tomás Treviño	Spanish **t** is similar to English *t* in *stock*, but does not have the puff of air associated with most English *t* sounds.	(Almost bite your tongue to keep the air from escaping. For practice place your tongue between your front teeth.)
d	Delia Villarreal	Spanish **d** at the beginning of a word or breath group, and after **l** or **n**, is similar to English *d* in *dare*.	
	Eduardo David González	In all other cases, Spanish **d** is similar to English *th* in *that*. At the end of a word, Spanish **d** is a very weak **th** sound, often almost inaudible.	
c, z, k	Felicia Estévez	In Spanish-speaking America, **c** before **e** or **i**, and the letter **z** in any position, are similar to the English *s* in *saw*. (In the dialect of Castilla, of central Spain, these letters sound similar to the *th* of *thin*.)	
	Ursula Cantú	In all other positions, that is, before a consonant, or before **a, o,** or **u**, Spanish **c** is similar to the English *k* sound as in *scan*.	
	Kim Chan Li López	The letter **k** occurs only In words of foreign origin in Spanish. The sound of Spanish **k** is similar to English *k* in *skip*.	(As in any country, some names are of foreign origin. Kim Chan's father is from China, López is his mother's maiden name. See Cultural Notes.)

j, ge, gi	Julián Martínez Jorge Vásquez Gilberto Iglesias	Spanish **j, ge, gi,** are similar to the English *h,* but much harsher.	(Make the sound almost in your throat, as though you are clearing it.)
g	García González	At the beginning of a breath group or after *n,* when not followed by *e* or *i,* Spanish **g** is similar to English *g* in *go.*	
	Margarita del Valle	In other positions, Spanish **g** has a softer sound than English *g.* This sound is between vowels, before or after consonants other than *n,* and when not at the beginning of a breath group.	(To make this softer **g** sound, position your tongue so it does not quite touch the roof of your mouth; let a little air flow through.)
gue, gui	Sara Aguilar Perpetuo Guerrero	When **g** is followed by *ue* or *ui,* the *u* has no sound of its own.	
h	Héctor Martínez	The letter *h* is always silent in Spanish.	
ñ	Tomás Treviño	Spanish *ñ* is similar to English *ny* as in *canyon.*	(This mark, ˜ , is called a *tilde.*)
ll	Delia Villarreal	Spanish *ll,* as pronounced by most speakers, is similar to English *y* as in *yet.* In some regions, the sound is similar to English *j* as in *jargon.* In other regions, there is an *l* similar to the English *lli* in *million.*	
p	Patricia Martínez	Spanish **p** is similar to English *p* in *spot,* but there is no puff of air with this sound.	(Almost bite your lips and release the sound quietly in order to avoid the puff of air.)

Vowel Combinations

ai	Jaime Chávez	The vowel combination **ai,** also spelled **ay,** is similar to English *aye.*
ia	Javier Longoria	The vowel combination **ia** is similar to English *ya* as in *yard.*
ie	Marieta Gómez	The vowel combination **ie** is similar to English *ye* as in *yet.*
ei	Reinaldo de la Peña	The vowel combination **ei,** also spelled **ey,** is similar to English *ei* as in *vein.*

io	Sempronio del Río	The vowel combination *io* is similar to English *yo* as in *yo-yo*.
oi	Moisés Touyac	The vowel combination *oi,* also spelled *oy,* is similar to English *oy* as in *toy*.
au	Claudio Valenzuela	The vowel combination *au* is similar to English *ou* as in *ouch*.
ua	Eduardo González	The vowel combination *ua* is similar to English *wa* as in *water*.
ue	Claudio Valenzuela	The vowel combination *ue* is similar to English *wa* in *way*.
eu	María Eugenia Martínez	The vowel combination *eu* is similar to English *e* and *u* in *educate*. Drop the *d* and combine the *e* and *u* into one sound.
ui	Luis Herrera	The vowel combination *ui,* also spelled *uy,* is similar to the English word *we*.
iu	Yusebia Pérez	The vowel combination *iu,* also spelled *yu,* is similar to the English word *you*.
uo	Perpetuo Guerrero	The vowel combination *uo* is similar to the English *wo* in *won't*.

(***Touyac*** is another name of foreign extraction. The grandfather of Moisés came from France.)

Other Consonants

The rest of the consonants in Spanish have sounds that are rather similar to the English sounds of the same consonants.

ch	Félix Sánchez	Spanish *ch* is similar to English *ch* in *church,* but slightly less harsh.
f	Felicia Estévez	Spanish *f* is similar to English *f* in *fit*.
l	Ursula Cantú	Spanish *l* is similar to English *l* in *lit,* but the sound is made higher in the mouth than the *l* sound of most English words.
m	Marta González	Spanish *m* is similar to English *m* in *me*.

(Place the sides of the tongue, or one side of the tongue, against the upper side teeth.)

n	Nicolás García	In most positions, Spanish **n** is similar to English *n* in *no.* Exceptions are the following:
	Carmen Martínez	Spanish **n** has the sound of *m* when it comes before consonants formed with both lips.
	Javier Longoria	Spanish **n** is similar to English *n* in *sing* before *c, qu, g,* and *j.*
qu	Jorge Vásquez	Spanish **qu** (always in this combination) is pronounced like English *k* in *kit.*
s	Gilberto Iglesias	Spanish **s** is usually similar to English *s* in *salt.*
	Desdémona Hernández	Before voiced consonants **(b, v, d, g, l, m, n),** Spanish **s** sounds more like the English *s* in *disease* (like the English *z* sound.)

(There are some variations from dialect to dialect.)

w	Oswaldo Walsh	There is no **w** sound in Spanish, except in foreign words, or words of foreign origin. When the **w** does occur, it is usually pronounced like English *v* or Spanish **b,** or kept as English *w.*
x	Félix Sánchez	Spanish **x** is usually similar to a weak English *gs* as in *wigs.* Before a consonant, **x** is often like an *s.* In some regions of Latin America, **x** is almost like the English *x* in *exam* or the *cs* in *ecstasy.*
y	Guillermo Reyes	Spanish **y** before a vowel is similar to English *y* in *yet.* In some regions, the sound is similar to English *j* in *jargon.* The sound is more or less the same as the **ll.**
		In the word **y,** meaning *and,* the Spanish **y** has a sound similar to Spanish **i.**

Notas culturales

In the cultural notes of each lesson we will look at some of the cultural characteristics typical of the Hispanic people. Culture may be defined as the way of life of a people. Culture includes patterns of living, lifestyles, behaviors, and attitudes that underlie the day-to-day lives of people. When we speak of Hispanic culture, we assume that there are certain attitudes and behaviors that are shared by many people who speak Spanish. Sometimes these values and actions are quite similar to those of English-speaking Americans; sometimes they are quite different. All speakers of Spanish, of course, do not hold the same cultural attitudes.

We would expect cultural diversity among Hispanic people. There are, after all, twenty-two Spanish-speaking countries and territories, as well as Spanish-speaking populations in other countries. The United States has the fifth largest Spanish-speaking population in the world. Furthermore, within any culture there are subcultures, and in a sense, each individual is a unique representation of a subculture. For this reason, when we make generalizations about Hispanic cultural patterns, we know that there are many people who do not fall into these patterns. Therefore, we must always be aware of the danger of stereotyping people. Many speakers of Spanish will simply not fit into the cultural molds that we try to assign to them. Nevertheless, cultural descriptions are similar to grammar rules. They are explanations that are generally found to be true, but there are many exceptions.

Moreover, cultural attitudes are constantly changing. Today, traditional Hispanic values have undergone great changes. The reasons for this are many. We live in a rapidly changing world in which the values of all societies in the modern world have undergone changes. Many people have moved from the simple life of rural areas to the complex life of urban areas. For Hispanic families, one result of such moves has been the weakening of family ties that once kept traditional values intact. In addition, Spanish speakers have come into contact with the culture of English-speaking Americans in increasing numbers. Older generations may cling to traditional values while younger generations tend to accept the modern ideas of their English-speaking peers. For example, in this lesson we saw the conflict concerning dating customs between Estela Martínez and her granddaughter.

Yet, in many small ways, traditional actions remain deeply-rooted in any culture. As you gain insights into Hispanic attitudes, your understanding of the Spanish-speaking people you meet and work with will be enhanced. In the following lessons, you will read about other aspects of Hispanic culture that will enhance your ability to communicate with speakers of Spanish.

DISCUSSION

1. How may we define culture?
2. Why are cultural attitudes constantly changing today?
3. What do you think are some of the reasons that speakers of one language have different customs and attitudes from speakers of another language?

EXPLANATIONS

1.a Tú, usted   1.1

In this lesson you practice two different ways to say "you," *tú* and *usted.* In Spanish, the way you address a person depends on your degree of familiarity with him or her. The familiar form, *tú,* is usually used for the person one deals with on a rather familiar basis—family, friends, children, and to some extent, those we call by first names.

Usted is the formal mode of address. It is used for the person with whom the relationship is more formal—a person one calls by the last name, or someone not well known.

Of course, there are many regional differences and many subtleties in regard to economic status and closeness of relationships that affect the use of *tú* and *usted.* Today, in keeping with the growing informality in society in general, there is a tendency to use the *tú* form more. The best rule of thumb for using the *tú* and *usted* forms is to listen to how you are addressed, and to take your cue from the speaker. If in doubt, it's better to use the *usted* form: it's better to be too formal than too familiar.

You can practice these two forms in the role-playing situations in this book by copying the name tag on page 6 and cutting it out. Using a felt marker, print your first name (give yourself a Spanish one if you like) above *¿Cómo te llamas?* Print *Sr., Sra.* or *Srta.* and your last name above *¿Cómo se llama Ud.?* Last names are usually not translated from one language to another. The abbreviations mean:

Sr.	señor
Sra.	señora
Srta.	señorita
Ud.	usted

Of course, *tú* is not always equated with first names and *Ud.* is not always equated with last names. But making these associations will help you learn to understand the distinctions in the forms of address.

1.b Verbs   1.4, 1.5

In this lesson you are introduced to several forms of verbs in Spanish. A verb is a word that describes an action or state of being. In *Presentación* 1.4 you practice *tengo,* "I have" and *tiene,* "Do you have?" or "You do have." In *Presentación* 1.5 you practice *quiero,* "I want," and *quiere,* "Do you want?" or "You do want." Of course, these verbs have other forms, which you will learn in later lessons. For now, just learn these words as vocabulary words.

1.3

Hay is also a verb, and this one form can mean both "There is" or "There are."

¿Hay clase aquí?   Is there a class here?
¿Hay clases aquí?   Are there classes here?

The person who does the action of the verb is the subject. You may have noticed that Spanish verbs sometimes have stated subjects and sometimes do not. (More about that in Lesson 2.)

¿Tiene Ud. libros?   Do you have books?
Sí, tengo libros.   Yes, I have books. (**Yo** is not expressed.)
¿Y tiene lápices?   And do you have pencils?

1.c "Name is"   **1.6 – 1.8**

In this lesson you practice several forms of the verb that means literally "call oneself," or as we say in English, "name is":

llamo   me llamo   My name is (lit., I call myself)
llamas   te llamas   Your (familiar) name is (lit., you call
                          yourself)
llama   se llama   His/Her/Your (formal) name is (lit., he calls
                          himself, or he calls herself, or you call
                          yourself)

You will notice that one form of the verb can mean "he," or "she," or "you."

FICCION

ODISEA DE LA FAMILIA MARTINEZ

Episodio 2

Who has a friend who is a millionaire?

What does he have?

Does Alicia really love Héctor, whether he's rich or poor?

Who says anyone can be a millionaire?

(Use the Cue Questions to get a general idea of what's going on. You don't have to understand every word. Guess when you're not sure.)

Alicia:	¿Sabes,° Héctor? Margarita tiene un amigo que es millonario.
Héctor:	¿Margarita?
Alicia:	Sí, mi amiga, Margarita del Valle.
Héctor:	¿Y el millonario? ¿Cómo se llama el tipo?°
Alicia:	Longoria es el apellido.° Javier Longoria.

Do you know?

"guy" (lit., type)
surname

25

Héctor:	No lo conozco.	I don't know him.
Alicia:	¿No? ¡Qué lástima!° Tiene casa en Acapulco, un Rolls Royce, y un yate.°	What a pity! / (Guess what he has!)
Héctor:	Y eso te impresiona mucho,° ¿verdad?°	impresses you/true
Alicia:	El dinero es muy importante.	
Héctor:	Para ti, ¿es más importante que el amor?	
Alicia:	Rico o pobre, tú sabes que yo te quiero.	
Héctor:	Bueno, así no tendré que° robar un banco.	I won't have to
Alicia:	Sí, pero cualquiera puede ser millonario.	

PREGUNTAS

Answer each question in a word or a few words.

(If you're not sure, guess! Learning to guess is part of being a good language learner. You don't need to figure out every word to grasp the general idea.)

1. ¿Quién tiene un amigo millonario?
2. ¿Cómo se llama el millonario?
3. ¿Qué tiene?
4. ¿Qué es importante para Alicia?
5. ¿Es verdad que Héctor planea robar un banco?
6. Pobre o rico, ¿Alicia quiere a Héctor?
7. ¿Cualquiera puede ser millonario? ¿Qué opina Ud.?

(Before you begin the **Presentación** of new material, you may want to warm up with pronunciation practice. See the end of this lesson.)

FONDO 2

Learning Activities	**Presentación de materia nueva**	**Learning Hints**

Explanation 2.a
Nouns and Adjectives
The Family

2.1 La familia

(You can use the family tree on the opposite page. Work in pairs or small groups.)

Point out _____ . / He's/She's _____ .

Persona 1

Indique _____ .

Persona 2

Es _____ .

el esposo	la esposa	the husband/the wife
el padre	la madre	father/mother
el hijo	la hija	son/daughter
el hermano	la hermana	brother/sister
el abuelo	la abuela	grandfather/grandmother
el nieto	la nieta	grandson/granddaughter
el tío	la tía	uncle/aunt

el sobrino	la sobrina	nephew/niece
el primo	la prima	cousin (m.)/cousin (f.)
el suegro	la suegra	father-in-law/mother-in-law
el yerno	la nuera	son-in-law/daughter-in-law
el cuñado	la cuñada	brother-in-law/sister-in-law

Julián Martínez

Estela Ramírez
de Martínez

Antonio Calderón

Carmen Martínez
de Calderón

Héctor Martínez
Ramírez

Alicia Velasco
de Martínez

José Antonio
Calderón Martínez

Patricia
Martínez Velasco

María Eugenia
Martínez Velasco

PRACTICA

A. Choose the best completion for each statement.

1. El hermano de su padre es su _____.
   a. abuelo   c. primo
   b. tío   d. cuñado

2. La madre de su esposo es su _____.
   a. abuela   c. tía
   b. suegra   d. nuera

3. El padre de su hijo es su _____.
   a. cuñado   c. esposo
   b. primo   d. tío

4. Su nieta es la hija de su _____.
   a. hijo   c. amigo
   b. yerno   d. primo

5. La madre de su madre es su _____.
   a. hija   c. nuera
   b. abuela   d. cuñada

B. Complete the analogies:

1. madre : hija :: padre : _____
2. suegro : suegra :: yerno : _____
3. abuelo : padre :: padre : _____
4. tío : sobrino :: tía : _____
5. padre : hijo :: tío : _____

(Family relationships are difficult. You're working with both vocabulary and relationships. Practice more with the family tree.)

The brother of your father is your _____.

(It's a good idea to work on a new frame no more than ten or fifteen minutes. Then go to the *Práctica* and then on to the following frame. At another time you can practice the frames again in random order.)

2.2
Los miembros de la familia

Explanation 2.b
Plurals of Nouns
The Family Members

Profesional		*Cliente*
¿Quiénes son _____?		**Son _____.**
los abuelos	los sobrinos	Estela y Julián
los padres	los nietos	
los tíos	las nietas	
los hijos	el yerno y la nuera	
las hijas		

Who are _____?
They're _____.

(Look at the Martínez family tree to find the names that belong here.)

PRACTICA

A. These words refer to more than one person. Change them so they refer to only one person.

Ejemplo: nietos-*nieto*

1. señoras
2. señores
3. profesoras
4. profesores
5. abuelos
6. hijos

B. *What are all the possible meanings of the plural phrases?*

Ejemplo:　los padres:　*el padre y la madre*
　　　　　　　　　　　　　　2 (o más) padres　　　　　　　　　2 or more fathers

1. los abuelos
2. las hijas
3. los nietos

4. los hermanos
5. los tíos

C. *Tell members of your class or your groups who some of your relatives are.*

1. ¿Quiénes son sus tíos?
2. ¿Quiénes son sus hermanos?
3. ¿Quiénes son sus padres?
4. ¿Quién es su esposo?
5. ¿Quiénes son sus abuelos?

Who are your uncle and aunt?

(If you don't have some of the relatives named, you can say, **No tengo.** It's comparable to "I don't have any.")

2.3 **¿Quién es?**	Explanation 2.b *Ese, Esa* Who Is It?

Visitante	*Señor/Señora*	
¿Quién es ese señor?	**Es** _____ Julián Martínez Luis Herrera Eduardo González	Who is that man?/It's _____.
¿Quién es esa señora?	**Es** _____ Estela Martínez Ursula Cantú Carmen Calderón	that woman? (lady) (lit., Mrs.)
¿Quién es esa señorita?	**Es** _____ Patricia Martínez María Eugenia Martínez Amparo Vásquez	that young woman (lit., Miss) (When you don't know if a woman is married or not, you can use **señorita.**)

PRACTICA

*Listen as your teacher says the names of your classmates. If you hear a man's name, say, **Ese señor.** If you hear a woman's name, say **Esa señora** or **Esa señorita,** as appropriate.*

(You can point to the person as well; it's a good way to learn who your classmates are.)

Ejemplo:　**Teacher:**　Ed Jones
　　　　　　　　Students:　*Ese señor.*

2.4
¿Es él, ella?

Visitante	*Señorita/Señor*
¿Quién es? ¿Es _____?	**Sí, es él.**
Antonio	
Javier	
Eduardo	
¿Quién es? ¿Es _____?	**Sí, es ella.**
Alicia	
Margarita	
Amparo	

Who is he?/Is he _____? Yes, it's he. (him)

Yes, it's she. (her)

PRACTICA

A. *As you hear each name, tell whether it's he or she. Say* **Es él** *or* **Es ella.**

(or him or her, as we often say informally.)

Ejemplo: Ursula Cantú. *Es ella.*

1. Luis Herrera
2. Nicolás García
3. Amparo Vásquez
4. Alicia Martínez
5. Patricia Martínez
6. Antonio Calderón
7. Francisco Hernández

B. *Identify five people near you in the classroom according to sex. Say* **Es él** *or* **Es ella.**

2.5
Son ellos, ellas

Visitante	*Señor*
¿Quiénes son? ¿Son _____?	**No, señor, no son ellos.**
José Antonio y Julián	
los señores Martínez	
Julián y Estela	
¿Quiénes son? ¿Son _____?	**No, señor, no son ellas.**
Estela y Carmen	
Sara y Delia	
las hermanas	

Who are they? Are they _____?/
No, sir, they aren't _____.

Mr. and Mrs. Martínez

They aren't. (lit., They're not they-f.)

PRACTICA

A. *Answer the questions with* **son ellos** *or* **son ellas.**

Ejemplo: ¿Son Julián y Luis?
Sí, son ellos.
or
No, no son ellos.

1. ¿Son los señores Cantú?
2. ¿Son José Antonio y Patricia?
3. ¿Son José Antonio y Julián?
4. ¿Son Patricia y Amparo?
5. ¿Son las tías de Patricia?

B. *Ask each other who two people in your class are.*

Ejemplo: ¿Son Ed y Susan?
Sí, son ellos.

(Reminder: **ellos** refers to men or mixed groups, and **ellas** to women.)

(This is a good way to learn who your classmates are!)

2.6
¿Quién es?

Explanation 2.c, 2.d
Personal Pronouns, *Ser*
Who Is It?

Persona 1	*Persona 2*	
¿Quién es? _____	**Sí,** _____	
¿Es él?	es él	
¿Son ellas?	son ellas	
¿Es Ud.?	soy yo	Is it you? (form.)/It's I (me).
¿Eres tú?		Is it you? (fam.)
¿Son Uds.?	somos nosotros/nosotras	Is it you? (pl.)/It's we (us).

PRACTICA

A. *Ask questions using each of the pronouns.*

Ejemplo: él   *¿Es él?*

1. ella
2. yo
3. tú
4. nosotros
5. él y tú
6. Ud.
7. Uds.
8. Ud. y yo

B. *Complete each statement.*

Ejemplo: Es _____   *Es él.*

1. Eres _____
2. Somos _____
3. Son _____
4. Soy _____
5. Es _____

2.7
Presentaciones

Introductions

Señor/Señora

_____, quiero que conozca a un amigo.

   Margarita
   Héctor
   Carmen

Visitante 2

Mucho gusto.

Visitante 1

_____, a sus órdenes.

   Javier Longoria
   Ernesto Perera
   Nicolás García

Visitante 1

El gusto es mío.

_____, I want you to meet a friend./_____ at your service.

(**A sus órdenes** is one of the courteous expressions used on being introduced. **Para servirle** may also be used.)

Glad to meet you./My pleasure.

PRACTICA

A. Tell your name, followed by **a sus órdenes** to your classmates.

Ejemplo: _Ed Jones, a sus órdenes._

B. Give the statement to a classmate. Begin with the name of the person you're talking to.

Ejemplo: _Susan, quiero que conozca a un amigo (una amiga)._

C. Now, practice making introductions. You can work in groups of three or in small groups.

Ejemplo: **Persona 1:** _Ed, quiero que conozca a una amiga._
                Persona 2: _Ed Jones, a sus órdenes._
                Persona 3: _Susan Wells, a sus órdenes._
                Persona 2: _Mucho gusto._
                Persona 3: _El gusto es mío._

(In this **Práctica,** you first work with parts of introductions. Then you put them together to practice the complete introduction.)

(You can also practice **Para servirle.**)

2.8
Números hasta cien

Numbers to 100

Persona 1

Cuente de veinte a treinta.

Persona 2

20	veinte
21	veintiuno
22	veintidós
23	veintitrés
24	veinticuatro
25	veinticinco
26	veintiséis
27	veintisiete
28	veintiocho

Count from 20 to 30.

29	veintinueve
30	treinta
10	diez
20	veinte
30	treinta
40	cuarenta
50	cincuenta
60	sesenta
70	setenta
80	ochenta
90	noventa
100	cien
15	quince
25	veinticinco
35	treinta y cinco
45	cuarenta y cinco
55	cincuenta y cinco
65	sesenta y cinco
75	setenta y cinco
85	ochenta y cinco
95	noventa y cinco
105	ciento cinco

Cuenten de diez en diez hasta cien.

Count by 10's from 10 to 100.

(Learn the numbers by counting to yourself in Spanish. Count anything you see.)

Cuenten de diez en diez, de quince a ciento cinco

Count by 10's from 15 to 105.

(After 29, in most Spanish-speaking countries, the 10's and units are written as separate words with **y,** "and," between 10's and units.)

(When another number follows it, **cien** becomes **ciento**.)

PRACTICA

A. *Count aloud things in the classroom.*

1. Cuente las ventanas.
2. Cuente los libros.
3. Cuente las pizarras.
4. Cuente las sillas.
5. Cuente los zapatos° de dos en dos.

(**Cuente** is the command for one person. **Cuenten** is for more than one.)

shoes

B. *Read the following numbers aloud.*

2	5	9	4	7	3
12	15	19	14	17	13
22	55	99	44	77	33
102	105	199	114	127	113

2.9
¿Cuánto cuesta?

How Much Does It Cost?

Cliente	Vendedor	
¿Cuánto cuesta _____?	**Cuesta _____.**	Customer/Seller
		How much does _____ cost?/It costs _____.
un café	sesenta centavos	coffee
un sándwich	dos dólares	
una entrada	tres dólares	admission
¿Cuánto cuestan _____?	**Cuestan _____.**	How much do _____ cost?/They cost _____.
los cosméticos		(Guess the cognates!)
las medicinas		
estas cosas		these things
esas cosas		those things

PRACTICA

(Review 1.4, 1.5.)

Ask how much the following items cost. Others in the class can give answers.

(This is a good practice to do in pairs or small groups.)

Ejemplo: ¿Cuánto cuesta la aspirina?
Cuesta un dólar cincuenta.

(Remember that the **n** shows that the verb is plural. The **s** shows that nouns and adjectives are plural.)

¿Cuánto cuestan dos cafés?
Cuestan un dólar diez.

1. dos comidas
2. 12 sodas
3. sándwiches para la clase
4. los dulces
5. una buena botella de vino
6. esto
7. estas cosas
8. esas cosas

a good bottle of wine

(Point to something!)

Sangría

1 botella de vino tinto°   red
8 onzas de soda club
jugo de dos naranjas°   orange
limón y fruta fresca
azúcar° al gusto   sugar

Mezcle todo. Añada hielo° antes de servirse.   ice

COMUNICACION—FONDO

A. You are looking at some pictures of the Martínez family. You ask about the relationships. A classmate, playing the part of a good friend of theirs, explains.

(Review 2.1.)

Ejemplo: ¿Qué es Estela de José Antonio?
Estela es la abuela de José Antonio.

¿Qué es José Antonio de Estela?
José Antonio es el nieto de Estela.

What (relationship) is Estela to José Antonio?

1. ¿Qué es Estela de Alicia?
   ¿Qué es Alicia de Estela?

2. ¿Qué es Julián de Antonio?
   ¿Qué es Antonio de Julián?

3. ¿Qué es Julián de María Eugenia?
   ¿Qué es María Eugenia de Julián?

4. ¿Qué es Alicia de Carmen?
   ¿Qué es Antonio de Héctor?

5. ¿Qué es José Antonio de María Eugenia?
   ¿Qué es María Eugenia de José Antonio?

6. ¿Qué es Antonio de María Eugenia?
   ¿Qué es María Eugenia de Antonio?

B. Make a family tree for your family similar to the one of the Martínez family. Then label it and explain the relationships to your classmates.

(This is a good activity to practice in pairs or small groups.)

C. Practice asking and answering the questions that follow. Just use a few words in your answers.

(Review 1.3, 1.7.)

1. ¿Cómo se llama Ud.?
2. ¿Cómo se llama su padre? ¿Su madre?
3. ¿Cómo se llama el profesor/la profesora?
4. ¿Quién es el presidente de esta universidad?
5. ¿Cuántas personas hay en su familia?
6. ¿Quién es el presidente de esta nación?

FORMA

Learning Activities	Presentación de estructuras nuevas	Learning Hints
	2.10 **¿Conoce Ud.?**	Explanations 2.c, 2.d, 2.e *Conoce; lo, la;* personal *a* Do You Know?

Cliente	*Profesional*	
¿Conoce Ud. _____?	**Sí, lo conozco.**	Do you know _____?/
al señor Martínez	**No, no lo conozco.**	Yes, I know him.
al señor Calderón		No, I don't know him.
al señor Longoria		
¿Conoce Ud. _____?	**Sí, la conozco.**	Do you know _____?/
a la señora Martínez	**No, no la conozco.**	Yes, I know her.
a la señora Calderón		No, I don't know her.
a la doctora Gómez		

PRACTICA

A. Do you know these people? Answer the questions using the patterns you practiced above.

Ejemplo: ¿Conoce Ud. a la señorita Aguilar? *No, no la conozco.*

(A reminder: Use *lo* for him, and *la* for her.)

1. ¿Conoce Ud. al presidente de esta nación?
2. ¿Conoce Ud. a la profesora/al profesor?
3. ¿Conoce Ud. al presidente de esta universidad?

4. ¿Conoce Ud. a una persona famosa? ¿Quién es?
5. ¿Conoce Ud. a esta señorita?
6. ¿Conoce Ud. a este señor?
7. ¿Conoce Ud. a esta señora?

(Point to classmates.)

B. *Do these people know each other? Review the first two episodes of the **Ficción** and then answer the questions.*

(Review **Ficción** 1 and 2.)

Ejemplo: ¿Conoce Jimmy a Patricia? *Sí, la conoce.*

1. ¿Conoce la abuela a Jimmy?
2. ¿Conoce Margarita a Javier?
3. ¿Conoce Héctor a Javier?
4. ¿Conoce Margarita a Alicia?
5. ¿Conoce la abuela a Alicia?

COMUNICACION—FORMA

A. *With a partner, practice these mini-conversations.*

1. ¿Conoce Ud. al profesor? ¿Cómo se llama?
2. ¿Hay clase aquí? ¿Cuántas personas hay en la clase?
3. ¿Cuántas personas hay en su familia? ¿Cómo se llama una persona de su familia?
4. ¿Cómo se llama Ud.? ¿Cómo está Ud.?
5. ¿Hay fiesta aquí? ¿Hay música aquí?
6. ¿Tiene Ud. tarjetas de crédito? ¿Cuántas tarjetas tiene Ud.?
7. ¿Quiere Ud. una cerveza? ¿Cuánto cuesta una cerveza?
8. ¿Qué quiere decir «llaves»? ¿Cuántas llaves tiene Ud.?

(Review 1.2, 1.3, 1.4, 1.5.)

B. *How would you respond to each of the following questions or statements?*

(Review 1.9.)

1. Con permiso.
2. ¿Qué tal?
3. ¿Conoce Ud. a mi hermano?
4. ¿Cómo se dice «son-in-law»?
5. ¿Qué quiere decir «nuera»?
6. Buenas tardes.
7. Perdón. Lo siento.
8. ¡Salud!
9. Hasta luego.
10. Gracias.

C. *Who's in charge here? She is! Answer each question using the feminine equivalent.*

Ejemplo: ¿Es el padre? *No, es la madre.*

1. ¿Es el doctor?
2. ¿Es el hijo?
3. ¿Es el yerno?
4. ¿Es él?
5. ¿Es el sobrino?

(Review 2.1.)

(As you review these, be sure you remember the meanings of the words.)

FUNCION

Learning Activities	Learning Hints
	Explanation 2.f *Favor de* + Inf. Making Requests
2.11 **Solicitar favores**	

Directora de personal	*Empleada*	
Favor de _____.	**Con mucho gusto.**	Please _____./Gladly.
tomarlo		take it
cambiarlo		change it
comprarlo		buy it
pagarlo		pay for it
venderlo		sell it
indicarlo		point it out
devolverlo		return it
abrirlo		open it
hacerlo		leave it
no hacerlo		don't do it
usarlo		use it
no usarlo		don't use it

(Pronouns are attached to the end of the infinitive phrase, but precede the conjugated form of the verb, as you practiced in Frame 2.9.)

SITUACIONES

A. *You are a clerk in a department store. Ask a customer to do the following, using* **Favor de.**

1. Point out an item, buy it, pay for it, and use it.
2. Return it and exchange it.

B. Use the expression **Favor de** to ask your secretary to do the following:

(Take off **lo** and add the appropriate noun.)

1. take the application, buy the paper, sell the book, change the money, and do the work

trabajo

2. take the money, do the lesson, buy the sandwiches, sell the papers, and change the credit cards.

INTERESES ESPECIALES Y VIAJES

Turn to the special interest section of the text, just before the vocabularies. Working in pairs or interest groups, practice the vocabulary of your special interest.

OPINION PERSONAL

What are your feelings about the closeness of family ties? Mark your response to each of the following statements by placing a check mark (√) on the scale. Then read the **Notas culturales** that follow. Mark an X on each scale to indicate how you think the typical Spanish-speaking person would respond to these questions.

(Read each sentence for general meaning. Try to guess the new words from the context of the sentence. A few key words are given in English in the Learning Hints column.)

Ejemplo: Es preferible vivir° en casa con una familia nuclear (padre, madre, hijos) que vivir en una casa con una familia extendida (padre, madre, hijos, abuelos, primos, etc.).

to live

√   X
_____

¡Seguro que sí!   Sí   Neutral   No   ¡Absolutamente no!
1. La muchacha adolescente no debe salir sola° con un muchacho.

shouldn't go out alone

¡Seguro que sí!   Sí   Neutral   No   ¡Absolutamente no!
2. Los abuelos deben vivir° en la casa con los padres y los hijos.

should live

¡Seguro que sí!   Sí   Neutral   No   ¡Absolutamente no!
3. La disciplina de los hijos es la responsabilidad de los padres.

¡Seguro que sí!   Sí   Neutral   No   ¡Absolutamente no!
4. La madre debe estar° en casa con los hijos.

should be at home

¡Seguro que sí!   Sí   Neutral   No   ¡Absolutamente no!
5. La autoridad del padre es absoluta.

¡Seguro que sí!   Sí   Neutral   No   ¡Absolutamente no!
6. La responsabilidad de la casa debe ser igual° para los padres.

should be equal

¡Seguro que sí!   Sí   Neutral   No   ¡Absolutamente no!
7. El sistema de nombres en las familias hispanas es muy justo para la señora.

¡Seguro que sí!   Sí   Neutral   No   ¡Absolutamente no!

Pronunciación

Vowels in Spanish are short and clipped, rather than drawn out and glided as English vowels often are. Whether in stressed or unstressed syllables, Spanish vowels retain the same clear sound. Making the Spanish vowel sounds clearly and distinctly can greatly increase the comprehensibility of your Spanish.

There is an anonymous couplet that can be used to practice Spanish vowel sounds.

La mar estaba serena,   The sea was serene,
Serena estaba la mar.   Serene was the sea.

Practice this couplet using only one vowel at a time. It turns into a nonsensical exercise that is fun.

a   La mar astaba sarana,
       Sarana astaba la mar.
e   Le mer estebe serene,
       Serene estebe le mer.
i   Li mir istibi sirini,
       Sirini istibi li mir.
o   Lo mor ostobo sorono,
       Sorono ostobo lo mor.
u   Lu mur ustubu surunu,
       Surunu ustubu lu mur.

PRACTICA

Your teacher will say rapidly and in random order some of the sounds you have just practiced. How many can you write down correctly?

Notas culturales

La Familia

For most Spanish-speaking people, family bonds are strong and important. Loyalty to the family is regarded above pleasure and personal interests, and thus, family honor is cherished and protected. To a greater or lesser extent, family honor regulates the actions of parents and children. In most families paternal authority reigns undisputed, although the mother indirectly exerts a great influence on her husband and on her children.

The functions of men and women are well-defined with certain characteristics associated with the behavior of each sex. Men must be strong and decisive, without showing weakness or sentimentality, although strong passion may be displayed. Men are even forgiven for going around with other women. Women, on the other hand, are expected to display gentleness, softness, tenderness, gaiety, and modesty. Traditionally, wives are expected to be the mainstay of the home, overseeing the comfort and catering to the needs of the entire family.

Households often include many family members—husband, wife, children, grandparents, aunts, uncles, or cousins may all live together under one roof or next door to one another. Thus, the Hispanic family organization is that of the extended family.

The importance of family is also seen in the system of names used in Hispanic families. Children may be given three or more Christian names that incorporate names of grandparents and aunts or uncles, as well as a patron saint or the Virgin Mary, such as María or Guadalupe. Legally and formally, in Spanish-speaking countries, a person uses two last names: the father's last name followed by the mother's maiden name.* For example, in the Martínez family, illustrated on the family tree on page 27, the full name of the daughter of Julián Martínez and Estela Ramírez is Carmen Martínez Ramírez. When she marries,

she becomes Carmen Martínez Ramírez de Calderón, the *de* standing for "wife of" Calderón. This name may be shortened to Carmen Martínez de Calderón, or in conversation to Sra. de Calderón, or even simply to Mrs. Calderón, especially in the United States.

Presentaciones

In this lesson you meet some of the social interactions typical of Spanish-speaking people. For example, when Spanish-speaking people are introduced, whether they are men or women, they always shake hands. In addition, it is customary to give one's own name in introductions, rather than to let host, hostess, or friends stumble through it. (After all, one seldom mixes up one's own name!)

Social customs affect our daily lives and our communication with others. Learning about these customs is an inherent part of learning a language.

Discussion

1. Do you think the extended family has advantages over the nuclear family? Why or why not?
2. How might the pressures of modern urban life change the close ties typical of the Hispanic family?
3. What would be some of the consequences of the importance of family loyalty for the parents? For the children? For the English speaker who comes to know the family?
4. When you meet Spanish-speaking people in the community, what will you need to know about their names?

Carmen Martínez
Ramírez de Calderón

*Until fairly recent times, in some countries, it was customary to add the letters S.O.A. (**Sin otro apellido,** or "without other surname") in the birth register to the names of "natural" or illegitimate children who only bore the maiden name of the mother. This practice has been discontinued.

EXPLANATIONS

2.a Nouns   2.1

Words that name people, places, things, actions, events or ideas are nouns. In Spanish, all nouns are either masculine or feminine. This is usually a matter of grammatical form, not identifiable with sex except in the case of human beings and higher animals. In Lesson 2, however, many of the nouns you are practicing do refer to people, and therefore the gender of the noun reflects the sex of the person. Generally, nouns that end in *-a* are feminine, and nouns that end in *-o* are masculine. Those that end in consonants or *-e* are variable, and you will learn them with use. Where helpful, the abbreviations "m." for masculine and "f." for feminine are used.

Plural Forms of Nouns   2.2

A noun that refers to one person or thing is said to be "singular." A noun that refers to more than one person is "plural."

In Frame 2.2, you practice the plural forms of nouns. In Spanish, *-s* is the sign of the plural forms of nouns, adjectives, and many pronouns.

The plurals of nouns that end in vowels are formed by adding *-s:*

señora   señoras
hijo   hijos

The plurals of nouns that end in consonants are formed by adding *-es:*

señor   señores
doctor   doctores

Masculine plural forms may include the feminine meaning, as in:

Masculine plural form	*Possible meanings*
los hijos	sons
	children
	son and daughter
	sons and daughter
	son and daughters
	sons and daughters
los señores	the men
	Mr. and Mrs.
los padres	parents
	fathers

2.b Articles

Articles, like a/an/the in English, express whether a noun is used in a definite or indefinite way.

El/La

El and *la* are definite articles.

El and *la* both mean "the" in English. *El* is used with masculine singular nouns, and *la* is used with feminine singular nouns.

El and *la* have plural forms. The plural of *el* is *los* and the plural of *la* is *las:*

el hijo	the son	los hijos	the sons (or children, etc.)
la hija	the daughter	las hijas	the daughters

Adjectives   2.1, 2.3

Adjectives are words that describe or limit nouns or pronouns. (Pronouns are discussed in 2.c.) In this lesson you can see that Spanish adjectives have different endings, depending on the nouns they describe:

ese señor	that man
esa señora	that woman

In Lesson 3 you learn more about adjectives.

2.c Subject Pronouns   2.4–2.6

Pronouns are words that stand for nouns. The subject is the doer of the action of the verb. Since the endings of verbs vary for each person, the subject pronouns are usually not expressed unless they are required for emphasis or clarity.

yo	I
tú	you (familiar)
usted (abb. Ud.)	you (formal)
él	he
ella	she
nosotros	we (m. or mixed group)
nosotras	we (f.)
ustedes (Uds.)	you (plural)
ellos	they (m. or mixed group)
ellas	they (f.)

Two other words may be used for familiar "you": *vos* and *vosotros.*

Lo, la   2.10, 2.11

The pronouns *lo* and *la* mean "him" and "her," (frame 2.10, as well as "it" (*lo,* frame 2.11). *Lo* and *la* are direct object pronouns. The direct object receives the action of the verb; that is, it tells what or what person (whom) receives the action of the verb. In this case, the action is a mental one—"know." You can determine the noun or pronoun that serves as the direct object by turning the action word into a question followed by "What?" or "What person?" For example, "I know him." What person do I know? Him. As you probably notice as you practice, *lo* or *la* precedes the verb. This is the usual place for direct object pronouns in Spanish, except at times they are attached to the end of commands and infinitives.

2.d   Verbs

Ser—To Be   2.6

In this lesson you practice the forms of the verb *ser* in the present tense. The tense of the verb means the time it indicates, such as present, past, or future.

yo soy	I am
tú *eres*	you (fam.) are
él, ella, Ud. *es*	you (form.) are; he, she, it is
nosotros-as somos	we are
ellos, ellas, Uds. son	you (pl.) are, they are

Conozco, conoce   2.10

In this lesson you practice two forms of the verb that means "know, be acquainted with":

yo conozco	I know, Do I know? *or, if preceded by* **no,** I don't know. Don't I know?
él, ella, Ud. conoce	you (form.) know, he, she knows, Do you know? Does he, she know? *or, if preceded by* **no,** you don't know, etc.

2.e   Personal *a,* Contractions *al* and *a la* with Titles   2.10

When the direct object noun names a person, the noun is preceded by *a.* This *a* is called the personal *a.* The *a* has no meaning in English, but in Spanish it serves to signal the direct object noun, no matter where it is placed in the sentence. In Spanish, the direct object noun can also be placed before the verb for emphasis.

Ejemplo: Conozco a la señora Martínez.
                 I know Mrs. Martínez.

When **a** and **el** come together, they combine to form the contraction **al: De** and **el** combine to form the contraction **del** ("from the" or "of the").

¿Conoce Ud. al señor Martínez?
Do you know Mr. Martínez?

When you speak about people in Spanish, rather than directly to them, and when you use titles such as **señor, doctora,** etc., then **el** or **la** precedes the title. The words have no translation in English:

¿Conoce Ud. a la doctora Gómez?
Do you know Dr. Gómez?

2.f   *Favor de* + Infinitive   2.11

Infinitives

Infinitive forms of verbs do not indicate time or person, and in this sense are infinite. When we refer to verbs categorically, we refer to them by their infinitive forms. Infinitives end in **-ar, -er,** or **-ir.** In this lesson you practice using infinitives with **Favor de** to give the idea of please. It's an easy way to ask people to do something without changing the form of the verb.

Favor de is the shortened form of the extremely polite way to say "please," **Hágame Ud. el favor de** + infinitive.

Hágame Ud. el favor de indicarlo.   Please point it out.
                                           (lit., Do me the favor of)
Favor de indicarlo.   "Please" point it out.

No is placed before the infinitive to indicate the negative form.

Favor de no hacerlo.   Please don't do it.

Lección 3
¿Con quién trabajamos?
With Whom Do We Work?

FICCION

ODISEA DE LA FAMILIA MARTINEZ

Episodio 3

Where is José Antonio?
Who's he interested in?
Who's a little too young?

(Use the Cue Questions and the key words to help you understand what's going on. Remember, you don't have to understand every word to figure out the general idea.)

José Antonio está en una fiesta.
Habla° con su prima Patricia.

    José Antonio: Oye, Patricia, ¿sabes° quién es esa chica encantadora°?

He's talking
do you know
charming gal

46

Patricia:	¿Esa?
José Antonio:	Sí, la que está bailando° con Carlos.
Patricia:	Ah, sí. Es Amparo Vásquez. Es hija del nuevo ingeniero° de la Compañía Longoria.
José Antonio:	¿De dónde es?
Patricia:	De San Juan de Puerto Rico.
José Antonio:	¿La conoces?
Patricia:	Claro que sí.°
José Antonio:	Vamos, hombre,° preséntamela.°

dancing

engineer

Of course!

man (lit. meaning "man," but often used to a woman)/introduce her to me

Patricia:	Amparo, quiero que conozcas a mi primo.
José Antonio:	José Antonio Calderón, a sus órdenes.
Amparo:	Amparo Vásquez. Mucho gusto.
José Antonio:	El gusto es mío.
Amparo:	Fantástica fiesta, ¿verdad?
José Antonio:	Sí, fantástica porque tú estás aquí. ¿Quieres° bailar?
Amparo:	Encantada.
Amparo *(aparte):*	Es un poco joven° para mí, pero no está mal.
José Antonio *(aparte):*	Seguro que es bastante mayor° que yo, pero, ¡qué belleza!

Do you want to

Delighted.

a little young

a good deal older

PREGUNTAS

Answer the following questions, in a few words, in Spanish:

1. ¿Quién es la chica encantadora?
2. ¿De quién es hija?
3. ¿Patricia la conoce?
4. ¿De dónde son Amparo y su padre?
5. ¿Por qué es fantástica la fiesta?
6. ¿Quién es mayor, Amparo o José Antonio?

FONDO 3

Learning Activities	Presentación de materia nueva	Learning Hints

3.1 ¿Qué hacen?

Visitante

¿Qué hace _____?
  él   ella

Amigo/Amiga

Es _____.
  comerciante
  hombre/mujer de negocios

  contador/a
  secretario/a
  locutor/a de radio
  mesero/a
  ingeniero/a
  político
  cura
  ama de casa
  maestro/a

  estudiante

What does he/she do?/
He's/She's a _____.

person in business (lit., merchant, tradesman)

accountant
secretary
announcer
waiter/waitress (also **mozo**)
engineer
politician
priest
homemaker
teacher (also **profesor/a** for upper levels)

student

PRACTICA

A. Remember the Martínez family? What does each of the following do?

(Learn new words by making vocabulary cards. Repeat the words frequently to yourself.)

1. Julián Martínez   5. Carmen Calderón

2. Estela Martínez   6. Antonio Calderón

3. Alicia Martínez   7. José Antonio Calderón

4. Héctor Martínez   8. Patricia Martínez

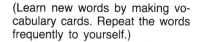

B. *Tell your classmates about people you know.*

Ejemplo: ¿Quién es político?
                Sam García es político.

1. ¿Quién es locutor/a de radio?
2. ¿Quién es cura?
3. ¿Quién es mujer/hombre de negocios?
4. ¿Quién es político/a?
5. ¿Quién es contador/a?
6. ¿Quién es doctor/a?
7. ¿Quién es mesero/a?
8. ¿Quién es ingeniero/a?

3.2
¿En qué trabajan?   What Work Do They Do?

Visitante	*Amigo/Amiga*	
¿En qué trabaja _____?	**Es _____.**	What does _____ work at?/ He's/She's a/an _____.
esa señorita	dependiente	clerk
ese señor	sirviente/a	servant/maid
	obrero/a	worker
	enfermero/a	nurse
	abogado/a	lawyer
	chófer de taxi	taxi driver
	médico/a	doctor
	policía	policeman/woman (**el policía** can be a man or a woman; **la policía** = police force)

PRACTICA

Read the careers aloud, and tell whether you think each would yield a lot of money, a moderate amount, or a small amount. Use:

1. mucho dinero   2. término medio   3. poco dinero

Ejemplo: técnico   *término medio*

(Some feminine forms of professions, ending in **a,** are accepted today. It's a question of dialect and how often women are associated with the career.)

1. médico	7. cartero
2. maestra/maestro	8. contadora/contador
3. cura	9. locutor/locutora
4. abogado/abogada	10. mecánico/mecánica
5. mesero/mesera	11. sirviente/sirvienta
6. ingeniero/ingeniera	12. obrero/obrera

3.3
¿Cómo es él?

Explanation 3.a
Ser with Adj. of
Characteristic
What's He Like?

Visitante	*Profesional*	
¿Cómo es _____**?**	**Es** _____**.**	What's _____ like?/ He's _____.
Héctor Martínez	guapo y ambicioso	handsome and ambitious
Antonio Calderón	alto y delgado	tall and slim
Javier Longoria	rico y listo	rich and smart (clever)
Julián Martínez	bajito y gordo	short and fat
el señor Sánchez	pobre, feo y flaco	poor, ugly and skinny
¿Quién es _____**?**	**Es** _____**.**	
ese señor simpático	el señor Martínez	that pleasant man
ese señor antipático	el señor Sánchez	that disagreeable man
ese señor feliz	el señor Calderón	that happy man
ese tipo infeliz	el señor Sánchez	that miserable guy

PRACTICA

A. *Match each statement to the drawing.*

1. Es guapo.
2. Es feo.
3. Es ambicioso.

4. Es feliz.
5. Es rico.
6. Es listo.

B. *Positive or negative? Read each characteristic aloud and tell whether you regard it as positive or negative:* ***positivo*** *or* ***negativo.***

1. ambicioso
2. feo
3. guapo
4. flojo°
5. listo

6. flaco
7. alto
8. infeliz
9. rico
10. bajo

lazy

3.4
¿Cómo es ella?

Explanation 3.a
Ser with Adj. of
Characteristic
What's She Like?

Profesional

Cliente

¿Cómo es _____?

Es _____.

What's _____ like?/
She's _____.

Carmen Calderón	rubia y guapa	blonde and good-looking
Alicia Martínez	pelirroja y atractiva	redheaded and attractive
Margarita del Valle	morena y hermosa	brunette and beautiful
Patricia Martínez	joven y bonita	young and pretty
María Eugenia Martínez	pequeña y traviesa	little and mischievous
Ursula Cantú	pesada y entrometida	tiresome and nosy
Estela Martínez	vieja, canosa y buena	old, gray-haired, and good

PRACTICA

A. *Similar or different? Would the same woman have both of these qualities, or are they opposite or somewhat different? Read the qualities aloud and tell if they are* **Similares** *or* **Diferentes.**

(Review 3.3.)

1. fea/hermosa
2. ambicioso/flojo
3. pelirroja/morena
4. guapa/hermosa
5. inteligente/lista
6. gorda/delgada
7. bonita/hermosa
8. entrometida/simpática
9. delgada/flaca

B. *The following descriptions contain some adjectives that are inconsistent with the rest of the description. Which word or words should be left out?*

1. La señora es floja, fea, vieja, atractiva y joven.
2. La muchacha es guapa, alta, gorda, fea y baja.
3. La señora es simpática, gorda, joven, antipática y vieja.
4. Ella es pelirroja, atractiva, entrometida, bajita, infeliz, morena, y lista.
5. Alicia es hermosa, flaca, delgada, atractiva y pelirroja.
6. María Eugenia es traviesa, pequeña y vieja.
7. Ursula Cantú es delgada, canosa, hermosa y rubia.

(In some dialects **gordita** is used instead of **gorda,** which may mean pregnant.)

3.5
¿De dónde es él, ella?

Explanation 3.a
Ser for Origin,
Nationality
Where Is He or She From?

Amigo	*Amiga*	
¿De dónde es él?	**Sí, es _____.**	Where's he from? From _____.
¿De _____?		Yes, he's _____.
¿De Cuba?	cubano	Cuban
¿De Puerto Rico?	portorriqueño	Puerto Rican (also **puertorriqueño**)
¿De México?	mexicano	Mexican
¿De los Estados Unidos?	norteamericano	American
	angloamericano	
	mexico-americano	
	hispano	Hispanic
¿De dónde es ella?	**Sí, es _____.**	Where's she from? From _____.
¿De _____?		She's _____.
De Puerto Rico	portorriqueña	
De México	mexicana	(The word **estadounidense** is accurate, but too long for informal use.)
De Cuba	cubana	
De los Estados Unidos	hispana	
	méxico-americana	(Also **chicano.** For the most part, older people of Mexican descent dislike the word; many university students prefer **chicano.**)
	norteamericana	
	angloamericana	

PRACTICA

A. Describe the nationalities of the following men/boys.

1. un amigo
2. Julián Martínez
3. un hombre famoso
4. José Antonio Calderón
5. Antonio Calderón

B. Describe the nationalities of the following women/girls.

1. mi amiga/novia/esposa
2. Amparo Vásquez
3. Estela Martínez
4. Margarita del Valle
5. una mujer famosa

C. *Imagine that you have a friend from each of these countries. Introduce him or her to someone in·your group or class.*

(Review 2.7.)

Ejemplo: ella—México
  Quiero que conozca a mi amiga mexicana.

1. él— Puerto Rico
2. ella—Puerto Rico
3. ella—cubana
4. él— Estados Unidos (angloamericano)
5. ella—Estados Unidos (Sus padres son de México.)
6. él— Estados Unidos (Sus padres son de Cuba y Bolivia.)

3.6
¿Dónde está?

Places of Work
Explanation 3.b
Estar, Location
Where Is He, She?

Trabajador social	*Cliente*	Social Worker/Client
¿Dónde está _____**?**	**Está** _____**.**	Where is he/she? He's/She's _____ in (*En* means both "in, at")
el contador	en la oficina	(Explanation 3.d.3)
el ama de casa	en la casa	homemaker/home
el agente deventas	en la agencia	sales agent/agency
el locutor de radio	en la estación de radio	radio announcer/radio station
la maestra	en la sala de clase	teacher/classroom (Also **salón de clase** or **aula**)
el policía	en la estación de policía	policeman/police station
el abogado	en el bufete	lawyer/lawyer's office
la doctora	en la consulta	doctor/doctor's office
el obrero	en la fábrica	workman/factory
el político	en la junta	politician/meeting

PRACTICA

Tell where each person might be.

Ejemplo: ¿Dónde está María Eugenia?
  Está en la escuela.

1. ¿Dónde está Julián?
2. ¿Dónde está Patricia?
3. ¿Dónde está Carmen?
4. ¿Dónde está José Antonio?

PRACTICA

*Are these people in the places where they typically work? If so, answer the question, **Sí, está allí**. If not, answer, **No, está en** _____ and give that person's place of work.*

(Review 3.1, 3.2.)

Ejemplo: ¿La maestra está en la estación de policía?
                    No, está en la sala de clase.

1. ¿La doctora está en el hospital?
2. ¿El abogado está en la sala de clase?
3. ¿La agente de ventas está en la estación de radio?
4. ¿El cura está en el bufete?
5. ¿El locutor está en la estación de televisión?
6. ¿El ama de casa está en la fábrica?
7. ¿El obrero está en el taxi?
8. ¿La enfermera está en la consulta?
9. ¿El mesero está en el restaurante?
10. ¿Los políticos están en la junta?

3.7
¿Cómo está?

Explanation 3.b
Estar with Adj.
of Condition
How Is He/She/It?

¿Cómo está el señor hoy?	Está _____.		How is the man today?/He's _____.
	ocupado	enfermo	busy/ill
	cansado	contento	tired/happy
	enamorado	borracho	in love/drunk
¿Cómo está la señora ahora?	Está _____.		How is the woman now?/ She's _____.
	alegre	tranquila	happy/calm
	preocupada	enojada	worried/angry
	dormida	en estado	asleep/pregnant (also ***embarazada***)
¿Cómo está el trabajo hoy?	Está _____.		How's work today?/It's _____.
	fácil	difícil	easy/hard (difficult)
	interesante	aburrido	interesting/boring
	exigente	monótono	demanding/monotonous

PRACTICA

Which phrase best describes the condition of each person or thing?

(A good way to learn a language is by talking to yourself in the language. Phrases like ***"Es fácil"*** and ***"Está alegre"*** are good comments to practice saying to yourself.)

Ejemplo: Ella tiene un millón de dólares.
                    ¿Está alegre o está triste?
                    Está alegre.

1. El tiene un trabajo muy exigente.
    ¿Es difícil o fácil el trabajo?

2. El trabajo está hoy extremadamente monótono.
   ¿El trabajo está aburrido o está interesante hoy?
3. Ella tiene un novio muy guapo.
   ¿Está alegre o está triste?
4. El novio está muy ocupado.
   ¿Probablemente la novia está contenta o está enojada?
5. El tiene muchos problemas.
   ¿Está tranquilo o está preocupado?
6. La señora tiene seis hijos. Ahora está en estado.
   ¿Probablemente está tranquila o está cansada?
7. Su esposo (el esposa de la señora) quiere muchos hijos.
   ¿Probablemente está contento o está triste?
8. La clase está aburrida hoy.
   ¿María Eugenia está ocupada o está dormida?
9. El señor acaba de tomar° siete cervezas.   has just drunk
   ¿Está bien o está borracho?
10. Amparo tiene novio.
    ¿Está contenta o está triste?
11. El esposo llega° tarde.   arrives
    ¿La señora está contenta o enojada?

3.8
¿Cómo es usualmente? ¿Cómo está hoy?

Explanation 3.c
Ser vs. *Estar*
What's He Like?
How's He Today?

Profesional	Cliente	
Usualmente el joven es _____, ¿verdad?	**Sí, pero hoy está _____.**	Usually the young man is _____, isn't he?/Yes, but today he's _____.
perezoso	activo	lazy/active
alegre	triste	happy/sad
listo	tonto	smart/dumb
tranquilo	preocupado	calm/worried
Usualmente el trabajo es _____, ¿verdad?	**Sí, pero hoy está _____.**	
interesante	aburrido	
fácil	difícil	
exigente	fácil	

PRACTICA

*People and things change. The first part of the sentence tells how
each person or job typically is. Complete the sentence to show
the condition today.*

Ejemplo: Julián Martínez es alegre, pero hoy *está triste.*

1. José Antonio es perezoso, pero hoy _____.
2. Desdémona es muy feliz, pero hoy _____.
3. Margarita es muy simpática, pero hoy _____.
4. El trabajo es muy interesante, pero hoy _____.
5. La niña es muy activa, pero hoy _____.
6. El señor es muy listo, pero ahora _____.
7. La señorita es muy tranquila, pero ahora _____.
8. La señora no tiene hijos, pero ahora _____.
9. El español es fácil, pero esta lección _____.

COMUNICACION—FONDO

A.   *A local newspaper is planning a story about the people from
your town, where they are from, and where they are now. The
reporter knows you are well-informed, so she asks you about
them.*

Ejemplo: su profesor
            Es de Nueva York y ahora está en esta universidad.

1. un artista famoso
2. un senador de su estado
3. el alcalde° de su ciudad
4. una persona de su clase
5. un amigo/una amiga
6. una persona de su familia
7. Ud.

(Guess the cognate words!)

mayor

B.   *You are the director of an employment agency. You are interviewing applicants in order to recommend them for positions.
From each set of descriptions, choose the person you would
recommend by circling that letter.*

1. Una secretaria
   a. atractiva, perezosa, tonta
   b. trabajador, guapo, joven, simpático (¡Pero es hombre!)
   c. hermosa, hábil, vieja

2. Un obrero
   a. exigente, independiente, feo, antipático
   b. gordo, joven, perezoso
   c. pobre, flaco, feliz, diligente
3. Una maestra
   a. exigente, simpática, inteligente
   b. triste, nerviosa, exigente, aburrida
   c. interesante, generosa, buena

C. Cliente y comerciante
One student is the customer and another is the merchant. Ask how much each item costs.

(Review 2.8.)

(This is a good practice to do in pairs.)

(For more practice, bring to class ads with prices under $100.00. Ask each other how much the items cost.)

Or ***cincuenta y nueve, noventa y cinco***

Ejemplo: ¿Cuánto cuesta la cartera?
Cuesta cincuenta y nueve dólares y noventa y cinco centavos.

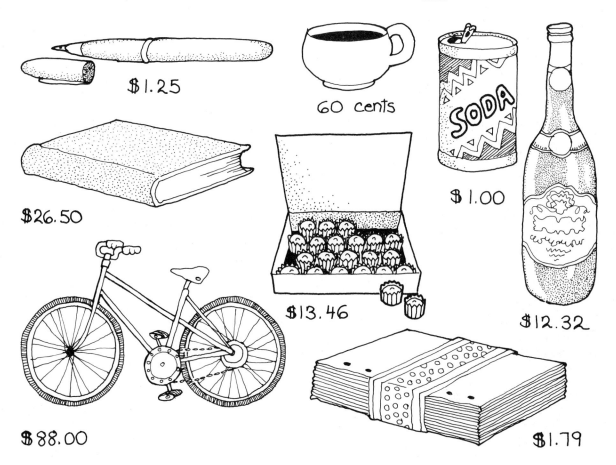

$1.25

60 cents

$1.00

$26.50

$13.46

$12.32

$88.00

$1.79

FORMA

Learning Activities	**Presentación de estructuras nuevas**	**Learning Hints**
	3.9 Descripciones	Explanation 3.d Forms of Adjs., Agreement with Noun Descriptions

Profesional

¿Cómo es él?
¿Es _____?
  atractivo
  perezoso
  simpático
  joven
  alegre

¿Cómo es ella?
¿Es _____?
  guapa
  morena
  entrometida
  antipática
  vieja

¿Cómo son ellos?
¿Son _____?
  jóvenes
  alegres
  gordos

¿Cómo son ellas?
¿Son _____?
  atractivas
  delgadas
  perezosas
  viejas

Cliente

Sí, es _____.
No, señor, no es _____.

Sí, es _____.
No, señora, no es _____.

Sí, señorita, son _____.
No, señorita, no son _____.

Sí, señor, son _____.

(Review 3.3, 3.4 if you haven't learned the meanings of the adjectives.)

(If you use the wrong ending, can you still be understood? Sometimes the mistake will be comical —you'll be talking about the wrong sex!)

(Adjective agreement is easy for English speakers to understand, but hard to remember to do. Making errors is part of learning a language!)

PRACTICA

A. *Choose from the list of adjectives to give a positive or negative description of each person. Begin each sentence with the name(s) of someone you know.*

Ejemplo: _____ es un° maestro _____.
Tom Johnson es un maestro simpático.

(*Un/una* = a/an; *unos/unas* = some.)
(A reminder: adjectives agree with nouns in number and in gender.)

1. _____ es un comerciante _____.
2. _____ es una mujer _____.
3. _____ y _____ son unos niños _____.
4. _____ es un político _____.
5. _____ son unos señores _____.

joven viejo
atractivo
moreno
rubio
pelirrojo
feo
perezoso travieso
feliz
infeliz

(Descriptive adjectives usually follow the noun in Spanish.)

B. *Answer the questions, telling how these people are as the result of special circumstances or changes in their lives.*

Ejemplo: Carmen es delgada.
¿Cómo está ahora?
Está gorda.

She has gained weight.

1. Guillermo es un político rico.
¿Cómo está ahora?
2. Los niños casi siempre son inquietos.
¿Cómo están ahora?
3. Ursula es una chica inteligente.
¿Cómo está hoy?

He lost his money.

They're tired now.

Today she's talking silly.

COMUNICACION—FORMA

A. *You are giving some facts about the lawyer Nicolás García to a friend who doesn't know him. You've jotted down some adjectives, but now you need to add* **Es** *or* **Está** *to make complete statements.*

(Review Explanations 3.a, 3.b, and 3.c.)

Ejemplo: político
Es político.

1. abogado
2. de Puerto Rico
3. aquí
4. diligente
5. preocupado por el futuro
6. rico
7. cansado ahora
8. inteligente
9. simpático
10. en Washington, D.C., ahora

B. *Imagine that you are reviewing the performance of your employees with your supervisor. Give the following information about five of them.*

(Or you can work in a group, and each person can tell about one employee.)

Supervisor: ¿Cómo se llama?
     Usted: _____
Supervisor: ¿Qué trabajo tiene?
     Usted: _____
Supervisor: ¿Cómo es?
     Usted: _____
Supervisor: ¿Dónde está ahora?
     Usted: _____
Supervisor: ¿Y cómo está hoy?
     Usted: _____
Supervisor: ¿Y qué recomienda Ud.?
       ¿Darle un aumento de sueldo?   Give him/her a raise.
       ¿Despedirlo/la?   Fire him/her?
     Usted: _____

FUNCION

Learning Activities

Learning Hints

Explanation 3.e
Useful Commands,
Ud., Uds.
Giving Instructions

3.10
Dar instrucciones

Director de Personal	*Empleado*	Director of Personnel/Employee
Siéntese, **por favor.**	**Muy bien.**	Sit down, please.
Llene esta solicitud,		Fill out this application
Escriba esto,		Write this
Tome esto,		Take this
Abra esto,		Open this
Cierre esto,		Close this
Indique esto,		Point this out
Déme esto,		Give me this
Déle esto,		Give him/her this
Pregúntele esto,		Ask him/her this
No toque eso,		Don't touch that
Haga esto,		Do this
Párese,		Stand up
		(also ***póngase de pie***)
Vaya allá,		Go there
Venga acá,		Come here

SITUACIONES

A. *You want to teach the commands to your classmates. Take turns giving commands like the following to each other.*

(In the beginning your teacher can give and perform the commands as you listen and follow.)

1. Levántese, toque la puerta y siéntese, por favor.
2. Abra el libro, indique una foto y cierre el libro, por favor.
3. Déme un dólar y sus llaves, por favor.
4. Pregúntele el nombre° a ese señor, por favor.
5. Déle el libro a otro estudiante, por favor.

his name

B. *You can give these commands to the whole class. Make up others like them to give to the class.*

(The *n* at the end of the command or before the *se* makes it plural.)

1. Indiquen el profesor/la profesora y levántense.
2. Indiquen la puerta, indiquen la ventana y siéntense.
3. Hagan eso. No hagan eso.

(One student can perform actions while another tells others to do or not to do that.)

OPINION PERSONAL

Do you agree or disagree with the following statements? Mark each statement **Sí** *or* **No,** *and then read the* **Notas culturales.**

(Try to understand the meaning by guessing the cognate words.)

1. La puntualidad es una característica típica en la mayoría° de los hispanos.

majority

2. La estructura de las clases sociales es menos rígida en los Estados Unidos que en otros países.
3. Para los americanos la vida gira alrededor° del trabajo.
4. En los Estados Unidos el trabajo manual se mira° con desdén.

revolves around
is looked at
(**mente** = ly)

5. La siesta es un período de reposo que se observa exclusivamente en la América Latina.
6. Los hispanos gozan° más de la vida.

enjoy

7. La mayoría de los inmigrantes consideran el trabajo como una oportunidad de avanzar en la escala social.
8. Posiblemente la educación es más importante al inmigrante que al ciudadano nativo.°

than to the native citizen

INTERESES ESPECIALES Y VIAJES

Turn to the special interest section of the text, just before the vocabularies. Working in pairs or interest groups, practice the vocabulary of your special interest.

Pronunciación

Emphasis and Accent Marks

There are three simple rules that tell you which syllable in a Spanish word to emphasize in speaking.

1. Words that end in a vowel, **n** or **s** carry the spoken stress on the next to the last syllable.

   se-ma-na   to-ma-mos   a-mi-gos
   tom-a   to-man   bus-co

2. Words that end in a consonant other than **n** or **s** carry the spoken stress on the last syllable.

   us-ted   pa-pel   ha-cer
   u-sar   ven-der   in-di-car

3. Any word that is an exception to these two rules carries a written accent on the stressed vowel.

   es-tá   Mar-tí-nez   a-quí

Other Uses of Accent Marks

1. Accents are used to differentiate words that are spelled the same but have different meanings.

   él   he   sí   yes   sé   I know
   el   the   si   if   se   oneself

2. An accent is used on the stressed syllable of an interrogative or exclamatory word.

   ¿Quién?   ¿Cuándo?   ¿Qué día?   ¿Cuál?
   ¿Quiénes?   ¿Cuántos?   ¿A qué hora? ¿Por qué?

Vowel Combinations and Accent Marks

When two vowels come together, they may form two separate syllables or one rather long, glided syllable.

1. If the accent mark is on the **i** or **u** of such a combination, the two vowels form two separate syllables.

   día   tía   compañía   Raúl

2. If the accent mark is on the **a, e,** or **o,** and if the combination is one of these three vowels with an **i** or **u,** then the two vowels are pronounced as one extended syllable and the whole syllable receives the main stress of the word.

   lección   tráigame   dieciséis

(You may want to review the vowel combinations in Lesson 1.)

PRACTICA

1. Underline the stressed syllables in the following words.

clase   Calderón   cartera   tarjetas
crédito   mexicano   indicar   Martínez

2. In the following words, the stressed syllable is underlined.
Does the word need an accent mark? Add one if it is needed.

Gar-ci-a   An-to-nio   pe-re-zo-so
con-ta-dor   me-di-co   pa-pe-les

Notas culturales

Attitudes toward Work

When English speakers interact with Hispanic culture, they sometimes find attitudes toward work that they do not understand. Many English-speaking Americans grow up with the concept that life revolves around work. In Spanish-speaking countries, on the other hand, work is a necessity of life, but it is not the center of one's being.

Work is honored, but time is always reserved for rest, family, friends, and recreational activities. The work day is traditionally broken into two segments by the long lunch period, known as the *siesta*. Contrary to popular belief, most people don't sleep at this time, but the break in the day allows time for a leisurely lunch with family, visit with friends, and relaxation before returning to the afternoon's work. In the Hispanic concept, work is part of the natural rhythm of life. The demands of work do not take precedence over family and friends.

In Spanish-speaking countries, one notices a preference for work that is "clean." Thus, the professions, even if they do not pay well, tend to be more respected than work involving manual skills, although the pay may be better. There is a song that says, "Everyone wants to be a doctor/ No one wants to be a farmer." This song embodies the concept that economic class is determined by the kind of work one does, and that therefore, one should not do work that is inappropriate to one's class.

When Hispanic people come to the United States, they find less rigid class structures than in Spanish-speaking countries, with more opportunities for economic advancement. As a result, some of the traditional attitudes regarding work have been modified. But like all immigrants, Hispanic people who have come to the United States view work as a means of improving one's economic class and of giving a better life—including a good education and a profession—to one's children.

DISCUSSION

1. Are there attitudes toward work that Spanish speakers might have to change in order to adjust to American work habits?
2. Where do attitudes about work come from? How do you think the history of a people influences attitudes toward work?
3. Do the Spanish-speaking people that you know fit the traditional mold of Hispanic attitudes toward work? Give examples to illustrate your point.

EXPLANATIONS

3.a Uses of *Ser*

1. *Ser* with nouns   3.1

Ser is used with nouns to tell the *essence* of what the subject is. It may help to think of **ser** as a kind of equal sign in this case:

Patricia *es* estudiante.   Patricia = estudiante
Estela *es* ama de casa.   Estela = ama de casa.

Patricia and **estudiante** are one and the same person. Estela and **ama de casa** are the "essence" of what Estela is.

2. *Ser* with adjectives of characteristic   3.3, 3.4

Ser is used with adjectives that describe the characteristics that are typical of something or someone, that is, their "essence."

¿Cómo *es* José Antonio?   What's José Antonio like?
Es joven, guapo y feliz.   He's young, handsome, and happy.

3. *Ser* to state origin, nationality   3.5

Ser is used to show the origin, nationality, or source of someone or something. Such descriptions are a part of the "essence" of what that person or thing is.

Antonio *es* de México.   Antonio is from Mexico.
Antonio *es* mexicano.   Antonio is Mexican.
El producto *es* de los Estados   The product is from the United
   Unidos.   States.

There are two other important uses of **ser** that you will practice in later lessons: telling time and possession. You can see that they also show the "essence" of things.

3.b Uses of *Estar*

1. *Estar* to show location   3.6

Estar is used to show where something is, where it is located, where it "stands," in a sense.

El comerciante *está* en la tienda.   The merchant is in the store.
La tienda *está* en la comunidad.   The store is in the community.

2. *Estar* with adjectives of condition 3.7

Estar is used with adjectives to show the condition something or someone is in, the "state" of the person or thing. This state or condition may change from time to time.

La muchacha está enamorada.   The girl is in love.
El joven está cansado.   The young man is tired.
El trabajo está aburrido hoy.   The work is boring today.

3.c *Ser* and *estar* contrasted 3.8

When a language you're learning makes a semantic distinction that doesn't exist in your native language, you have to learn a new way to look at things. Such is the case with **ser** and **estar.** These two words derive from different verbs in Latin, and we have remnants of both Latin verbs in English. In understanding the uses of **ser** and **estar** in Spanish, it may help to make these associations:

ser - es essence   **estar - está** state, stand
Ser expresses the   **Estar** expresses the state
   essence of things.   of things and people, and
     where they "stand" or are.

If you compare the uses of **ser** and **estar** that you have studied, you will see that both **ser** and **estar** can be used with adjectives. **Ser** is used to show what is characteristic, or the "essence." **Estar** is used to show a "state" or condition that may be changing. This is the most difficult concept for English speakers to grasp, because sometimes either verb can be used, but with a slightly different meaning or emphasis.

3.d Adjectives 3.9

1. Gender

As you learned in Lesson 1, adjectives have forms that correspond to the gender of the nouns they describe—masculine or feminine. (In Spanish, all nouns, as well as personal pronouns, have gender.)
Here are some of the forms of adjectives that you practice in this lesson:

(1) Adjectives that end in **o** change to **a** for the feminine form:

Antonio es guapo.
Alicia es guapa.

(2) Adjectives that end in **e** or a consonant do not change form:

Antonio está triste.   El trabajo es fácil.
Alicia está triste.   La lección es fácil.

2. Number

Adjectives also correspond in number to the nouns, pronouns, or understood subjects to which they refer. In this lesson you practice:

(1) Adjectives that end in vowels form the plural by adding *s:*

> Antonio es triste.
> Antonio y Alicia son tristes.

(2) Adjectives that end in consonants form the plural by adding *es:*

> La lección en fácil.
> Las lecciones son fáciles.

A few adjectives (and nouns) have changes in spelling or accent marks in the plural, and you will learn these as you use them.

3. Omission of *un, una*   3.1

In sections 3.1, 3.2, and 3.5, you practice:

La señora es enfermera.	The woman is a nurse.
Antonio es mexicano.	Antonio is a Mexican.

The words **enfermera** and **mexicano** express occupation or nationality, and they are not qualified in any way, such as "She's a good nurse." Under these circumstances, a word for "a/an" is not used in Spanish.

4. *El* before stressed *a* or *ha*   3.6

In section 3.6 you practice *el ama. El,* rather than *la,* is used before a feminine singular noun that begins with stressed *a* or *ha.* This is a matter of sound. In the plural the article reverts to *las.*

el ama de casa	las amas de casa
el arte	las artes

3.e Commands   3.10

Commands are the forms of verbs that ask people to do something. While in English commands are quite simple (Go, Walk, etc.), in Spanish they are rather complex. There are different forms for addressing one person or several, for familiar and formal, and in some cases for telling someone to do something or not to do something. You'll learn all of these much later. For now, just learn the commands as words. Performing actions as you hear the commands helps you learn the language. This is a language learning methodology called TPR—Total Physical Response—or the Asher method, named after the man who developed it.

Lección 4
¿Cuándo, por favor?
when, Please?

FICCION

ODISEA DE LA FAMILIA MARTINEZ

Episodio 4

What is going to change Carmen and Antonio's lives?
What is the argument and why is it different now?

Antonio:	Pareces° triste.
Carmen:	No, de veras° no.
Antonio:	¿Estás preocupada?
Carmen:	Sí, un poco.
Antonio:	¿Por qué?
Carmen:	Fui al médico hoy.
Antonio:	¿No te sientes bien?°

(You can learn a lot of Spanish by listening to the lessons on cassette tape as you drive, jog, or work.)

You seem
really

Don't you feel well?

67

Carmen:	No es eso. La doctora Gómez dice que estoy en estado. ¡Que estoy embarazada!
Antonio:	¿Embarazada dices? ¿Que vas a tener un hijo? ¡Qué maravilla!°
Carmen:	No es ninguna maravilla.
Antonio:	¿Pero no estás contenta? Yo estoy encantado. ¿No quieres otro hijo?
Carmen:	No es eso. Es que José Antonio ya tiene 17 años. Tiene novia.
Antonio:	¿Y qué?
Carmen:	Un bebé va a complicar nuestras vidas.°
Antonio:	Sí, pero tú no necesitas trabajar.° Con un bebito vas a tener que quedarte en casa.°
Carmen:	La misma° discusión de siempre.°
Antonio:	No, ahora no es la misma. Un bebé necesita estar siempre con su mamá.
Carmen:	Y yo necesito trabajar.
Antonio:	No, no necesitas trabajar. ¡Un bebé! ¡Qué maravilla!

wonderful (lit., miracle)

complicate our lives
don't need to work
stay at home
same/always

PREGUNTAS

Answer the questions in a few words in Spanish.

1. ¿Está triste Carmen?
2. ¿Está preocupada? ¿Por qué?
3. ¿Qué dice la doctora Gómez?
4. ¿Quiere otro hijo Carmen?
5. ¿Quién tiene novia?
6. ¿Necesita trabajar Carmen?
7. ¿Por qué no es la misma discusión?
8. ¿Qué es una maravilla?

Que el futuro les depare
más felicidad
Y que cada uno de sus sueños
se haga realidad.

Felicitaciones

FONDO 4

Learning Activities	Presentación de materia nueva	Learning Hints
	4.1 **Los días de la semana**	Explanation 4.a Days of the Week

Empleado	*Cliente*	
¿Cuándo puede Ud. venir?		When can you come?
¿El lunes?	**Sí, el _____.**	On Monday?/Yes, on _____.
¿El martes?		On Tuesday?
¿El miércoles?		On Wednesday?
¿El jueves?		On Thursday?
¿El viernes?		On Friday?
¿El sábado?		On Saturday?
¿El domingo?		On Sunday?
¿Hoy es lunes?	No, **mañana es** lunes.	Is today Monday?/No, tomorrow's Monday.
¿Hoy es martes?	No, **pasado mañana es** martes.	Is today Tuesday?/No, the day after tomorrow is Tuesday.
¿Ayer fue jueves?	No, **anteayer fue** jueves.	Was yesterday Thursday?/ No, the day before yesterday was Thursday.

PRACTICA

A. You are the teacher and one of your students asks you when the paper is due. What day of the week do you tell the student? One person can ask the question and another give an answer.

Ejemplo: lunes *¿La lección es para el lunes?*
No, es para el viernes.

1. El viernes
2. El miércoles
3. El martes
4. El lunes
5. El jueves

B. What day would it be if . . .? Answer the questions as in the example.

Ejemplo: Si hoy es lunes, ¿qué día es mañana?
Mañana es martes.

1. Si hoy es viernes, ¿qué día es mañana?
2. Si hoy es domingo, ¿qué día es mañana?
3. Si hoy es martes, ¿qué día es pasado mañana?
4. Si hoy es lunes, ¿qué día fue ayer?
5. Si hoy es jueves, ¿qué día fue anteayer?

| 4.2
Los meses del año | | Explanation 4.a
Months of the Year |

Cliente	*Empleado*	
¿Puedo volver en _____**?**	**Sí, en** _____**.**	May I return in _____?/Yes, in _____.

	enero	julio		January/July
	febrero	agosto		February/August
	marzo	septiembre		March/September
	abril	octubre		April/October
	mayo	noviembre		May/November
	junio	diciembre		June/December

¿Puedo volver en _____**?**	**Sí, en** _____**.**	
la primavera		the spring
el verano		the summer
el otoño		the fall
el invierno		the winter

¿Cuándo es su cumpleaños?	**Es** _____**.**	
	el primero de junio	the first of June
	el dos de julio	the second of July

¿Cuál es la fecha de hoy?	**Es** _____**.**	What is the date today?
	el catorce de noviembre	(Also *¿A cuánto estamos?*)
	el veinte de mayo	

PRACTICA

A. El horóscopo. Give the dates for the signs of the horoscope.
Read the dates filling in the months.

Acuario: del 20 de _____ al 18 de _____
Piscis: del 19 de _____ al 20 de _____
Aries: del 21 de _____ al 21 de _____
Tauro: del 20 de _____ al 20 de _____
Géminis: del 21 de _____ al 21 de _____
Cáncer: del 22 de _____ al 22 de _____
Leo: del 23 de _____ al 22 de _____
Virgo: del 23 de _____ al 22 de _____
Libra: del 23 de _____ al 23 de _____
Escorpión: del 24 de _____ al 21 de _____
Sagitario: del 22 de _____ al 21 de _____
Capricornio: del 22 de _____ al 19 de _____

B. Give short answers to the questions:

1. ¿Cuál es la fecha de hoy?
2. ¿Qué día de la semana es hoy?
3. ¿Qué día fue ayer?
4. ¿Qué día fue anteayer?
5. ¿Qué día es mañana?
6. ¿Qué día es pasado mañana?
7. ¿Cuándo es su cumpleaños?°   birthday
8. ¿Cuándo es el cumpleaños de _____?

	L M M J V S D	L M M J V S D	L M M J V S D
	ENERO	**FEBRERO**	**MARZO**
	1 2 3 4	1	1
	5 6 7 8 9 10 11	2 3 4 5 6 7 8	2 3 4 5 6 7 8
	12 13 14 15 16 17 18	9 10 11 12 13 14 15	9 10 11 12 13 14 15
	19 20 21 22 23 24 25	16 17 18 19 20 21 22	16 17 18 19 20 21 22
	26 27 28 29 30 31	23 24 25 26 27 28	23 24 25 26 27 28 29
			30 31
	ABRIL	**MAYO**	**JUNIO**
	1 2 3 4 5	1 2 3	1 2 3 4 5 6 7
	6 7 8 9 10 11 12	4 5 6 7 8 9 10	8 9 10 11 12 13 14
	13 14 15 16 17 18 19	11 12 13 14 15 16 17	15 16 17 18 19 20 21
	20 21 22 23 24 25 26	18 19 20 21 22 23 24	22 23 24 25 26 27 28
	27 28 29 30	25 26 27 28 29 30 31	29 30
	JULIO	**AGOSTO**	**SEPTIEMBRE**
	1 2 3 4 5	1 2	1 2 3 4 5 6
	6 7 8 9 10 11 12	3 4 5 6 7 8 9	7 8 9 10 11 12 13
	13 14 15 16 17 18 19	10 11 12 13 14 15 16	14 15 16 17 18 19 20
	20 21 22 23 24 25 26	17 18 19 20 21 22 23	21 22 23 24 25 26 27
	27 28 29 30 31	24 25 26 27 28 29 30	28 29 30
		31	
	OCTUBRE	**NOVIEMBRE**	**DICIEMBRE**
	1 2 3 4	1	1 2 3 4 5 6
	5 6 7 8 9 10 11	2 3 4 5 6 7 8	7 8 9 10 11 12 13
	12 13 14 15 16 17 18	9 10 11 12 13 14 15	14 15 16 17 18 19 20
	19 20 21 22 23 24 25	16 17 18 19 20 21 22	21 22 23 24 25 26 27
	26 27 28 29 30 31	23 24 25 26 27 28 29	28 29 30 31
		30	

4.3	**Explanation 4.b**
Las horas	Time

Empleado	**Cliente**	
¿A qué hora puede Ud. venir? ¿_____?	**Sí, a _____.**	At what time can you come? Yes, at _____.
¿A la una?		At one?
¿A las dos?		At two?
¿A las tres?		At three?
¿A las cuatro?		At four?
¿A las doce?		At twelve?
¿Qué hora es?		What time is it?
¿Son _____?	**Sí, son _____.**	Is it _____?/Yes, it's _____.
¿Son las cinco?		Is it five?
¿Son las seis?		Is it six?
¿Son las siete?		Is it seven?
¿Son las ocho?		Is it eight?
¿Son ya las nueve?	No, son las nueve menos cuarto.	Is it 9:00 already?/No, it's 8:45.
¿Son ya las diez?	No, son las nueve y media.	No, it's 9:30.
¿Son ya las once?	No, son las once menos veinte.	It's 20 till 11. (lit., 11 minus 20)
¿Son ya las doce?	No, son las once y cuarenta.	No, it's 11:40.
¿A qué hora es la reunión?		At what time is the meeting?
	A las diez de la mañana.	At 10 a.m.
	A las tres de la tarde.	At 3:00 p.m.
	A las ocho de la noche.	At 8:00 p.m.
¿Cuándo trabaja?		When does he/she work?
	A mediodía.	At noon.
	A medianoche.	At midnight.

PRACTICA

A. *Give the time shown on the following clocks and watches. Begin your statement with* **Son las** *or* **Es la.**

(Reminder: Use **Es la una.** Use **Son las . . .** with all other hours.)

B. *This is Sara Aguilar's schedule of appointments in her beauty parlor. Read it aloud in Spanish, giving the times preceded by* **A las** *or* **A la.**

Horario
17 de octubre

9:00	Alicia Martínez	permanente
9:30	Ursula Cantú	champú y corte
10:15	Carmen Calderón	champú y peinado
11:30	Dra. Gómez	champú y peinado
12:15	almuerzo	

shampoo and cut

. . . and set

(Also **lonche** in some parts of the United States.)

1:30	Delia Villarreal	corte
2:15	Margarita del Valle	champú, peinado y manicure
3:00	Felicia Estévez	permanente
3:30	María Eugenia Calderón	corte
3:45	Patricia Calderón	corte

4.4 **Datos personales**		Explanation 4.c Personal Data

Asistente social	*Cliente*	Social worker/Client
Dígame, por favor.	**Sí, cómo no.**	Tell me, please./Yes, of course.
¿Cómo se llama Ud.?	**Me llamo** Margarita del Valle.	What is your name?/My name is . . .
¿Qué edad tiene Ud.?	**Tengo** treinta y cuatro años.	What is your age?/I'm 34 years old.
¿Dónde vive Ud.?	**Vivo** en Los Angeles.	Where do you live?/I live in Los Angeles.
¿Dónde nació Ud.?	**Nací** en Cuba.	Where were you born?/I was born in Cuba.
¿Cuál es su dirección?	**Es** la Calle Principal diez once.	What is your address?/It's 1011 Main Street.
¿Cuál es el número de su teléfono?	**Es** el número cuatro, seis, cinco; setenta y siete, cuarenta y dos.	What's your telephone number?/It's 465-7742.
¿Cuál es el número de _____?	**Es** el _____.	
su seguro		your insurance
su seguro social		your social security
su casa		your house
su apartamento		your apartment
su licencia de manejar		your driver's license
su tarjeta de crédito		your credit card

PRACTICA

Ask the questions that would elicit the following answers:

1. Es el número 864-3121.
2. En Miami.
3. Es el 341-82-7696.
4. Me llamo Guillermo Reyes.
5. Nací en México.
6. Vivo en Dallas.
7. Vivo en la calle Arboles.
8. No, no tengo tarjeta de crédito.
9. No sé.
10. Veinte años.

```
Rodríguez Armando C  Garay 674 .......27-7436    Rodríguez Aurora V  JEUribur 443 .....46-1688
Rodríguez Armando F  Talcahua 992  VO  652-0941  Rodríguez Aurora V de  EGonzál 3490 ..567-4116
Rodríguez Armando Francisco                      Rodríguez Austacio R M  AJCarranza 1453 771-2556
  DRepetto 965  MF ............792-3928           Rodríguez Ave Benito  Loria 1232 ....93-5848
Rodríguez Armando H  ILambert 222  SK  743-7433  Rodríguez Avelina  Dante 49  SV ......757-2282
Rodríguez Armando H  Miranda 1478  HF  655-2007  Rodríguez Avelina  Muñiz 595 ........90-5749
Rodríguez Armando J  Barad 475 ...67-8263        Rodríguez Avelina B C de  SIgnac 351  CR 653-8155
Rodríguez Armando J  Concordia 4817 ..571-6535   Rodríguez Avelina C de  Lima 581 ....37-0792
Rodríguez Armando R  Argerich 3843  VE  766-8826 Rodríguez Avelina D L de
Rodríguez Armando T méd  Beazley 3989  91-1310     Maure 2051  LF ..............247-3161
Rodríguez Arminda  ECarpint 6915 .....641-1588   Rodríguez Avelina L de  Tellier 401 ...641-4067
Rodríguez Arminda 0  Maza 557 .......93-1772     Rodríguez Avelina h  Perrault 1185 ...631-7451
Rodríguez Armindo  LMCampos 201 ...773-9729      Rodríguez Avelina  Avellan 1189  TI ..244-6321
Rodríguez Armindo  Quint 4842 ....701-7266       Rodríguez Avelino  CBernardi 2476  MC  294-3532
Rodríguez Arnaldo A  GDeheza 254 WD  207-5223    Rodríguez Avelino  CFMelo 4343  FF ..761-0891
Rodríguez Arnaldo H  Canale 2783  MI..294-4261   Rodríguez Avelino  Chasque 6550 ...641-8102
Rodríguez Arnaldo J  Rawson 739 ....88-7880      Rodríguez Avelino  Guamini 4592 ....601-0297
Rodríguez Arnaldo O  Rivadav 1347  TI  244-7310  Rodríguez Avelino  HYrigoy 1438 ....37-8059
Rodríguez Arras Delia  Rivadav 4976 ...99-8772   Rodríguez Avelino  JARoca 316  SP ..755-8238
Rodríguez Arsenio                                Rodríguez Avelino  JBAlberdi 2345 ...631-5335
  BObrero 2ª Casa 96  LF .........247-3512       Rodríguez Avelino  JBJusto 3148 ....55-7781
Rodríguez Arsenio  CLPaz 186 ...771-3844         Rodríguez Avelino  LSPeña 127 .....46-0777
Rodríguez Arsenio 515 DLTorre 2045  CF  750-3047 Rodríguez Avelino  LSPeña 127 ......46-6382
Rodríguez Arsenio  TBMatien 2450 ...771-1935     Rodríguez Avelino  MBelzú 5211  MO ..762-1204
Rodríguez Arsenio  Valdeneg 4444 ...701-6603     Rodríguez Avelino  Piedras 1049 ....27-6234
Rodríguez Arsenio  Valdeneg 4468 ...701-6560     Rodríguez Avelino  Posadas 642  WD ..207-3069
Rodríguez Artemio R  CLPaz 1948 ...782-6247      Rodríguez Avelino  Tacuarí 1000 .....27-8669
Rodríguez Arturo comis  Bolívar 892 ..33-2471    Rodríguez Avelino A  Ricchieri 3460  CR  653-2117
Rodríguez Arturo  Ayacucho 1743 ....44-3305      Rodríguez Avelino E  Italia 1873  FF...797-9657
Rodríguez Arturo  Azopardo 2578  RA ..294-3576   Rodríguez Avelino J
Rodríguez Arturo  BMitre 4263 .......811-8610      AvMárquez 3150  BT .........766-0712
Rodríguez Arturo  Beauch 1711 ...923-3917        Rodríguez Avelino S  Mendoza 4860 ...51-7770
Rodríguez Arturo  Cangallo 438 ......30-7616     Rodríguez Avellon A  EEUU 768 .......27-5082
Rodríguez Arturo  CRica 5724 .......771-6108     Rodríguez Avila J  Nolting 88  CR .....653-5086
```

4.5
Más datos personales

(Learning some basic questions for eliciting personal data is very useful. Later you'll learn about how the verb forms work.)

Empleado	*Cliente*	
¿Dónde trabaja Ud.?	**Trabajo en _____.**	Where do you work?/I work in _____
	una oficina	an office
	una tienda	a store
	una fábrica	a factory; plant
¿Cuál es su estado civil?		What is your marital status?
¿Es Ud. _____?	**Sí, soy _____.**	Are you _____?/Yes, I'm _____.
	No, no soy _____.	No, I'm not _____.
casado/a		married
soltero/a		single
divorciado/a		divorced
viudo/a		widower/widow
¿Está Ud. _____?	**No, no estoy _____.**	Are you _____?/No, I'm not _____.
separado/a		separated.
¿Cuál es su entrada mensual?	**No es mucha.**	What is your monthly income?/It's not much.
¿Cuál es su religión?	**Soy _____.**	What is your religion?/I'm _____.
católico/a		Catholic
protestante		Protestant
judío/a		Jewish
No tengo preferencia.		I have no preference.

PRACTICA

A. *Is the question appropriate for each person to ask? Read each career followed by the question. Other class members can then respond,* **Sí** *(appropriate) or* **No** *(inappropriate).*

1. Jefe de personal: ¿Cuál es el número de su seguro social?
2. Recepcionista de admisiones del hospital: ¿Cuál es su religión?
3. Jefe de personal: ¿Cuál es su religión?
4. Trabajador social: ¿Cuáles son los ingresos mensuales de la familia?
5. Jefe de personal: ¿Cuál es su estado civil?
6. Trabajador social: ¿Es Ud. divorciado?
7. Cura de la iglesia: ¿Es Ud. casada?
8. Policía: ¿Cuál es el número de su licencia de manejar?
9. Hombre de negocios: ¿Es Ud. judía?
10. Hombre de negocios: ¿Cuál es el número de su tarjeta de crédito?

(Several cognate words are included in this practice, but you can easily guess them.)

Priest

B. Una cosa u otra

You want to ask if the person is one thing or the other. Complete each statement with an alternate word.

Ejemplo: ¿Es Ud. casado o _____?
              ¿Es Ud. casado o divorciado?

1. ¿Es Ud. soltero o _____?
2. ¿Es Ud. católico o _____?
3. ¿Trabaja Ud. en casa o _____?
4. ¿Nació Ud. en los Estados Unidos o _____?
5. ¿Vive Ud. en una casa o _____?
6. ¿Este es el número de su tarjeta de crédito o de su _____?

One thing or the other

(*u* is used instead of *o* to mean "or" before words beginning with the *o* sound.)

4.6
No, nunca

Explanation 4.d
Negatives
No, Never

Trabajadora social	*Jefe de personal*	
Dígame de Perpetuo Guerra.	¿Sí?	Tell me about . . .
¿Trabaja siempre?	No, no trabaja nunca.	Does he always work?/No, he never works.
¿Nunca?	No, nunca trabaja.	Never?/No, he *never* works.
Margarita del Valle es bastante rica, ¿no?	No, no tiene nada.	Margarita del Valle is pretty rich, isn't she?/No, she doesn't have anything.
¿Nada?	No, nada tiene.	Nothing?/No, she has *nothing*.
¿Héctor sabe algo?	No, no sabe nada.	Does Hector know something?/No, he doesn't know anything.
¿Trabaja alguien?	No, no trabaja nadie.	Is somebody working?/No, no one's working.
¿Nadie?	No, nadie trabaja.	No one?/No, *no one's* working.
Sempronio del Río tiene algún dinero, ¿no?	No, no tiene ningún dinero.	Sempronio del Río has some money, doesn't he?/No, he has no money.
¿Hay solución alguna?	No, no hay ninguna solución.	Is there any solution?/No, there's no solution.

PRACTICA

A. Pares e impares

Find the words that are opposite in meaning. Are there any words left over that don't have an opposite?

Ejemplo: sí—*no*

algo	alguien
nada	bastante
siempre	nunca
nadie	pronto
ningún	mucho

Odds and evens (lit. "Pairs and Not Pairs") (*E,* like *y,* means "and." It's used before words beginning with the *e* sound.)

B. *You are very negative today. Your employee makes these positive statements, but you contradict them with opposite ones.*

Ejemplo: Desdémona siempre está en casa.
Desdémona nunca está en casa.

1. Felicia siempre trabaja.
2. Margarita tiene algún dinero, ¿no?
3. Alguien está en la fábrica, ¿no?
4. El dependiente tiene algo, ¿no?
5. ¿Hay algún problema?
6. Alguien tiene tiempo.

Margarita del Valle

COMUNICACION—FONDO

A. *Interview three members of the class to find out the following information:*

(Review 4.4, 4.5.)

1. cómo se llama
2. dónde vive
3. su dirección
4. el número de su teléfono
5. el número de su seguro social
6. dónde trabaja
7. dónde nació
8. el estado civil
9. la fecha de su cumpleaños

B. *Draw up a list of five people you know in your community or your school. Ask three class members if they know the people on your list. Follow the example.*

(Review 2.10.)

Ejemplo: ¿Conoce Ud. al Dr. Johnson?
Sí, lo conozco. or *No, no lo conozco.*

C. *You are verifying prices at a discount store. Ask how much the following items cost. Use ¿**Cuánto cuesta?** for single items, and ¿**Cuánto cuestan?** for plural items.*

(Review 2.9.)

(Others in the class can answer the questions.)

Ejemplo: los libros
¿Cuánto cuestan los libros?

1. las plumas
2. el papel
3. una bolsa
4. una bicicleta
5. un café

6. el libro
7. los lápices
8. una cartera
9. un sándwich
10. la aspirina

D. A salesman wants information on the following people. Answer these five questions about each one.

(Review 3.3, 3.6, 3.7, 3.8.)

Ejemplo: Julián Martínez

¿Qué hace?	Es comerciante.
¿De dónde es?	Es de Cuba.
¿Dónde está ahora?	Está en los Estados Unidos.
¿Cómo es?	Es simpático.
¿Cómo está hoy?	Está muy bien.

1. un amigo/una amiga
2. su profesor/a
3. Ud.
4. una persona de su familia (esposo/a, hermano, etc.)
5. una persona famosa

Julián Martínez

FORMA

Learning Activities	Presentación de estructuras nuevas	Learning Hints
		Explanation 4.e *ar* Verbs, 3 Sing., Pl. Pres. Tense He, She, They
	4.7 **El, ella/Ellos, ellas**	

Empleado	Cliente	
		(The verb form for asking "Does he/she _____?" and the verb form for answering the question are the same in Spanish.)
¿_____ esto?	Sí, lo _____.	Does he/she _____ this? Yes, he/she _____ it.
¿Pregunta		ask(s)
¿Contesta		answer(s)
¿Mira		look(s) at
¿Escucha		listen(s) to
¿Toma		take(s) (also "eat," "drink")
¿Gana		earn(s) (also "win")
		Do they _____ this? Yes, they _____ it.
¿_____ esto?	Sí, lo _____.	
¿Compran		buy
¿Pagan		pay for
¿Buscan		look for
¿Encuentran		find
¿Empiezan		begin
¿Terminan		finish
¿Esperan		wait for (also "hope")

PRACTICA

Make each statement into a question by beginning with a verb. Choose verbs from those you have just practiced.

Ejemplo: Patricia/el café
                 ¿Paga Patricia el café?

*Then, another student can answer the question using **lo** or **la** in the answer.*

Ejemplo: ¿Busca Patricia el libro?
                 Sí, lo busca.

1. Ernesto/el trabajo
2. Julián y Estela/mucho dinero
3. Desdémona/la música
4. Claudio/el programa
5. Pepe y Lupe/a la maestra
6. María Eugenia/la televisión
7. Ursula/las llaves
8. Héctor/el libro
9. Yusebia y Sempronío
10. Jaime y Félix

Héctor Martínez Ramírez

(One verb form in Spanish may have several possible uses in English:
(él, ella) pregunta
   He/she asks.
   He/she does ask.
   Does he/she ask?
   He/she is asking.
   Is he/she asking?)

(This is typical word order for Spanish questions—verb, subject, noun object.)

Review 2.7

(A reminder, **lo** and **la** come before these verb forms.)

4.8
Usted, yo

Explanation 4.e
-ar Verbs, 1, 3 Sing.
Pres. Tense
You (formal), I

Cliente	Empleado
¿_____ esto?	Sí, lo _____.
¿Pregunta	Pago
¿Contesta	Busco
¿Mira	Encuentro
¿Escucha	Empiezo
¿Toma	Termino
¿Gana	Espero
¿Compra	Compro
¿Termina	Termino
¿Espera	Espero

Do you _____ this?
Yes, I _____ it.

(If you haven't learned the meanings of the verbs yet, review 4.7.)

(Suggestion: Write out each complete question and answer on a 3″ × 5″ card with English on the back. Practice asking and answering questions with a partner.)

PRACTICA

You want to ask some questions. Use the following phrases to make questions by inserting **Ud.** *after the verb and putting a question in your voice.*

Ejemplo: termina la clase
                   ¿Termina Ud. la clase?

Then ask others the questions you have made up. Imagine that you don't know your classmates very well, so you're going to address them as **Señor, Señorita,** *or* **Señora.**

Ejemplo: Señor, ¿termina Ud. la clase?
                   No, no termino la clase.

1. mira el libro
2. escucha el programa
3. toma muchas aspirinas
4. gana mucho
5. busca el libro de cheques
6. pregunta «¿Quién es?»
7. empieza el libro
8. paga mucho

4.9	Explanation 4.e
Tú, yo	*-ar* Verbs, Pres. You (familiar), I

Padre	*Niña, Niño*	
¿_____ **esto?**	**Sí, señor, lo _____.**	Do you _____ this?/ Yes, sir, I _____ it.
¿Preguntas		
¿Miras		(See 4.8 if you're not sure of the answers yet.)
¿Tomas		
¿Compras		(See 4.7 if you haven't learned the meanings.)
¿Buscas		
¿Encuentras		
¿Empiezas		

PRACTICA

The questions that follow are in the **usted** *form, as you would ask them to an adult. Imagine that you are talking to a child. Change the questions to the* **tú** *form.*

(Of course, the *tú* form is used not only to a child, but to any person that you know rather well.)

Ejemplo: ¿Compra Ud. un carro?
                   ¿Compras un carro? Sí, lo compro.

1. ¿Contesta Ud. la pregunta?
2. ¿Encuentra Ud. el dinero?
3. ¿Gana Ud. mucho dinero?
4. ¿Paga Ud. el dinero?
5. ¿Busca Ud. el juguete?
6. ¿Termina Ud. el trabajo?
7. ¿Escucha Ud. la radio?
8. ¿Mira Ud. la televisión?

(A reminder: Take out **Ud.** It is formal, so it doesn't "match" familiar forms like **preguntas.**)

Explanation 4.e, 4.f
-*ar* Verbs, Pres.
Stem-changing: *o*>*ue*,
e>*ie*
You (plural), We

4.10
Ustedes, Nosotros

Empleado	*Clientes*
¿_____ Uds. esto?	Sí, lo _____.
¿Contestan	
¿Escuchan	
¿Ganan	
¿Pagan	
¿Terminan	
¿Esperan	
¿Encuentran Uds. esto?	Sí, lo encontramos.
¿Empiezan Uds. esto?	Sí, lo empezamos.

(The **nosotros** forms for these two verbs are different from the other forms. See Explanation 4.f.)

PRACTICA

A. *Respond to the statement with the* **nosotros** *form of the verb. Use today as a point of reference.*

(Review 4.1.)

Ejemplo: Hay que trabajar mañana.
       Sí, trabajamos los martes.

(**Hay que** + infinitive means "one must," "it must be done." More about this in Lesson 6.)

1. Hay que buscar trabajo hoy.
2. Hay que pagar mañana.
3. Hay que escuchar pasado mañana.
4. Hay que encontrar trabajo hoy.
5. Hay que esperar hasta mañana.

B. *You have stated the way you do things. You decide now it would be more politic to say "we,"* **nosotros.** *Restate the sentences using the* **nosotros** *form of the verb.*

(Review 4.5.)

1. Siempre empiezo a mediodía.°

at noon

2. Nunca espero hasta mañana.
3. Nunca pago tarde.
4. No busco empleo de noche.°

at night

5. No gano mucho dinero esta noche.
6. No pregunto al jefe ahora.
7. Nunca termino temprano.
8. No tomo cerveza a medianoche.

COMUNICACION—FORMA

A. Una encuesta   a survey
A marketing research firm wants to know your preferences.
Answer the interviewer's questions.

Ejemplo: ¿Dónde compra Ud., en el supermercado o en una
tiendecita?°   small store
Compro en el supermercado.

1. ¿Cuándo empieza su trabajo, tarde o temprano?
2. ¿Cuándo termina su trabajo, a las cuatro o a las cinco?
3. ¿Cuántas horas de televisión mira Ud., muchas o pocas?
4. ¿Cómo paga Ud. las compras, con cheques, tarjetas de crédito o
en efectivo?°   cash
5. ¿Qué escucha Ud., música clásica o música popular?
6. ¿Cuánto gana Ud. en su trabajo, mucho o poco?
7. ¿Qué toma Ud., cerveza o café?
8. ¿Qué estación de radio escucha Ud.?

B. *A friend wants to know more about your Spanish class.*
Answer the questions about it.

1. ¿Quién es la profesora/el profesor?
2. ¿Es fácil la clase?
3. ¿A qué hora empieza?
4. ¿Cuándo termina?   (Use the verbs for extra practice.)
5. ¿Qué días tienen Uds. clase?
6. ¿El profesor/La profesora habla en español?   (Also *cintas,* "tapes," but many
7. ¿Uds. contestan en español?   Spanish speakers today use *cas-*
8. ¿Uds. escuchan cassettes?   *settes.*)

C. *A friend who doesn't have a TV guide calls you to ask you the*
Friday night schedule. You tell him what is on and when.
(Prepare a schedule something like the example. Add other   (Review 4.3.)
channels if you wish.)

Ejemplo: Canal 11

A las 6:00	hasta las	6:30 hay las noticias° locales	news
6:30	—	7:00	las noticias nacionales
7:00	—	7:30	el presidente
7:30	—	8:00	comentarios
8:00	—	10:00	programa especial
10:00	—	10:30	las noticias
10:30	—	11:00	la telenovela°	soap opera
10:30	—	12:00	película°	movie

FUNCION

Learning Activities	**Learning Hints**

4.11
Obtener información

Obtaining Information

(Review 4.4, 4.5.)

Una entrevista

An interview

(Read over the information you'll need. Person 2 can answer, using people, events, or things.)

Persona 1   **Persona 2**

¿Quién es?   _____   Who is it?
¿Quiénes son?   Who are they?
¿Qué es?   What is it?
¿Cuál es?   Which (one) is it?
¿Cuáles son?   Which (ones) are they?
¿Cuánto es?   How much is it?
¿Cuántos son?   How much are they?
¿Cuándo es?   When is it?
¿Cómo es?   What's he/she/it like?
¿Cómo está?   How is he/she/it?
¿Dónde está?   Where is he/she/it?
¿De dónde es?   Where's he/she/it from?
¿Por qué es así?   Why is it like this?
¿Para qué es?   What's it for?

Periodista   **Ciudadano**

Newspaper reporter; citizen

(These are the reporter's questions. You can answer in a few words, omitting the verb.)

¿Qué fue?   What was it? (**fue** = "was it")
¿Quiénes asistieron?   Who attended?
¿Cuándo fue?
¿Dónde fue?
¿Cómo fue?

SITUACIONES

(You can work in pairs, role-playing the director and the inverviewee.)

1. *Ud. es el director/la directora de personal de una compañía. Ud. va a entrevistar° a una persona que solicita° trabajo. Use los datos de la sección 4.12.*

you're going to interview/applies for (Review 3.9.)

2. *Ud. es el periodista de un diario local.° Ud. va a entrevistar a una persona en la clase para obtener información sobre° una fiesta o una reunión.*

reporter on a local daily paper

(Answer in a few words, omitting the verbs.)

OPINION PROFESIONAL

Respond with **sí** *or* **no** *to each statement.*

(Review 3.9, 3.11.)

1. El director de personal no pregunta—¿Cuál es su religión?
2. En la oficina de admisiones del hospital no preguntan—¿Cuál es su religión?
3. Tengo un empleo aburrido.
4. Tengo un empleo exigente.
5. Un médico tiene un empleo muy exigente.
6. Los profesores ganan mucho dinero.
7. Los ingenieros trabajan mucho.
8. Hay que esperar muchas horas en las tiendas.
9. Hay que pagar para entrar en un parque municipal.
10. Hay que comprar regalos para los policías.

INTERESES ESPECIALES Y VIAJES

Working in pairs or small groups, practice the vocabulary and situations in your area of special interest in this lesson. (See Appendix, just before the vocabulary section at the back of the text.)

Pronunciación

Dividing Words into Syllables

You can sound out whole words syllable by syllable once you know the sounds the letters represent and where to divide between letters. Learning how to divide Spanish words into syllables can help you pronounce new words easily.

A Spanish word has as many syllables as it has vowels and certain vowel combinations. These vowel combinations are unstressed *i* with another vowel, unstressed *u* with another vowel, or a combination of *u* and *i.* For example:

el	1 vowel = 1 syllable
ca-sa-do	3 vowels = 3 syllables
bien	1 vowel combination = 1 syllable
so-cial	1 vowel + 1 vowel combination = 2 syllables
pro-pie-ta-rio	2 vowels + 2 vowel combinations = 4 syllables

Now that you know what a syllable is, here's how to divide words into syllables.

1. Begin a syllable with a consonant if there is one.

   sá-ba-do   lu-nes   o-to-ño   pri-ma-ve-ra

2. When there are two consonants together, divide between them.

   us-te-des   do-min-go   vier-nes   mar-tes

   But when *l* or *r* is the second consonant, it forms an inseparable cluster which begins the syllable it is in:

   ha-bla   li-bro   cen-tral

3. In Spanish, *ll* and *rr* are considered as single consonants, so they are never divided:

   e-lla   ca-rro

Linking

Several words are linked together as a breath group in spoken language. When the same or similar vowel sounds begin and end a word, the sounds run together.

Está aquí.
Va a hacer.

A breath group is rather like a long word with many syllables. The syllables in a breath group are divided in the same way as the syllables in a word. That is, where there is a consonant, it begins a syllable, even if that consonant is part of the previous word.

en este   e-nes-te
los ojos   lo-so-jos

As you learned in Lesson 3, Spanish syllables are rather evenly and rhythmically stressed. Repeat the following phrases and sentences, keeping the rhythm and syllabification indicated.

Está aquí. (es-táa-quí)
¿Qué es esto? (quée-ses-to)
¿Tiene Ud. hijos? (tie-neus-ted-i-jos)

Yo soy un hombre sincero. . . .
Guantanamera, guajira guantanamera.

Notas culturales

Is Time Golden?

Among the cultural attitudes affecting the life of a country and its people are concepts toward the use of time. Time is often conceived differently in Anglo-Saxon cultures and in those of Spanish origin.

In some countries, time is measured by its results. "I have done such and such today," one says with satisfaction, recounting the tasks accomplished. The day is considered a productive one. The concept is quantitative. In countries of Latin origin in general, and in Spanish-speaking countries in particular, time is measured by the quality of the experiences it produces. Time and activities are enjoyed.

When people are used to the rigidity of schedules, they consider punctuality as an essential quality and they value time as money; thus, they feel frustrated when they find themselves in a culture where appointments are flexible. Let's say, for example, that one is going to meet with a friend for lunch at twelve. The time is only tentative, approximate. And since both people understand this, one may arrive from a half hour to an hour and a half late. For the English speaker, this practice is less difficult to accept when it occurs in social situations than in business ones.

Our values and attitudes are reflected in the language we use to refer to them. In English, the same word refers to using both time and money: "spend." Moreover, "time is money," and the clock "runs." In Spanish, however, "time is golden" *(el tiempo es oro),* and the clock "walks" *(anda)* with a slower rhythm, allowing time to appreciate the passing of life.

Of course, it's not possible to generalize when referring to human beings. There are many English-speaking people who do not follow the clock like a supreme master, especially in modern generations. In the same manner, we see that many Spanish-speaking people respect time, are punctual, and know that life is time, and that lost time cannot be recaptured.

DISCUSSION

1. In what ways can we say that the Anglo-Saxon concept of time is a quantitative one?
2. How do the words used to refer to time reflect cultural differences?
3. Can you think of other examples of how our concepts of time affect our day-to-day lives?

EXPLANATIONS

4.a   Days and Months   4.1, 4.2

As you see in Frames 4.1 and 4.2, the days of the week and months of the year are not capitalized in Spanish. Where English uses "on" with a day of the week, Spanish uses *el* or *los:*

¿Puede Ud. venir el lunes?   Can you come on Monday?
¿Puede Ud. venir los lunes?   Can you come on Mondays?

The articles *el* and *los* are used with the days of the week, except when the day of the week follows a form of "to be," such as *es* or *son.*

In giving days of the month, cardinal numbers (2, 4, 10) are used rather than ordinal numbers, as in English, except for the first day of the month (**primero** = first).

4.b Telling Time   4.3

Telling time is quite easy in Spanish if you keep in mind a few basic concepts.

1. The hour must be preceded by **las** (or **la** before **una**). That's because you are literally saying, for example, "They are the two hours," with "hours" understood:

> Son las dos (horas).

2. Time after and before the hour may be given as analog time or as digital time:

> (a) *digital:* Son las once cincuenta y cinco.
> (b) *analog:* Son las doce menos cinco.

Notice that in analog time, minutes after thirty are given as minutes before the next hour. In conversation, you will often hear Spanish speakers use this construction as well:

> Faltan cinco minutos para las once.
>
> (It's five till eleven, or literally, They are lacking five minutes for eleven.)

3. You will hear quarter hours and half hours expressed in two ways:

> Son las once y quince   It's eleven fifteen.
> Son las once y cuarto.   It's quarter past eleven.
> Son las once y treinta.   It's eleven thirty.
> Son las once y media.   It's half past eleven.

4. To tell clock time, use **son** before the hour (or **es** before **una**). To give the time at which an event occurs, use **a las** (or **a la** before **una**).

> ¿Qué hora es? Son las once.   What time is it? It's eleven.
> ¿A qué hora es la clase? A   At what time is the class?
>   las once.   At eleven.

Spanish speakers divide the day into morning, afternoon, and night, rather than into a.m. and p.m., as English speakers do:

> A las 10 de la mañana   At 10:00 a.m.
> A las 5 de la tarde   At 5:00 p.m.
> A las 10 de la noche   At 10:00 p.m.

4.c   Interrogative Words   4.4, 4.5

When you need to obtain information, interrogative words are the keys. Interrogative words can replace whole sentences that will be difficult for you to form in the beginning. So far in this text, you have practiced these interrogative words:

¿Cuándo?	When?
¿Dónde?	Where?
¿De dónde?	(From) Where?
¿Qué?	What?
¿Cuál?	Which? What?
¿Cómo?	How?
¿Cuánto?	How much?
¿Cuántos?	How many?
¿Quién?	Who?
¿Quiénes?	Who? (pl.)
¿Por qué?	Why?
¿Para qué?	Why? (for what reason?)

Notice that all interrogative words have accent marks on the stressed syllable of the word.

(*¿Qué?* asks what someone or something is. It asks for information.
Ejemplo: *¿Qué es su hermano?*
          Es dentista.
¿Cuál(es)? asks which one of several possibilities someone or something is. It asks for selection.
¿Cuál es su hermano?
Es ese muchacho.)

4.d   Negatives   4.6

In this lesson you practice these affirmative and negative words:

sí	no	yes, no/not
algo	nada	something, nothing
alguien	nadie	someone, no one
siempre	nunca	always, never
algún	ningún	some, none
alguna (f.)	ninguna (f.)	some, none

(You'll learn more about these forms in later lessons.)

Notice that there are two ways of giving negative sentences in Spanish:

No tiene nada.	He doesn't have anything.
	(Or in English we can also say, He has nothing.)
Nada tiene.	He has *nothing.*

When one of the negative words such as **nada, nunca,** or **nadie** follows the verb, then **no** precedes it. In such cases, Spanish does in fact require the double negative that is avoided in standard English. Or, for more emphasis, the negative words such as **nada,** etc., may precede the verb. Then **no** is not needed before the verb.

4.e   Present tense, -ar Verbs   4.7–4.10

Spanish verb forms have more different forms in each tense than English verb forms have. The forms are easier to learn if we learn them in patterns. We call these patterns conjugations:

1. Regular verbs

The following conjugation illustrates the forms and meanings typical of regular *-ar* verbs in the present tense.

Pronoun	*Spanish verb forms*	*English equivalents*
yo	tomo	I take (I'm taking, I do take)
tú	tomas	you take, are taking, do take
usted | él, ella |	toma	you take, are taking, do take he, she takes, is taking, does take
nosotros | nosotras |	tomamos	we take
ustedes | ellos, ellas |	toman	you (plural) take, are taking, do take they take, etc.

Pronoun or noun subjects may be used with the verb forms, but they are often omitted. Subjects may be used for clarity, emphasis, or courtesy.

There are two other forms of "you" that may be heard, depending on the origin of the speaker.

vosotros	tomáis	you (familiar plural) take, are taking, do take (This form is used among speakers of Castilian Spanish, the dialect of central Spain. In Spanish-America, it has been largely replaced by *ustedes.*)
vos	tomás	you (familiar sing.) take, are taking, do take (This form is often used by Spanish speakers from Argentina, Uruguay, and some countries of Central America, for example, Costa Rica and Guatemala.)

2. Stem-Changing Verbs

Although the *-ar* verbs that you practice in this lesson have regular endings, some verbs have changes in the stem. The stem is the part that is left when you remove the *-ar.* For example, the stem of **tomar** is **tom-.** When you see a stem-changing verb listed in a dictionary or a vocabulary, you'll know it's stem changing by the letters listed in parentheses after the verb:

encontrar (o>ue) = to find

   ue   *o*

encuentro

encuentras

encuentra

                          encontramos

encuentran

empezar (e>ie) = to begin

   ie   *e*

empiezo

empiezas

empieza

                        empezamos

empiezan

CHILE DE ARBOL $3.99 LB.

FICCION

ODISEA DE LA FAMILIA MARTINEZ

Episodio 5

Why is Patricia in charge of La Tienda?
Why is Amparo not sure about her feelings for José Antonio?
What is Estela concerned about?

(Use the cue questions and the new key words to help you understand the general idea of the episode.)

En la tienda

Amparo: Hola, Patricia, ¿qué tal?
Patricia: Hola, Amparo, ¿cómo estás?
Amparo: Bien, ¿y tú?
Patricia: Bastante bien.
Amparo: ¿Dónde están tus abuelos?
Patricia: En el hospital, visitando a un amigo que está enfermo. Por eso yo estoy encargada de° la tienda.

in charge of

Amparo: ¿Cómo está Jimmy?

Patricia: Bien. Nada nuevo.° Trabajando. Estudiando.° ¿Y mi primo José Antonio?

> Nothing new.
> Working/Studying.

Amparo: Muy bien. Siempre andamos juntos.°

> We always run around together.

Patricia: Oye, mi primo dice° que está muy enamorado de una portorriqueña que se llama Amparito.

> says

Amparo: Así me dice.

> (See *Notas culturales* for an explanation of *-ito*).

Patricia: ¿Y tú?

Amparo: Francamente no sé. Me gusta bastante, pero hay diferencia de edades. Es tan joven.

Patricia: ¡Bah! Ocho años no es nada.

Amparo: No es nada si es el joven el que tiene 25 años y la chica la que tiene 17. Pero es al revés° . . . Tu abuela no acepta eso.

> reverse

Patricia: Ella es muy tradicional. Tampoco° acepta a Jimmy porque no es hispano.

> Neither

Amparo: Es difícil para los viejos aceptar la vida en los Estados Unidos.

Patricia: ¡Pobre abuela! Siempre está preocupada. Jimmy que no es hispano; José Antonio que está enamorado de una mujer madura; mi abuelito con sus piropos° . . .

> flirting
> (Su *Notas Culturales:* Piropos.)

Entran los abuelos.

Julián: ¡Hola, Amparito!

Amparo: ¡Hola, don Julián, hola, doña Estela!

> (See *Notas culturales* for an explanation of **don** and **doña.**)

Julián: Amparito, cuando entras en la tienda, entra el sol° contigo.

> sun

Amparo: ¡Ay, don Julián! ¡Ud. tiene pico de oro!° Siempre dice cosas bonitas.

> "golden beak"

Julián: Es que eres tan bonita y simpática que° tu presencia me inspira.

> so pretty and nice that

Amparo: ¡Chst! Ud. siempre con sus elogios.°

> compliments

(Aparte) ¡Viejo verde!°

> old goat (lit., green old man)

Julián: Estos versos son para ti.°

> for you

> Eres un rayo de sol
> que ilumina mi mañana
> y es tu risa galana
> como preludio de amor.

> (For a translation of the poem, see ***Pronunciación,*** p. 106.)

> Cuando estoy cerca de ti
> me siento como hombre nuevo.
> Entra, pues, amor y di
> en qué yo servirte puedo.

> Todo lo que hay en mi tienda
> Está a tu disposición
> desde el sabroso jamón
> hasta el breve ajonjolí.

Amparo:	Gracias, don Julián. Muy bonitos los versos.	
Estela:	Amparo, ¿por qué no trabajas hoy?	
Amparo:	Es un día feriado° en la pre-escuela.°	holiday/pre-school
Estela:	¿Qué dirán° si pasas todo el día andando° en la calle?	will they say/running around

PREGUNTAS

Answer each question in a few words.

1. ¿Quiénes están en la tienda?
2. ¿Cómo está Jimmy?
3. ¿Por qué está Patricia encargada de la tienda?
4. ¿Por qué la abuela no acepta a Amparito?
5. ¿De qué está preocupada la abuela?
6. ¿Qué piropos dice don Julián?
7. ¿Por qué no trabaja Amparo hoy?

FONDO 5

Learning Activities	Presentación de materia nueva	Learning Hints
	5.1 **En la comunidad**	Directions In the Community

Cliente	*Empleado*	
¿Dónde está el edificio, por favor?	**Está _____.**	Where is the building, please?/It's _____.
	allí	there
	cerca	near
	lejos	far
	en la esquina	on the corner
	al doblar la esquina	around the corner
	a dos cuadras de aquí	two blocks from here
	enfrente	across the street (lit., in front)
	a la derecha	to the right
	a la izquierda	to the left
	hacia atrás	back that way
¿Cómo llego _____?	Siga adelante.	How do I get to _____?/Go on.
	Vaya derecho.	Go straight ahead.
	Vaya a hacia el norte.	Go north.
	Doble a la derecha.	Turn to the right.
	Tome la autopista.	Take the freeway.
	Tome la salida de . . .	Take . . . exit.

PRACTICA

*Look at the map on the opposite page. You are the clerk at an auto rental agency located at the corner of **Calle Arboles** and **Avenida 14**. People renting cars ask for directions to the following places. What do you tell them?*

(A good way to practice directions is to say them to yourself as you drive or travel on the bus.)

(This is a good **Práctica** to do in pairs or small groups.)

Ejemplo: ¿Cómo llego a la Farmacia Estrella?
Siga adelante cinco cuadras.

1. ¿Cómo llego al café Mi Tierra?
2. ¿Cómo llego al Banco Comercial Internacional?
3. ¿Cómo llego al edificio de oficinas Mayor?
4. ¿Cómo llego al restaurante Gloria?
5. ¿Cómo llego a la autopista?

6. ¿Cómo llego a la Farmacia Estrella?
7. ¿Cómo llego a la Escuela Buenavista?
8. ¿Cómo llego a la Joyería El Diamante?
9. ¿Cómo llego a la estación de policía?
10. ¿Cómo llego a la compañía de electricidad?

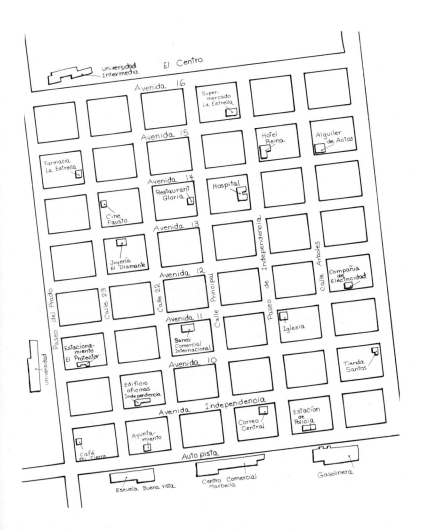

5.2
Los edificios   Buildings

Visitante		Residente	
¿Dónde está _____**, por favor?**		**Está** _____**.**	
el centro	el edificio de oficinas		downtown/office building
el correo	el restaurante		post office/restaurant
el banco	el ayuntamiento		bank/city hall
la tienda	la farmacia		store/pharmacy
el cine	el supermercado		movie/supermarket
el hospital	la gasolinera		hospital/gas station
la escuela	la universidad		school/university
el hotel	la universidad intermedia		hotel/community college
el café	la estación de policía		cafe/police station
la iglesia	el estacionamiento		church/parking lot (also **aparcamiento parqueo**)

PRACTICA

You are the **recepcionista** at the tourist bureau. Explain how to get from one place to another.

1. Del hotel a la iglesia.
2. De la farmacia al hospital.
3. Del centro comercial al edificio de oficinas.
4. De la Avenida 13 a la autopista.
5. Del ayuntamiento a la estación de policía.
6. Del cine a la tienda.
7. De la escuela a la iglesia.
8. Del café al cine.

5.3
En el edificio   In the Building

Cliente	Empleado	
¿Dónde está la oficina, **por favor?**	**Está** _____**.**	
	arriba	upstairs
	abajo	downstairs
	adentro	inside
	afuera	outside
	en la planta baja	on the ground floor
	en el primer piso	on the first floor

en el sótano	in the basement
en el segundo piso	on the second floor
a la derecha	to the right
a la izquierda	to the left
Siga derecho.	Keep going straight ahead.
adelante	on

¿Dónde está _____? **Está _____.**

el baño	el baño de damas		rest room/ladies' room
la entrada	el baño de caballeros		entrance/men's room
el pasillo	la oficina del director		hall/director's office
la escalera	la sala de empleados		stairs/employee lounge
el elevador	el cuarto de materiales		elevator (Also **ascensor**)/storeroom
la fuente	el tragamonedas		fountain/vending machine
el reloj	la sala de conferencias		clock/conference room
la cafetería	la salida de emergencia		cafeteria/emergency exit

A. *Someone is new to your building and asks the locations of the different rooms and facilities. Answer his or her questions.*

1. ¿Dónde está el ascensor?
2. ¿Dónde está el baño de damas?
3. ¿Dónde está la sala de clase?
4. ¿Dónde está su oficina?
5. ¿Dónde está la cafetería?
6. ¿Dónde está la escalera?
7. ¿Dónde está el cuarto de materiales?
8. ¿Dónde está Ud.?

(If your building doesn't have some of these facilities, you can say, **No hay.**)

B. *Answer the questions in Spanish:*

1. ¿Cuántas autopistas hay en su ciudad?
2. ¿Hay una biblioteca° cerca de su casa?   library
3. ¿Hay una plaza en el centro de su ciudad?
4. ¿A qué cine va Ud. mucho?
5. ¿Cuántos pisos tiene el edificio más alto de su ciudad?
6. ¿Cuántas universidades hay en la capital de su estado?
7. ¿Vive Ud. lejos o cerca del centro?
8. ¿Qué salida debo tomar? ¿Hacia el sur?
9. ¿Tengo qué pasar bajo° la autopista o debo doblar hacia el derecho?   under

COMUNICACION—FONDO

PRACTICA

A. You are the receptionist who must tell clients how to get from one part of the building to another. Look at the drawing below.

Ejemplo: De la oficina del director a la sala de conferencias.
               Vaya Ud. abajo. Está en el segundo piso.

1. De la recepción al baño.
2. De la entrada al sótano.
3. De la oficina del director a la sala de conferencias.
4. De la sala de empleados a la oficina del director.
5. Del primer piso al segundo piso.

B. *Give directions for getting to the following places.*

1. A stranger in town asks you how to get to the city office building (*ayuntamiento*) from where you now are.
2. You are on the campus of your school and a friend asks you how to get to the nearest post office.
3. You invite some friends to a party at your home. Tell them how to get there from school.

C. *Explain the following to a friend:*

1. how to get to the shopping center nearest your home.
2. where to meet
3. what time to meet
4. what you're going to do

FORMA

Learning Activities	Presentación de estructuras nuevas	Learning Hints
	5.4 **Va, Van / Está, Están**	Explanation 5.a *ir, estar*, 3rd Pers., Pres. Tense

Cliente	Empleado	(Spanish verbs don't have to have a stated noun or pronoun subject.
¿Va _____ ahora? Héctor Alicia	**No, no va ahora.**	Is _____ going now?/No, he's/ she's not going now. (**Va** can mean he/she goes, does go, is going.)
¿Está aquí _____? Julián Amparo	**No, no está aquí.**	Is _____ here?/ No, he/she isn't here.
¿Van _____ ahora? Héctor y Alicia Estela y Julián	**No, no van ahora.**	Are _____ going now?/ No, they're not going now.
¿Están aquí _____? Patricia y Amparo Margarita y Alicia	**No, no están aquí.**	Are _____ here now?/ No, they're not here now.

PRACTICA

*You are a private eye hired by Javier's business competitor to
trace his actions. Read your report from the following cue words
you have jotted down.*

Ejemplo: casa   9:00   oficina
            Javier está en casa. A las 9:00 va a la oficina.

1. oficina   12:15   restaurante
2. restaurante   1:25   oficina
3. oficina   6:03   casa de Margarita
    ¿Ahora adónde van Javier y Margarita?
4. casa de Margarita   6:55   restaurante
5. restaurante   8:14   cine
6. cine   10:35   club
7. club   12:30   casa de Margarita

Where are Javier and Margarita going
now?

(Beginning with 4, use plural verb
forms.)

5.5
Va Ud., Está Ud. / Voy, Estoy

Explanation 5.a
ir, estar, 1st and 3rd
Pers. Sing., Pres.
Tense

Comerciante	*Cliente* *(Por teléfono)*
¿Va Ud. _____? hoy mañana el martes	**No, voy _____.**
¿Dónde está Ud.? ¿En la oficina? ¿En el centro? ¿En el banco? ¿En el café?	**No, estoy _____.**

On the telephone
Are you going _____?/
No, I'm going _____.

(For the client, give any answers
that make sense.)

Where are you? In the office?/No, I'm
_____.

(Verbs need a lot of practicing.
You'll get more practice if you use
the whole sentence.)

PRACTICA

The private investigator wants to know all about you.

1. ¿Cómo está Ud.?
2. ¿Dónde está Ud.?
3. ¿Con quién está Ud.?
4. ¿Con quién va Ud. al cine?
5. ¿Con quién va Ud. al restaurante?
6. ¿Cómo está el trabajo hoy?
7. ¿A qué hora va Ud. a su casa?
8. ¿Quién está en su casa ahora?

(You'll get more practice if you use
a verb in each answer.)

5.6
Vas, Voy / Estás, Estoy

Explanation 5.a
ir, estar, 1st and 2nd
Pers. Sing., Pres.
Tense

Novia

Querido, ¿cuándo vas?
¿a dónde vas?
¿con quién vas?
¿cómo vas?
¿dónde estás?
¿con quién estás?
¿cómo estás?

Novio

Voy ahora, **mi vida.**
Voy a _____.
Voy con _____.
Voy en _____.
Estoy _____.
Estoy con _____.
Estoy _____.

Fiancée/Fiancé

Darling, when are you going?/I'm
going now, my love. (Lit., my life.)

(Make up answers for the **novio.**)
¿en bicicleta?
¿en carro?

PRACTICA

*You are talking to a good friend on the phone. He or she tells you
about a trip he or she is planning. You want to find out more
about it.*

1. ¿A dónde vas?
2. ¿Con quién vas?
3. ¿Cuándo vas?
4. ¿Cuántos días vas a estar allí?
5. Estás alegre, ¿verdad?

(A good way to practice: Write
questions with possible answers
on cards. With a partner ask and
answer the questions in random
order.)

5.7
Van, Vamos / Están, Estamos

Explanation 5.a
ir, estar, 1st and 3rd
Pers. Pl., Pres. Tense

Comerciante

¿Cuándo van Uds.?
¿Adónde van Uds.?
¿Con quiénes van Uds.?
¿Cómo están Uds.?
¿Con quién están Uds.?
¿Dónde están Uds.?

Nosotros

Vamos ahora.
Vamos a Miami.
Vamos con la familia.
Estamos bien, gracias.
Estamos con los abuelos.
Estamos en el centro.

When are you going?/We're going
now.

How are you?/We're fine, thanks.

PRACTICA

*Use the places to form questions with **Van al/a la** or **Están en el/ en la**. Other students in your class or your group can answer the questions.*

(Review 3.7, 5.2.)

Ejemplo: hotel   *¿Cuándo van Uds. al hotel?*
¿Están Uds. en el hotel ahora?

1. iglesia
2. tienda
3. correo

4. bufete
5. centro comercial
6. edificio de oficinas

(Look at the drawing on p. 93 for other ideas.)

5.8
¿Qué van a hacer?

Explanation 5.b
Ir, necesitar + Inf.
What Are They Going
To Do?

Trabajador social	*Cliente*
¿El va a esperar ahora?	Sí, va a esperar.
¿Ud. va a esperar ahora?	Sí, voy a esperar.
¿Uds. van a esperar ahora?	Sí, vamos a esperar.
¿El necesita trabajar hoy?	Sí, necesita trabajar.
¿Ud. necesita trabajar hoy?	Sí, necesito trabajar.
¿Uds. necesitan trabajar hoy?	Sí, necesitamos trabajar.

Is _____ going to wait now? Yes, he's going to wait.

Does he need to work today?/Yes, he needs to work.

PRACTICA

A. *Each person needs to do something, but he or she is not go-ing to do it. Make statements using the cue words.*

(Verb + infinitive constructions can expand your conversational ability.)

Ejemplo: Marta / devolverlo
Marta necesita devolverlo,
pero no va a devolverlo.

(Review 2.11, 4.7.)

1. José Antonio / estudiarlo
2. Margarita del Valle / pagarlo
3. Antonio / hacerlo
4. Carmen / venderlo
5. Amparo / buscarlo

5.9
¿Tratan de hacerlo?

Trabajador social	*Jefe*
¿El trata de pagarlo?	Sí, _____.
¿Ud. trata de pagarlo?	
¿Uds. tratan de pagarlo?	
Querido, ¿tú tratas de pagarlo?	
¿Ellas acaban de comprarlo?	
¿Ud. acaba de comprarlo?	
¿Uds. acaban de comprarlo?	
Mi vida, ¿tú acabas de comprarlo?	

Does he try to pay for it? (or, Is he trying to pay for it?)

Have they just bought it? (More lit., Do they finish buying it?)

PRACTICA

Are you going to do each thing? Are you trying to do it? Have you just done it? Answer the questions using **voy a, trato de,** *or* **acabo de.**

Ejemplo: ¿Estudia Ud. ahora?
Acabo de estudiar.

1. ¿Mira Ud. el programa?
2. ¿Habla Ud. a la clase?
3. ¿Encuentra Ud. dinero?
4. ¿Usa Ud. una computadora?
5. ¿Gana Ud. mucho dinero?
6. ¿Compra Ud. dulces?
7. ¿Termina Ud. la clase?
8. ¿Estudia Ud. español?

5.10
¿Qué empiezan a hacer?

Jefe	*Secretario*
¿Uds. empiezan a trabajar?	Sí, empezamos a trabajar.
¿Ellos empiezan a trabajar?	
¿Ud. empieza a trabajar?	
¿Ella deja de trabajar?	No, no deja de trabajar todavía.
¿Ellas dejan de trabajar?	
¿Ud. deja de trabajar?	

Are they beginning to work? (or, Do they begin to work?)

(A reminder: **empezar** is a stem-changing verb.)

Does she stop working? (or, Is she stopping work?) No, she isn't stopping work yet.

COMUNICACIÓN—FORMA

PRACTICA

A. *State a time that each person begins and stops doing the activity indicated.*

Ejemplo: María Eugenia/estudiar
             Empieza a estudiar a las cinco y termina a las cinco y media.

1. Yo/mirar televisión
2. Estela y Julián/trabajar
3. Javier/esperar a Margarita
4. nosotros/hacer el trabajo
5. José Antonio y tú/jugar fútbol
6. Uds./escuchar los discos
7. Un amigo/tomar cerveza
8. Yo/usar la computadora

B. *You are a case worker observing each person. You explain what each person has just done, and the condition he or she is in.* (Review 3.8.)

Ejemplo: La doctora Gómez/trabajar mucho/cansada
             La doctora Gómez acaba de trabajar mucho y está cansada.

1. María Eugenia/estudiar/aburrida
2. Patricia/tomar un examen/nerviosa
3. Amparo/bailar con su novio/contenta
4. Sempronio del Río/tomar seis cervezas/borracho
5. Reinaldo de la Peña/tomar una siesta/descansando

C. *Use the "Let's" form to answer your employees' questions.*

Ejemplo: ¿Terminamos esto?
             Sí, vamos a terminarlo.

1. ¿Trabajamos ahora?
2. ¿Esperamos hasta mañana?
3. ¿Pagamos esto?
4. ¿Reparamos esto?
5. ¿Cambiamos esto?

FUNCION

Learning Activities

Learning Hints

Explanation 5.d
Adv. and Prep.
of Time and Place
Giving Directions

5.11
Dar direcciones

Visitante

¿Dónde está _____, por favor?
la cafetería

Recepcionista

Está _____.
aquí mismo
allí
ahí
Vaya allá, por favor.
Venga acá, por favor.
Antes de llegar a los
   elevadores, doble
   a la derecha.
Después de pasar
   los elevadores, doble
   a la izquierda.

right here.
there
right there
Go over there, please.
Come here, please.
Before you get to the elevators, turn right.

After you pass the elevators, turn left.

(After you practice the phrases as your instructor gives them, you might work in small groups, taking turns giving and following commands.)

(Perform the commands as your teacher gives them. You can substitute a billfold or other article for the box.)

Profesor/a

Pongan la tarjeta _____.

encima de la caja

debajo de la caja

delante de la caja
detrás de la caja
al lado de la caja
a la izquierda
a la derecha
junto a la caja
cerca de la caja
lejos de la caja
entre la caja y un libro
dentro de la caja
fuera de la caja

on top of the box
(Also **sabre** and **arriba de.**)
under

in front of
behind
beside
to the left
to the right
next to
near
far
between
inside
outside

SITUACIONES

1. You work in the information booth at the convention center. Visitors ask you for directions, and you explain where the different facilities are. Use the names and the drawing to help you.

1. la sala de exhibiciones
2. los baños
3. la cafetería
4. el salón A
5. el salón D
6. el salón de baile
7. el Restaurante Florida
8. la oficina de prensa

2. You teach in a preschool. Today you are going to teach the children the relationships of places. The children have crayons and paper sacks. The students can role-play the relationships using crayons and paper sacks.

Ejemplo: *Pongan el creyón debajo de la bolsa.*

OPINION PROFESIONAL

You are the representative from your agency appointed to discuss with the architect the plans for the new two-story office building. You tell the architect where you want the various offices and facilities placed. Choose words and phrases from each list to create sentences like the following example.

Ejemplo: *La recepcionista necesita estar cerca de la entrada.*

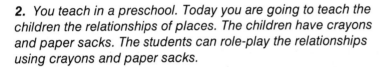

La administración		en la esquina.
Las escaleras		cerca de la oficina de los agentes de ventas.
El pasillo		en el pasillo.
Los elevadores		junto a la escalera.
Las oficinas de los agentes de ventas	necesita estar	cerca de los baños.
La oficina del director	necesitan estar	en el segundo piso
Las oficinas de los secretarios		enfrente.
La oficina del presidente		cerca de la recepcionista.
La fuente		cerca de la cafetería.
La información		cerca de la entrada.
El estacionamiento		en el primer piso.
		en todos los pisos.

INTERESES ESPECIALES Y VIAJES

Turn to the special interest section of the text, just before the vocabularies. Working in pairs or interest groups, practice the vocabulary of your special interest.

Pronunciación

Intonation and Rhythm

Intonation refers to the pitch and tone of a language. We might say it's the "singing" of the language. Rhythm is like the beat or the accent of a language. Every language has its own special kind of "song." Stress in Spanish sentences is rather even and rhythmical, lacking the high and low pitches characteristic of most English sentences.

One of the best ways to learn the intonation and rhythm of a language is through poetry.

Listen to your teacher or the tape. Repeat Don Julián's poem, linking the words shown. Use the lines of poetry to divide the Spanish into breath groups.

Eres un rayo de sol
que ilumina mi mañana
y es tu risa galana
como preludio de amor.

Cuando estoy cerca de ti
me siento como hombre nuevo.
Entra, pues, amor, y di
en que yo servirte puedo.

Todo lo que hay en mi tienda
está a tu disposición
desde el sabroso jamón
hasta el breve ajonjolí.

You're a ray of sunshine
that brightens my morning
and your graceful smile
is like a prelude to love.

When I'm near you,
I feel like a new man.
Come in, then, my love and tell
what I for you can do.

Everything in my store
is at your disposition
from the savory ham
to the tiny sesame seeds.

(You can also practice pronunciation, intonation and rhythm by singing. Do you know the song "Guantanamera"? Don Julián's verses use the same pattern as the verses of that song. To sing the poem, sing the first and second lines of each verse twice. Here's the chorus:

Amparo bella
Preciosa como un estrella,
Oh, Amparito,
Quiero ofrecerte mi amor.)

Práctica: Dictado

Are you beginning to learn the letters that correspond to the Spanish sounds? After you have practiced saying the poem, you can practice writing some of the lines. Your teacher or a classmate can dictate a verse while you write the Spanish without looking at it. This is called a dictation, or *dictado.*

Cosas de la vida diaria

Poetry

Poetry is part of the daily life of the Hispanic world. There is a saying:

De médico, poeta y loco	Of the doctor, poet and lunatic
todos tenemos un poco	we all have a little.

Anyone can use poetic language with great facility, and verses are threaded into conversation as a natural occurrence. This doesn't mean that people are consummate poets, but that poetry lives. There is serious poetry and popular poetry. Serious poetry is an important literary form and deserves to be read with respect. But all that is expected from popular poetry is rhyme that satisfies the ear and verses that say something pertinent, like the doggerel of Don Julián.

Piropo

The *piropo* is traditional in Hispanic culture. The *piropo* is a eulogy that is generally said to a woman in order to celebrate her beauty, her appearance, and her character. Its most important purpose is to praise the beauty of the woman who receives it. For example:

¡Qué ojos más lindos tienes!	What beautiful eyes you have!
Tu voz es dulce como la miel.	Your voice is as sweet as honey.
Eres un ángel.	You're an angel.

Sometimes young men stop on the street corners waiting for girls to go by so they can *piropear* them. It's kind of a game between the sexes: the girls pretend not to hear and walk on without even turning their heads, but they are pleased to have the compliments. Sometimes the *piropos* allude to the girl's seductive qualities:

Si cocinas como caminas	If you cook as well as you walk.
Yo me como hasta la raspa.	I'll eat the last crumb.

Some *piropos* are very clever, but some pass the limits of decency and can be gross or vulgar. There have been cases in which a man in a girl's family has fought someone who has made an offensive *piropo.*

In this selection, Don Julián is engaging in a little innocent *piropo,* and Amparo is obviously flattered by it.

Don and Doña

Don and *Doña* are titles of respect used with given names. These titles have no translations in English. They are traditionally used to indicate a friendly but respectful relationship toward an older person. Although the titles are not used as frequently as they once were by young people in Spanish-speaking countries, their use is still frequent among many Spanish-speakers in the United States.

Diminutives

In Spanish, the concept of little or small is most often given by the endings *ito, illo, ico,* and *in* (and the feminine and plural forms of them). These endings indicate a smaller or lesser amount of the concept of the root word. These word endings, called diminutives, are used rather frequently, especially when talking to children and young people. They are also used in a broader sense to indicate affection, concern, and tenderness. In this sense, they may even refer to adults who are not very small. *Mi hijito,* for example, might refer to a six-foot football player. Even when words might be derogatory, the diminutive decreases the impact of the word:

Hola, gordito.	Hi, little fat one.
No seas malita.	Don't be mean. (Lit., don't be nasty)
¡Sinvergüencita!	You rascal! (Lit., little shameless one)

Diminutives may be adverbs as well as nouns and adjectives. The meaning of the adverb is intensified:

| tempranito | very early |
| despacito | very very slowly |

DISCUSSION

1. Why do you suppose poetry is so important in Hispanic culture?
2. What do you think would be the difference in the way the following phrases might be used?

| Es gordo. | Es gordito. | Ese viejo. | Ese viejecito. |
| Mi mujer. | Mi mujercita. | Un poco. | Un poquitín. |

3. Have you ever seen or experienced examples of **piropo?** How do you feel about it?

EXPLANATIONS

5.a   Irregular verbs *estar* and *ir*   5.4–5.7

Estar—to be (location, condition)

estoy	I am
estás	you (fam.) are
está	he, she is; you (form.) are
estamos	we are
están	they, you (pl.) are

   Estar has two irregularities: the accent mark on the second and third persons, and the **y** at the end of the first person singular.

Ir—to go

voy	I go, am going
vas	you (fam.) go, are going
va	he, she goes; you (form.) go; he's, she's going; you're going
vamos	we go, are going; let's go
van	they go; you (pl.) go
	they're, you're going

   Although **ir,** to go, is irregular in the present tense, the forms do not seem so irregular if you imagine the infinitive to be **var** rather than **ir.** Of course, no such word as **var** exists in Spanish, but the forms in the present tense are derived from a Latin verb that was similar to this imaginary infinitive. If you think of the forms as being based on **va,** then only the first person seems irregular, and it has the same irregularity as **soy** and **estoy,** which you have already studied.

5.b   Verb + Infinitive Constructions   5.8–5.10

As you see in this lesson, when two verbs are used as a unit, or as a verb phrase, only the first one is conjugated. Sometimes a preposition follows the first verb, but you can't tell by looking at the verbs which ones will require prepositions—you simply have to learn them. In this lesson you study verb phrases like the following:

va a esperar	he's going to wait	deja de esperar	he stops waiting
necesita esperar	he needs to wait	acaba de esperar	he has just waited
empieza a esperar	he begins to wait	trata de esperar	he tries to wait

No matter what the English translation is, in Spanish the second verb in all constructions must be the infinitive.

5.c   Prepositions of Place and Time   5.11

In Frame 5.11 you practice prepositions that show time and place. A preposition is always linked to another word, such as a noun or a verb.

Lejos de la oficina.	Far from the office.
Después de pasar los elevadores.	After passing the elevators.

After the preposition, you will notice that the verb is in the infinitive form in Spanish, even though in English we use the "ing" form.

5.d   Adverbs of Place   5.1, 5.11

In Frames 5.1 and 5.11 you practice with adverbs that show the place of the action of the verb.

Está lejos.	It's far.
Está adentro.	It's inside.

Adverbs and prepositions that mean the same thing often have different forms in Spanish. And the prepositions add the word **de:**

Está dentro de la caja.	It's inside the box.
Está adentro.	It's inside.

You'll learn these with practice.

Here and There   5.11

The use of the words for *here* and *there* in Spanish may vary somewhat from dialect to dialect, but in general the meanings are these:

aquí	right here (by me)	allí	there (where you are)
acá	here (around here)	allá	over there (where they are)
ahí	right there (somewhere between here and there)		

Moreover, **acá** and **allá** are used with verbs of motion:

Venga acá.	Come here.
Vaya allá.	Go there.

REPASO I

Pruebe su conocimiento

Test Your Knowledge

I. *Select the best response to the question or statement. Circle the letter of your choice.*

1. ¿Quién es ese muchacho?
   a. Dice que está bien.
   b. Es mi amigo Jimmy.
   c. ¿Qué dice?
   d. No vas sola con él.

2. ¿Hay fiesta aquí?
   a. No, no tengo carro.
   b. Muy buenas noches.
   c. No tengo dinero.
   d. Sí, esta noche.

3. El dinero es muy importante.
   a. ¿Más importante que el amor?
   b. No voy a robar.
   c. Cualquiera puede ser millonario.
   d. ¡Qué lástima!

4. ¿Cómo se llama el tipo?
   a. No lo conozco.
   b. Es su abuelo.
   c. Es el hijo de su padre.
   d. No es su esposo.

5. Quiero que conozcas a mi primo.
   a. Está en una fiesta.
   b. Está bailando con Amparo.
   c. José Antonio Calderón, a sus órdenes.
   d. El gusto es mío.

6. El señor Sánchez es simpático, ¿verdad?
   a. Sí, es infeliz.
   b. Sí, es antipático.
   c. Sí, es muy feo.
   d. Sí, y listo también.

7. ¿Estás preocupada?
   a. Sí, un poco.
   b. Sí, soy muy feliz.
   c. Sí, es una maravilla.
   d. Sí, no necesitas trabajar.

8. ¿Qué día es hoy? ¿Domingo?
   a. Sí, anteayer fue jueves, ¿recuerdas?
   b. Sí, pasado mañana es lunes.
   c. Sí, ¿quieres ir a la iglesia?
   d. Sí, es día de trabajo.

9. ¿De dónde es?
   a. Es muy pequeña.
   b. El gusto es mío.
   c. De San Juan.
   d. Es encantadora.

10. Llene la solicitud, por favor.
    a. Con mucho gusto.
    b. Aquí lo tiene.
    c. La puerta está abierta.
    d. No tengo la cartera.

11. Ella es enfermera, ¿verdad?
    a. Sí, fue al médico hoy.
    b. No, trabaja en un banco.
    c. Está de visita.
    d. No necesita trabajar.

12. ¡Eres más linda que un sol!
    a. Es un piropo.
    b. Es un insulto.
    c. Es un viejo verde.
    d. Es un poema.

13. Patricia está encargada de la tienda hoy.
    a. Sí, es día feriado.
    b. No, es muy joven.
    c. La abuela no acepta a Jimmy.
    d. Los abuelos están visitando a un amigo enfermo.

14. ¿Puedo usar el teléfono?
    a. Sí, vaya a la calle Principal.
    b. Sí, tome la autopista.
    c. Sí, está en el pasillo.
    d. Sí, está a dos cuadras de aquí.

15. ¿Con quién está usted?
    a. Estoy con mi familia.
    b. Estoy en la clase.
    c. Estoy enferma.
    d. Estoy alegre.
16. ¿A qué hora empieza a trabajar generalmente?
    a. Antes de dormir.
    b. Después del desayuno.
    c. En la consulta.
    d. Los domingos.
17. ¿Qué hay en la clase?
    a. Diez profesores.
    b. Veinte pupitres.
    c. Mil estudiantes.
    d. Cien ventanas.
18. ¿Conoces a los señores Calderón?
    a. No la conozco. ¿Es tu prima?
    b. Sí, son amigos de mi esposo.
    c. Acabo de hacerlo.
    d. ¿Es tu amiga? Preséntamela.
19. ¿Por qué no trabajas hoy?
    a. Ella es muy tradicional.
    b. Es día feriado.
    c. Así me dice.
    d. Siempre dice cosas bonitas.
20. ¿Dónde está la gasolinera?
    a. Está al doblar la esquina.
    b. Está dentro de la tienda.
    c. Está en el baño de damas.
    d. Está en el tragamonedas.

II. Matching. *Find a word in the right-hand column that can be associated with a word in the left-hand column. Write the letter in front of the number.*

_____ 21. día de fiesta
_____ 22. joven
_____ 23. gracias
_____ 24. tarjetas
_____ 25. baile
_____ 26. llaves
_____ 27. millonario
_____ 28. padres
_____ 29. nuera
_____ 30. tienda
_____ 31. tío
_____ 32. rico
_____ 33. parientes
_____ 34. gordo
_____ 35. cerrar

a. de nada
b. viejo
c. crédito
d. música
e. puerta
f. familiares
g. abrir
h. dependiente
i. domingo
j. dinero
k. sobrino
l. pobre
m. hijos
n. flaco
o. yerno

III. Sí o No. *If the statement is true, mark it **Sí**. If it is false, mark it **No**.*

_____ 36. Jimmy y Patricia quieren salir solos. Está bien, dice la abuela.
_____ 37. Un hombre que tiene esposa no tiene novia.
_____ 38. En un restaurante usted puede tomar agua o vino.

_____ 39. Un auto nuevo no cuesta mucho dinero.
_____ 40. Las señoritas tienen mucho dinero en los bolsillos.
_____ 41. Si Ud. va a otra comunidad, necesita un pasaporte.
_____ 42. Una fiesta perfecta tiene buena música.
_____ 43. Las actitudes culturales cambian constantemente.
_____ 44. Los valores hispánicos tradicionales no cambian.
_____ 45. El padre de su hijo es tío de usted.
_____ 46. Una buena botella de vino cuesta dos dólares.
_____ 47. José Antonio es nieto de Estela.
_____ 48. Para escribir usted puede usar una llave.
_____ 49. La familia es muy importante para los hispanos.
_____ 50. Todos los hispanos son poetas excelentes.

FICCION

ODISEA DE LA FAMILIA MARTINEZ

Episodio 6

Carmen y Estela conversan en La Tienda.

Estela: Ahora que estás en estado vas a dejar de trabajar, ¿no?

Carmen: No, mamá. ¿Por qué? Hoy las mujeres trabajan casi° hasta° el nacimiento° del bebé.

Estela: Pero tú, no. Eso es imposible. ¿Qué dirán de ti?

Carmen: ¡Ay, mamá! Siempre preocupada del qué dirán.° No necesitas estar preocupada de mí. La que debe preocuparte° es tu nuera Alicia.

Estela: Sí, yo sé. Pasa mucho tiempo con su amiga Margarita del Valle.

Carmen: La reputación de ella no es muy buena.

(Whom should Carmen's mother be worried about? Who isn't good company for Alicia? Who has business with Longoria?)

almost/until/birth

what they will say

The one you should worry about

112

Estela:	No, no es muy buena compañía para la esposa de mi hijo.
Carmen:	Dicen que es amante° de Javier Longoria.
Estela:	¡No! ¡No es posible! Alicia no es así.
Carmen:	No, no Alicia, Margarita. Dicen que Margarita es amante de Longoria.
Estela:	¡Ah! Eso sí es posible.
Carmen:	Pero Alicia anda mucho° con Margarita y Javier.
Estela:	¿Y Héctor? ¿Qué dice?
Carmen:	Está tan ocupado con su trabajo y sus ambiciones que no se da cuenta.°
Estela:	Voy a hablar con él.
Carmen:	No te va a escuchar, mamá. Además, parece° que tiene ciertos negocios con Longoria.

lover, mistress

goes around a lot

he doesn't realize

Besides, it seems

PREGUNTAS

Answer the questions in a few words in Spanish:

1. ¿Carmen va a dejar de trabajar pronto?
2. ¿Hasta cuándo trabajan las mujeres embarazadas?
3. ¿Con quién pasa mucho tiempo Alicia?
4. ¿Quién tiene mala reputación?

5. ¿Quién es amante de Javier?
6. ¿Con quiénes anda mucho Alicia?
7. ¿Con qué está ocupado Héctor?
8. ¿Por qué Héctor no va a escuchar a su madre?

FONDO 6

Learning Activities	Presentación de materia nueva	Learning Hints

6.1
Formas y colores
Shapes and Colors

(Use colored construction paper cut in geometric shapes to practice colors and shapes.)

Maestra	Niño	
¿De qué color es _____?	Es _____.	
el círculo	rojo	
el rectángulo	blanco	
el triángulo	azul	
el cuadrado	verde	
	anaranjado	amarillo
	morado	rosado
	negro	gris
	café	beige
¿Es _____?	Sí, es _____.	
un círculo	redondo	
un triángulo	triangular	
un rectángulo	rectangular	
un cuadrado	cuadrado	

What color is _____?/ It's _____.
the circle/red
the rectangle/white
the triangle/blue
the square/green
orange/yellow
purple/pink
black/gray
brown (also **moreno**)/beige
Is it _____?/Yes, it's _____.
a circle/round

PRACTICA

Tell the colors of the things you have.

Ejemplo: pluma *Tengo una pluma roja.*

1. libro
2. cartera
3. papel
4. lápiz
5. carro
6. medicina
7. cheque
8. tarjeta de crédito

(Descriptive adjectives usually follow the noun.)

(A reminder: Adjectives agree with nouns!)

6.2
Nuestro mundo natural   Our Natural World

Maestro	*Niño*	
¿De qué color es _____**?**	**Es** _____.	What color is _____?/ It's _____.
el cielo		the sky
el mar		the sea
el árbol		the tree
la nube		the cloud
¿Dónde está _____**?**	**Está** _____.	Where is _____?/It's _____.
el río	cerca	the river/near
el lago	lejos	the lake/far
el océano		the ocean
la playa		the beach
¿Hay _____**?**	**Sí, hay** _____.	Is there/Are there _____?
montañas		mountains
luna		moon
sol		sun
estrellas		stars

PRACTICA

Jorge Vásquez paints for a hobby. He likes geometric shapes but lots of people don't understand his geometric landscapes, but you do. Explain them to a viewer.

Ejemplo: *El círculo representa un lago.*

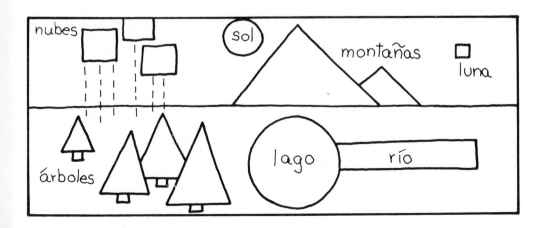

6.3
Nuestro mundo mecánico

Explanation 6.a
Our Mechanical World

Señor	*Mecánico*	
Está descompuesto.	**Hay que** _____.	It's out of order./We'll have to _____.
	arreglarlo	fix it
	conectarlo	connect it
	desconectarlo	disconnect it
	encenderlo	turn it on (also **prender**)
	apagarlo	turn it off
La máquina no funciona.	**Hay que** _____.	The machine isn't working. One must _____.
	tocar el botón	turn the knob
	tirar del botón	pull the knob ("Pull" is also **jalar** and **halar.**)
	dar vuelta a la palanca	turn the switch
	dar vuelta al mango	turn the handle ("Handle is also **manija.**)

PRACTICA

A. *Give the mechanism that you would typically associate with each of the following.*

Ejemplo: televisor   *botón*

1. puerta del carro
2. puerta de la casa
3. lámpara
4. cámara
5. refrigerador
6. aire acondicionado
7. teléfono
8. puerta de un edificio

6.4
En orden

Ordinal Numbers In Order

Mecánico	*Señora*	
Toque _____.	**¿El** _____**?**	Touch _____./The _____?
el primer botón	¿El primero?	the 1st knob
el segundo botón	¿El segundo?	2nd
el tercer botón	¿El tercero?	3rd
el cuarto botón	¿El cuarto?	4th
el quinto botón	¿El quinto?	5th
¿Es la _____ **vez?**	**Sí, es la** _____.	Is it the _____ time?/Yes, it's the _____.

(**Primero** and **tercero** drop the *o* before a masculine singular noun.)

la sexta vez	the 6th time
la séptima vez	7th
la octava vez	8th
la novena vez	9th
la décima vez	10th

(**Vez** is "time" in the sense of number of times.)

PRACTICA

(Review 5.2.)

Read the following phrases, placing the ordinal number in front of the noun. Make the numbers feminine when they are used with feminine nouns.

Ejemplo: 2° edificio   *el segundo edificio*

(The **o, a,** or **er** after the number is comparable to English in numbers such as "first," "third.")

1. 4a. tienda
2. 6a. calle
3. 1er hotel
4. 7a. farmacia
5. 9a. avenida
6. 1a. autopista
7. 3er. correo
8. 8° edificio
9. 5° piso
10. 5a. esquina

6.5 ¿Cuánto? Mucho.

Explanation 6.b Nos. 100—1.000.000 How Much? A Lot.

Señor	Dependiente	Man/Clerk
¿Cuánto cuesta la máquina?	Cuesta _____.	How much does the machine cost?/It costs _____.
	cien dólares	100 dollars
	doscientos dólares	200
	trescientos dólares	300
	cuatrocientos dólares	400
	quinientos dólares	500
¿Cuántas botellas hay?	Hay _____.	How many bottles are there?/There are _____.
	seiscientas botellas	600
	setecientas botellas	700
	ochocientas botellas	800
	novecientas botellas	900
	mil botellas	1.000
¿Cuántos habitantes hay?	Hay _____.	How many inhabitants are there?
	dos mil	2.000
	miles	thousands
	un millón de habitantes	1.000.000
	millones	millions

(Spanish uses periods where English uses commas.)

PRACTICA

A. *Give typical prices you might pay for the following items.*

1. un televisor
2. una cámara fotográfica
3. un carro nuevo y pequeño
4. un carro nuevo de deporte
5. una casa elegante

6. un refrigerador
7. un diamante
8. una computadora
9. una casa cerca del mar
10. un apartamento cerca del centro

B. *You are going to Spain where the currency is the* **peseta.** *Find out what the current exchange rate is. Then convert the following quantities to* **pesetas** *and read them in Spanish.*

Ejemplo: 50 dólares   (App. exchange rate: 150 **pesetas** = one dollar.)

   Cincuenta dólares son siete mil quinientas pesetas.

1. 100 dólares
2. 90 dólares
3. 750 dólares

4. 500 dólares
5. 1.000 dólares
6. 37 dólares

COMUNICACION—FONDO

A. *Reinaldo de la Peña is a politician describing various aspects of your city. (Is he an honest politician who will check the statistics, or does he invent figures when he doesn't know them?)*

(Review 5.2.)

En nuestra comunidad hay _____ habitantes. Estos habitantes viven en _____ edificios. En la ciudad hay un total de _____ edificios comerciales, _____ edificios de apartamentos y _____ casas. Hay _____ autopistas y calles. El número de hoteles es _____, lo cual nos da° _____ habitaciones disponibles.° También hay _____ universidades, _____ universidades intermedias y _____ escuelas públicas. Hay _____ centros comerciales en la ciudad. Realmente, ¡nuestra ciudad es una maravilla!

which gives us
available rooms

B. 1. *You are helping a family who has recently arrived from Venezuela. They see signs around the building and ask you what they mean.*

(Review 1.9, 6.3.)

Ejemplo: ¿Qué quiere decir «out of order»?
      Quiere decir «No funciona.»

1. ¿Qué quiere decir «turn on»?
2. ¿Qué quiere decir «turn off»?
3. ¿Qué quiere decir «emergency exit»?

4. ¿Qué quiere decir «entrance»?
5. ¿Qué quiere decir «stairway»?

2. *An English-speaking colleague needs to know some Spanish expressions. He asks you:*

(Review 5.1, 5.2.)

Ejemplo:　¿Cómo se dice «upstairs»?
　　　　　　Se dice «arriba».

1. ¿Cómo se dice «to the right»?
2. ¿Cómo se dice «to the left»?
3. ¿Cómo se dice «on top of»?
4. ¿Cómo se dice «beside»?
5. ¿Cómo se dice «in front of»?
6. ¿Cómo se dice «behind»?

FORMA

Learning Activities	Presentación de estructuras nuevas	Learning Hints
	6.6 **El, ella**	Explanation 6.c *-er, -ir* Verbs, 3rd Sing. Pres. Tense

Señora	*Maestra*	
¿El niño _____ esto?	**Sí, lo _____.**	Does the child _____ this? Yes, he/she _____ it.
aprende　sabe		learn(s)/know(s)
lee　　　hace		read(s)/do(es)
ve　　　pone		see(s)/put(s)(here)
come　　escribe		eat(s)/write(s)
quiere　pierde		want(s)/lose(s)
tiene		has

PRACTICA

Choose from the verbs that you have just practiced to complete the report on María Eugenia and her progress. Read each statement with the verbs you have added.

María Eugenia es una niña muy traviesa. Muchas veces° está dormida en clase y no _____ las lecciones. _____ caramelos en clase. _____ con un creyón en el libro de Pepe. _____ animalitos en la mesa de la maestra. Hay días que no _____ nada. _____ mucho tiempo. No _____ estar en clase. _____ muchos problemas.

Often

Explanation 6.c
-er, -ir Verbs
3rd Pl., Pres.

6.7
Ellos, ellas

Comerciante	*Comerciante*
¿Los clientes _____ esto?	**Sí, lo _____.**

aprenden	leen
ven	comen
escriben	saben
hacen	ponen
quieren	pierden
tienen	

(Review 6.6 if you haven't learned the meanings of the verbs.)

PRACTICA

Choose from the verb forms you have just practiced to describe the behaviors of successful business men and women.

Ejemplo: Quieren escribir reportes.

1. _____ el Wall Street Journal.
2. _____ los nombres° de sus empleados.   names
3. _____ ser líderes.°   leaders
4. _____ su dinero en el banco.
5. _____ las posibilidades futuras.
6. _____ escribir bien.
7. _____ tiempo.
8. _____ mucho trabajo.
9. _____ con sus jefes en restaurantes elegantes.

Explanation 6.c
-er, -ir Verbs,
1st, 3rd Sing., Pres.

6.8
Ud., yo

Señora	*Cliente*
Señor, ¿_____ Ud. esto?	**Sí, lo _____.**
aprende	aprendo
come	como
lee	leo
escribe	escribo
Señora ¿_____ Ud. esto?	**No, no lo _____.**
quiere	quiero
pierde	pierdo
tiene	tengo

(Review 6.6 for verb meanings.)

(A reminder: An effective way to practice is to write each question and answer on a card. Then with a partner practice asking and answering questions in random order.)

Señorita, ¿_____ esto?	**No, no lo _____.**
pone	pongo
hace	hago
sabe	sé
ve	veo

PRACTICA

Your teacher is very curious about you. Answer his or her questions in Spanish.

Ejemplo: ¿A qué hora come Ud.
Como a las seis.

1. ¿Dónde come Ud. generalmente?
2. ¿Pierde Ud. mucho tiempo?
3. ¿Ve Ud. muchos programas de televisión?
4. ¿Qué diario° lee Ud.?   newspaper
5. ¿Hace Ud. mucho trabajo?
6. ¿Sabe Ud. escribir a máquina?   (**Saber** means "know how to" when an infinitive follows.)
7. ¿Dónde pone Ud. su dinero?
8. ¿Qué pone Ud. en la cartera?
9. ¿Qué ve Ud. en la clase?

6.9 **Tú, yo**	Explanation 6.c *-er, -ir* Verbs, 1st, 2nd Sing., Pres.

Señora	**Niño/Niña**
Niño, ¿_____ esto?	**Si, lo _____.**
aprendes lees	
comes escribes	
quieres pierdes	
tienes pones	
haces sabes	
ves	

(Review 6.8 for the answers in 1st person.)

PRACTICA

You have been talking to one child, but you realize you need to talk to all the children. Read the statement as it is, and then change the verb (and pronoun, if there is one) to the plural form.

Ejemplo: Niño, ¿quieres ir al baño?
              Niños, ¿quieren ir al baño?

1. Niño, tú aprendes mucho, ¿verdad?
2. Niño, escribes mucho en español, ¿no?
3. Niña, tienes muchos creyones, ¿verdad?
4. Niña, tú sabes muy bien la lección.
5. Niño, lees el libro, ¿no?
6. Niño, siempre pones el libro aquí, ¿verdad?
7. Niña, haces mucho trabajo.
8. Niño, tú no comes en clase, ¿verdad?

6.10 Nosotros

Explanation 6.c
-er, ir Verbs
1st Pl., Pres.

Niñas/Niños		Maestra
Maestra, ¿_____ esto?		**Sí, lo _____ pronto.**
aprendemos	comemos	
vemos	leemos	
ponemos	hacemos	
sabemos	tenemos	
queremos	perdemos	

Teacher, do we learn this?/Yes, we're learning it soon.

PRACTICA

You have been making a lot of statements about yourself. But you realize it would be much more polite to use the "royal we." Change the statement from the "I" form to the "we" form.

Ejemplo: Tengo mucho dinero.
              Tenemos mucho dinero.

1. Pongo el dinero en el banco.
2. Quiero hacer esto.
3. Siempre hago eso.
4. No sé la cantidad de dinero.
5. No tengo dinero.
6. No como aquí.
7. No recibo dinero.
8. No pierdo el dinero de los clientes.
9. No veo la necesidad de esto.
10. No recibo cheques.

COMUNICACION—FORMA

A. *Tell us about yourself. Make statements about how you do the actions listed below. Choose from these words to complete the sentences, and add any other words you want.*

(Review 4.8.)

mucho	a lot
poco	a little
muchas veces	often
pocas veces	seldom
demasiado	too much
de vez en cuando	from time to time
temprano	early
tarde	late

Ejemplo: comer
No como muchas veces en la cafetería de la universidad.

1. leer
2. aprender
3. preguntar
4. trabajar
5. escuchar
6. salir
7. hacer ejercicio
8. empezar el día
9. terminar el día
10. recibir buenas notas
11. mirar televisión
12. escribir

B. *Your employer is paying you to study Spanish, so he or she wants a report of what we do in class. Here is your outline and an example.*

Ejemplo: empezar
Empezamos la clase a las 8:00.

1. empezar
2. estudiar
3. hablar
4. leer
5. escribir
6. escuchar
7. terminar
8. tomar café

C. *You are opening a new bank account* (**cuenta corriente**). *Answer the employee's questions.*

(Review 4.4, 4.4)

1. ¿Cómo quiere el nombre en los cheques?
2. ¿La cuenta es para una o para dos personas?
3. ¿Cuál es su dirección o el número de su apartado postal?°   post office box
4. ¿Quiere poner el número de su licencia de manejar en los cheques?
5. ¿Cuál es el número de su seguro social?
6. ¿Cuál es el número de su teléfono?
7. ¿Quiere Ud. cheques corrientes o de lujo?
8. Dígame el nombre del banco en que Ud. tenía° cuenta previamente.   had
9. ¿Va a abrir una cuenta de ahorros° también?   savings

FUNCION

Learning Activities	Learning Hints
6.11 **Explicar el modo de hacer cosas**	Explaining How To Do Things

Jefe

Hay que _____ esto.

arreglar	doblar
cortar	romper
abrochar	desabrochar
cambiar	ajustar
pegar	presillar
tapar	destapar
archivar	botar/tirar

Boss

One must, You must, We must
_____ this, or This must be done.

fix/fold (bend)
cut/tear (break)
fasten/unfasten
change/adjust
glue/staple, clip
cover/uncover
file/throw away

SITUACIONES

1. *You want to label the drawings in Spanish. Give what must be done in each case.*

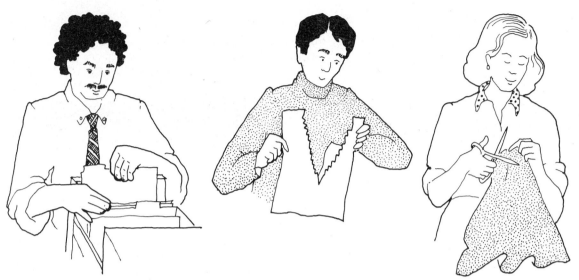

2. *Give directions, using the expressions in the **función**. Explain what must be done in each case.*

(Review 4.7, 6.3, 6.6.)

Ejemplo: The machine is out of order.
            Hay que arreglarla.

(a) The machine isn't plugged in.
(b) The tape is not to be recorded.
(c) The oven temperature setting is too high.
(d) A child left the jar open.
(e) You found a coupon in the paper.
(f) The letter must be kept.
(g) You should use your seat belt.
(h) The bicycle chain is broken.
(i) The timing on the car is too fast.
(j) The handle of the cup is broken.
(k) The paper doesn't fit in the envelope.
(l) You're sending a check along with your income tax return.

OPINION PERSONAL

¿Qué opina Ud.? ¿Sí o no?

1. Las mujeres que tienen hijos pequeños deben seguir trabajando.°   keep on working
2. Es importante tener tarjetas de crédito.
3. Los aparatos modernos hacen la vida moderna más fácil.
4. Hoy en día es posible vivir sin teléfono.
5. El aire acondicionado es una necesidad en el verano.
6. Es más importante ser bueno que tener buena reputación.
7. La vida era° más fácil cuando no teníamos° tecnología industrial.   was/didn't have
8. La comunicación y el transporte modernos son buenos para la
    unidad familiar.

INTERESES ESPECIALES Y VIAJES

Special Interests and Travel

Turn to the special interest section of the text, just before the vocabularies. Working in pairs or interest groups, practice the vocabulary of your special interest.

Pronunciación

R

The Spanish **r** sound is made in the front of the mouth. It's quite different from the English *r* sound, which is made in the back of the mouth. Spanish **r** between vowels or before a consonant is similar to the English *d* sound in Eddie, or the first *t* sound in "cut it," said rapidly. The tongue taps once against the ridge above the front teeth.

*Practice the single **r** sound by reading the following selection aloud:*

El esposo de Teresa le regaló un par de aretes para su tercer aniversario. Los aretes de Teresa son un par de aretes de oro. Ella prefiere usar sus aretes para ir a todas partes. El efecto del oro cerca de la cara le parece perfecto a Teresa. Carmen, la hermana de Teresa, quiere crecer para poder usar aretes de oro en las orejas. El esposo de Teresa cree que las mujeres son muy graciosas y presumidas, se preocupan mucho de su apariencia. No es raro ver un aro de oro en las orejas de las mujeres.

Teresa's husband gave her a pair of earrings for their third anniversary. Teresa's earrings are a pair of gold earrings. She likes to wear her earrings everywhere. The effect of the gold near her face seems perfect to Teresa. Carmen, Teresa's sister, wants to grow up so she can use gold earrings in her ears. Teresa's husband thinks that women are funny and vain; they're very concerned with their appearance. It's not unusual to see gold earrings in women's ears.

RR

Spanish **rr** at the beginning of a breath group, after **l, n,** or **s,** is trilled several times by tapping the tongue quickly against the ridge above the front teeth. If you have trouble making this trilled **r** sound, practice by saying "cut it up" rapidly.

P

Spanish **p** is similar to English in *spot,* except there is no puff of air like that which is typical of the English *p*.

*Read this selection to practice the **rr** and the **p**.*

Parra tenía una perra y
Guerra tenía una parra.

Parra had a dog and
Guerra had a grape arbor.

La perra de Parra
dañó la parra de Guerra.
Diga usted, señor Guerra,
¿Por qué le da con la porra
a la perra de Parra?
Porque la perra de Parra
dañó la parra de Guerra.

Parra's dog
damaged Guerra's grape arbor.
Say, Mr. Guerra,
Why are you hitting
Parra's dog with a stick?
Because Parra's dog
damaged Guerra's grape arbor.

PRACTICA

Working in pairs, ask and answer the questions.

1. ¿Cómo son los aretes de Teresa?
2. ¿Dónde prefiere usar los aretes?
3. ¿Cómo es el efecto del oro?
4. ¿Quién tenía una perra?
5. ¿Qué dañó la perra?

Notas culturales

Fees and Payments

In some countries, public officials must be paid fees in order to expedite business transactions. It is said that this custom became widespread in sixteenth century Spain during the reign of Carlos I, grandson of Isabel and Ferdinand. Not only was Carlos the King of Spain, but he was also Emperor of the Holy Roman Empire with the title of Carlos V. With both a kingdom and an empire to rule, Carlos delegated a great deal of the responsibility of the day-to-day running of the country to his retainers. Just as a king receives tributes from his subjects, the appointed government officials received fees from those they served. After all, in those days there were no salaries so the fees charged served as the livelihood for the men who made whatever official arrangements were necessary.

With time, the payment of fees to government officials, with the officials setting the amount of the fees, became an established practice, and one that was passed on to the flourishing Spanish colonies in the New World. The custom still exists today to a greater or lesser extent. In the Hispanic world, the **mordida** or "bite" as it is called, is an accepted part of the way business affairs are conducted. In the English-speaking American culture, such fees are considered unacceptable and illegal. They are called "bribes."

Of course, business arrangements are further facilitated by knowing personally—or having "connections" with someone who knows—a government official in the appropriate office. This phenomenon is known as **personalismo.** The individual is more important than the institution. In fact, sometimes the individual is the institution.

DISCUSSION

1. Why do you think the custom of paying fees to government officials would be considered a routine procedure in one country and illegal in another?
2. What advantages or disadvantages do you see in such a custom?
3. What does *mordida* literally mean? How would an English-speaking American probably translate it?
4. What is *personalismo?*

EXPLANATIONS

6.a   *Hay que* + Infinitive   6.3

Hay que has no exact equivalent in English. Literally, it can be translated, "There is that." In practice, its use may be more or less equivalent to:

Hay que conectarlo.   You've got to connect it.
                      We've got to connect it.
                      It must be connected.
                      It has to be connected.
                         or (very formally) One must connect it.

   For at least two reasons, *hay que* + infinitive is an extremely useful expression to the English-speaker whose Spanish is limited:

1. It is easy to use. No verb needs to be conjugated. You may simply use any infinitive after *hay que.* This gives you an immense range of things you can say.
2. Because it has no particular person with it, *hay que* can be used to state what needs to be done, or what you want done, without specifically stating whose responsibility the action is.

6.b   Numbers
Ordinal Numbers   6.4

The ordinal numbers are adjectives, and therefore agree with the nouns they modify. *Primero* and *tercero* drop the o before a masculine, singular noun. Ordinal numbers precede the noun. In conversation, ordinal numbers beyond *décimo,* "tenth," are seldom used.

Cardinal Numbers   6.5

Before a noun, or before *mil* "thousand", or when used alone, read 100 as *cien.* When followed by smaller numbers read it as *ciento.*

The numbers 200 through 900 agree with the nouns they refer to:

200 dólares	doscientos dólares
600 botellas	seiscientas botellas

When numerals are used in Spanish-speaking countries, a decimal point is sometimes used where a comma is used in English.

1.000 dólares	1,000 dollars

6.c -Er, -ir Verbs   6.6–6.10
Regular Verbs

In sections 6.6 through 6.10 you practice the present tense of -*er* and -*ir* verbs.

-Er verbs	*-Ir verbs*
like -*ar* verbs, but where -*ar* verbs have **a** have **e**	like -*er* verbs except 1st person plural has *i* instead of -**e**
comer—to eat	**escribir**—to write
como	escribo
comes	escribes
come	escribe
comemos	escribimos
comen	escriben

Stem-Changing Verbs   6.6–6.10

You practice -*er* and -*ir* stem-changing verbs that change just as the -*ar* verbs change. (You practiced them in 4.7 through 4.11.) Only the **nosotros** form has one vowel in the syllable before the ending:

querer—to want, love

quiero	queremos
quieres	quieren
quiere	

6.d Irregular Verbs

In this lesson, you practice several irregular verbs in the first person singular of the present tense. Compare the 1st and 3rd persons of these verbs:

tengo	tiene
hago	hace
pongo	pone
sé	sabe
veo	ve

(Except for the first person, the rest of the forms of **tener** in the present tense are like those of stem-changing verbs. **Nosotros tenemos**)

(The 1st person has an extra *e*.)

¿Cómo se siente?

How Do You Feel?

FICCION

ODISEA DE LA FAMILIA MARTINEZ

Episodio 7

Por teléfono

Héctor: Hola.

Javier: ¿Hablo con Héctor Martínez?

Héctor: Sí, con él mismo.

Javier: Habla Javier Longoria. ¿Cómo está Ud.?

Héctor: Bien, gracias, ¿y Ud.?

Javier: Bien, gracias. Mire, Margarita del Valle me ha hablado mucho de Ud. Ella es muy amiga de su esposa.

Héctor: Sí, la conozco.

Javier: Hay un asunto° que quisiera° discutir con Ud. Quisiera tener la oportunidad de conocerlo.

(Who calls and who answers?) Who has talked a lot about Héctor? When and where do Javier and Héctor arrange to have lunch? Is the business Javier suggests legal? What does he want from Héctor? Can they make a lot of money?)

matter/I should like

130

Héctor: Muy bien. Con mucho gusto.

Javier: ¿Podría almorzar° conmigo el jueves?   Could you have lunch

Héctor: A ver°. . . ¿El jueves? Sí, sí puedo.   Let's see

Javier: ¿Qué le parece° a las doce y media en el Club Internacional?   How about (lit., How does it seem to you?)

Héctor: Está bien.

Javier: Bien. Hasta el jueves, entonces.

Héctor: Hasta luego. Adiós.   (After becoming acquainted, the two men now treat each other familiarly, using the "tú" form.)

El jueves, en el restaurante

Después de almorzar

Javier: Oye,° Héctor. Tengo una idea fantástica para un negocio.° ¿Qué te parece?° ¿Te interesa?°   Listen/business
What do you think?/Are you interested?

Héctor: A ver. ¿Qué es?

Javier: No puedo decirte° ahora, sólo que es algo peligroso.°   tell you/somewhat dangerous

Héctor: ¿Qué quieres decir con «peligroso»? ¿Peligroso para quién? ¿Es ilegal?

Javier: Sí y no, depende. No puedo explicar más ahora, pero no se trata° de drogas.   it's not a matter of

Héctor: ¿Qué hay que hacer?

Javier: Necesito dinero, bastante dinero.

Héctor: ¿Qué puedo hacer? Yo no tengo mucho dinero.

Javier: No, pero tú estás entre° el dinero.   in the midst of

Héctor: Sí, en el banco hay dinero. Pero el banco no es mío.

Javier: Quizás puedas arreglar algo, conseguir° dinero en alguna forma. ¿Un préstamo° o algo así?°   get
loan/something like that

Héctor: ¿Algo así? ¿Cuánto dinero necesitas?

Javier: Mucho. Para empezar necesitamos el uso de un barco o un avión.

Héctor: ¿Y los riesgos?°   risks

Javier: Siempre hay riesgos.

Héctor: ¿Y las ganancias? ¿Compensarían por los riesgos?

Javier: Si tenemos éxito,° las ganancias serán fabulosas. Tú te haces rico en unas pocas transacciones.   we are successful

PREGUNTAS

Conteste en español:

1. ¿Conoce Javier a Héctor?
2. ¿A quién conoce Héctor?
3. ¿Qué día van a almorzar Javier y Héctor? ¿Dónde?
4. ¿Es peligroso el negocio?
5. ¿Es ilegal?
6. ¿Qué necesita Javier?
7. Si tienen éxito, ¿cómo van a ser las ganancias?
8. ¿Qué opina Ud.? ¿Cuál es el negocio?

FONDO 7

Learning Activities	Presentación de materia nueva	Learning Hints
	7.1 **El cuerpo humano**	Movable Parts of the Body The Human Body

(First, perform the commands as you hear them. After you're familiar with them, repeat the names of the parts of the body.)

Maestro/a		*Estudiante*
Mueva _____.		_____
la cabeza		la cabeza
la boca	la lengua	
los ojos	la nariz	
los hombros	el brazo	
la mano	los dedos	
el tronco	las caderas	
las muñecas	los pulgares	
las piernas	los pies	

head
mouth/tongue
eyes/nose
shoulders/arm
hand/fingers
trunk/hips
wrists/thumbs
legs/feet

PRACTICA

Answer the questions in Spanish:

Ejemplo: ¿Qué está dentro de la boca?
       La lengua está dentro de la boca.

1. ¿Qué está encima de la boca?
2. ¿Qué está en la boca?
3. ¿Qué conecta la mano con el brazo?
4. ¿Es la cabeza redonda o cuadrada?
5. ¿Cuántos dedos tiene Ud. en la mano derecha?
6. ¿Cuántos dedos tiene Ud. en las dos manos?
7. ¿Cuántos dedos tiene Ud. en las manos y en los pies?
8. ¿Qué está debajo de la nariz?

(After you've learned the parts of the body, you can give the commands to your classmates. Add *n* to **mueva** to give commands in the plural.)

(Review 5.11.)

| 7.2 Indique, por favor. | Other Parts of the Body Point Out, Please. |

(With parts of the body, **el** or **la** is used instead of the possessive "your.")

Maestro/a	**Estudiante**

Indique _____.

Point to your _____.

el pelo *o* el cabello		hair
la frente	la cara	forehead/face
la ceja	la pestaña	eyebrow/eyelash
las mejillas	la barba°	cheeks/chin (**Barba** also means "beard." "Chin" is also **quijada.**)
la oreja	el oído	ear (outer)/ear (inner)
el cuello	la garganta	neck/throat
la espalda	la cintura	back/waist
el pecho	el estómago	chest/stomach
el codo	la rodilla	elbow/knee
el hueso	el dedo del pie	bone/toe
la uña	la piel	nail/skin
el muslo	el músculo	thigh/muscle
el tobillo		ankle

PRACTICA

Answer the questions in Spanish:

Ejemplo: ¿Qué está encima de los ojos?
La frente está encima de los ojos.

(Review 5.11.)

1. ¿Qué está entre las mejillas?
2. ¿Qué está arriba de la rodilla?
3. ¿Qué está arriba de la frente?
4. ¿Qué está debajo de la cabeza?
5. ¿Qué está debajo de la espalda?
6. ¿Qué está debajo del cuello?
7. ¿Qué está entre la espalda y las caderas?
8. ¿Qué está al lado de la nariz?

7.3 Sentirse		Explanation 7.a *Tener* Expressions To Feel

Enfermera	*Señor*	
¿No se siente bien?	No, señorita, no me siento bien.	Don't you feel well?/No, ma'am, I don't feel well.
¿Tiene Ud. _____?	No, no tengo.	Are you _____?/No, I'm not.
frío		cold
calor		hot
hambre		hungry
sed		thirsty
sueño		sleepy
dolor de cabeza		Do you have a headache?/No, I don't.
dolor de estómago		stomachache
dolor de garganta		sore throat

Maestro/a	*Niño/a*	
¿Tienes _____?	Tengo _____.	Are you _____?/I'm _____.
miedo	mucho miedo	very afraid
hambre	mucha hambre	very hungry
sed	mucha sed	very thirsty
vergüenza	mucha vergüenza	very ashamed
razón	No, estoy equivocado.	right/No, I'm wrong.

PRACTICA

Friends make the following comments to you. Tell each one how he or she feels. Use the expressions you have just practiced.

(This is good to practice in pairs.)

Ejemplo: Necesito agua.
              Tienes sed.

1. Estoy en una calle en Nueva York en enero.
2. Estoy en la playa en Puerto Rico en agosto.
3. Acabo de terminar mis estudios. Son las dos de la mañana.
4. Un hombre grande y feo que tiene pistola está detrás de mí.
5. Hablo mucho y tengo laringitis.
6. Tengo un dolor° enorme detrás de los ojos y en la frente.
7. Como demasiado.
8. Digo que° el Misisipí es un lago.
9. Tengo indigestión.
10. Estoy en un baile y piso los pies de mi pareja.°

(You're talking to a friend, so you'll use the *tú* form.)

pain, ache

I say that

step on my partner's feet

7.4
¿Qué tiempo hace?

Maestro/a	Niño/a	
¿Qué tiempo hace hoy?	**Hace _____.**	What's the weather today?/ It's _____.
	frío — calor	cold/hot
	buen tiempo — mal tiempo	good weather/bad weather
	fresco — viento	cool/windy
	sol	sunny
¿Está lloviendo?	No, ahora, no.	Is it raining?/No, not now.
¿Está nevando?		Is it snowing?
¿Está nublado?		Is it cloudy?
¿Hay neblina?		Is it foggy?
¿Hay luna?		Is the moon shining?
¿Hay contaminación del aire?		Is there pollution?

PRACTICA

Associate each word or expression with one or more weather conditions.

Ejemplo: Tengo frío.   *Hace frío.*

1. Tengo calor.
2. Una noche romántica
3. Esquiar en las montañas
4. Agua
5. Tiempo perfecto
6. Tiempo miserable
7. No hay sol.

7.5
¿Desde cuándo?

Amiga	Amigo	
¿Desde cuándo _____?	Hace unos minutos.	How long _____?/For _____. (lit., for a few minutes)
llueve		has it been raining (lit., it rains)
nieva		has it been snowing
¿Hace mucho tiempo que estás aquí?	Hace unos días que estoy aquí.	Have you been here long?/(Lit., does it make much time that you're here?) I've been here for a few days. (Lit., it makes a few days that I'm here.)
	Estoy aquí hace unos días.	(Same meaning in English, as the above, but literally, I am here it makes a few days.)

PRACTICA

Ask a classmate how long he or she has been doing each thing.
The classmate can then answer.

Ejemplo: manejar
             ¿Desde cuándo manejas?
             Hace diez años que manejo.

1. vivir en esta ciudad
2. estudiar español
3. estudiar en esta escuela
4. conocer a su esposo/a
   (novio/a, amigo/a)
5. estar aquí hoy

7.6
¿Sabe o conoce?

Explanation 7.c
Conocer vs. *saber*
Do You Know or Are You
Acquainted With?

Señor	Visitante	
¿Conoce Ud. _____?	**No, no la conozco.**	Are you acquainted with _____/ No, I'm not acquainted with her/it.
a la profesora		
a la directora		
Miami		
Nueva Orleáns		
San Juan		
la universidad		
la vecindad		
¿Sabe Ud. _____?	**No, no sé.**	Do you know _____?/No, I don't know.
dónde vive		where he lives
dónde trabaja		where he works
manejar		how to drive
¿Sabe Ud. _____?	**Sí, lo sé.**	Do you know _____?/Yes, I know it.
el número		
el nombre		

PRACTICA

*Ask questions using ¿**Sabe Ud.?** or ¿**Conoce Ud.?** Use ¿**Sabe Ud.?** to ask about knowing a fact or knowing how to do something. Use ¿**Conoce Ud.?** to ask about being acquainted with or familiar with.*

Ejemplo: quién es ese señor
             ¿Sabe Ud. quién es ese señor?

1. operar la máquina
2. este edificio
3. el número de este edificio
4. el nombre del cliente
5. al cliente
6. bailar

7. dónde ponemos los materiales

8. esta máquina

9. a mi primo

10. cómo está mi primo

7.7
Más o menos

Comparisons of Inequality with *más, menos*, Irregular Comparisons
More or Less

Maestro	*Maestra*	
¿Quién es _____?	**Pepe es _____ que Carlos.**	Who is _____?/Pepe is _____ than Carlos.
más grande		bigger
más alto		taller
¿Qué libro es menos difícil?	Este es menos difícil que el otro.	What book is less difficult?/This one is less difficult than the other one.
¿Quién es _____ ?	**_____ es _____.**	
mayor		older
menor		younger
¿Quién es más alto?	Pepe es más alto que Carlos.	Pepe is taller than Carlos.
	Pepe es el más alto de todos.	Pepe is the tallest of all.
¿Qué nota es mejor?	«B» es mejor que «C.»	What grade is better?/"B" is better than "C."
	«A» es la mejor de todas.	"A" is the best of all.
¿Qué nota es peor?	«D» es peor que «C.»	What grade is worse?/"D" is worse than "C."
	«F» es la peor de todas.	"F" is the worst of all.

PRACTICA

Use the drawings to answer the questions.

Ejemplo: ¿Quién es más alto?
Héctor es más alto que Antonio.

1. ¿Quién es más alta?

2. ¿Quién es mayor?

4. ¿Quién es más atractiva?

6. ¿Quién es más tradicional?

3. ¿Quién es más guapo?

5. ¿Quién es más rico?

7. ¿Quién es menor?

COMUNICACION—FONDO

A. *Here are some facts about a city named Ciudad del Río.
Read each one aloud, and then give a statement comparing your
city to Ciudad del Río.*

Ejemplo: Ciudad del Río tiene 50.000 habitantes.

_____ *tiene menos (o más) habitantes*

(Nombre de su ciudad) *que Ciudad del Río.*

1. Ciudad del Río tiene un buen sistema de transporte.° transportation
2. Ciudad del Río tiene una universidad y una universidad intermedia.
3. Ciudad del Río tiene 25 escuelas públicas.
4. Ciudad del Río es muy hermosa.
5. La gente es muy amable.
6. El verano es muy agradable en Ciudad del Río.
7. El alcalde de Ciudad del Río es muy malo.
8. Ciudad del Río tiene tres edificios altos.

B. *Teach a group of children how to play «Simón dice.»
One student can role-play the teacher while others take turns
playing the students.*

(Remember the game? You only
follow the commands if they're preceded by "Simon says.")

1. Simón dice, toquen la cabeza.
2. Simón dice, toquen los pies.
3. Muevan las manos, etc.

C. *You are giving physical therapy to a patient.*

(Review 5.11.)

(To give the commands to the
whole class, add **n** to the verb.)

1. Toque la muñeca izquierda con la mano derecha.
2. Toque la muñeca derecha con el codo izquierdo.
3. Toque la pierna izquierda con el pie derecho.
4. Toque el hombro derecho con la mano izquierda.
5. Doble° el brazo derecho. Bend
6. Doble el tronco hacia el frente.° towards the front (**el frente** = front
7. Doble el tronco hacia la derecha. **la frente** = forehead)
8. Doble el tronco hacia la izquierda.
9. Doble el tronco hacia atrás.
10. Doble la cabeza hacia la derecha.
11. Doble la cabeza hacia la izquierda.
12. Levante la pierna derecha.
13. Baje la pierna.
14. Levante la pierna izquierda y el brazo izquierdo.
15. Baje la pierna y el brazo.

FORMA

Learning Activities	Presentación de estructuras nuevas	Learning Hints
	7.8 **¿Debe manejar?**	Explanation 7.e -*Er* Verb + Inf. 3rd S., Pl. Should He Drive?

Consejero	*Padre*	Counselor/Father
¿Sabe manejar?	Sí, sabe manejar.	Does he know how to drive?/Yes, he knows how to drive.
¿Quiere manejar?	Sí, quiere manejar.	Does he want to drive?
¿Tiene que manejar?	No, no tiene que manejar.	Does he have to drive?
Consejera	*Madre*	
¿Tienen que caminar?	Sí, tienen que caminar.	Do they have to walk?
¿Deben caminar?	Sí, deben caminar todos los días.	Should they walk?
¿Pueden jugar al fútbol hoy?	Sí, pueden.	Can they play football (soccer) today?

PRACTICA

Answer the questions about Javier and Héctor.

1. ¿Quiere Héctor tener mucho dinero?
2. ¿Sabe Héctor qué hay que hacer?
3. ¿Deben ellos hacer este negocio?
4. ¿Puede Héctor almorzar con Javier?
5. ¿Tienen que conseguir° mucho dinero para el negocio? get

	7.9 **¿Qué debo hacer?**	Explanation 7.e -*Er* Verb + Inf. 1st, 2nd What Should I Do?

Niño	*Maestra*	
¿Debo leer° ahora?	Sí, niño, debes leer ahora.	to read
¿Puedo salir° ahora?	Sí, niño, puedes salir ahora.	to leave, go out
Tengo que ir al baño.	Bueno,° puedes ir ahora.	Well
Maestro	*Niño*	
¿Sabes escribir?	Sí, sé escribir.	
Tenemos que estudiar ahora.	¿Ahora? Sí.	

PRACTICA

A. *Explain which of the following actions you have to learn how to do* **(Sé)** *and which ones you can do* **(Puedo)** *without consciously learning how.*

Ejemplo: esquiar   ir a clase
                    Sé esquiar.   *Puedo ir a clase.*

1. salir
2. jugar° al tenis
3. dibujar
4. mirar
5. trabajar hoy

6. tocar° el piano   to play (musical instruments)
7. estudiar ocho horas   to play (games)
8. manejar un auto
9. cocinar°   to cook
10. apagar la luz

B. *Select a word from each column to make a statement about each person.*

(Change the verb endings to agree with the person.)

Ejemplo: *José Antonio debe estudiar.*

José Antonio		ir al cine
Julián		dejar de trabajar
Amparo y José Antonio		estudiar
Carmen y Héctor	tener que	estar en la tienda
Yo	deber	ser rico/a
Nosotros	poder	hablar mucho
Alicia	querer	trabajar poco
Margarita y Javier		ganar mucho dinero
El político		recibir un cheque
Mi amigo/a		comer en un restaurante
Mi novio/a		elegante
Tú		salir de casa

7.10
¿Cuándo sale?

Explanation 7.e
Salir, Venir, Volver
When Are You Leaving?

Enfermera	*Doctora*	
¿Cuándo sale el señor?	Sale ahora.	When is the man leaving?/He's leaving now.
¿Cuándo sale Ud.?	Salgo ahora.	(Here Dr. Gómez is answering for herself and someone else.)
¿Uds. salen temprano?	Sí, salimos temprano.	
¿Vuelve Ud. temprano?	Sí, también vuelvo temprano.	Are you returning early? (or in English you would often say, "Will you return?")
¿Vuelven Uds. tarde mañana.	Sí, volvemos tarde.	
¿A qué hora viene mañana?	Vengo a las ocho.	What time are you coming tomorrow?/ I'm coming at 8:00.
¿Uds. no vienen tarde?	No, venimos temprano.	

PRACTICA

*The persons listed below are in the places indicated. Use forms of **venir** and **salir** to tell when they come and when they leave.*

(Review 4.3.)

Ejemplo: Yo estoy en el restaurante.
             Vengo a las seis y salgo a las siete y media.

1. Ud. está en el banco.
2. Uds. están en la universidad.
3. Ud. y yo estamos en el cine.
4. Julián está en la tienda.
5. Patricia y Jimmy están en la playa.
6. Amparo y José Antonio están en el baile.

7.11
¿Qué oye Ud.?

Explanation 7.c
Oír, Pres. Tense
What Do You Hear?

Amigo	Amiga	
¿Qué oye Ud.?	Oigo _____.	What do you hear?/I hear _____.
	la música	
	el ruido	noise
	el grito	yell
¿Qué oyes tú?	No oigo nada.	What do you hear?/I don't hear anything.
¿Qué oyen Uds.?	Oímos algo.	What do you (pl.) hear?/We hear something.

PRACTICA

A. *Answer the questions in Spanish.*

1. ¿Qué oye Ud. en la clase de español?
2. ¿Qué oye Ud. en un baile?
3. ¿Qué ruido oye Ud. en las calles?
4. ¿Qué ruido oye Ud. si vive cerca del aeropuerto?
5. ¿Oye Felicia Estévez muchos chismes?

B. *Complete the sentence with the appropriate form of **oír**, **volver**, **salir** or **venir** as determined by the sentence.*

1. Yo _____ a clase a las ocho de la mañana.
2. Los jóvenes _____ música.
3. Yo _____ de mi casa a las siete para ir a la universidad.
4. Nosotros no _____ a casa hasta muy tarde.
5. Tú y yo _____ las noticias en la televisión.

COMUNICACION—FORMA

(Review 4.8, 5.10, 6.10.)

A. *Entrometido/a*

Nosey

Your friend tells you the things he or she frequently does, and you want to know all about them. You interrupt to ask the questions.

(Work in pairs. One person can ask the questions and the other answer them.)

Ejemplo:	**Amigo:**	Como
	Ud.:	*¿Qué comes?*
	Amigo:	Como nachos.
	Ud.:	*¿Dónde comes?*
	Amigo:	Como en el Fenix.
	Ud.:	*¿Con quién comes?*
	Amigo:	Como con mi novia.
	Ud.:	*¿Cuándo comes?*
	Amigo:	Como a las seis.

(You'll get more practice by using the verb each time.)

1. Escribo   ¿Qué?   ¿A quién?   ¿Cuándo?
2. Voy a   ¿A dónde? ¿Con quién?   ¿Cuándo?   ¿Por qué?
3. Aprendo   ¿Qué?   ¿Dónde?   ¿Por qué?
4. Acabo de   ¿Qué?   ¿Con quién?   ¿Cuándo?
5. Busco   ¿Qué?   ¿Cuándo?   ¿Dónde?
6. Tengo que   ¿Qué?   ¿Por qué?   ¿Con quién?   ¿Cómo?
7. Pierdo   ¿Qué?   ¿Dónde?   ¿Cuándo?
8. No puedo   ¿Qué?   ¿Por qué?   ¿Cómo sabes?
9. No sé   ¿Qué?   ¿Por qué?   ¿Por qué no aprendes?
10. No quiero   ¿Qué?   ¿Por qué no?   ¿Tienes que . . . ?

B. *You are the boss telling a new employee about several procedures in your insurance company. Use an appropriate form of* **tener que, deber, poder** *or* **querer** *to state the policies. Here is your outline.*

Ejemplo: Estar aquí a las 8:30.
  Ud. debe estar aquí a las 8:30.

1. abrir la oficina.
2. hablar cortesmente con los clientes
3. contestar el teléfono
4. escribir a máquina
5. comer en la oficina
6. chismear° con los otros empleados   to gossip
7. fumar° en la oficina   to smoke
8. tomar dos horas para comer
9. salir a las 5:00.

Learning Activities	Learning Hints

**7.12
Expresar obligación** — Expressing Obligation

Gerente	Empleado	Manager/Employee
Hay que _____.	**¿Es una regla?**	You must _____./Is it a policy?
No hay que _____.	**Lo siento mucho.**	I'm very sorry.
Tiene que _____.	**Con mucho gusto.**	You have to _____./Gladly.
Debe _____.	**Lo siento, no puedo.**	/I'm sorry, I can't.
hacerlo así		do it this way
mostrarme		show me
volver mañana		come back tomorrow
esperar aquí		wait here

SITUACIONES

1. Ud. es la madre/el padre de un niño muy travieso. Ud. tiene que decirle cómo debe portarse.° — how he should behave

Use estas expresiones:
(a) no hablar mucho
(b) hablar cortésmente
(c) portarse bien
(d) no gritar° — yell
(e) no correr° en la casa — run
(f) no pelearse° con sus amigos — fight

2. Ud. trabaja en una farmacia. Los clientes quieren saber lo que deben comprar o hacer en estos casos:

(a) la señora tiene dolor de estómago
(b) el señor tiene dolor de pies
(c) el niño tiene diarrea
(d) la señorita quiere un perfume
(e) la señora no tiene receta°, y para la medicina necesita receta — prescription
(f) el señor necesita una medicina que Ud. no tiene
(g) la muchacha quiere comprar un regalo

OPINION PROFESIONAL

¿Cuál es su opinión? Marque la mejor respuesta.

1. Si un empleado siempre llega tarde a su trabajo, el gerente debe
   a. hablar con él.
   b. darle dos semanas para reformarse.°   change
   c. despedirlo.°   fire him
2. El mejor empleado es el que
   a. no necesita supervisión de ninguna clase.
   b. puede hacer muchas cosas pero a veces necesita supervisión.
   c. trabaja por muy poco dinero.
3. El mejor gerente es el que
   a. da completa libertad en la oficina y es muy amigo de sus
      empleados.
   b. es cortés pero exigente con sus empleados.
   c. es muy exigente, no comprende° a sus empleados pero en su   doesn't understand
      departamento hacen mucho dinero.
4. En la oficina las aventuras románticas
   a. son muy buenas para estimular a los empleados.
   b. no deben existir.
   c. son causa para despedir al empleado y darle muy malas
      recomendaciones.
5. La regla sobre las horas de almorzar° son que: eat lunch
   a. el empleado debe ser responsable y puede almorzar a cualquier
      hora.°   at any hour
   b. la hora del almuerzo es de 12:00 a 1:00 pero el empleado
      puede cambiarla si es necesario.
   c. el empleado tiene media hora para almorzar, y no puede salir
      de la oficina porque pueden venir clientes.
6. En cuanto al sueldo,° el empleado debe recibir   As a salary
   a. el sueldo más alto posible.
   b. un sueldo adecuado pero comparable con otros trabajos
      similares.
   c. un sueldo mínimo porque la compañía tiene que hacer buenas
      ganancias.
7. Las horas de trabajo deben ser
   a. totalmente flexibles.
   b. algo flexibles.
   c. completamente rígidas.
8. En caso de enfermedad, el empleado debe recibir
   a. su sueldo sin reducción todo el tiempo necesario para
      recuperarse.
   b. 5 días al año, cuando empieza a trabajar, y después de dos
      años, 10 días al año.
   c. tres días porque más tiempo le cuesta demasiado a la com-
      pañía.

9. El primer año las vacaciones deben ser de
   a. un mes.
   b. dos semanas.
   c. dos días—la Navidad° y el cuatro de julio.   Christmas

Ahora, cuente Ud. el número de a, b, *y* c. *Esa es su evaluación como gerente.*

a—Si Ud. tiene más de cinco *a,* Ud. es demasiado idealista para ser buen gerente y debe buscar otro trabajo.

b—Si Ud. tiene más de cinco *b,* probablemente Ud. es buen gerente.

(*más de* is used before a number to mean "more than")

c—Si Ud. tiene más de cinco *c,* Ud. es un dictador y nadie quiere trabajar para Ud.

INTERESES ESPECIALES Y VIAJES

Special Interests and Travel

Turn to the special interest section of the text, just before the vocabularies. Working in pairs or interest groups, practice the vocabulary of your special interest.

Pronunciación

B, V

In most Spanish dialects, *b* and *v* have the same sounds. At the beginning word or breath group, or after *m* or *n,* the sound of *b* and *v* is similar to English *b* in boat, but there is no puff of air with this sound, as there is with English. Almost bite your lips when you say the sound.

In all other positions, the Spanish *b* and *v* sound is similar to an English *b* with the lips not quite closed, so that some air escapes. It's a kind of lazy *b.*

Practice these selections:

Tres animales famosos
Babieca es un caballo.°   horse
Rocinante también es un caballo.
Platero es un burro
y los tres famosos son
por sus amos
Rodrigo, Quixote y Juan Ramón

Un beso

Varsovio es un vaquero° valiente.
El vaquero va en su caballo,
veinte vacas van detrás.
Bárbara es una belleza.
Va montada en su borrico°
varias borregas° van detrás.
Varsovio y Bárbara
    se ven°
      se bajan°
        y se besan.°

A kiss
cowboy

borrico = burro
sheep

see each other
dismount
kiss each other

PRACTICA

Read and answer these questions:

1. ¿Cómo se llama el caballo de Rodrigo°?

2. ¿Cómo se llama el caballo de Quixote?

3. ¿Cómo se llama el burro de Juan Ramón?

4. ¿Varsovia y Bárbara se ven primero y después se besan, o se besan primero y después se ven?

Rodrigo Diaz de Vivar, El Cid Campeador, national hero of Spain.

Don Quixote, the knight errant of Cervantes' novel.

Juan Ramón Jiménez, Nobel prize winning poet from Spain.

Notas culturales

The Language of the Body

Generally the Spanish speaker is lively and communicative. He or she has the tendency to underline words with eloquent gestures, as if words by themselves were not sufficient. He or she smiles or shakes the head, and comes closer to the person addressed in order to express the attention and seriousness that the conversation merits. Friends greet each other effusively and with an affectionate embrace, even though they are of the same sex. An affectionate pat on the shoulder is common, as though wanting to indicate "We're friends," "Don't worry," and so on, when the situation requires it. Women express their affection among family members and friends by greeting each other with a light kiss on the cheek. A kiss on the mouth is reserved for amorous relationships, not those of friendship.

The movements of the hands and arms, as well as facial expressions, especially of the eyes, accompany and accentuate oral expressions. The Spanish speaker not only speaks with the hands, but with the whole body. Speaking becomes an action that is both vital and total.

DISCUSSION

1. Why do you think different cultures have different ways of expressing feelings with gestures?
2. Why do some cultures use the body more actively than others to underscore communication?
3. How do you feel about the effusive way in which Spanish speakers express friendship?

EXPLANATIONS

7.a Meaning of Verbs

1. *Tener* Expressions   7.3

To express how people feel, ***tener*** with a noun is generally used in Spanish:

Tiene frío.	He is cold. (Lit., He has cold.)
Tiene mucha sed.	He is very thirsty.

The adjective ***mucho*** or ***mucha,*** comparable to "very" in English, may be used with the noun.

2. *Hacer* Expressions   7.4

To describe weather conditions that can be felt, ***hacer*** and a noun is used:

Hace frío.	It's cold. (Lit., It makes cold.)

To describe weather conditions that can be seen, ***hay*** is often used:

Hay luna.	The moon is shining. (Lit., There is moon.)
Hay sol.	It's sunny. (You can see the sun.)

For other conditions, the verb is used, as in English, or ***estar*** and an adjective:

Está lloviendo.	It's raining.
Está nublado.	It's cloudy. (Lit., It's clouded.)

3. *Hace* with Expressions of Time in Present Tense   7.5

Hace is used with verbs in the present tense to express actions that have begun in the past and are still going on at the present time. As may be seen in the example, the sentence order and tense used are quite different from English.

Pattern:	*Hace* + period of time + *que* + present tense verb
Example:	*Hace unos minutos que estoy aquí.*
Lit. Meaning	It makes a few minutes that I am here.
Standard English	I have been here for a few minutes.

4. *Conocer* and *Saber*   7.6

Conocer is used for knowing people, and for being acquainted or familiar with cities, places, phenomena, etc.:

¿Conoce Ud. Nueva York?	Are you familiar with New York?
Conozco a Antonio.	I am acquainted with Anthony.
No conozco esa regla.	I'm not familiar with that policy.

Saber is used for knowing facts and knowing how to do things.

No sé el número de teléfono.	I don't know the telephone number.
Sé esquiar.	I know how to ski.
Estela sabe hablar inglés.	Estela knows how to speak English.

5. *Poder* and *Saber*   7.9

Poder is used to describe the possibility (or the impossibility) of doing things. Spanish makes no distinction between "can" and "may" when asking permission, and *poder* can be used for both meanings. *Saber* is used to describe what you can do because you have learned how to.

Estoy enfermo y no puedo ir.	I'm ill and I can't go.
Mamá, ¿puedo ir al cine?	Mom, may I go to the movies?
Sé esquiar, pero no puedo hoy porque estoy enferma.	I can ski, but I can't today because I'm ill.

7.b Comparisons of Inequality   7.7

Más or *menos* is used to show a greater or lesser degree of a quality or characteristic.

José Antonio es más alto que Amparo.	José Antonio is taller than Amparo. (Lit., "more tall than")

Some comparisons do not follow this pattern, but have forms that are irregular.

mejor	better	mayor	older
peor	worse	menor	younger

   Más, menos and the four irregular forms may also express the most or least of a quality:

«B» es mejor que «C.»	"B" is better than "C."
«A» es la mejor nota de todas.	"A" is the best grade of all.

In the second example, the article before the adjective and the *de* before the group that the thing or person is compared with denote the most or least of the quality.

7.c   Irregular and Stem-Changing Verbs

1.   Irregular Verbs   7.10, 7.11

salir—to leave, go out (irregular only in the 1st person singular)	**venir**—to come (conjugated like *tener*)	**oír**—to hear
salgo	vengo	oigo
sales	vienes	oyes
sale	viene	oye
salimos	venimos	oímos
salen	vienen	oyen

2.   Stem-Changing Verbs   7.8, 7.9, 7.10

poder (o > ue)—can, to be able	**volver (o> ue)**—to return
puedo	vuelvo
puedes	vuelves
puede	vuelve
podemos	volvemos
pueden	vuelven

7.d   Verb + Infinitive Constructions   7.8, 7.9

Like the verb + infinitive constructions that you practiced in Lesson 5, the forms you practice in Frames 7.8 and 7.9 can greatly increase your conversational ability in Spanish.

Quiero salir.	I want to leave/go out.
Debo salir.	I should leave.
Puedo salir.	I can leave.
Tengo que salir.	I have to leave.

(Sometimes **deber** is followed by *de* as in **debe de ser así** = it must be like that.)

To the English speaker, the **que** that follows a form of **tener** and precedes the infinitive seems to have no meaning. But the Spanish speaker uses **que** after **tener** to show an obligation attached to the action.

¿Qué usa Ud.?
What Do You Use?

FICCION

ODISEA DE LA FAMILIA MARTINEZ

Episodio 8

En la preescuela. Amparo está con Chabelita, hija de Margarita.

Amparo: Hola, Chabelita.

Chabelita: Hola, Amparito.

Amparo: ¿Cómo estás? ¿Por qué estás triste?

Chabelita: No sé.

Amparo: Sí, sabes, ven, dame un besito.°

Chabelita: Tú eres muy buena. Tú eres mi amiga.

Amparo: ¿Estás bien?

Chabelita: Quiero ver a mi mami.

Amparo: Pero si acabas de venir con ella.

(Where did Marta find the letter? Who is it from? According to Marta, what bad influences has Amparo had? What gossip does Marta bring up?)

kiss

150

Chabelita: ¿Por qué tiene que salir mi mami?

Amparo: Es que tiene que trabajar.

Chabelita: ¿Por qué?

Amparo: Vamos, vamos a jugar con los bloques.°   blocks

Entra Marta González, dueña de la escuela.

Marta: Amparo, Dios mío,° ¿qué es esto?   My heavens! (See *Notas culturales*.)

Amparo: ¿Qué cosa, doña Marta?

Marta: Este papel. Es una carta de tu novio.

Amparo: ¿De mi novio? ¿Dónde encontró° Ud. esto?   did you find

Marta: Jaimito la encontró° en tu cartera.   he found it

Amparo: Ay, ¡Dios mío! ¡Qué chiquillo!°   What a kid!

Marta: Tú y yo tenemos que hablar. ¿Quién es José Antonio?

Amparo: Es un muchacho muy bueno. Está enamorado de mí.

Marta: ¿Enamorado? Por lo que dice esta carta, ustedes pasan de enamorados.° Besos, abrazos, y más abrazos.° ¿Lo sabe tu papá? ¿Cuándo van a casarse?° ¿En qué trabaja él?   it's gone beyond being in love/hugs   get married

Amparo: Todavía no trabaja. Es estudiante.

Marta: ¿Estudiante? ¿Dónde?

Amparo: *(No dice nada.)*

Marta: Amparo, te estoy preguntando.° ¿En la universidad?   I'm asking you

Amparo: Bueno, tadavía no.

Marta: ¿Me vas a decir que tú estás enamorada de un adolescente?

Amparo: José Antonio no es adolescente. Es muy maduro para su edad.

Marta: Estas mujeres modernas. Te juro° que no las comprendo. Debe ser la mala influencia de la televisión. Y mujeres como Margarita del Valle. Y esa otra amiga de Javier Longoria.   I swear

Amparo: ¿Otra amiga? ¿No es Margarita la compañera constante de él?

Marta:	Chismes, chismes. Dejemos los chismes° y volvamos° al asunto de la carta.	Let's stop gossiping/let's get back to
Amparo:	Sí, señora.	
Marta:	Si quieres trabajar aquí tienes que portarte bien y ser muy decente. Tienes que ser un modelo perfecto para los niñitos.	
Amparo:	Sí, señora. Lo siento.	
Marta:	No puedes andar enamorándote de chiquillos.°	go around falling in love with kids

PREGUNTAS

1. ¿Qué quiere Chabelita?
2. ¿Con qué va a jugar?
3. ¿Quién abre la cartera de Amparo?
4. ¿Qué encuentra allí?
5. ¿Quién está enamorado?
6. ¿Qué pregunta Marta?
7. ¿Tiene Javier dos amigas, según° Marta?   according to
8. ¿Qué debe ser Amparo si quiere trabajar en la preescuela?

FONDO 8

Learning Activities	**Presentación de materia nueva**	**Learning Hints**
	8.1 **¿Qué quiere comprar?**	Men's Clothing What Do You Want To Buy?

Dependiente	**Señor**	Clerk/Man
¿Quiere comprar _____?	**¿_____? Sí.** ¿Un traje? Sí.	Do you want to buy _____?/ _____? Yes.
un traje		suit
una camisa		shirt
una corbata		tie
una chaqueta		jacket
pantalones		pants/slacks
un cinturón		belt
calcetines		socks
zapatos		shoes
botas		boots
camisetas		undershirts/T-shirts
calzoncillos		(under)shorts
un pijama		pajamas (Also *piyama*)
un sombrero		hat

de rayas

mangas cortas

de lunares

bolsillos

de cuadros

mangas largas

estampado

PRACTICA

A. *Name an article of clothing that covers, or goes over, or goes around each of the following parts of the body. Perhaps you can name more than one article of clothing for each part of the body.*

(Review 7.1, 7.2.)

Ejemplo: la cabeza   *el sombrero*

1. la espalda
2. la cintura
3. los hombros
4. los pies
5. la cabeza

6. el cuello
7. las piernas
8. el pecho
9. el torso
10. los brazos

8.2
¿Qué quiere probarse?

Explanation 8.a.1
Women's Clothing
What Do You Want To
Try On?

Dependiente	*Señora*	
¿Quiere probarse _____?	**Sí, _____.**	Do you want to try on _____?/ Yes, _____.
un vestido	este vestido	/this dress
un abrigo	este abrigo	/this coat
un impermeable	este impermeable	/this raincoat
un suéter	este suéter	/this sweater
una blusa	esta blusa	/this blouse
una falda	esta falda	/this skirt
una bata	esta bata	/this robe
unas zapatillas	estas zapatillas	/these slippers
unas sandalias	estas sandalias	/these sandals
unos pantalones	estos pantalones	/these pants
¿Quiere comprar _____?	**Sí, _____.**	Do you want to buy _____?/ Yes _____.
una camisa de dormir	esta camisa de dormir	/this nightgown
un sostén	este sostén	/this bra
una enagua	esta enagua	/this slip
pantaletas	estas pantaletas	/these panties
pantimedias	estas pantimedias	/these pantyhose
guantes	estos guantes	/these gloves

PRACTICA

A. *You are the buyer for a large department store. You are at the clothing mart to place your order for the fall season. How many of each of the following items do you order?*

Ejemplo: camisas   *trescientas cincuenta camisas*

1. suéteres
2. vestidos
3. camisas
4. abrigos

5. batas
6. faldas
7. trajes para mujeres
8. trajes para hombres

B. *You are the customer. You state what you want to buy. The clerk asks you "Which one(s)? This one?/These?"*

Ejemplo: unos aretes

> **Cliente:** *Quiero comprar unos aretes.*
> **Dependiente:** *¿Cuáles? ¿Estos?*
> **Cliente:** *Quiero comprar una bolsa.*
> **Dependiente:** *¿Cuál? ¿Esta?*

1. un traje
2. una falda
3. unos pantalones
4. unas pantimedias

5. un anillo
6. una cartera
7. un reloj
8. unos calcetines

(Review 6.5.)

(You might buy dozens: **docenas,** and you might want to specify sizes:
tamaño pequeño–small
tamaño mediano–medium
tamaño grande–large)

8.3	Personal Items
¿Qué hay en venta?	What's on Sale?

Señora	**Dependiente**	
¿_____ está en venta?	Sí, es una ganga.	_____ is on sale?/Yes, it's a bargain.
Esta bolsa		this handbag
Esta bufanda		this scarf
Este collar		this necklace
Este anillo		this ring (Also **sortija** = jeweled ring)
Este reloj		this watch
Este paraguas		this umbrella
Este brazalete		this bracelet (Also **pulsera**)
Este broche		pin, broach
¿_____ están en venta?	Sí, son una ganga.	_____ are on sale?/Yes, they're a bargain.
Estas carteras		these billfolds
Estos anteojos de sol		these sunglasses
Estos alfileres de corbata		these tie pins
Estos gemelos		these cufflinks

PRACTICA

(Review 2.8, 6.5.)

A. *Ask another student the cost of each item pictured. The student asked can name the item and its price.*

Ejemplo: $65.50

> **Estudiante 1:** *¿Cuánto cuesta la bolsa?*
> **Estudiante 2:** *Cuesta sesenta y cinco cincuenta.*

1. $25.00
2. $12.95
3. $245.00
4. $3,999.00
5. $29.50
6. $55.25
7. $125.75
8. $14.98
9. $34.50
10. $43.65

B. *Bring ads and catalogs of clothing and personal items to class. Use file labels to relabel the items. Then working in pairs or small groups, ask and state the prices.*

8.4
Es barato.

Explanation 8.b
Comparisons of Equality
It's Cheap.

Señorita	Dependiente	
_____, ¿es muy caro?	Es tan caro como ése.	This _____, is it very expensive?/ It's as expensive as that one.
Este abrigo		
Este sombrero		**este** = this
Este impermeable		**ése** = that one
Señora	**Dependiente**	
¿_____ es barata?	Es tan barata como ésa.	Is this _____ cheap?/It's as cheap as that one.
Esta falda		**esta** = this
Esta camisa		**ésa** = that one

PRACTICA

A. Use the patterns you have just practiced to compare the items.

Ejemplo: $14.00 $16.00
Esta cartera es más barata que ésa.
  or
Esa cartera es más cara que ésta.

1. $125.00 $95.00   traje
2. $22.50 $29.50   corbata
3. $6.78 $20.00   paraguas
4. $100.00 $15.95   aretes
5. $2.00 $1.69   calcetines
6. $58.00 $67.00   suéter
7. $6.50 $6.89   camiseta

B. Compare the following items. Are they equal or unequal?

Ejemplo: Marta/hermosa/Amparo   (Review 3.8, 7.6.)
Marta es menos hermosa que Amparo.

1. Antonio/alto/Jimmy
2. Julián/gordito/Hector
3. Estela/vieja/Carmen
4. Margarita del Valle/guapa/Alicia
5. Javier/rico/Héctor
6. Javier/ambicioso/Héctor   (**Es** or **está?**)
7. Antonio/contento/Carmen (que van a tener un bebé)
8. José Antonio/enamorado/Amparo
9. José Antonio/joven/Amparo
10. Carmen/moderna/Amparo

8.5
Tanto como

Explanation 8.b
Comparisons of
Inequality
As Much As

Señora	**Señorita**	
¿Tienen buen surtido?	Sí, es bueno.	Do they have a good selection?/Yes, it's good.
¿Tienen mucho negocio?	Sí, tanto como aquí.	business/Yes, as much as here.
¿Tienen mucha ropa?	Sí, tanta como aquí.	clothing/Yes, as much as here.
¿Tienen muchos zapatos?	Sí, tantos como aquí.	shoes/Yes, as many as here.
¿Tienen muchas camisas?	Sí, tantas como aquí.	shirts/Yes, as many as here.
¿Tienen _____?	**Sí, _____ como aquí.**	
muchas corbatas		
muchos trajes		
mucho trabajo		

PRACTICA

A. *Imagine a world in which everyone has as much as everyone else. Use the cues indicated to make statements about this particular world.*

Ejemplo: pobres/comida/ricos
              Los pobres tienen tanta comida como los ricos.

1. hombres/dinero/mujeres
2. jóvenes/carros/viejos
3. muchachos/habilidad/doméstica/muchachas
4. muchachas/habilidad/matemática/muchachos
5. California/lluvia/Washington
6. Virginia/nieve/Vermont
7. administradores/trabajo/empleados
8. pobres/problemas/ricos

B. *Write descriptions of what three persons in your class are wearing. Read one of your descriptions. Have your classmates try to identify them.*

(Review 6.1.)

C. You are a travel agent. Name some articles of clothing that you would advise taking for people who are going to the places listed below.

(Review 7.4.)

Ejemplo: Toronto en el invierno
Ud. va a necesitar un abrigo, guantes, botas y unos suéteres.

1. Acapulco
2. Londres° en la primavera
3. Nueva York en el invierno

4. Rusia
5. Nueva Orleáns en el verano   London

FORMA

Learning Activities	Presentación de estructuras nuevas	Learning Hints
	8.6 **¿Cuál?**	Explanation 8.c Nominalization of Articles Which One?

Dependiente	*Dependiente*
¿Tienes el traje?	¿El que está en venta? Sí.
¿Tienes los trajes?	¿Los que están en venta? Sí.
¿Tienes la falda?	¿La que está en venta? Sí.
¿Tienes las faldas?	¿Las que están en venta? Sí.
¿Tienes _____?	**¿_____? Sí.**
el impermeable	
los calcetines	
las blusas	
las pantimedias	
los sostenes	

(For a good vocabulary review, practice this pattern with pictures cut from ads instead of looking at the Spanish text.)

PRACTICA

(Review 6.1.)

A. You are the clerk. Ask if the customer wants to try on an item of clothing. Another student is the customer, and answers by giving the color of the item.

(This is a good practice to do in pairs.)

Ejemplo: una blusa/amarillo

Estudiante 1: *¿Quiere probarse una blusa?*
Estudiante 2: *¿Sí, la amarilla, por favor.*

(Change the endings of the colors to make them agree if necessary.)

1. un abrigo/negro
2. unos zapatos/azules
3. un impermeable/beige
4. una falda/anaranjado

5. unos pantalones/verde
6. unas camisas/blanco
7. un sombrero/rojo
8. una chaqueta/café

8.7
Lo tengo.

Dependiente

¿Tienes la falda?
¿Tienes las faldas?
¿Tienes los trajes?
¿Tienes el traje?
¿Tienes _____?
  la camiseta
  las camisas
  el sostén

Dependiente

Sí, la tengo.
Sí, las tengo.
Sí, los tengo.
Sí, lo tengo.
Sí, _____ tengo.

(For more practice, use ads labeled in Spanish. Give the ad to the person you ask.)

Dependiente

¿Tienes _____?
  los zapatos
  las corbatas
  la camisa
¿Tienes _____?
  el traje
  la falda
  los pantalones
  los anteojos de sol

Dependiente

**No, pero _____ voy a
  traer.**

**No, pero voy a traer
  _____.**

Do you have _____?/No, but I'm going to bring (it, them).

(This order and the previous one with the pronoun in front of the conjugated verb are both correct; they're alternate forms.)

PRACTICA

A. Answer the questions using the direct object pronouns, **lo, los, la, las** in your answer, as in the examples.

Ejemplo: ¿Tiene Ud. la bolsa?   *Sí, la tengo.*

  1. ¿Tiene Ud. las entradas?
  2. ¿Tiene Ud. el dinero?
  3. ¿Compra Ud. los zapatos?
  4. ¿Tiene Ud. la licencia de manejar?
  5. ¿Tiene Ud. la tarjeta de crédito?
  6. ¿Tiene que usar las tarjetas?
  7. ¿Sabe preparar la comida?
  8. ¿Termina Ud. el trabajo?
  9. ¿Necesitan Uds. las botas?
 10. ¿Van a traer los regalos?

8.8
¿Qué está haciendo?

Explanation 8.e
Pres. Progressive Tense
What's He or She Doing?

Amigo/Amiga

¿Qué está haciendo?
¿————?
¿Trabajando?
¿Patinando?
¿Jugando?
¿Tocando el piano?
¿Dibujando?
¿Bailando?
¿Esquiando?
¿Nadando?
¿Corriendo?
¿Leyendo?
¿Escribiendo una carta?

Amigo/Amiga

Sí, está ————— ahora.

What's he or she doing? Yes, he or she is ————— now.

Skating?
Playing (games, sports)?
Playing (musical instruments)?
Drawing?
Dancing?
Skiing?
Swimming?
Running?
Reading?
Writing a letter?

PRACTICA

A. *Tell what each person in the following drawings is doing.*

1.
2.
3.

4.
5.
6.

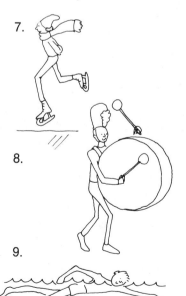

7.
8.
9.

B. Now imagine that each of the drawings pictures you doing the activities. Point to a drawing and tell what you are doing.

Ejemplo: *Estoy patinando.*

COMUNICACION—FORMA

A. Look at the drawings in **Práctica 8.8.** You want to know who the people in the drawings are. You ask a community member to identify them by the activities they are doing. Another student can give an answer.

Ejemplo: **Usted:** *¿Quién es ese señor?*
Otro estudiante: *¿El que está comiendo?*
Es Julián.

B. A visitor to your community wants to know which stores have the best selection and quality. You tell the visitor the various places he or she can buy things and compare the selections.

(Review 7.6, 8.1, 8.2, 8.3.)

Choose from these expressions: más que
menos que
tantos(-as) como
mejores que
peores que

Ejemplo: *Sears tiene tantas chaquetas como Wards.*

1. impermeables
2. trajes para hombres
3. zapatos
4. faldas
5. blusas
6. bolsas
7. abrigos
8. camisetas

C. How do the following compare? Please give us your opinion. (Review 3.7, 7.6.)

Ejemplo: *¿Quién gana más? ¿El contador o la maestra?*
El contador gana más que la maestra.

1. ¿Quién gana menos? ¿El obrero o el dueño?
2. ¿Quién trabaja más? ¿El ama de casa o el hombre de negocios?
3. ¿Quién mira más televisión? ¿El estudiante o la profesora?
4. ¿Quién es más diligente? ¿El policía o el político?
5. ¿Quién gana más? ¿La enfermera o el médico?
6. ¿Quién habla más? ¿El locutor de radio o el político?
7. ¿Quién compra más? ¿El hombre o la mujer?
8. ¿Quiénes son mejores estudiantes? ¿Los muchachos o las muchachas?

FUNCION

Learning Activities

Learning Hints

8.9
Expresar disgusto, enojo

Expressing Displeasure, Anger

Persona 1	*Persona 2*	
Ten cuidado.	No hagas eso.	Be careful./Don't do that.
¡Dios mío!	¡Qué mala suerte!	My heavens!/What bad luck!
¡Qué basura!	¡Qué estupidez!	What garbage!/How stupid!
Estoy muy enojado contigo.	No puedo soportar esto.	I'm very angry with you./I can't put up with this.
No aguanto más.	Una vez más y acabaste.	I won't put up with it any more./One more time and you're through.
¡Malicioso!	¡Malvado!	Malicious! (Nasty!)/Mean!
¡Tonto!	¡Estúpido!	Dumb!/Stupid!
¡Idiota!	¡Mentiroso!	Idiot!/Liar!
¡Infeliz!	¡Desgraciado!	Poor devil!/Wretch!
¡Te odio!	¡Te desprecio!	I hate you!/I despise you!
¡Maldito seas!	Lo mismo te digo.	Damn you!/The same to you!

SITUACIONES

¿Cómo responde una persona en estas situaciones típicas?

1. Un carro por poco choca° con su carro. — almost runs into
2. Llega a casa y sus hijos están peleando.° — fighting
3. El empleado siempre llega tarde.
4. El empleado es incompetente y es responsable por la pérdida° de un contrato muy importante. — he has been/loss
5. Dos niños están muy enojados y empiezan a gritarse insultos.° — yell insults at each other

Al Celebrar
Tu Primera Comunión

*Dios te bendiga al recibir
la Sagrada Hostia
en tu Primera Comunión.
Que la felicidad de este día
permanezca en tu corazón
por siempre.*

Felicidades

OPINION PROFESIONAL (O PERSONAL)

Give your opinion on the following statements. Mark each one a,
b, c, *or* d:

a—de acuerdo   agree
b—es discutible   it's debatable
c—no sé   I don't know
d—en desacuerdo   disagree

1. Los niños de edad prescolar no se benefician° asistiendo a una   benefit
    preescuela.
2. Las madres que tienen hijos pequeños no deben trabajar.
3. En asuntos de amor° el hombre debe ser mayor que la mujer.   matters of love
4. Los jóvenes no deben formalizar sus relaciones amorosas hasta
    los 18 años, por lo menos.
5. Un maestro debe ser un modelo perfecto para sus alumnos.
6. La amistad° es más importante que todo lo demás.°   friendship/everything else
7. Se conoce a una persona por la ropa que lleva puesta.°   wears
8. La gente que no se preocupa por el futuro es más divertida.°   fun
9. Es importante terminar una tarea antes de empezar otra.
10. El trabajo es más importante que el amor.

INTERESES ESPECIALES Y VIAJES   Special Interests and Travel

Turn to the special interest section of the text, just before the vocabularies. Working in pairs or interest groups, practice the vocabulary
of your special interest.

Pronunciación

T, D

Spanish *t* is similar to English *t* in "stop." It does not have the puff
of air associated with most English *t's.* Almost bite your tongue to
keep the air from escaping.

PRACTICA

1. Read the following aloud:

El doctor David Dávila y la doctora Teresa de Tejeda se dedican
    totalmente a aliviar el dolor.
Además de° trabajar juntos° tienen una buena amistad.   Besides/together
Algunas veces la ternura° de la doctora Tejeda tienta° las emociones   tenderness/tempts
    del doctor Dávila. Teresa no se da cuenta° de los sentimientos del   doesn't realize
    doctor, pero él siente una tremenda tentación de tomarla en sus
    brazos y decirle cosas tiernas.°   tell her tender things
El doctor Dávila ha caído° en una trampa° terrible: la trampa del amor   has fallen/into a trap
    y del deseo.°   desire

2. *Answer each question in a few words:*

1. ¿A qué se dedican los doctores?
2. ¿Trabajan juntos?
3. ¿Qué tienta las emociones del doctor Dávila?
4. ¿Qué tentación siente?
5. ¿En qué trampa ha caído el doctor Dávila?

Notas culturales

Religion and Daily Life

Religion is ever-present in the speech of most speakers of Spanish. References to religious figures and religious figures of speech are scattered through the language. The religious references are not institutional, but personal. The Spanish speaker may say **Dios mío,** lit. "My God," much as an English speaker uses "My heavens" or "My goodness."

Saints are often called on, or the Holy Family **Jesús, María y José y toda la familia bendita.** There is the feeling of the saints being close to one, and constantly in mind.

When a person sneezes, politeness demands that one say **Salud** or **Jesús.** The latter is said to date from medieval times when it was believed that when a person sneezed, he might sneeze out his soul, so therefore a prayer was needed.

When people make arrangements to see one another, they often add **Si Dios quiere,** "God willing" to the time. For example, **Te veo el lunes, si Dios quiere.**

One Spanish blessing that is an illustration of this everyday reference to religion has become famous because of a song: **Vaya con Dios.** It is interesting to note that rather than the English blessing which asks God to go with you, this Spanish blessing asks you to go with God.

Expressing Anger

There are stronger expressions of anger, but it's better not to use them in a language you're learning, because this new language is not the language of your emotions. Therefore, you can't feel the emotion behind what you're saying. Sometimes, if you try out this vocabulary on a native speaker of the language, the reaction will be to laugh at you. You sound funny. You just don't have the music that the words demand.

Sometimes we use expressions of anger to those we love, and we don't really mean them.

Many of the stronger expressions of anger are taboo words. Even though it would be risky to use them, you may want to know what some of them are. Several dictionaries and word books now give them.

Also, the words that are taboo vary from country to country. For example, in most of the Spanish-speaking world, **coger** means to catch or take, as in **El coge un taxi para no llegar tarde,** "He catches a cab so as not to arrive late." In Texas and parts of Mexico, however, this word is a vulgarism for sexual intercourse, and therefore avoided in polite conversations. You can imagine how Mexican-American children titter when they read textbooks printed in Puerto Rico that use the word.

DISCUSSION

1. Give an example of some common religious expressions used in Spanish.
2. What may Spanish people say when making future plans?
3. What are the dangers of using strong words in the language you're learning?

EXPLANATIONS

8.a Demonstratives

The words that mean "this," "these," "that" and "those" are called demonstratives, because they demonstrate, or point out. In this lesson you practice forms such as:

este vestido	this dress
estos vestidos	these dresses
esta blusa	this blouse
estas blusas	these blouses
ese vestido	that dress
esos vestidos	those dresses
esa blusa	that blouse
esas blusas	those blouses

The forms illustrated above are adjectives, and they agree with the noun that they precede in gender (masculine or feminine) and number.

If a noun does not immediately follow the demonstrative, then it is a pronoun and the first e has an accent mark. Pronouns, too, agree with the nouns they refer to:

¿Está en venta el vestido?	Is the dress on sale?
¿Cuál? ¿Este o ése?	Which one? This one or that one?

The demonstrative pronouns are often equivalent in English to "this one," "that one" etc.

There is another demonstrative form, but it is less frequently used in conversation:

aquel/aquella	that	(over there, or back there in time)
aquellos/-as	those	

8.b   Comparisons of equality

Tan . . . como

In frame 8.4 you practice the construction *tan* + adjective + *como:*

Javier es tan guapo como Héctor.	Javier is as handsome as Héctor.

Tanto como

In frame 8.5 you practice *tanto como,* "as much as." When *tanto* refers to a noun, the ending changes to agree with the noun.

¿Tienen muchos zapatos?	Do they have many shoes?
Sí, tantos como aquí.	Yes, as many as here.
Tienen tantos zapatos como aquí.	They have as many shoes as here.

8.c   Nominalization of articles   8.6

Articles are used like nouns when the noun that would normally follow is omitted. When the noun is omitted, reference has been made to it, so from the context the reference is clear.

¿Tienes el traje?	Do you have the suit?
¿El que está en venta?	The (one) that's on sale?

This avoids repetition and is easier to say than:

¿Tienes el traje? ¿El traje que está en venta?

8.d   Direct Object Pronouns   8.7

The direct object answers the question "What" or "What person" for the verb.

¿Tienes el traje?	Do you have the suit? (Have what? The suit.)
¿Ves a María?	Do you see María? (See what person? María.)

But it would be very repetitious to use the same nouns over and over. We therefore substitute pronouns:

lo	it (m.), him	los	them (m.)
la	it (f.), her	las	them (f.)

Direct object pronouns come before the conjugated form of the verb: *Lo tengo.*

When there is both a conjugated verb form and an infinitive, the pronoun may come before the conjugated verb form or it may be attached to the end of the infinitive.

Lo voy a traer.
Voy a traerlo.

8.e   Present Progressive Tense   8.8

To show action in progress at a given time, or "right now," a form of **estar** is used with a verb form ending in **-ndo.** This ending, **-ndo** is equivalent in English to "-ing." These forms are called present participles.

-*ar* verbs	-ando	jugando	Está jugando.	He's playing.
-*er, -ir* verbs	-iendo	comiendo	Está comiendo.	She's eating.

Some present participles have slight changes in the **-er** and **-ir** conjugations. In this lesson you practice **leyendo.** The *i* is changed to *y*. In this way, three vowels don't come together. **Leiendo** would be hard to read, wouldn't it?

Direct object pronouns are added to present participles, or they may precede the whole verb phrase:

Está comiéndolo
Lo está comiendo.

When the direct object pronoun is attached to the present participle, an accent is placed on the vowel before the **-n** of **-ndo.** (See Use of Accents, p. 62)

Lección 9
La nutrición
Nutrition

FICCION

ODISEA DE LA FAMILIA MARTINEZ

Episodio 9

María Eugenia y Pepe están en la clase de arte. Están dibujando.

María E.: ¿Qué estás dibujando, Pepe?

Pepe: Un carro. Un carro grandote.° Como el carro del señor Longoria.

María E.: ¿Por qué lo pintas negro? Es muy feo. ¿Por qué no lo pintas rojo? El rojo es mi color favorito.

Pepe: ¡Tonta! Los carros de los ricos son negros o blancos. No son rojos. Este carro es un Rolls Royce.

María E.: ¿Un qué?

Pepe: Un Rolls Royce. Es el carro «más mejor» del mundo.

María E.: Se dice «mejor», no «más mejor», ¡tonto!

big, huge

(What should Pepe put in the car window? Who did Pepe see kissing? Who has the reputation of being a gossip?)

169

Pepe:	¡Mejor! ¡Mejor! Es el mejor°, ¡tonta!	the best (**Mejor** can mean both "better" and "best.")
María E.:	¿Por qué no pones gente en las ventanillas?	
Pepe:	Okay. Aquí pongo al señor Longoria y en la otra ventanilla a tu mamá.	
María E.:	¿A mi mamá?	
Pepe:	Sí, yo los vi ayer.° Estaban besándose.	I saw them yesterday.
María E.:	¡No! No te creo. Mi mamá sólo° besa a mi papá.	only
Pepe:	Es la pura verdad.	
María E.:	¡Mentiroso! Estás inventando cosas.	
Pepe:	Te juro° que los vi. En el estacionamiento° detrás del café.	I swear/parking lot
María E.:	¡Mentiroso! ¡Idiota! ¡Estúpido! ¡Malo! ¡Malo! ¡Malo!	

María Eugenia empieza a golpearlo° y pelean.° Felicia Estévez, la maestra, viene corriendo y los separa. — hit him/they fight

Maestra:	¡Niños, niños! ¡Nada de eso! ¡Pórtense bien!° ¡Estén tranquilos! María Eugenia, ve a tu asiento.° Después hablo contigo.°	Behave! go to your seat with you

María se sienta.

Maestra:	Ahora, Pepe, dime° por qué María Eugenia está enojada contigo.	tell me
Pepe:	*(Murmura al oído de la maestra. Ella tiene fama de ser chismosa.)*	
Maestra:	¡No me digas! ¡No te creo!° *(Aparte.)* ¡Ay, Dios mío! No lo creo.	believe

PREGUNTAS

Conteste en español:

1. ¿Dónde están María Eugenia y Pepe?
2. ¿Por qué pinta Pepe el carro negro?
3. ¿Cuál es el color favorito de María Eugenia?
4. ¿A quién golpea María Eugenia?
5. ¿La maestra le cree a Pepe o no?
6. ¿Le cree° Ud. a Pepe o no?   — Do you believe

FONDO 9

Learning Activities	Presentación de materia nueva	Learning Hints

9.1 El desayuno — Breakfast

Moza	Cliente	Waitress/Customer
¿Qué quiere tomar de desayuno?		What do you want to have for breakfast?
¿Quiere _____?	Sí, me da _____, por favor.	Do you want _____?/Yes, give me _____, please. (lit., "you give me," not a command, but a polite way to request)
jugo	jugo de naranja	juice/orange juice
	jugo de tomate	/tomato juice
	jugo de toronja	/grapefruit juice
huevos	huevos revueltos	eggs/scrambled eggs
	huevos fritos	/fried eggs
carne	chorizo	meat/sausage
	tocino	/bacon
	jamón	/ham
pan	pan tostado con mantequilla	bread/toast with butter
	pan dulce	/sweet rolls
café	café solo	coffee/black coffee
	café con crema	/coffee with cream
	café con azúcar	/coffee with sugar
	No, leche, por favor.	No, milk, please.

PRACTICA

Tell how you want each item of food prepared, or what kind you want, or whether you want it or not.

Ejemplo: ¿Quiere huevos?
Sí, fritos, por favor.

1. ¿Quiere café?
2. ¿Quiere pan?
3. ¿Quiere cereales?
4. ¿Quiere jugo?
5. ¿Quiere carne?
6. ¿Quiere leche?
7. ¿Quiere azúcar?

9.2
La comida principal   The Main Meal

Mesero	Cliente	Waiter/Customer
¿Quiere _____?	Sí, tráigame _____, por favor.	Do you want _____?/Yes, bring me _____, please.
sopa	sopa de vegetales	soup/vegetable soup
vegetales	brécol	/broccoli
	coliflor	/cauliflower
¿Qué carne quiere?		What meat do you want?
¿Pollo?	Sí, arroz con pollo.	Chicken?/. . . with rice
¿Biftec?	Sí, biftec medio asado.	Steak?/. . . medium
¿Chuletas?	Sí, chuletas de puerco.	Chops?/. . . pork
¿Carne asada?	Sí, carne asada con salsa picante.	Roast?/. . . with hot sauce.
¿Prefiere carne o pescado?	Pescado, por favor.	Do you prefer meat or fish?/Fish, please.
¿Qué quiere de postre?		What do you want for dessert?
¿Pastel?	Sí, pastel de limón.	Pie?/. . . lemon.
¿Helado?	Sí, helado de fresa.	Ice cream?/. . . strawberry.
¿Queque?	Sí, queque de chocolate.	Cake?/. . . chocolate (Also *torta* or **pastel,** which can mean any kind of pastry.)

PRACTICA

Look at the U.S. Department of Agriculture chart. To which group does each of the following belong?

1. tocino
2. huevos
3. crema
4. panqueques
5. tomates

6. toronja
7. leche
8. mantequilla
9. pollo
10. brécol

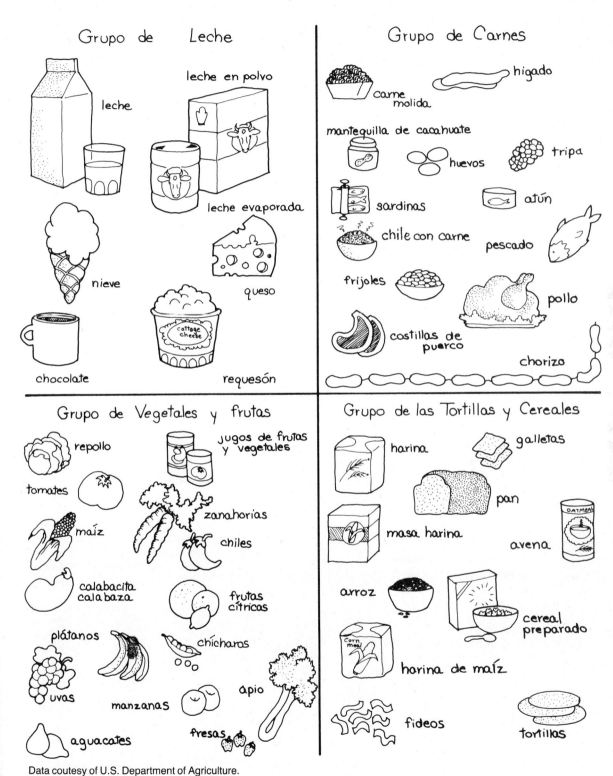

Grupo de Leche

leche en polvo

leche

leche evaporada

nieve

queso

chocolate   requesón

Grupo de Carnes

carne molida

higado

mantequilla de cacahuate

huevos   tripa

sardinas   atún

chile con carne

pescado

frijoles

pollo

costillas de puerco

chorizo

Grupo de Vegetales y frutas

repollo

tomates

jugos de frutas y vegetales

maíz

zanahorias

chiles

calabacita calabaza

frutas cítricas

plátanos

chícharos

uvas

apio

manzanas

fresas

aguacates

Grupo de las Tortillas y Cereales

harina

galletas

pan

masa harina

avena

arroz

cereal preparado

harina de maíz

fideos

tortillas

Data coutesy of U.S. Department of Agriculture.

9.3
Una comida ligera
A Light Meal

Señorita	Señora	
¿Qué quiere de almuerzo?	**Me da _____, por favor.**	What do you want for lunch?/Give me _____, please.
	un emparedado	sandwich (*bocadito*)
	una hamburguesa	hamburger
	papas fritas	French fries
	yogurt	
	ensalada	salad
	gelatina	gelatine, jelly
¿Qué quiere beber?	**Tráigame _____, por favor.**	What do you want to drink?/Bring me _____, please.
	té helado	iced tea
	una soda	soda, pop
	una bebida dietética	diet drink
	vino tinto	red wine
	vino blanco	white wine
¿No quiere otra cosa?	Gracias, no, estoy a dieta.	Do you want something else?/No, thanks, I'm on a diet.
¡Ah! ¿Quiere adelgazar?	Sí, necesito perder unas libras.	Oh! You want to lose weight?/Yes, I need to lose a few pounds.
La ensalada no engorda.	¿Cuántas calorías tiene?	Salad isn't fattening./How many calories does it have?
Tiene _____ calorías.		It has _____ calories.

PRACTICA

You are interested in keeping costs down. Ask a friend the comparative costs of the items pictured in magazines and newspapers.

Ejemplo: arroz/frijoles
Ud.: *¿Qué cuesta más, el arroz o los frijoles?*
Amigo/a: *El arroz cuesta más que los frijoles.*

(Review 7.6.)

(For additional practice, cut out pictures of foods from magazines and newspapers. Talk about how much they cost and how many calories they have.)

9.4
A poner la mesa
Setting the Table

Hija/Hijo	Madre	
¿Vamos a poner la mesa ahora?	Sí, mi hijita/mi hijito.	Are we going to set the table now?/Yes, honey. (lit., "my little daughter, my little son")
¿Pongo _____?		Should I put on _____? (more lit., "Do I put on _____?")
el mantel	**Sí, ponlo, por favor.**	tablecloth/Yes, put it on, please.
los mantelitos	**Sí, ponlos, por favor.**	placemats

la cuchara	**Sí, ponla, por favor.**	spoon
las servilletas	**Sí, ponlas, por favor.**	napkins
los tenedores		forks
los cuchillos		knives
las cucharitas		teaspoons
la sal		salt
la pimienta		pepper
el azucarero		sugar bowl
los vasos		glasses
las tazas		cups
los platillos		saucers

PRACTICA

Is this table correctly set? If the item is where it should be, say **Está bien.** *If not, tell where the item should be placed.*

(Review 5.3, 5.12.)

Ejemplo: El vaso está delante del tenedor.
No, debe estar delante del cuchillo.

1. El tenedor está a la izquierda del plato.
2. El plato está detrás del vaso.
3. La taza está delante del tenedor.
4. La servilleta está debajo del plato.
5. El platillo para pan y mantequilla está delante del tenedor.
6. La cuchara está a la derecha del cuchillo.
7. La taza está a la derecha del plato.
8. El azucarero está encima del plato.
9. El mantel está debajo de la mesa.
10. La sal y la pimienta están en el centro de la mesa.

(You can practice learning place settings by bringing items to class. Set the table incorrectly and let other students give directions for placing the items correctly.)

COMUNICACION—FONDO

A. *What would you advise each person to eat or drink under the following conditions? Use these expressions:*

(Review 3.3, 7.2, 7.3, 7.4.)

Ud. debe comer° _____
Ud. no debe comer _____
Ud. debe tomar° _____
Ud. no debe tomar _____

You should eat

You should drink/take

Ejemplo: Hace mucho calor.
Ud. debe tomar un refresco.

1. Tengo dolor de garganta.
2. Tengo mucha hambre.
3. Quiero adelgazar.
4. Tengo dolor de estómago.
5. Tengo mucha sed.
6. Soy flaco.
7. Tengo úlceras.

B. Actividades

You are teaching children about work and play activities. You tell where someone is, and the children comment on what the person is doing.

(Review 3.7, 7.7, 8.8.)

Ejemplo: Los niños están en el parque.
                 Están jugando.

(You can cut out of magazines pictures that show actions. Bring them to class and talk about them.)

1. El chófer está en el taxi.
2. El señor está en el restaurante.
3. Amparo y José Antonio están en el baile.
4. Antonio está en la estación de radio.
5. El pianista está en el escenario.°

stage

FORMA

Learning Activities	Presentación de estructuras nuevas	Learning Hints
		Explanation 9.a, 9.b *gustar,* Ind. Obj. Pro., Obj. Pro. of Prep. What Does He Like?
	9.5 **¿Qué le gusta?**	

Dietista	*Madre*	
¿Le gusta _____? el arroz el pollo	**Sí, le gusta _____.**	Does he like _____?/Yes, he likes _____.
¿Le gustan _____? los plátanos las uvas	**Sí, le gustan _____.**	Does he like (+ plural)?/Yes, he likes _____. bananas grapes
¿_____ le gusta el helado? A él A ella A Carmen A Héctor	**Sí, le gusta.**	Does he like . . .? Does she like . . .? Does Carmen like . . .? Does Héctor like . . .?

(The definite article precedes nouns used in a general sense.)

PRACTICA

(Review 4.8, 6.11, 8.8.)

A. *Look at the food chart on p. 173. Use different foods to tell what he likes and what she likes.*

B. *They like different things. Read each statement, completing it with a contrasting activity.*

Ejemplo: A él le gusta bailar. A ella . . .
             A ella le gusta leer.

1. A ella le gusta estudiar. A él . . .
2. A él le gusta comer. A ella . . .
3. A él le gusta jugar fútbol. A ella . . .
4. A ella le gusta tocar el piano. A él . . .
5. A Pepe le gusta dibujar carros. A María Eugenia . . .
6. A Julián le gusta piropear. A Estela . . .
7. A Héctor le gusta su trabajo. A Alicia . . .
8. A Antonio le gusta hablar por radio. A Carmen . . .

**9.6
Me gusta**

Explanation 9.a
gustar, Ind. Obj. Pro.,
Pro. Obj. of Prep.
I Like

Dietista	*Señor*	
¿A Ud. le gusta _____?	**No, a mí no me gusta nada.**	Do you like _____?/No, I don't like it at all.
el pescado		fish
la carne molida		ground beef
el hígado		liver
¿A Ud. le gustan _____?	**No, a mí no me gustan nada.**	Do you like (+ plural) _____? /No, I don't like them at all.
los huevos		eggs
las galletas		cookies
las zanahorias		carrots

PRACTICA

A. *Using the food chart on p. 173, tell what you like and what you do not like.*

(Review 8.1, 8.2, 8.3.)

B. *Choose a word or expression from each column below to state an opinion about what each of us likes.*

(This is more fun to do with pictures cut from magazines.)

1	2	3	4
			estos calcetines
	le		esta falda
A Ud.			este traje
	(no)	gusta	estos guantes
A mí		gustan	esta camiseta
	me		estos aretes
			estos collares

9.7
Nos gusta

Explanation 9.a, 9.b
gustar, Ind. Obj. Pro.,
Obj. Pro. of Prep.
We Like

Asistente social	*Niños*
¿A Uds. les gusta _____?	**No, no nos gusta mucho.**
la avena	
el repollo	
el apio	
¿A Uds. les gustan _____?	**A nosotros nos encantan.**
los fideos	
las tortillas	
las galletas	

Do you (pl.) like _____?/No, we don't like it very much.
oatmeal
cabbage
celery
We love them.
noodles
tortilla/omelette
cookies/crackers

PRACTICA

Choose a word or group of words from each column below to make a question. A classmate can answer your question.

(Review 5.3, 8.2, 8.3.)

1	2	3	4
A Ud. le	gusta	este	tiendas
A Uds. les	gustan	esta	parque
		estos	escuelas
		estas	restaurantes
			iglesia
			oficinas

9.8
¿A ti te gusta?

Explanation 9.a, 9.b
Other Verbs like *gustar*
Do You (fam.) Like It?

Amigo/Amiga	*Amiga/Amigo*
¿A ti te gusta _____?	**Sí, me encanta.**
viajar	
ir de compras	
¿_____ lo que dice?	**Sí, me _____.**
Te interesa	
Te importa	
Te molesta	
Te fascina	
Te enoja	
Te sorprende	
Te aburre	
Te preocupa	

Do you like _____?/Yes, I love it.
to travel
to go shopping
Does what he says _____ you?/Yes, it _____s me.
interest
matter
bother
fascinate
anger
surprise
bore
worry

PRACTICA

A. *What is your opinion? A friend asks if you like certain things or places. You clarify the question by asking ¿Cuál?, and then give an answer.*

Ejemplo: **Amigo:** ¿Te gusta ese restaurante?
Ud.: ¿Cuál?
Amigo: «México Lindo.»
Ud.: *Sí, me encanta.*
　　　　　or
No, no me gusta mucho.
　　　　　or
No lo conozco.

1. ¿Te gusta esa película°?　　　　　　　　　　　　movie, film
2. ¿Te gusta ese carro?
3. ¿Te gusta esa casa?
4. ¿Te gusta ese hotel?
5. ¿Te gusta esa muchacha?
6. ¿Te gusta ese edificio?
7. ¿Te gusta esa iglesia?

B. *Conteste las preguntas.*

Ejemplo: ¿A Ud. le interesa la clase?
Me encanta la clase.

1. ¿A la profesora le interesa la clase?
2. ¿A Ud. le gustan los días feriados?°　　　　　　　holidays/**de fiesta**
3. ¿Le encanta a Ud. bailar?
4. ¿Qué le gusta comer? ¿Pizza? ¿Helado? ¿Dulces?
5. ¿Qué le gusta tomar? ¿Cerveza? ¿Vino? ¿Té? ¿Café?

Explanation 9.c
Irreg. Verbs,
Stem-Chang. Verbs,
Pres.
What Does He or She
Say to Him or Her?

**9.9
¿Qué le dice?**

El	Ella	
		(The verb can mean both "he" and "she," and the ind. obj. pro. can mean both "to him" and "to her.")
¿Qué le dice él?	Le dice una mentira.	What does he say to her?/He tells her a lie.
¿Qué le da?	Le da un anillo de compromiso.	What does he give her?/He gives her an engagement ring.
¿Qué le pide ella?	Le pide dinero.	What does she ask him for?/She asks him for money.
¿Qué le devuelve ella?	Le devuelve las cartas de amor.	What does she return to him?/She returns the love letters to him.
¿Qué le trae él?	No le trae nada.	What does he bring her?/He doesn't bring her anything.

Amiga	Amigo	
¿Qué le _____?	**Le _____ todo.**	What do they _____ to him?/ They _____ everything to him.
dicen		
dan		
piden		
devuelven		
traen		

PRACTICA

A. What does he do? Make statements using:

Me dice	he tells (to) me
Me pide	he asks me for (lit., "he asks to me")
Me da	he gives (to) me
Me devuelve	he returns (to) me

Ejemplo: el número de la página
Me dice el número de la página.

1. el chisme
2. la licencia de manejar
3. las llaves
4. la comida
5. el carro
6. toda la historia°   the whole story
7. la pluma
8. la verdad   the truth

B. *What does each of the following groups of people do for José Antonio? Choose from the words to the right to answer the questions:*

Ejemplo: ¿Qué le dan los profesores?
　　　　　Le dan clases.

1. ¿Qué le dan sus padres?　　　　lecciones
2. ¿Qué le dan sus amigos?　　　　cheques
3. ¿Qué le dicen sus amigos?　　　dinero
4. ¿Qué le dicen los políticos?　　dulces
5. ¿Qué le dan los empleados　　　papeles
　　del banco?　　　　　　　　　el carro
6. ¿Qué le traen en el restau-　　la verdad
　　rante?　　　　　　　　　　　mentiras
　　　　　　　　　　　　　　　　el chisme
　　　　　　　　　　　　　　　　la comida

| | **9.10**
Le digo todo. | Explanation 9.c
Irreg. verbs, Pres.
Stem-Chang. Verbs,
I Tell Him Everything. |

Trabajador social

¿Qué le _____ Ud.?
　dice
　da
　trae
　pide
　devuelve

Cliente

Le _____ todo.
　digo
　doy
　traigo
　pido
　devuelvo

What do you _____ to him?/I
_____ everything to him.

Señora

¿Qué le _____, niño?
　dices
　das
　traes
　pides
　devuelves

Niño

Le _____ todo.

What do you _____ to him, child?/
I _____ everything to him.

PRACTICA

A. Ask questions using each of the following verbs, as in the example. Another student can give short answers.

Ejemplo: traer
                ¿Qué le traigo?
                Café, por favor.

(This question might be translated, "What shall I bring you?" In Spanish, the present tense is often used where English uses the future.)

1. traer   4. pedir
2. decir   5. dar
3. devolver

B. Answer the questions with the word indicated, as in the example:

Ejemplo: ¿Qué me dices?/la verdad
                Te digo la verdad.

1. ¿Qué me pides?/el carro
2. ¿Qué me devuelves?/el libro
3. ¿Qué me das?/un regalo
4. ¿Qué me traes?/buenas noticias°   good news
5. ¿Qué me dices?/el chisme

9.11
Le decimos todo.

Explanation 9.c
Irreg. Verbs,
Stem-Chang. Verbs, Pres.
We're Telling You Everything.

Ud.	*Nosotros*
¿Qué me dicen Uds.?	Le decimos todo.
¿Qué me dan Uds.?	Le damos todo.
¿Qué me traen Uds.?	Le traemos todo.
¿Qué me piden Uds.?	Le pedimos todo.
¿Qué me devuelven Uds.?	Le devolvemos todo.

What are you telling me?/We're telling you everything.

PRACTICA

A. Tell how often we do these things. Use these expressions:

(Review 4.6.)

siempre	always
algunas veces	sometimes
nunca	never

Ejemplo: decir mentiras
Nunca decimos mentiras.

1. pedir dinero
2. devolver dinero prestado°   borrowed money
3. traer libros a la clase
4. devolver libros a la biblioteca°   library
5. dar regalos de cumpleaños°   birthday presents
6. traer bastante dinero
7. decir la verdad

B. *Now use the cue words in parentheses to tell who is the recipient of each action.*

Ejemplo: pedir dinero (a nuestros padres)
Les pedimos dinero.

1. decir la verdad (al policía)
2. devolver el dinero prestado (a ti)
3. dar regalos de cumpleaños (a los amigos)
4. devolver los papeles (al profesor)
5. traer un regalo (al niño)

COMUNICACION—FORMA

A. *A friend asks you how you feel about each situation. React to the situation. Use one of these verbs:*   (Review 5.3, 8.9.)

interesa, sorprende, enoja, aburre, molesta, encanta, preocupa

Ejemplo: El trabajo es muy interesante, ¿verdad?
Sí, me interesa mucho.

1. La chica es una belleza, ¿verdad?
2. La película es excelente, ¿no?
3. Ese chisme es increíble, ¿no?
4. Estás muy enojado con el profesor, ¿no?
5. La clase es muy aburrida, ¿verdad?
6. ¿Estás preocupado? ¿Es el trabajo?
7. ¡Qué basura es este trabajo!
8. ¿Te molesta le chisme?

B. *You are a businesswoman or businessman with responsibilities at home and at the office. Here is a list of some of your activities for the week. Use this calendar to role-play the situations that follow.*

(Review 4.9, 6.9.)

Lunes
abrir la oficina
hablar con un cliente
comprar un regalo

Martes
preparar informes
comprar un traje nuevo
visitar a los suegros

Miércoles
buscar secretaria
escribir cartas
reparar el auto

Jueves
ir a otra oficina
volver temprano
salir a comer con un cliente

Viernes
hacer las cuentas
cerrar la oficina
salir a comer con el esposo/la esposa

Sábado
trabajar en casa
ir de compras
ir a una fiesta

Domingo
jugar con los hijos
ir a la iglesia
visitar a los tíos

1. *You're telling a friend what a busy week it is. Recount 10 different things that you do.*

Ejemplo: *El lunes hablo con un cliente.*

(Present tense can be used to describe events in the near future.)

(**el lunes** = on Monday
es lunes = it's Monday)

2. *Now imagine that you are in the midst of each day. Tell what you're doing at that time on a particular day.*

Ejemplo: *Es martes. Estoy hablando con un cliente.*

C. *You are the boss and you are giving one of your employees a hard time. You ask the employee if he or she's doing everything.*

(Review 8.8.)

Ejemplo: preparar el informe
               ¿Me está preparando el informe?

1. buscar los números
2. dar la información
3. traer los informes
4. decir todo
5. escribir la carta

(**Me** is used here not so much as an indirect object, but to show personal involvement in the matter.)

trayendo (like *leyendo*)
diciendo

FUNCION

Learning Activities

Learning Hints

9.12
Expresar placer, emociones positivas

Explanation 9.d
Que + Adj.
Expressing Pleasure,
Positive Emotions

Trabajadora social	*Señora*	
¿Qué le parece?	**Me parece bien.**	What do you think of it?/I think it's okay.
	¡Muy bueno!	Very good!
	¡Una maravilla!	Marvelous! (lit., a marvel)
	¡Fantástico!	Fantastic!
	¡Estupendo!	Stupendous!
¡Qué buena es esta foto!	**Gracias. Muy amable.**	What a good picture!/Thanks. Very nice of you.
¡Qué foto más interesante!		What an interesting picture!
¡Qué bonito bebé!		What a pretty baby!
¡Qué precioso!		How darling!
¡Es encantadora!		She's charming!
¡Qué guapo!		How handsome!
Parece muy distinguido.		He looks very distinguished.
¡Ah! Fíjese.		Oh!, just look.
Ud. puede estar orgullosa de su familia.		You can certainly be proud of your family.

SITUACIONES

1. Ud. es un/una trabajador/a social y visita a una señora en la casa de ella. Ella es madre, tiene una familia grande, y está muy orgullosa de todos ellos. Ella le muestra° fotos de la familia y explica quién es quién. Ud. expresa su opinión.

shows you

2. Una cliente de habla española le pide su opinión de varios personas, sucesos y cosas.

(You may want to use negative expressions; review 8.9.)

(a) ¿Qué le parece . . . ?
    esa película, esta casa, su trabajo, ese carro, la universidad

(b) ¿Qué piensa de . . . ?
    esa persona, su amigo/amiga, el profesor/la profesora, el presidente, el alcalde°

What do you think of . . . ?

mayor

OPINION PROFESIONAL

¿Qué piensa Ud. de estos asuntos de nutrición?

1. ¿Son peligrosas las dietas de «moda»?° ¿Por qué sí o por qué no?

fad

2. ¿Es necesario suplementar la dieta con vitaminas? ¿Por qué dice Ud. esto?

3. ¿Cuál es la mejor manera° de adelgazar?

way

4. ¿Por qué puede ser peligrosa la cafeína? ¿Y la sacarina?

5. ¿Es necesario comer tres comidas balanceadas? ¿Por qué sí o por qué no?

6. ¿Hay una relación definida entre la nutrición y las enfermedades?° Exprese su opinión.

illnesses

 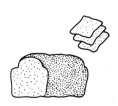  

INTERESES ESPECIALES Y VIAJES

Special Interests and Travel

Turn to the special interest section of the text, just before the vocabularies. Working in pairs or interest groups, practice the vocabulary of your special interest.

Pronunciación

Sound and Spelling of Some Spanish Consonants + Vowels

As you practice the sounds in the chart, notice that when *e* or *i* follows the sound, the spelling of certain consonants is changed.

	a	e	i	o	u
k sound	ca	que	qui	co	cu
g sound	ga	gue	gui	go	gu
h sound	ja	je	ji	jo	ju
		ge	gi		
s sound	sa	se	si	so	su
	za	ce	ci	zo	zu

PRACTICA

Pronounce these sentences:

1. ¿Quién come gelatina? Catalina come gelatina.
2. El gitano y el gigante asesinan al general.
3. Los generales heridos en Guinea sufrían de gangrena.
4. Al galleguito le gusta tomar ginebra y tocar la guitarra.
5. El jefe cojo no deja de jugar al jai-alai.
6. Cecilia le echó ceniza en los ojos a zorro.

Dictado

The teacher or a classmate can dictate some of the sentences you have practiced while you write them.

Notas culturales

Food Customs

Among people in Spanish-speaking countries, many mealtime conventions are shared. Typically, breakfasts are light, consisting of coffee and a roll. The main meal is eaten in the middle of the day, usually around 2:00 p.m. It is the important gathering time for the family. An afternoon snack or tea at 5:00 or 6:00 p.m. often precedes a late supper, usually served around 9:00 or 10:00 at night. With the final meal of the day finished so late, the light breakfast makes sense. Of course, there are variations from country to country, and from region to region, but these mealtime customs, in general, exist in most Spanish-speaking countries.

When people from Spanish-speaking countries immigrate to the United States, they bring with them their mealtime customs, their favorite national dishes, and their different vocabularies for common foods. But the meal times and the large family meal at noon do not fit patterns of living in the United States, and these mealtime customs quickly give way to the American ones, except at holiday times and for special family gatherings.

Though the mealtime customs are similar,

the dishes served from region to region and from country to country may vary greatly. Some common foods may even have different names in one country or another. When we consider that there are 20 Spanish-speaking countries and territories in the Americas, and that they have had about 100 to 150 years to develop their own national traits, this should not surprise us. As we come into contact with Spanish-speaking people from different countries, we learn the vocabulary words that each group uses for different foods.

Here are some examples:

Country	Dish					
	avocado	*corn*	*peas*	*green beans*	*papaya*	*watermelon*
Puerto Rico	aguacate	maíz	guisantes	habas	papaya	sandía
México	aguacate	maíz	chícharos	ejotes	papaya	sandía
Cuba	aguacate	maíz	chícharos	habichuelas	fruta bomba	melón de agua
Honduras	aguacate	maíz	chícharos	habichuelas	papaya	sandía
Colombia	aguacate	maíz	arvejas	habichuelas	papaya	sandía
Perú	palta	choclo	arvejas	habas	papaya	sandía
Argentina	palta	choclo	arvejas	chauchas	papaya	sandía

DISCUSSION

1. Look at a map of the Americas. Does the location of the countires influence the differences or similarities in these vocabulary words? Why or why not?
2. How do you think eating customs evolve?

EXPLANATIONS

9.a *Gustar* and similar verbs

Gustar belongs to a group of verbs in Spanish that use the subjects and object pronouns in a very different way.

Me gusta el café.   Literally in English, To me is pleasing the coffee, or Coffee pleases me, or, I like coffee.

In Spanish, the subject of the verb is the thing liked, and the indirect object *me* tells who likes it. Thus, when the thing liked is plural, then the verb is plural:

Me gustan las frutas.   Literally, To me are pleasing the fruits, or, I like fruit(s).

In Frame 9.8 you practice other verbs that function in the same way as *gustar:*

interesar	to interest	aburrir	to bore
molestar	to bother	preocupar	to worry
enojar	to anger	importar	to matter
sorprender	to surprise	fascinar	to fascinate

9.b   Object pronouns

1.   Indirect Object Pronouns

The indirect object answers the question "to" or "for whom."

Me gusta el café.	The coffee is pleasing to me. (We would say, however, I like coffee.)
	Lit.: To whom is the coffee pleasing? To me.
¿Le hace el trabajo a él?	Do you do the work for him?
Le dice la verdad.	He tells the truth to her, or we might say, He tells her the truth.
	What does he tell her?
	the truth—direct object
	To whom does he tell it?
	to her—indirect object

The indirect object pronouns you practice in this lesson are:

me	to, for me
te	to, for you (familiar)
le	to, for him, her, you (formal)
nos	to, for, us
les	to, for them, you (plural)

2.   Prepositions + Pronoun Objects

The pronouns that act as subject pronouns also serve as objects of prepositions with two exceptions:

Subject	**Object of preposition**
yo	mí (conmigo *after* con)
tú	ti (contigo *after* con)

3.   Indirect Object + Explanatory Prepositional Phrases

The preposition *a* + noun or pronoun is often used along with the indirect object pronoun for clarity or emphasis.

A mí me gusta el arroz.
A Estela le gusta el arroz.

From the English speaker's point of view, the use of both the indirect pronoun object and the prepositional phrase is redundant, because in English one or the other is used, and never both. It may

be helpful to think of the indirect object pronoun as a structural requirement of Spanish, and the prepositional phrase as extra or em-
phatic information:

Literal English   **Spanish**
Rice is pleasing to her.   *Correct:* Le gusta el arroz.
                              Correct: A Estela le gusta el arroz.
                              Incorrect: A Estela gusta el arroz.

9.c   Some Irregular and Stem-changing Verbs
In Frames 9.9 through 9.11, you practice these new verbs:

Present tense

Irregular Verbs   **Stem-changing Verbs**

Decir to say, tell	*Dar* to give	*Traer* to bring	*Devolver (o > ue)* to return	*Pedir (e > i)* to ask for
digo	doy	traigo	devuelvo	pido
dices	das	traes	devuelves	pides
dice	da	trae	devuelve	pide
decimos	damos	traemos	devolvemos	pedimos
dicen	dan	traen	devuelven	piden
Present participles:			*Present participles:*	
diciendo	dando	trayendo	devolviendo	pidiendo

FICCION

ODISEA DE LA FAMILIA MARTINEZ

Episodio 10

Son las ocho de la mañana.
Estela está en la cocina° preparando el desayuno.
Julián está en la mesa leyendo el periódico.

    Estela: Patricia, ven a tomar tu desayuno antes de salir.

  Patricia: Abuela, no quiero comer nada. Dame sólo un traguito° de café.

    Estela: Pero, niña, tienes que comer algo. ¿Quieres un huevito o un pedacito de jamón? ¡Te vas a enfermar!

  Patricia: No, abuela. Quiero adelgazar. Sabes que no se usa° estar gorda.

(Why doesn't Patricia want to eat breakfast? What do Patricia and her grandparents disagree about? Who is moving to a new house? What rumors are going around?)

kitchen

a little bit (Lit.: little swallow)

it's not in style

191

Julián: A nosotros los hombres nos gustan las gorditas, roza-
           gantes y saludables.°   plumpish, wholesome and healthy

Patricia: A los americanos no.

Estela: ¿De veras que no vas a comer nada? ¿Quieres llevarte
           una fruta?

Patricia: No, gracias, abuela. Con el café tengo. Ya me voy. Tengo
           que pasar por casa de Amparo. Ella me va a prestar
           un libro.

Besa a los abuelos y sale.

Estela: Estas mujeres flacas° parecen esqueletos ambulantes.   skinny

Julián: No saben que a los hombres les gusta algo que amasar.° knead
           Y en los hombres, un poquito de barriga° indica pros-   belly
           peridad.

*Amparo y Felicia Estévez, la maestra, están tomando café en casa de
Amparo.*

Felicia: ¿Sabes lo que me dijeron?°   what they told me

Amparo: Tú y tus chismes.

Felicia: Cuando el río suena° . . .   (A proverb, or ***refrán:*** The rest of it

Amparo: Ya me estás picando la curiosidad. ¿Qué te dijeron?   is: ***trae agua.*** "When the river
                                          sounds, it brings water." In English

Felicia: Dicen que Héctor y Alicia están comprando una casa we would say, "Where there's
           nueva. Dicen que es un palacio. No sé de cuántos smoke, there's fire.")
           cuartos, con piscina° y habitaciones° para los sirvientes.

Amparo: Fantástico. Patricia me dijo° algo de eso. Y que tienen swimming pool/rooms
           carros nuevos.   told me

Felicia: ¿De dónde sacarán° el dinero?   get (lit., take out)

Amparo: ¿Habrán ascendido a Héctor?°   Could Héctor have gotten promoted?

Felicia: No lo creo. Dicen las malas lenguas que él está mezclado
           en un negocio sucio.°   mixed up in some dirty dealings

Amparo: ¡Qué escándalo! ¡Pobre Alicia!

Felicia: ¿Pobre? ¡Rica dirás!°   you should say

Amparo: Verdad. Pero no la envidio.°   envy

Felicia: Y otra cosa. «Dicen» que Alicia y Longoria se entienden.° (lit., "understand each other." Im-

Amparo: ¡No me digas!° ¿No anda siempre con Margarita del plies a close relationship.)
           Valle?

Felicia: Bueno. Un niño en mi clase . . .   Don't tell me!

Amparo: Mira, aquí viene Patricia. No debemos chismear más de
           sus padres.

Felicia: ¿Sabrá algo de eso?°   Do you think she knows about this?

Amparo ya está a la puerta y la abre.

Amparo: Hola, Patricia, ¿qué tal?

Patricia: Bastante bien, gracias. ¿Y tú?

Se besan en la mejilla.

PREGUNTAS

1. ¿Por qué Patricia no quiere comer?
2. ¿Cómo deben ser las mujeres, según° Julián?   according to
3. ¿Qué comida le ofrece la abuela a Patricia?
4. ¿Qué necesita Amparo para su clase?
5. ¿Qué representa prosperidad en los hombres?
6. ¿Cómo es la casa que van a comprar Héctor y Alicia?
7. ¿De dónde sacan el dinero para la casa y los carros? ¿Qué cree Ud.?
8. ¿Qué otro chisme le dice Felicia a Amparo?

FONDO 10

Learning Activities	Presentación de materia nueva	Learning Hints

10.1 Muebles — Furniture

Agente de ventas	**Señora**	
¿Uds. buscan una casa?	Sí, queremos alquilar una casa.	You're looking for a house?/Yes, we want to rent a house.
¿No prefieren comprar?	No, solamente vamos a estar aquí un año.	You don't prefer to buy?/No, we're only going to be here a year.
Entonces prefieren una casa amueblada.	Sí, amueblada.	Then you want a furnished house./Yes, furnished.
¿De un piso o dos?	De un piso.	One story or two?/One story.
¿Cuántos cuartos quieren?	Tres recámaras.	How many rooms do you want?/Three bedrooms.
Tengo una casa preciosa.	¿Cómo es?	I have a darling house./What's it like?
¿Quiere verla?	Sí, vamos.	Do you want to see it?/Yes, let's go.

(Use the drawing on p. 194 to practice the names of furniture.)

Señora	**Agente de ventas**	
Esta es la sala, ¿no?	**Sí, mire los muebles.**	This is the living room, isn't it?/Yes, look at the furniture. It has _____.
	Tiene _____.	
	un sofá	
	alfombra nueva	new rug
	cortinas	curtains/drapes
	cuadros	pictures
¿Y éste es el comedor?	**Sí, tiene _____.**	dining room
	mesa	table
	sillas	chairs
	aparador	buffet

194

PRACTICA

A. *Using the drawing on p. 194, give the location of each item of furniture in relationship to other furniture.*

(Review 5.12.)

Ejemplo: silla/aparador
La silla está a la derecha del aparador.

1. silla/mesa
2. sofá/sillón
3. comedor/sala
4. cortinas/cuadros
5. aparador/mesa

B. *Name the furniture in Frame 10.1 in random order. Another student can point out pieces of furniture on the drawing on p. 194 and name them.*

10.2
Más muebles   More Furniture

Señora	*Agente de ventas*	
¡Qué buena es la cocina!	**Sí, tiene _____.**	kitchen
	refrigerador	refrigerator
	lavaplatos	dishwasher
	dos hornos	two ovens
	estufa	stove
	fregadero doble	double sink
	muchos gabinetes	many cabinets
	varios cajones	several drawers (**cajón** = also **gaveta**)
	bastantes mostradores	enough counters
Esta es la recámara principal.	**Sí, tiene _____.**	master bedroom
	una cama antigua	antique bed
	tocador	dresser
	dos mesitas	small tables (bedside tables)
	dos lámparas	two lamps
	ropero	closet (also **guardarropa, armario**)
Este es el baño.	**Sí, tiene _____.**	
	bañadera	bathtub (also **tina**)
	lavamanos	lavatory
	ducha	shower (also **regadera**)
	inodoro	toilet (also **excusado**)
	dos toalleros	two towel racks
	un espejo	mirror
¿Qué hay en el ático?	**Hay _____.**	attic
	muebles viejos	old furniture
	cachivaches	junk
¿No hay sótano?	No, no hay.	Isn't there a basement?

PRACTICA

A. *This is an inventory list for the housekeeping department of a resort hotel with apartments.*

(Review 1.2, 2.8.)

1. *Read the list aloud, including the numbers.*
2. *Rewrite the list, classifying the items by rooms.*

2 sofás	3 inodoros
3 lámparas	14 duchas
10 sillas	4 aparadores
22 tinas	12 mesas
6 aparadores	11 lavamanos
15 sillones	4 hornos
21 lámparas	21 fregaderos
19 cortinas	13 tocadores
13 duchas	15 gabinetes
68 camas	100 cajones
16 alfombras	2 tinas
12 fregaderos	15 estufas
121 cortinas	14 refrigeradores
2 camas	4 sillas

B. *Tell where each item is, and where it is in relationship to other items in that room.*

(Practice this by using the drawing on p. 194.)

Ejemplo: la estufa
    La estufa está en la cocina a la izquierda del lavaplatos.

1. la alfombra
2. el aparador
3. el ropero
4. el lavamanos
5. la cama
6. los gabinetes
7. el tocador
8. el fregadero
9. el horno
10. los utensilios de cocina
11. el inodoro
12. un sillón

10.3
Aparatos y utensilios

Señora	*Señora*	
¿Qué piensan comprar?	**Pensamos comprar** _____.	(**pensar** + inf. = think about + ing) What do you intend to buy?/We're thinking about buying a _____.
	una aspiradora	vacuum cleaner
	una lavadora de ropa	washing machine
	una secadora	clothes drier
	un congelador.	freezer
¿Qué van a comprar para la cocina?	**Sí, _____.**	
¿Una batidora?		beater
¿Un abrelatas?		can opener
¿Una cafetera?		coffee pot
¿Un sartén?		frying pan
¿Una olla?		pot
¿Qué necesitan para la recámara?	**Sí _____.**	
¿Sábanas?		sheets
¿Almohadas?		pillows
¿Un colchón?		mattress
¿Frazadas?		blankets (Also **mantas**)
¿Y para el baño?	**Sí, _____.**	And for the bath?/Yes, _____.
¿Jabón?		soap
¿Toallas?		towels

PRACTICA

A. Choose an item from each column to make a statement about each thing.

(**Se usa para** = is used for; **se usan para** = are used for)

la batidora		guardar comida
la toalla		hacer café
la aspiradora	se usa para	secar ropa lavada
el congelador		preparar papas fritas
la cafetera		preparar comida
las sábanas	se usan para	secar el cuerpo
el sartén		cubrir el colchón
la secadora		limpiar la alfombra

B. Bring to class pictures of the items you have been practicing. Tell how much each one costs.

(Or you can bring ads that include prices.)

10.4
Mis cosas, sus cosas

Explanation 10.a
Possessives, Short
Forms
My Things, Your Things

Maestro	*Estudiante*	
¿Es su libro?	Sí, es mi libro.	Is (this) your book?/Yes, it's my book.
¿Es su pluma?	Sí, es mi pluma.	your pen/my pen
¿Son sus libros?	Sí, son mis libros.	your books/my books
¿Son sus plumas?	Sí, son mis plumas.	your pens/my pens

Director	*Empleados*	
¿Es su informe?	Sí, es nuestro informe.	Is (this) your report?/Yes, it's our report.
¿Es su oficina?	Sí, es nuestra oficina.	your office/our office
¿Son sus informes?	Sí, son nuestros informes.	your reports/our reports
¿Son sus oficinas?	Sí, son nuestras oficinas.	your offices/our offices

Agente de ventas	*Cliente*	
¿Es el carro de Javier?	Sí, es su carro.	It's his car.
	es el carro de él.	
	es de él.	It's his.
¿Es el carro de los Martínez?	Sí, es su carro.	It's their car.
	es de ellos.	It's theirs.
	No, es el carro de Javier.	No, it's Javier's car.
	es de él.	It's his.
¿Es la casa de Alicia?	Sí, es su casa.	It's her house.
	es la casa de ella.	
	es de ella.	It's hers.
	No, es de ellos.	No, it's theirs.

PRACTICA

A. *Look at the drawings. Tell who owns each thing.*

(Review 8.1, 8.2, 8.3.)

Ejemplo: ¿De quién es la corbata? ¿De Javier?
        Sí, es de él.

1. ¿De quién es el traje de baño? ¿De Patricia?
2. ¿De quién es el paraguas? ¿De Julián?
3. ¿De quién son los anillos? ¿De Margarita?
4. ¿De quién es el collar? ¿De Alicia?

ALICIA

JAVIER

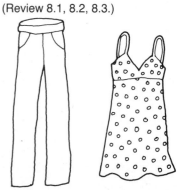
HÉCTOR   PATRICIA

ANTONIO

MARGARITA

JAVIER

5. ¿De quién es la camisa? ¿De José Antonio?
6. ¿De quién son los pantalones? ¿De Héctor?
7. ¿De quién son los zapatos? ¿De Amparo?
8. ¿De quién es el sombrero? ¿De Carmen?
9. ¿De quién son los gemelos? ¿De Javier?
10. ¿De quién son los vestidos? ¿De Estela?

HÉCTOR

JULIÁN

PATRICIA

JOSÉ ANTONIO

ESTELA

COMUNICACION—FONDO

A. *You are visiting a housewife who is especially proud of her home. You want to compliment her taste, commenting on various things. Choose the adjectives from the list in the right-hand column. Add others if you wish.*

(Review 9.12.)

(A reminder: Adjectives agree with nouns!)

(**Estar** is used to show a condition of special praise upon first seeing something.)

Ejemplo: El sofá/elegante
        ¡El sofá está elegante!

1. El sillón   elegante
2. La lámpara   fino
3. La cama   bonito
4. Las cortinas   lindo
5. El tocador   precioso
6. El baño   magnífico
7. El reloj
8. La mesa

B. *You are in a furniture store with a friend. Tell your friend your opinion about the furniture you see, and ask his or her opinion.*

(Review 8.2, 9.6.)

(You can bring ads to class to practice this.)

Ejemplo: sillas
        Me encantan estas sillas ¿A ti te gustan?
                or
        No me gustan nada estas sillas.

1. sofá
2. lámpara
3. sillón
4. aparador
5. lavaplatos
6. horno
7. tocador
8. mesa
9. cortinas
10. cuadro

C. *You have just moved. A family member is helping you put things away. Where should he or she put them? Try to make your instructions as specific as possible.*

(Review 5.12.)

Ejemplo: ¿Dónde pongo este sartén?
En la cocina, en el gabinete debajo de la estufa.

1. ¿Dónde va esta ropa?
2. ¿Dónde pongo estas toallas?
3. ¿Dónde pongo esta mesita?
4. ¿Dónde pongo estos platos?
5. ¿Dónde va el sofá?
6. ¿Dónde pongo la cafetera?
7. ¿Dónde pongo las ollas?
8. ¿Dónde pongo la aspiradora?

D. *Cut out appliances and pieces of furniture from ads. One student can give instructions, and another can move them. You can draw the rooms of a house on a poster board.*

FORMA

Learning Activities	Presentación de estructuras nuevas	Learning Hints
	10.5 **Lo preparó.**	Explanation 10.b *-ar* Verbs, Preterite, 3rd Sing. He Prepared It.

Cliente	*Empleado*	
¿La señorita lo va a _____?	Ya lo _____.	The young lady's going to _____it?/She already _____ed it.
¿Lo va a preparar?	Ya lo preparó.	prepared
¿Lo va a comprar?	Ya lo compró.	bought
¿Lo va a lavar?	Ya lo lavó.	washed
¿Lo va a limpiar?	Ya lo limpió.	cleaned
¿Lo va a tirar?	Ya lo tiró.	pulled; threw
¿Lo va a empujar?	Ya lo empujó.	pushed
¿Lo va a guardar?	Ya lo guardó.	kept, put away

PRACTICA

Is he or she doing it now? No, he or she already did it. Answer the questions using a verb in the preterite tense in your answer.

Ejemplo: ¿Está empezando ahora?
                    No, ya empezó.

1. ¿Está trabajando ahora?	6. ¿Está manejando ahora?
2. ¿Está llegando ahora?	7. ¿Está pintando ahora?
3. ¿Está contestando ahora?	8. ¿Está bailando ahora?
4. ¿Está escuchando ahora?	9. ¿Está limpiando ahora?
5. ¿Está comprando ahora?	10. ¿Está jugando ahora?

10.6
Lo preparé.

Explanation 10.b
-ar verbs, Preterite, 1st,
3rd Pers. Sing.
I Prepared It.

Cliente	Empleada	(First pronounce each column of verb forms; then slot them into the sentences.)
¿Ud. lo _____?	**Sí, lo _____ anoche.**	Did you _____ it?/Yes, I _____ed it last night.
preparó	preparé	did prepare/prepared
compró	compré	did buy/bought
lavó	lavé	did wash/washed
limpió	limpié	did clean/cleaned
tiró	tiré	did pull/pulled (Also "threw away")
empujó	empujé	did push/pushed
guardó	guardé	did keep/kept (Also "put away")

PRACTICA

A. *Are you doing it today? No, I did it yesterday. Answer the questions as in the example.*

(Review 4.9.)

Ejemplo: Señor/Señorita, ¿lo va a ganar hoy?
                    No, lo gané ayer.

Señor, Señorita,

1. ¿lo va a terminar hoy?	5. ¿lo va a encontrar hoy?
2. ¿lo va a mirar hoy?	6. ¿lo va a preparar hoy?
3. ¿lo va a pintar hoy?	7. ¿lo va a comprar hoy?
4. ¿lo va a limpiar hoy?	8. ¿lo va a tomar hoy?

10.7
Lo prepararon.

Explanation 10.b
-*ar* Verbs, Preterite 1st,
3rd Pers. Pl.
They Prepared It.

Cliente	*Empleado*
¿Lo _____ Uds.?	**Sí, ya lo _____.**
prepararon	preparamos
compraron	compramos
lavaron	lavamos
limpiaron	limpiarmos
tiraron	tiramos
empujaron	empujamos
guardaron	guardamos

(First pronounce each column of verb forms; then practice whole sentences.)

Did you (pl.) _____?/Yes, we already _____ it.

(For **-ar** verbs, the **nosotros** form is the same in the present and preterite.)

(Not sure of the verb meanings? See 10.5.)

PRACTICA

A. *We've forgotten when we did things. You remind us, telling us the month, as in the example.*

(Review 4.2, 8.7.)

Ejemplo: ¿Cuándo compramos los muebles?
   Los compraron en enero, ¿recuerdas?°

remember?

1. ¿Cuándo tiramos los cachivaches?
2. ¿Cuándo compramos la casa?
3. ¿Cuándo lavamos las ventanas?
4. ¿Cuándo limpiamos las alfombras?
5. ¿Cuándo buscamos trabajo?
6. ¿Cuándo encontramos trabajo?
7. ¿Cuándo ganamos el premio?
8. ¿Cuándo preparamos la fiesta?

10.8
¿Lo vio?

Jefe	Empleado
¿Lo _____ el señor?	Sí, lo _____.
vendió	vendió
comió	comió
rompió	rompió
abrió	abrió
escogió	escogió
vio	vio
dio	dio

Did the man _____ it?/Yes, he _____ed it.

did sell/sold
did eat/ate
did break/broke
did open/opened
did choose/chose
did see/saw

(No accent is needed because **vio** is only one syllable.)

did give/gave

(Infinitive **dar** but it's conjugated like **-er, -ir** verbs in pret. tense.)

(Review 4.3.)

PRACTICA

Tell the time when each person did each thing.

Ejemplo: ¿A qué hora vio la película?
            La vio a las cinco.

1. ¿A qué hora salió?
2. ¿A qué hora comió?
3. ¿A qué hora volvió a casa?
4. ¿A qué hora escribió la carta?
5. ¿A qué hora abrió la tienda?
6. ¿A qué hora perdió el dinero?

10.9
No lo vi.

Empleado	Cliente
¿_____ Ud. algo?	No, no _____ nada.
Vendió	vendí
Comió	comí
Rompió	rompí
Abrió	abrí
Escogió	escogí
Vio	vi
Dio	di

Did you _____ something?/No, I didn't _____ anything.

(**-er** and **-ir** verbs have the same endings in the preterite—in fact, in all tenses except the present.)

PRACTICA

Tell a day of the week when you did each thing.

Ejemplo: ¿Qué día vio Ud. la película?
                 La vi el sábado.

1. ¿Qué día llevó el paquete?
2. ¿Qué día compró el regalo?
3. ¿Qué día escribió algo?
4. ¿Qué día perdió Ud. algo?
5. ¿Qué día comió Ud. el chocolate?
6. ¿Qué día recibió Ud. buenas noticias?
7. ¿Qué día vio Ud. un buen programa?
8. ¿Qué día escogió Ud. un regalo?

10.10
No lo vimos.

Explanation 10.b
-er, -ir Verbs, *Dar;* Pret.,
1st, 3rd Pl.
We Didn't See It.

Jefe	*Empleados*
¿_____ **Uds. esto?**	**No, señor, no lo _____.**
vendieron	vendimos
comieron	comimos
rompieron	rompimos
abrieron	abrimos
escogieron	escogimos
vieron	vimos
dieron	dimos

Did you _____ this?/No, sir, we didn't _____ it.

(In the preterite tense the **nosotros** form of **-er, -ir** verbs is the same as the present tense of **-ir** verbs.)

PRACTICA

How did we do? Answer the questions with a number that is logical.

Ejemplo: ¿Cuántas cartas escribieron Uds.?
                 Escribimos 10 cartas hoy.

1. ¿Cuántas cajas abrieron?
2. ¿Cuántas máquinas rompieron?
3. ¿Cuántas calorías comieron?
4. ¿Cuánto dinero dieron?
5. ¿Cuántos muebles movieron?
6. ¿Cuántos señores salieron?
7. ¿Cuántas corbatas escogieron?
8. ¿Cuántos programas de televisión vieron?

10.11
¿Qué hiciste?

Explanation 10.b
Spelling Changes, Pret.
1st, 3rd Pers. Sing.
What Did You Do?

Madre/Padre	*Niño/Niña*
¿Qué _____?	**No _____ nada.**
compraste	compré
tiraste	tiré
escuchaste	escuché
buscaste	busqué
empezaste	empecé
jugaste	jugué
¿Qué _____?	**No _____ nada.**
rompiste	rompí
abriste	abrí
comiste	comí
viste	vi
diste	di

What did you (fam.) _____?/I didn't _____ anything.

(A reminder about spelling conventions:
Before   *a*   *e*
k sound = **ca**   **que**
g sound = **ga**   **gue**
s sound = **za**   **ce**
Review Pronunciation, p. 17.)

PRACTICA

*A. You are checking up on the activities of your **esposo**/**esposa**, **novio**/**novia**. Ask and answer the questions.*

Ejemplo: Mi amor, ¿a qué hora saliste de casa esta mañana?
Salí a las ocho.

1. Mi vida, ¿a qué hora comiste esta mañana?
2. Mi amor, ¿a qué hora volviste a casa?
3. Querido/a, ¿a qué hora miraste el programa?
4. Mi vida, ¿cuándo escribiste los cheques?
5. Querida/o, ¿cuándo me compraste el regalo?
6. Mi amor, ¿cuándo me escribiste la carta?
7. Mi amor, ¿cuándo recibiste las noticias?
8. Mi vida, ¿a qué hora llamaste por teléfono?

B. Complete the sentences with verbs from Frame 10.11.

1. ¿Por qué no _____ tu comida anoche?
2. Mira lo que _____ en la tienda. ¿Te gusta?
3. ¿A quién le _____ el dinero?
4. ¿Tú no _____ el paquete que te mandé?
5. ¿_____ el programa anoche?

COMUNICACION—FORMA

Una encuesta. The Chamber of Commerce of the **comunidad** is conducting surveys to find out buying habits in the neighborhood. You have been hired to interview people.

(You can do this as a small group activity, with a different person in charge of each section.)

(Review 4.4, 4.5.)

A. *Datos personales*

1. ¿Cómo se llama Ud.?
2. ¿Cuál es su dirección?
3. ¿Cuál es el número de su teléfono?
4. ¿Cuál es la fecha de su nacimiento?
5. ¿Cuántas personas viven en la casa?
6. ¿Qué edades tienen?
   ¿Cuántos son menores de 21 años?
   ¿Cuántos tienen entre 22 y 34 años? ¿entre 35 y 65?
   ¿66 o más?
7. ¿En qué trabaja Ud.?
8. ¿Cuál es su estado civil?
9. ¿Cuántos cuartos tiene su casa?
10. ¿Cuántos baños tiene?

B. *Compras*

11. Generalmente, ¿en qué tiendas compra Ud. los comestibles?°   groceries
12. La semana pasada, ¿en qué tiendas de comestibles o supermercados compró Ud.?
13. ¿En qué tienda prefiere Ud. comprar la ropa para la familia?
14. ¿Por qué prefiere Ud. esa tienda?
15. ¿En qué tienda prefiere Ud. comprar los muebles?
16. ¿Por qué la prefiere?
17. ¿En qué tienda prefiere comprar las máquinas eléctricas, por ejemplo, el refrigerador, la lavadora de ropa, etc.?

C. *Diversiones*

18. ¿Cuántas veces a la semana sale Ud. a comer fuera?
19. ¿Comió Ud. en casa anoche o salió a comer?
20. ¿Cuántas horas de televisión ve la familia a la semana?
21. ¿Cuántas horas vieron Uds. anoche?
22. ¿Sabe Ud. quién es el alcalde?
23. ¿Lo conoce Ud. personalmente?
    Es todo. Muchísmas gracias por su ayuda°.   help

FUNCION

Learning Activities

Learning Hints

Explanation 10.b, 10.c
Pret./*hacer; hace* +
Time
Accomplishing Things

10.12
Obtener resultados

Jefe	*Empleado/a*	
¿Hizo Ud. _____?	**Sí, lo/la _____ hice.**	Did you do/make _____?/Yes, I did/made it.
el trabajo		do the work
el letrero		make the sign
la tarea		do the homework
la maleta		pack the suitcase
la limpieza		do the cleaning
¿Qué hizo Ud.?	Lavé la ropa.	
	Arreglé las mercancías.°	goods
	Limpié el piso.°	floor
	Vendí todo.	
¿Cuándo?	Hace un rato.	A little while ago.
	Hace unos minutos.	A few minutes ago.
	Hace unas horas.	A few hours ago.
	La semana pasada.	
	El mes pasado.	
	El año pasado.	

SITUACIONES

A. *El jefe le pregunta si Ud. hizo todo. Ud. le contesta cuándo lo hizo.*

1. ¿Abrió Ud. la oficina?
2. ¿Preparó el café?
3. ¿Escribió a máquina?°   typed
4. ¿Arregló las mercancías?
5. ¿Guardó el dinero?
6. ¿Terminó las cuentas?   accounts

B. *Alguien está en casa y va a limpiarla. Ud. llama a la persona por teléfono para preguntarle si ya hizo todo.*

Ejemplo: limpiar/recámaras
              ¿Ya limpiaste las recámaras?

1. lavar/ropa
2. lavar/platos
3. limpiar/piso
4. hacer/camas
5. limpiar/cocina
6. limpiar/alfombras
7. botar/basura
8. preparar/comida

OPINIÓN PERSONAL

¿Cómo prefiere Ud. vivir? Marque su opinión. ¿Prefiere Ud. . . . ?

1. (a) un pueblo pequeño°   small town
    (b) una ciudad grande
2. (a) una casa separada
    (b) un condominio o apartamento
3. (a) una casa de un piso
    (b) una casa de dos pisos
4. (a) una casa con patio grande y jardín
    (b) una casa sin patio
5. (a) muebles de estilo antiguo
    (b) muebles de estilo moderno
6. (a) una piscina
    (b) una cancha de tenis°   tennis court
7. (a) un cocina grande
    (b) una sala enorme
8. (a) una casa acogedora°   warm, informal
    (b) una casa elegante
9. (a) una casa construida con piedra y ladrillos° stone or brick
    (b) una casa con muchos cristales°   glass
10. (a) una casa tradicional
    (b) una casa vanguardista°   avant-garde

*Cuente Ud. el número de respuestas de **a** y el número de **b**. Si Ud. tiene 7 o más de **b**, Ud. es muy sofisticado y prefiere la vida cosmopolita y moderna. Si Ud. tiene 7 o más **a**, Ud. es una persona tradicional que prefiere la vida sencilla y natural.*

Ahora, conteste una pregunta:
¿Qué ventajas o desventajas tiene la vida cosmopolita?
¿Cuáles son las ventajas o desventajas de la vida tradicional?

(You can work in groups with others who share your opinions and give several reasons for your preference.)

INTERESES ESPECIALES Y VIAJES

Special Interests and Travel

Turn to the special interest section of the text, just before the vocabularies. Working in pairs or interest groups, practice the vocabulary of your special interest.

Pronunciación

Pronunciation Review

Practice the following sentences. Then record them on a cassette tape. Ask your teacher or a Spanish-speaking colleague to listen to the tape to advise you what sound you most need to practice.

Vowels:

La mar estaba serena
Serena estaba la mar.
Elena pone la leche en el jarro.
Mi niña ni mira ni pinta.
No, señor, no es obvio.
Ursula Cantú usa los últimos uniformes.

R, RR, P

No es raro ver un aro de oro en las orejas de las mujeres.
La perra de Parra dañó la parra de Guerra.

B, V

Veinte vacas van detrás.
Bárbara es una belleza.

T, D

El doctor David Dávila y la doctora Teresa de Tejeda se dedican totalmente a aliviar el dolor.

C, G, J

Gómez es un general.
Cecilia es una zorra.
El galleguito baila la jota,
vive en su quinta, y toca la guitarra.

Notas culturales

En mi casa reino yo

In Hispanic culture, a number of historic influences, especially the Arabic, brought about the concept of the home as a private place for the family, but with only a formal area open to outsiders. This formal area was not the place for cozy furniture and family mementos; often the furniture and decorations gave more the feeling of a spacious hall than the informality often found in living rooms in the United States. Even when family finances were limited, there still existed the need to maintain the elegant appearance of the rooms open to visitors, often through sacrificing repair in the other parts of the home.

When we translate these concepts to modern times, we find that many values have changed, yet some of the original values remain in unexpected ways among Hispanic families in the United States. The living rooms in many homes of Spanish-speaking families exhibit a preference for elegance rather than coziness. One may know a family a long time and never have seen any part of the home except the formal areas. And, among some Hispanic people in the United States, the home is still a very private place.

As today's technology advances, lifestyles all over the world change, and our homes and attitudes toward them also change. Yet immigrants and ex-patriots tend to cling more firmly to traditional values and customs.

DISCUSSION

1. Can you think of other ways in which historical influences have affected our concepts of the home?
2. How may this information about the Hispanic view of the home be useful to you?
3. How do you think modern technology will change the traditional Hispanic view of the home?
4. Why do you think immigrants and ex-patriots tend to maintain longer the traditional values and customs?

EXPLANATIONS

10.a Possessives, Short Forms

1. Possessive Adjectives   10.4

In Frame 10.4 you practice these "short forms" of the possessives, which are really adjectives:

my	mi carro	mi casa	mis carros	mis casas
your	tu carro	tu casa	tus carros	tus casas
his/her/your	su carro	su casa	sus carros	sus casas
our	nuestro carro	nuestra casa	nuestros carros	nuestras casas
their/your	su carro	su casa	sus carros	sus casas

The possessive adjective agrees with the noun that follows it in number. **Nuestro/a** agrees in gender as well as in number with the noun that follows it.

2. Prepositional Phrases Instead of   10.4
   Possessive Adjectives

Su and *sus* can have many meanings, as the above examples illustrate. To make the meanings clear, or to give further emphasis, the definite article and a prepositional phrase can replace the possessive adjective:

his house			
her house			la casa de él
your (formal) house	su casa	or	la casa de ella
your (plural) house			la casa de Ud.
their house			la casa de Uds.
			la casa de ellos
			la casa de ellas

When the noun is not used after *ser,* then the prepositional phrase can also show possession:

Es su casa.
Es la casa de él.
Es de él.

There is no apostrophe in Spanish, so possession with a noun is indicated in the same way.

el carro de Javier   Javier's car

10.b   Preterite Tense   10.5–10.10

Preterite tense is a past tense used to show actions that were begun, accomplished, and finished at a particular time in the past. (More about this in Lesson 12.)
   In Frames 10.5 and 10.11 you practice these forms of the preterite tense.

1.   Regular -*ar*, -*er*, -*ir* verbs

comprar to buy

compré I bought
compraste you bought
compró he, she, you bought
compramos we bought
compraron they, you bought

vender to sell

vendí I sold
vendiste you sold
vendió he, she, you sold
vendimos we sold
vendieron they, you sold

escribir to write

escribí I wrote
escribiste you wrote
escribió he, she, you wrote
escribimos we wrote
escribieron they, you wrote

You will notice that *compramos* is the same as the *nosotros* form of the present, and *escribimos* is the same as the *nosotros* form of *ir* verbs in the present. You'll be able to understand the tense, or time, referred to by the context of the sentence.

2. Verbs with Spelling Changes in the *Yo*   10.11
Form

The sound chart in the Pronunciation section of Lesson 9 shows the spellings of some sounds in Spanish. The *yo* forms of verbs that end in *gar, car,* or *zar* change to conform to these spellings:

jugar   jugué   buscar   busqué   empezar   empecé

3. Stem-Changing Verbs

Verbs that end in *-ar* and *-er* do not stem-change in the preterite.

4. Irregular Verbs in the   10.8–10.11, 10.12
Preterite

In the preterite tense, *dar* has the endings of an *-er, -ir* verb.

Dar   *to give*
di
diste
dio
dimos
dieron

One-syllable preterite verb forms do not need accent marks.
    In the *Función,* Frame 10.12, you practiced two forms of the irregular preterite of *hacer.*

hice   I did, made
hizo   you did, made

Notice the irregularities:
(1)   *a* of the stem changes to *i*
(2)   the final vowel is not accented
(3)   the *c* changes to *z* in keeping with the sound-spelling convention.

10.c   *Hace* in the preterite plus time   10.12

When used with verbs in the preterite tense, *hace* plus a time expression is equivalent to "ago" in English:

Lo escribí hace una hora.   I wrote it an hour ago.
La vi en la fiesta.   I saw her at the party.

REPASO II

Pruebe su conocimiento

Test Your Knowledge

I. **Sí** o **no.** *Conteste cada pregunta.*

1. Es peligroso trabajar en un banco.
2. Una mujer embarazada no puede trabajar.
3. Una persona puede estar tan preocupada con su trabajo que no se da cuenta de las necesidades de su familia.
4. Todos los negocios ofrecen riesgos.
5. No es bueno asociarse con una persona de mala reputación.
6. Los jóvenes ya no escriben cartas de amor.
7. La televisión es una mala influencia para los jóvenes.
8. Una persona que trabaja con niños debe ser de carácter moral.
9. Los niños no se preocupan por la conducta de sus padres.
10. Sólo los ricos pueden comprar carros grandes.
11. A todos los hombres les gustan las mujeres gorditas y saludables.
12. Muchos muchachos no toman desayuno para no engordar.
13. Es cierto que cuando «el río suena agua trae».
14. El refrigerador es un aparato eléctrico moderno.
15. Si usted va a vivir poco tiempo en un lugar, usted compra una casa.

II. Matching. Associate a word in the first column with a word in the second column.

16. triángulos
17. medicina
18. cielo
19. lámpara
20. luna
21. estrellas
22. verdes
23. carro
24. avenida
25. máquina

a. negro
b. quinta
c. amarilla
d. desconectar
e. redonda
f. lejos
g. azul
h. árboles
i. rojos
j. descompuesta

III. In the following sentences, more than one word or expression can correctly complete the sentence. Underline all the words that correctly complete the statement.

26. Me duele _____.
    a. el pelo
    b. el diente
    c. el pie
    d. el estómago
27. La nariz está encima de _____.
    a. la boca
    b. la barba
    c. la frente
    d. los labios

28. En la recámara hay _____.
    a. horno   c. cama
    b. lámpara   d. ropero
29. Favor de guardar el dinero en _____.
    a. el banco   c. el codo
    b. la bolsa   d. los bolsillos
30. Para el desayuno quiero _____, pan y café.
    a. huevos   c. jugo
    b. coliflor   d. leche
31. Para ir de viaje ella necesita _____.
    a. pantimedias   c. zapatos
    b. faldas y blusas   d. un brazalete
32. Una persona que habla mucho en su trabajo es _____.
    a. el ministro   c. el locutor de radio
    b. el político   d. el dentista

IV. *Select the best completion for each sentence.*

33. ¿Le gustan _____ fritos?
    a. las uvas   c. el té
    b. los plátanos   d. el pan
34. —¿Qué le parece esta foto? —¿Esa? _____
    a. Muy interesante.   c. Devuelve el dinero.
    b. No lo aguanto más.   d. No lo quiero.
35. Generalmente en un pueblo pequeño no hay _____.
    a. tiendas   c. farmacia
    b. personas   d. autopistas
36. Un aparato eléctrico que no es necesario es _____.
    a. la estufa   c. el refrigerador
    b. el televisor   d. el fregadero
37. La parte del brazo que corresponde a la rodilla es _____.
    a. la muñeca   c. el codo
    b. el tronco   d. el dedo
38. Cierre _____, por favor.
    a. los pies   c. la nariz
    b. la frente   d. los ojos
39. Unos aretes de oro y diamantes cuestan por lo menos _____.
    a. mil dólares   c. quinientos dólares
    b. cincuenta pesos   d. un millón de dólares
40. Muchos hombres hoy en día no usan _____.
    a. alfiler de corbata   c. anteojos
    b. pantalones   d. camisas
41. Esta cartera de piel es una ganga. Cuesta menos de _____.
    a. diez dólares   c. cuarenta dólares
    b. mil dólares   d. setenta y cinco dólares

42. Jaimito, ¿quieres jugar con _____?
    a. el besito
    b. los bloques
    c. la escuela
    d. la comida
43. —¿Qué estás haciendo tan tranquilo? —Estoy _____.
    a. bailando
    b. esquiando
    c. comiendo
    d. leyendo
44. Yo pierdo _____ con frecuencia.
    a. las llaves
    b. el pie
    c. el carro
    d. los niños
45. Algunos negocios no compensan por _____.
    a. las explicaciones
    b. los riesgos
    c. los jueves
    d. los dolores
46. La mesa no es cuadrada sino _____.
    a. redonda
    b. grande
    c. pequeña
    d. derecha
47. La nariz está entre _____.
    a. los labios
    b. los brazos
    c. las mejillas
    d. los dientes
48. En el verano nos gusta mucho ir _____.
    a. al hospital
    b. al banco
    c. al cine
    d. a la playa
49. ¿Dónde encontró Ud. esa carta? En _____.
    a. el novio
    b. su cartera
    c. el retrato
    d. el modelo
50. Los niños están dándose golpes. Están _____.
    a. inventando
    b. corriendo
    c. peleando
    d. adelgazando

FICCION

ODISEA DE LA FAMILIA MARTINEZ

Episodio 11

En la casa nueva de Héctor y Alicia.

Héctor:	*(A Alicia)* ¿Qué te parece invitar a Javier y a su familia a comer con nosotros el sábado?
Alicia:	Me parece bien, si tú quieres. Ellos tienen una hija de la edad de Patricia.
Héctor:	Bueno, lo llamo por teléfono para invitarlos.
Alicia:	Oye,° Héctor. Yo lo hago con mucho gusto, pero quiero que sepas° que hay rumores de que ellos no andan bien.
Héctor:	Yo no estoy enterado de eso,° pero nosotros tenemos negocios y me interesa cultivar la amistad.
Alicia:	Llámalos y que ellos decidan.

Listen
I want you to know
I don't know anything about that

216

En la mesa están Alicia y Héctor, Amelia y Javier, Patricia, María Eugenia e Inés, la hija de Amelia y Javier.

Amelia: La comida ha estado deliciosa y la casa está preciosa.

Alicia: Gracias, Amelia, está a tu disposición.

Héctor: Alicia, Javier y yo tenemos que hablar. Mándanos café a la biblioteca. Excúsennos, por favor.

Alicia: *(A Amelia)* Nosotros iremos a la sala y los muchachos pueden oír discos o jugar a los juegos de video.

Van a la sala. En eso llega José Antonio. Va dónde están las muchachas.

Patricia: Inés, quiero presentarte a mi primo.

José A: José Antonio Calderón, a sus órdenes.

Inés: Encantada.° Inés Longoria.   (Lit., "Charmed.")

José A: Es un placer conocerte. ¿Tú estudias en Central?

Inés: No, todavía estoy en Madison. Estoy en noveno grado.

José A.: Por eso no te he visto.° Quisiera° verte otra vez.   I haven't seen you/I would like . . .

Inés: Tal vez°. ¿Por qué no?   Maybe.

Javier y Héctor hablan en la biblioteca.

Javier: ¿Qué me puedes decir del dinero? ¿Conseguiste° el otro préstamo?   Did you get

Héctor: No estoy seguro todavía. Tú sabes que los intereses están muy altos y es difícil conseguir dinero a plazo largo.°   long term

Javier: No me digas. ¿No hay posibilidades?

Héctor: Sí, hay posibilidades y tenemos suficiente para financiar el primer cargamento.°   shipment

Javier: ¿Y el resto? ¿El dinero para los otros embarques? ¿No se puede «convencer» al Presidente del Banco?

Héctor: Estoy haciendo lo posible.

Javier: Bueno. Te digo algo en mucha confianza. Hoy recibí un cable de Raúl. La situación en San Lucas está peligrosa.

Héctor: ¿Cómo?

Javier: Sus hombres están ansiosos y no los puede controlar mucho más. Su vida está en peligro.

PREGUNTAS

1. ¿Por qué quiere Héctor invitar a comer a Javier y Amelia?
2. ¿Cómo se separa el grupo? ¿Quiénes van a la biblioteca? ¿A la sala?
3. ¿Cómo se conocen Inés y José Antonio?
4. ¿Qué quiere decir Javier con «convencer» al oficial del banco?
5. ¿Qué clase de negocio cree Ud. que ellos discuten?

FONDO 11

Learning Activities	Presentación de materia nueva	Learning Hints
	11.1 **Sucesos de la vida diaria**	Explanation 1.a Everyday Events

Señor	Señora	
		(Add any name you wish in the blank.)
¿Para qué fue la fiesta?	Para celebrar _____.	What was the party for?/To celebrate _____.
	el cumpleaños de _____	_____'s birthday
	el santo de _____	_____'s saint day
		(See *Notas Culturales.*)
	el aniversario de boda de _____	_____'s wedding anniversary
	el bautismo de _____	_____'s baptism
	la primera comunión de _____	_____'s first communion
	la fiesta de quince años de _____	_____'s fifteenth birthday party
		(Give any place you wish.)
¿Dónde fue _____?	Fue en _____.	Where was _____?/It was at/in _____.
la boda		wedding
la misa		mass
el velorio		wake
el entierro		burial
¿Dónde fueron los funerales?	Fueron en la catedral.	Where were the funeral services?/ They were in the cathedral.
¿Ya anunciaron el nacimiento del bebé?	Acaban de anunciarlo.	Did they announce the baby's birth?/ They've just announced it.

PRACTICA

Match each remark in the left-hand column with a question from the right-hand column that logically follows it.

1. Mi abuelo tiene casi° 80 años.

    a. ¿Cuándo van a bautizarlo?

almost

2. Mi prima cumplió 10 años de matrimonio.°

    has been married for 10 years (lit., fulfilled 10 years of matrimony)

3. Jaime ya asiste a las clases de catequismo.

4. El pobre murió° hace una semana.

    died

5. Pronto mi hermana va a cumplir los quince.

6. ¿Vas a visitar a Marta González?

7. El bebé ya tiene dos meses.

8. Todos vamos a casa de mi abuela porque murió mi tía.

b. ¿Cuándo es el velorio?

c. ¿Le van a dar una fiesta grande para este cumpleaños tan especial?

d. ¿Cuándo es el cumpleaños?

e. ¿Dónde fue el entierro?

f. ¿Cuándo fue su aniversario de bodas?

g. ¿Cuándo es su primera comunión?

h. Hoy es el día de Santa Marta.

Que estés muy feliz
en este día
y que tu santo patrón
pida al Señor
que te bendiga.

Feliz Día de Santo

11.2
Días de fiesta   Holidays

Visitante	*Residente*	
¿Qué celebraron?	**Celebraron _____ .**	What did they celebrate?/They celebrated _____.
	la Navidad	Christmas
	las Navidades	Christmas season
	el Año Nuevo	New Year's
	el Día de los Reyes Magos	Day of the Three Wise Men (January 6)
		(See *Notas Culturales*.)
	la Semana Santa	Holy Week
	la Pascua Florida	Easter season
	el Viernes Santo	Good Friday
	el Domingo de Resurrección	Easter Sunday
	el Día de San Valentín	Valentine's Day
	el Día Dedicado a la Memoria de los Héroes	Memorial Day
	el Día de las Madres	Mother's Day
	el Día de los Padres	Father's Day
	el Día de la Independencia	Independence Day
	el Día del Trabajo	Labor Day
	el Día de la Raza	Columbus Day (The Day of the Race)
	el Día de los Muertos	Day of the Dead
	el Día de las Animas	All Souls Day
	el Día de Acción de Gracias	Thanksgiving Day
¿Para qué fue _____?	**Fue para _____ .**	What was the _____ for?/It was for _____. (Give any appropriate answer for the second blank.)
el desfile		parade (Also *parada*)
la función		performance
la conferencia		speech, conference
la pieza teatral		play

PRACTICA

A. *Name one or more holidays that might be associated with each month:*

1. octubre
2. diciembre
3. marzo-abril
4. julio
5. enero
6. noviembre
7. febrero

B. *Answer in Spanish.*

1. ¿Qué día reciben los niños regalos de Santa Claus?
2. ¿Qué día reciben los niños regalos de los Reyes Magos?
3. ¿Cuáles son los días feriados° en su trabajo?
4. ¿Cuándo es el Día de Dar Gracias?
5. ¿Cuál es el Día de la Independencia de los Estados Unidos?
6. ¿Cuál es el Día de la Independencia en otro país°?
7. ¿Cuáles son las fiestas religiosas?
8. ¿Cuáles son las fiestas patrióticas?

days off (also *días de fiesta*)

country

COMUNICACION—FONDO

A. *The mother of Julián Martínez died before the family came to the United States. Julián is showing you an album that recounts his mother's life story. Ask him these questions about the important events in his mother's life. Then find Julián's answers in the scrambled dates to the right.*

(Review 4.2, 6.5.)

(One person can ask the questions and another can give an appropriate answer.)

1. ¿Cuándo nació? El 21 de noviembre de 1943
2. ¿Cuándo fue bautizada°? A los seis meses
3. ¿Cuándo recibió la primera comunión? El Domingo de Resurrección de 1905
4. ¿Cuándo celebraron la fiesta de quince años? El 31 de enero de 1898
5. ¿Cuándo se casó? El 21 de noviembre de 1918
6. ¿Cuándo nació Ud.? El 15 de agosto de 1960
7. ¿Cuándo celebraron las bodas de plata? El día de su cumpleaños en 1913
8. ¿Cuándo murió? El 8 de julio de 1920

baptized

B. *Answer each personal question using the word of comparison in the question.*

(Review 6.9, 7.6)

Ejemplo: ¿Quién baila más, Ud. o sus amigos?
Yo bailo más que mis amigos.

1. ¿Quién mira más televisión, Ud. o sus padres?
2. ¿Quién maneja más el carro, Ud. o su esposo/a, (novio, amiga)?
3. ¿Quién cocina mejor, Ud. o su esposo/a?
4. ¿Quién pinta mejor, Ud. o Picasso?
5. ¿Quién esquía mejor, Ud. o _____?
6. ¿Quién baila mejor, Ud. o John Travolta?
7. ¿Quién escribe mejor, Ud. o James Michener?

FORMA 11

Learning Activities	Presentación de estructuras nuevas	Learning Hints

11.3
¿Cuándo fue?

Explanation 11.b
Preterite, *ir, ser*
When Did He Go?

Amiga	Amigo	
¿El fue al cine?	Sí, fue ayer.	Did he go to the movies?/Yes, he went yesterday.
¿Ellos fueron al cine?	Sí, fueron anoche.	Did they go to the movies?/Yes, they went last night.
¿Ud. fue al cine?	Sí, fui el jueves.	Did you go to the movies?/Yes, I went on Thursday.
¿Uds. fueron al cine?	Sí, fuimos anoche.	Did you (pl.) go to the movies?/Yes, we went last night.
¿Cuándo fue la función?	Fue anoche.	When was the performance?/It was last night.

PRACTICA

A. *Tell why these people went where they did.*

Ejemplo: ¿Para qué fue Felicia a la farmacia?
Fue a la farmacia para comprar medicina.

Para qué = why, for what reason

1. ¿Para qué fue Alicia al hospital?
2. ¿Para qué fue Ud. a la playa?
3. ¿Para qué fueron Uds. al parque?
4. ¿Para qué fueron Margarita y Javier al club?
5. ¿Para qué fue la doctora Gómez al hospital?

B. *Tell about a meeting you've been to recently.*

1. ¿Cuándo fue la reunión?
2. ¿Dónde fue?
3. ¿A qué hora fue?
4. ¿Para qué fue?
5. ¿Cómo fue?
6. ¿Quiénes fueron°?

attended

		Explanation 11.c Irreg. Pret., 3rd S., Unstressed -o What Did He/She Do?
11.4 **¿Qué hizo?**		

Amigo   *Amiga*

¿Cuándo lo _____?   **Lo _____ ayer.**   When did he/she _____?He/She _____ yesterday.

  trajo   did bring/brought
  dijo   said
  puso   put
  supo   knew, found out
  hizo   did, made
  tuvo   had

¿Cuándo _____?   **_____ anoche.**   When did he/she _____?/ He/She _____ last night.

  vino tu amigo   came
  estuvo aquí   was
  pudo hacerlo   could
  quiso hacerlo   wanted to

PRACTICA

Choose a verb from those you have practiced in Frames 11.3 and 11.4 to complete each sentence. Read the sentences aloud.

1. Amparo _____ el chisme de Felicia.
2. Pepe no _____ la verdad.
3. Anoche los estudiantes no _____ tomar un examen.
4. El jefe _____ el trabajo.
5. El obrero no _____ hacer el trabajo.
6. El mesero me _____ la comida.
7. ¿A qué hora _____ el profesor a clase?
8. Patricia no _____ salir con Jimmy.

(Infinitive — Irregular Stem)

traer	traj
decir	dij
poner	pus
saber	sup
hacer	hiz
tener	tuv
venir	vin
estar	estuv
poder	pud
querer	quis

Que en este día especial
El amor y la alegría
Te brinden su sinfonía
De dicha sin igual.
Que la mayor de las riquezas
Sean tuyas de verdad.
Que tengas felicidad,
Bienestar, y muchas bellezas.

Feliz Cumpleaños

11.5
¿Qué hicieron?

Trabajador social

¿Qué _____?

trajeron
dijeron
pusieron
supieron
hicieron
tuvieron

Cliente

_____.

What did they _____?

(Give answers for the **cliente**.)

PRACTICA

Instead of what's going on today, you want to talk about what happened yesterday. Change each sentence to the preterite.

Ejemplo: Ellos no están aquí hoy.
Ellos no estuvieron aquí ayer.

1. Patricia y Jimmy no quieren hacer el trabajo hoy.
2. Amparo y José Antonio vienen tarde a la fiesta.
3. Los políticos dicen los discursos hoy.
4. Los niños traen sus libros a clase.
5. Los empleados no hacen el trabajo hoy.
6. Los profesores no pueden devolver los papeles hoy.
7. Los vendedores no quieren asistir a la reunión hoy.
8. Amparo y Felicia saben la verdad.

11.6
¿Qué hizo Ud.?

Empleado

Lo _____ ayer.

traje
dije
puse
tuve

No lo _____.

Jefe

¿Por qué lo _____?

trajo
dijo
puso
tuvo

¿Por qué no lo _____?

I _____ it yesterday./Why did you _____ it?

I didn't _____ it./Why didn't you _____ it?

supe	supo
hice	hizo
pude hacer	pudo hacer
quise hacer	quiso hacer
vine tarde	**¿Por qué vino Ud. tarde?**

PRACTICA

A. *Answer the boss's questions in Frame 11.6.*

Ejemplo: ¿Por qué lo dijo?
Porque es la verdad.

B. *Answer each question with a short, complete statement in Spanish.*

Ejemplo: ¿Vino Ud. tarde o temprano a clase?
Vine temprano.

1. ¿Supo Ud. la verdad o no?
2. ¿Trajo Ud. libros o dulces a clase?
3. ¿Estuvo Ud. en casa o en la universidad ayer?
4. ¿Pudo Ud. estudiar anoche?
5. ¿Quiso Ud. estudiar?
6. ¿Vio televisión?
7. ¿Tuvo Ud. éxito° en el primer examen?

tener éxito = to be successful

11.7 ¿Qué hicieron Uds.?	Explanation 11.c Irreg. Pret., 1st, 3rd Pl. What Did You (pl.) Do?

Trabajador social	**Cliente**	
¿Qué _____ Uds.?	**No _____ nada.**	What did you (pl) _____?/We didn't _____ anything.
trajeron	trajimos	
dijeron	dijimos	
pusieron	pusimos	
supieron	supimos	
hicieron	hicimos	
tuvieron	tuvimos	
pudieron hacer	pudimos hacer	
quisieron hacer	quisimos hacer	
¿Cuándo _____?	**_____ anoche.**	
vinieron	vinimos	
estuvieron	estuvimos	

PRACTICA

A. *Answer the social worker's questions in Frame 11.7 in the affirmative.*

Ejemplo: ¿Qué trajeron Uds.?
Trajimos flores.

B. *Complete the mini-conversations using verb forms you have practiced in Frames 11.3–11.7. If no person is stated, use the clues within the conversation to determine the person of the verb.*

1. —Yo _____ hacer el trabajo pero no _____ porque no _____ bastante tiempo.
   —¿Por qué no _____ tiempo?
2. —Nosotros no _____ asistir a la fiesta, pero nuestros amigos nos _____ que _____ magnífica.
   —Tienen razón. _____ estupenda.
3. —¿Cuando _____ Ud. el chisme?
4. —¿Por qué no _____ Uds. en la fiesta?
   —Nosotros _____ allí pero llegamos tarde.
5. —Todos nosotros _____ regalos a la fiesta.
   —¿Qué _____ Uds.?
6. —Cuando cambiamos de casa, nosotros _____ todos los cachivaches en el ático.
   —¿Qué _____ con los muebles viejos?
7. —Mi esposo _____ que ir al médico porque _____ un accidente. El _____ ayer los resultados de su examen.
   —¿_____ buenos?
8. —Nosotros _____ los documentos, pero no _____ hablar con el director.

(The dash (—) is used to indicate the beginning of a conversation.)

(**Choose from the preterite of these verbs:**
traer
decir
poner
saber
hacer
tener
estar
ser
poder)

11.8
¿Pidieron mucho?

Explanation 11.d
Pret., -ir Stem-changing Verbs, 3rd S. and Pl.
Did They Ask a Lot?

Trabajador social	Cliente	
¿_____ **mucho?**	**Sí,** _____ **bastante.**	Did he/she _____ much?/He/She _____ pretty much.
Pidió		did ask for, asked for
Consiguió		did get, got
Sirvió		did serve, served
Sonrió		did smile, smiled
Mintió		did lie, lied
Durmió		did sleep, slept
¿Murió hace mucho?	No, murió hace poco.	did die, died a long time ago?/. . . a short time ago.

¿_____ mucho?	No, _____ poco.	Did they _____ a lot./No, they _____ little.

Pidieron
Consiguieron
Sirvieron
Sonrieron
Mintieron
Durmieron
¿Murieron hace mucho?   No, murieron hace poco.

PRACTICA

Choose a verb from those you have practiced in Frame 11.8 to complete each statement.

Ejemplo: Ella les _____ dinero a sus padres.
              Ella les pidió dinero a sus padres.

1. Este semestre José Antonio no _____ buenas notas.
2. Muchos estudiantes sí° _____ buenas notas.
3. María Eugenia _____ cuando la maestra le dio una nota de A.
4. ¿Qué plato _____ en el restaurante anoche?
5. _____ arroz con pollo.
6. ¿Cuándo _____ el pobre? ¿Cuándo son los funerales?
7. ¿_____ Pepe, o es verdad que vio a Alicia y Javier?
8. Después de la fiesta, llegaron a casa a las cinco de la mañana. Casi nadie _____ más de tres horas.
9. Carmen _____ una comida deliciosa anoche.
10. ¿Dónde _____ las recetas?°

(**Pedir** means "to ask for." **Les** is the indirect object pronoun; **a sus padres** is the indirect object noun phrase, explaining to (or from) whom something is asked. Review Explanation 9.b.)

(This **sí** is intensive, something like adding "did" in English.)

recipes

11.9
No pedí mucho.

Explanation 11.9
Pret., *-ir* Stem-changing Verbs, 1st, 3rd Sing.
I Didn't Ask for Much.

Jefe	*Empleado*	
¿Qué _____ Ud.?	**No _____ mucho.**	What did you _____?/ I didn't _____ much.

pidió   pedí
consiguió   conseguí
sirvió   serví
¿Ud. siguió la receta? Sí, señor, la seguí.
¿Ud. mintió al cliente? No, señor, no mentí.
¿Ud. durmió bien?   Sí, señor, dormí bien.

(**-Ir** stem-changing verbs only change in the third person singular and plural of the preterite tense, e > i, and o > u.)

PRACTICA

Answer the questions as in the **yo** *form.*

Ejemplo:　¿Quién sirvió una comida deliciosa?
　　　　　　La serví yo.

1. ¿Quién pidió café?
2. ¿Quién consiguió el permiso?
3. ¿Quién siguió al perro hasta la esquina?
4. ¿Quién mintió mucho?
5. ¿Quién durmió en el sofá?

**11.10
Pedimos bastante.**

Explanation 11.d
Pret., *-ir* Verbs, Stem-
changing, 1st and 3rd
Plural
We Asked for Pretty Much.

Amigos	*Amigos*	
¿Qué _____?	**_____ bastante.**	What did you _____?/
pidieron	Pedimos	We _____ quite a bit.
consiguieron	Conseguimos	
sirvieron	Servimos	
¿Durmieron mucho?	Sí, dormimos bastante.	

PRACTICA

Use the preterite tense for each statement to make a question.　　(Review Frame 11.7.)

Ejemplo:　Servimos café.
　　　　　　¿Sirvieron Uds. café?

1. Dormimos poco.
2. Conseguimos mucho dinero.
3. Servimos un plato típico.
4. Fuimos a la fiesta.
5. Dijimos la verdad.
6. No supimos nada.

11.11
¿Qué hiciste, mi amor?

Esposo	*Esposa*
Lo _____ ayer.	**¿Por qué lo _____?**
pedí	pediste
serví	serviste
No _____ nada.	**¿Por qué no _____ nada?**
hice	hiciste
dije	dijiste
traje	trajiste

I _____ yesterday.
Why did you _____ it?

I didn't _____ anything./
Why didn't you _____ anything?

PRACTICA

A. Use the words listed after each number to make a question in the **tú** form of the preterite. Another student can answer your question.

Ejemplo: ¿Dónde/poner/libro?
              ¿Dónde pusiste el libro?

1. ¿Por qué/no decir/la verdad?
2. ¿Por qué/me/mentir?
3. ¿Dónde/estar/anoche?
4. ¿Cuándo/conseguir/trabajo?
5. ¿Cuándo/le/traer/regalo/novia?
6. ¿Por qué/no querer/ir/fiesta?
7. ¿Por qué/no poder/ir/trabajo?
8. ¿Cuándo/venir/universidad?
9. ¿Cuándo/ir/de compras?
10. ¿Por qué/no conseguir/trabajo?

COMUNICACION—FORMA

A. *Sucesos de todos los días°*

Everyday events

You are a gossip columnist tracking down several stories. What do you find out in the following situations?

1. *Una carta de amor*

¿Quién escribió la carta?
¿A quién la escribió?
¿Quién contestó la carta?
¿Cual fue la respuesta?

2. *Un carro nuevo*

¿Quién compró el carro?
¿Dónde lo compró?
¿Cuánto pagó?
¿Quién manejó el carro?
¿Quién lo chocó?°   wrecked it

3. *Un negocio sucio*

¿Qué clase de negocio fue?
¿Quién propuso° el negocio?   proposed = **proponer,** conjugated
¿Quiénes cooperaron?   like **poner**
¿Qué hicieron?
¿Cuánto ganaron?
¿Qué hizo la policía?
¿Qué pasó después?

B. Somebody at home (mother, father, sister, roommate)
doesn't like the fact that you went out and had a good time. He or
she wants to know all about it.

1. ¿A qué hora saliste?   5. ¿A dónde fueron después?
2. ¿Con quién saliste?   6. ¿Cuándo llegaste a casa?
3. ¿A dónde fueron Uds? (al cine) 7. ¿Vas a salir mañana con _____?
4. ¿Qué película vieron Uds.?

FUNCION

Learning Activities	Learning Hints
11.12 Dar excusas	Giving Excuses

Cliente	*Empleado*	
¿No está listo el trabajo?	Un momentito, por favor.	Isn't the work ready?/ One moment, please.
	Déjeme ver.	Let me see.
	Vuelva mañana, por favor.	Come back tomorrow, please.
¿Por qué no está listo?	No pude hacerlo.	I couldn't do it.
	Estuve enfermo.	I was ill.
	No tuve tiempo.	I didn't have time.
¿Por qué lo hacen así?	¿Qué quiere que haga?	Why do you do it that way?/What do you want me to do?

¿Por qué hizo eso?

Necesito discutirlo con _____.	I need to talk it over with _____.
No tuve la culpa.	Why did you do that?/ It wasn't my fault.
Son las órdenes que tengo.	Those are my orders.
Yo no lo hice.	I didn't do it.
Es la regla.	It's the policy.

SITUACIONES

Make excuses for the following situations:

1. Fue de compras en horas de trabajo y se encontró con el jefe.
2. Llegó tarde a la oficina. Hubo° un accidente y causó mucha demo-   There was
   ra° en el tráfico.   delay
3. Le devolvieron un cheque porque no tenía° suficiente dinero en su   didn't have
   cuenta.
4. Un policía quiere ponerle una multa° porque se le venció° la in-   wants to fine you/expired
   spección del carro. Ud. no tiene su licencia consigo.
5. Tiene cita con un amigo/a para salir. Otro amigo/a lo/la invita y Ud.
   no quiere decir la verdad.

OPINION PROFESIONAL

What advice would you give in each of the following cases?

1. Una amiga de Ud. lo/la llama para decirle que su esposo está en
   una convención en otra ciudad. Su esposo la llamó para decirle
   que aunque la convención termina el viernes, él no regresa hasta el
   domingo porque unos clientes importantes le invitaron a pasar el
   fin de semana° con ellos. Su amiga sospecha que es cuestión de   weekend
   otra mujer. ¿Qué le aconseja Ud.?
2. Ud. es gerente de una compañía pequeña. Durante el fin de semana desaparecieron de la caja cien dólares. Además de Ud., hay
   cuatro personas que tenían aceso a la caja:
   a. un dependiente solterón de 60 años que lleva 30 años con la
      compañía
   b. la esposa del dueño, quien es muy tacaño. Ella es joven y boni-
      ta y siempre se queja de que su esposo no le da suficiente
      dinero
   c. una empleada joven que es muy honesta pero tiene la tenden-
      cia a no contar con cuidado el dinero
   d. el asistente gerente que quiere reemplazarlo a Ud.
¿Es un robo o es simplemente un error? ¿Qué hace Ud.?

INTERESES ESPECIALES Y VIAJES

Turn to the Appendix for your section of special interest. Work in a
group practicing and role-playing the material for Lesson 11.

Pronunciacíon

Palabras cognadas

A. *When you learn to use cognate words rather than merely recognizing them, you increase your vocabulary substantially. Cognate words are often hard to pronounce. Model these words after the tape or your teachers.*

Palabras cognadas de la terminación **-ión:**

autorización	asociación	comunicación	ocupación
administración	certificación	emoción	recreación
conversación	comisión	explicación	reputación
decisión	comparación	identificación	

B. *Practice reading these sentences.*

1. Sus padres le dieron la autorización para el matrimonio.
2. ¿Cuál es la duración de la obra teatral?
3. No es siempre fácil tomar una decisión.
4. El amor es una emoción poderosa.
5. Quien escucha bien no necesita mucha explicación.

C. *Think of other cognates in Spanish that end in* **-ión.**

Ejemplos: *sesión, división, opinión, etc.*

Notas culturales

Días de fiesta y días religiosos

Many of the days commemorated by Spanish-speaking people have, or at one time had, a religious foundation within the Catholic church. The majority of Spanish-speaking people are Roman Catholics, and so for the majority, life is a series of events commemorated both in sacred and secular form. Among these events are some special holidays:

1. ***Fiesta de quince años.*** In a number of Spanish-speaking countries and in many regions of the United States, girls mark growing up by a special party on the fifteenth birthday. The day starts with a mass in a church or cathedral, followed by day-long festivities that include a formal party with dancing. Parties for ***quinceañeras,*** as the girls are called, may be very elegant with orchestras and many guests. Usually the ***quin-***

ceañera has 14 girls with chaperones as attendants, one girl for each year of her life. Family and friends gather to celebrate the occasion.

2. ***Día de Santo.*** From January 1 to December 31, one or more saints' days are celebrated on every day in the Spanish calendar. January 1 is the day of San Manuel; March 17, San Patricio; March 19, San José; and on through to December 31, which is San Clemente's day. An important saint's day in many Spanish-speaking countries is the day of San Juan, June 24. Other important saints' days are Santa Cristina, Santiago (Saint James), and Santa Ana, on July 24, 25, and 26 respectively. In some countries special importance is given to days that commemorate the Virgin Mary. December 8 is the day of ***La Inmaculada Concepción,*** September 12 of ***La Virgen de Guadalupe,*** and Septem-

ber 24, **Nuestra Señora de las Mercedes.** In the Spanish-speaking countries of the Caribbean, religious holidays are enmeshed with African rites, and the saints are given African names. Many Spanish-speaking people in these countries pray to saints with African names such as Ochú, Changó, and Yemayá.

3. **Día de los muertos.** In some Spanish-speaking countries a time similar to Halloween in the United States is observed. October 31 is **El día de los muertos,** the "Day of the Dead." The first day of November, **El día de las Animas,** the "Day of the Souls," is a holy day of obligation. This is the biggest day for florists near the cemetery. There is a traffic snarl for blocks on end, and the parade of relatives and friends visiting the graves of their loved ones seems endless. The churches are open all day long and many special masses and rosaries are said.

4. **La Nochebuena y la Navidad.** Christmas is the most important holiday time of the year. The season begins on December 16 with the **Posadas,** festivities commemorating the jour-

ney of Mary and Joseph to Bethlehem, and continues through Christmas day on into January. On **Nochebuena,** Christmas Eve, families get together to rejoice in the season, to attend the **Misa de Gallo,** the special Christmas Eve mass, and afterwards to eat a succulent meal consisting of traditional dishes. Then comes Christmas Day with its serious commemoration of the birth of Christ. Afterwards, the season continues with festivities lasting through **El día de los reyes.**

5. **El día de los Reyes.** The "Kings' Day" is celebrated January 6, twelve days after Christmas. On the eve of **El Día de los Reyes,** children write letters to Melchor, Gaspar, and Baltasar, asking for the gifts they hope to receive. Before going to sleep, children place their letters next to their shoes near the outside door or on a balcony so that the royal visitors can easily find them.

Because American culture has permeated many countries, the luckiest children receive toys both on Christmas and on the **Día de los Reyes Magos,** and thus enjoy the best of both cultures.

DISCUSSION

1. How does a Spanish-speaking girl celebrate her fifteenth birthday?
2. Name a few of the saints' days celebrated in Hispanic culture.
3. What significance does November 1 have in Spanish-speaking countries?
4. What special celebrations mark **Nochebuena, Navidad,** and the **Día de los Reyes?**

EXPLANATIONS

11.a *Ser* to Indicate Taking Place   11.1

Ser is used to indicate the going on of an event in a place. This is different from the use of **estar** that shows where someone or something is located. Although the difference may at first not seem obvious to the learner of Spanish, a series of examples more clearly contrast the use of the two verbs:

(Review the sound chart in Lesson 9, p. 187.)

La fiesta es en la casa de María.   María está en casa.
El desfile fue en el centro.   La tienda está en el centro.
La boda fue en la iglesia.   Yo estuve en la iglesia ayer.

In the first group of sentences with **ser**, we can see that the existence of an event is chronicled, whereas in the second group of sentences with **estar**, the location of persons or buildings are shown.

11.b   Preterite Tense of *Ir, Ser*   11.3
Ser and *ir* have the same forms in the preterite tense.

ser	ir	to go	to be
yo	fui	I went	was
tú	fuiste	you went	were
él		he	
ella	fue	she went	were
Ud.		you	
nosotros	fuimos	we went	were
nosotras			
ellos		they went	
ellas	fueron		were
Uds.		you	

11.c   Irregular Preterite Endings
in Unstressed -e, -o   11.4–11.7
Some irregular verbs have the same types of irregularities in the preterite: the same irregular stem throughout the preterite conjugation, and the same set of irregular endings, none of which are stressed on the last syllable. In Frames 11.4–11.7 you practice these verbs:

Infinitive	*Irregular preterite stem*	*Preterite endings*	
traer	traj-		
decir	dij-		
poner	pus-	yo	-e
saber	sup-	tú	-iste
hacer	hic-*	él, ella, Ud.	-o
tener	tuv-	nosotros	-imos
venir	vin-	ellos, ellas, Uds.	-(i)eron**
estar	estuv-		
poder	pud-		
querer	quis-		
haber	hubo (preterite of hay)		

*c changes to z when followed by o
**i is omitted when the last letter of the stem is j, as in *dijeron, trajeron.*

11.d   *-Ir* Stem-changing Verbs in the Preterite
11.9–11.11

In the preterite tense, there are no stem changes in *-ar* or *-er* stem-changing verbs. Only *-ir* verbs stem change in the preterite. They change in the following ways:

      1. only in 3rd person—singular and plural

      2. one letter changes to one letter: e > i   o > u

In Frames 11.8–11.11 you practice the preterite forms of some *-ir* stem-changing verbs:

Infinitive	*3rd person singular*	*3rd person plural*
pedir	pidió	pidieron
conseguir	consiguió	consiguieron
servir	sirvió	sirvieron
sonreír	sonrió	sonrieron
mentir	mintió	mintieron
dormir	durmió	durmieron
morir	murió	murieron

The other forms have no changes, and, as with all stem-changing verbs, the endings are regular.

Lección 12
Las vacaciones
Vacation

FICCION

ODISEA DE LA FAMILIA MARTINEZ

Episodio 12

A las 9 de la mañana. Carmen y Alicia hablan por teléfono.

Carmen:	¡Aló! ¡Aló!
Alicia:	Carmen, es Alicia.
Carmen:	Hola, Alicia, ¿cómo estás? ¡Qué sorpresa! No esperaba° tu llamada ahora.
Alicia:	Es que necesito hablar con alguien. ¿Quieres venir por acá?
Carmen:	Sí, cómo no. Después de poner los platos en la lavadora, me visto° y voy para allá.
Alicia:	Bueno, te espero a almorzar.
Carmen:	Hasta luego, pues.

(marginal glosses:)
I didn't expect

I'll get dressed

236

A las 11:30 de la mañana. En casa de Alicia.

Alicia: Hola, Carmen. Pasa adelante.

Carmen: ¿Qué tienes, Alicia? Estás hecha un manojo de nervios.° You're a bundle of nerves.
Estás pálida.

Alicia: Es que estoy muy preocupada. *(Se echa a llorar.°)* She begins to cry.

Carmen: No seas así. ¿Qué puede ser tan malo? *(La abraza.°)* She hugs her.

Alicia: Es Héctor. No sé lo que le pasa.

Carmen: ¿Por qué dices eso?

Alicia: Está nervioso. Fuma mucho y no duerme bien.

Carmen: ¿Qué sospechas? ¿Otra mujer?

Alicia: No, creo que es asunto de negocios.

Carmen: ¿De negocios? No entiendo.

Alicia: Creo que está mezclado en algo serio. No sé lo que es. No
me ha dicho nada.° He hasn't told me anything.

Carmen: Tranquilízate, muchacha. No te atormentes. A lo mejor° probably
no es nada malo. No le demuestres° a Héctor que estás don't show
preocupada. Eso lo pone peor.

Alicia: ¿Qué puedo hacer?

Carmen: Podemos consultar con la doctora Gómez. Por lo menos° At least
puede darte algo para los nervios y aconsejarte.° advise you

Alicia: Cada vez que suena° el teléfono doy un salto.° Me parece rings/jump
que me van a dar malas noticias.

Carmen: Si te parece bien, llamo a la consulta del médico y pido un
turno.° appointment

Alicia: Está bien. Mientras tú llamas yo preparo un bocado para
almorzar.° a bite for lunch

Carmen: *(Después de hablar por teléfono.)*
Tenemos suerte. Hay una cancelación y te puede dar un
turno para las 3:30.

Alicia: Gracias, Carmen. Con sólo hablar contigo me siento
mejor.

Esta pequeña nota cariñosa
Tiene una plenitud
De pensamientos y deseos
Por alegría y salud.

PREGUNTAS

1. ¿Quién viene a almorzar con Alicia? ¿Por qué?
2. ¿Por qué está preocupada Alicia?
3. ¿Alicia sospecha que es otra mujer?
4. ¿Qué pone peor a Héctor?
5. ¿Con quién pueden consultar?

FONDO 12

Learning Activities	Presentación de materia nueva	Learning Hints

12.1 Las vacaciones — Vacation

Amigo	*Amigo*	
¿Dónde pasaron las vacaciones?	**Las pasamos** _____.	Where did you spend your vacation?/ We spent it (lit., them) _____.
	en el campo	in the country
	en la playa	at the beach
	en las montañas	in the mountains
	en un balneario	at a beach resort
	en un lugar de recreo	at a resort
	en el extranjero	abroad
	con la familia	with the family (or visiting relatives)
	viajando	traveling

(Vacation is plural in Spanish—it's more than one day. One day of "vacation" is a **día feriado** or **día de fiesta.**)

PRACTICA

Associate each statement with one or more of the above vacation places.

Ejemplo: Estuvimos con mis tíos que viven en el norte.
              Las pasamos con la familia.

1. Pasamos dos semanas en Acapulco.
2. Tenemos una casa cerca del océano.
3. Viajamos de un lado a otro de los Estados Unidos.
4. Estuvimos acampando una semana en un parque nacional.
5. A los niños les gustan mucho los animales.
6. Siempre hace fresco allí.
7. Fuimos de excursión con mis primos que viven en Venezuela.

12.2
¿Qué hicieron?
What Did You Do?

Amiga	Amigo	
¿Qué hicieron?	_____ **mucho todos los** **días.**	
	Descansamos	We rested
	Nadamos	We swam
	Jugamos al tenis	We played tennis
	Navegamos	We sailed
	Caminamos	We hiked
	Paseamos	We went sightseeing
	Montamos a caballo	We went horseback riding
	Acampamos	We camped
	Pescamos en el río	We fished in the river
	Cazamos en el bosque	We hunted in the woods

PRACTICA

Ask questions about the activities discussed in Frame 12.2. Ask the question in the **Uds.** form of the verb. Use the question words: **¿Cuándo? ¿Dónde? ¿Qué? ¿Con quién?**

Ejemplo: Acampamos.
              ¿Dónde acamparon?
              Acampamos en un parque.

12.3
¿Qué tiempo hacía?
Explanation 12.c
How Was the Weather?

Amiga	Amigo	
¿Qué tiempo hacía?	**Hacía _____.**	How was the weather?/It was _____.
	un tiempo perfecto	
	muy mal tiempo	
	El cielo estaba despejado.	The sky was clear.
	Brillaba el sol.	The sun was shining.
	Brillaba la luna.	The moon was shining.
	Brillaban las estrellas.	The stars were shining.
¿Qué anunciaron?	**Anunciaron _____.**	What did they announce?
	tormentas	storms
	huracanes	hurricanes
	terremotos	earthquakes
	inundaciones	floods
	truenos	thunder
	relámpagos	lightning

PRACTICA

For each statement, find an explanation or related statement in Frame 12.3.

Ejemplo: No pudimos ir a esquiar.
               Había una tormenta terrible.

1. No pudimos nadar en el río.
2. No nos quedamos° bajo el árbol.   we didn't stay
3. Los habitantes de la costa tuvieron que irse.
4. El cielo estaba sin nubes.
5. Vimos truenos y relámpagos.
6. Una noche muy romántica.

COMUNICACION—FONDO

A. *Imagine that your vacation was completely ruined. A friend asks you what you did and in each case you say you couldn't, because . . .*

(Possible problems might be: we didn't have time; we didn't have the money; the weather was bad. Use your imagination.)

Ejemplo: ¿Fueron a París?
               Quisimos ir, pero no tuvimos tiempo.

1. ¿Fueron a México?
2. ¿Nadaron mucho?
3. ¿Navegaron en el lago?
4. ¿Jugaron al tenis?
5. ¿Montaron a caballo?
6. ¿Bailaron en muchos clubes?

B. *You work for an advertising agency, and you are interviewing returning travelers to see how they liked the trip. You ask the questions, and members of the class are the* **turistas** *who answer.*

(Review 9.6, 9.7, 10.6. Also review 8.9, 9.12, to add a positive or negative comment.)

Ejemplo: ¿Le gustó el hotel?
               No, no me gustó nada.
               Fue una basura.

               Sí, me encantó.
               Fue fantástico.

1. ¿Le gustó la ciudad?
2. ¿Le gustaron las comidas?
3. ¿Y el personal del hotel? ¿Le gustó?
4. ¿Qué tal las playas? ¿Le gustaron?
5. ¿Y los paseos°? ¿Le gustaron?   tours
6. ¿Le gustó el vuelo en avión?
7. ¿Le interesó la historia del lugar?
8. ¿Le sorprendieron los precios bajos?

FORMA

Learning Activities	Presentación de estructuras nuevas	Learning Hints
	12.4 **En esos días**	Explanation 12.a Imperfect Tense, -*ar* Verbs In Those Days

Trabajador social	*Familia*	
¿En esos días, _____ mucho?	**Sí, _____ bastante.**	
él ganaba	ganaba	he used to earn (was earning)
ella ganaba	ganaba	she used to earn (was earning)
Ud. ganaba	yo ganaba	you used to earn/I used to earn, etc.
ellos ganaban	ganaban	they used to earn
Uds. ganaban	nosotros ganábamos	you used to earn/we used to earn
Antes, ¿Ud. _____ mucho?	**No, yo no _____ mucho.**	Before, did you use to _____ (were you _____ing)? etc.
estudiaba		(Complete the answers—**Ud.** and **yo** have the same forms in the imperfect.)
andaba		used to run around
ayudaba		used to help
pensaba mucho en eso		used to think a lot about that

PRACTICA

The counselor asks if you do something now. You tell her that before you used to do it.

Ejemplo: ¿Ud. estudia ahora?
No, pero antes estudiaba más.

1. ¿Ud. viaja mucho ahora?
2. ¿Ud. trabaja mucho ahora?
3. ¿Ud. visita a su tío?
4. ¿Ud. juega al tenis ahora?
5. ¿Ud. piensa mucho en él/ella?
6. ¿Ud. ayuda en la iglesia ahora?

(Think back to the infinitive, **jugar**. There are no stem-changing verbs in the imperfect.)

12.5
¿Qué hacían entonces?

Consejero	Padre/Madre
En esos días, ¿_____ mucho?	**No, no _____ mucho.**
ella salía	
Ud. salía	
ellos salían	
Uds. salían	salíamos
Antes, ¿Ud. _____?	**No, no _____. Sí, _____.**
asistía mucho	
oía mucho	
creía eso	
sabía eso	
comprendía eso	

(Complete the part of the parent—
1st and 3rd person imperfect are
the same.)

did you used to attend much (were you attending, did you attend)

used to hear (did you hear)

did you believe

did you know

did you understand

PRACTICA

A. *Tell what you used to do when you were a child.*

Ejemplo: ¿Asistía a la escuela en el verano?
No, yo no asistía en el verano.

1. ¿Quería asistir a clases todos los días?
2. ¿Jugaba al fútbol?
3. ¿Jugaba a las muñecas°?   dolls
4. ¿Tenía que estudiar?
5. ¿Recibía una cuota° semanal?   allowance

B. *What were your favorite activities when you were 16?*

Ejemplo: ¿Prefería Ud. ir al cine o leer un buen libro?
Prefería ir al cine.

1. ¿Prefería Ud. ir a una fiesta o estudiar?
2. ¿Prefería Ud. trabajar en su carro o jugar al fútbol?
3. ¿Prefería Ud. cocinar o descansar?
4. ¿Le gustaba más comer en un restaurante elegante o un restaurante de servicio rápido?
5. ¿Le gustaba más los días de clase o los de fiesta?

12.6 La niñez		Explanation 12.b Irreg. Imp., *ir, ser, ver* Childhood

Psicóloga	*Padre/Madre*	
¿_____ feliz en su niñez? Era Ud. Eran Uds.	Sí, _____ feliz. yo era éramos	_____ happy in his/her/your/their childhood? Were you/I was Were you/we were
¿_____ a clase todos los días? Iba Ud. Iban Uds.	Sí, siempre _____. íba íbamos	_____ to class every day?/Yes, _____ always went. Did you (use to) go Did you (use to) go
¿_____ mucha televisión en su niñez? Veía ella. Veían Uds.	Sí, _____ bastante. ella veía veíamos	_____ much television in his/her/your/their childhood?/Yes, _____ quite a bit.

PRACTICA

A. *Tell the psychologist what you used to do when you were a child.*

Ejemplo: ¿Salía Ud. mucho con sus padres?
           Sí, salía mucho.

1. ¿Veía Ud. muchas películas?
2. ¿Veía Ud. muchas películas de violencia?
3. ¿Era Ud. un niño/una niña triste?
4. ¿Jugaba Ud. mucho con los otros niños?
5. ¿Cuál era su juguete° favorito?   toy
6. ¿Cuál era su programa favorito?

B. *Answer the psychologist's questions about your family.*

Ejemplo: ¿Eran Uds. felices?
           Sí, éramos felices.

1. ¿Pasaban Uds. muchas horas juntos?
2. ¿Iban Uds. a la iglesia todos los domingos?
3. ¿Veían Uds. mucha televisión?
4. ¿Eran Uds. felices?
5. ¿Estaban Uds. contentos?
6. ¿Peleaban mucho?

12.7
¿Qué hacías?

Explanation 12.b
Imperfect, *tú* Forms
What Did You Use To Do?

Amigo	*Amiga*
¿Qué hacías cuando eras niño/niña?	**Hacía muchas cosas.**

What did you use to do when you were a child?/I did a lot of things.

(Give answers to the friend's questions.)

every day

¿Veías televisión todos los días?°
¿Ibas mucho a la playa?
¿Ibas al cine todos los sábados?
¿A qué jugabas?
¿Eras una buena niña/un buen niño?
¿Eras feliz?
¿Peleabas todos los días con tus hermanos?

(**todos** = every
todos los días = every day
todos los lunes = every Monday
todo = all
todo el día = all day)

PRACTICA

*You ask a group of friends a question; then you want to ask one friend the same question. Change the questions from the **Uds.** to the **tú** form. Another student answers the questions.*

Ejemplo: ¿Qué veían Uds. antes?
             ¿Qué veías antes? Veía muchas películas.

1. ¿Cómo pasaban Uds. los veranos?
2. ¿Iban Uds. al circo en el verano?
3. ¿Jugaban Uds. al tenis?
4. ¿A dónde iban después de las clases?
5. ¿Cuándo iban a la playa?
6. ¿Quiénes eran sus maestros favoritos?

12.8
¿Qué estabas haciendo?

Explanation 12.a
Imperfect Prog.
What Were You Doing?

Amiga	*Amigo*
¿Puedes adivinar lo que yo estaba haciendo?	**¿Cuándo?**
Ayer, a las cinco.	**¿Estabas _____?**

Can you guess what I was doing?/When?

Yesterday at five./Were you _____ing?

No, no estaba _____.   trabajando   No, I wasn't _____.
                                          estudiando
                                          leyendo   (Review 8.8.)
                                          durmiendo
                                          oyendo música   (**-ando, -iendo** = ing)
                                          mirando televisión

No, estaba pensando en ti.   ¿En mí? ¿Por qué?

PRACTICA

A. What is the answer to the friend's question?

B. Imagine a science-fiction story in which the world has
stopped and each person was frozen in the midst of whatever he
or she was doing. What was each of the following doing?   (Review 3.1, 3.2.)

Ejemplo: ¿Qué estaba haciendo el vendedor?
               Estaba vendiendo.

1. ¿Qué estaba haciendo el político?
2. ¿Qué estaba haciendo el policía?
3. ¿Qué estaba haciendo el ama de casa?
4. ¿Qué estaba haciendo el profesor?
5. ¿Qué estaba haciendo la doctora?
6. ¿Qué estaba haciendo el abogado?
7. ¿Qué estaba haciendo el mecánico?

12.9
Muchas veces/Esta vez

Explanation 12.d
Pret. vs. Imp: One
Action vs. Description
of Habitual Actions
Often/This Time

Señora	*Señor*	
¿ _____ **Ud. tarde muchas veces?**	**Sí, pero esta vez** _____ **temprano.**	Did you often used to _____ late?/ Yes, but this time I _____ early.
Llegaba	llegué	used to arrive/arrived
Volvía	volví	used to return/returned
Empezaba	empecé	used to begin/began
Terminaba	terminé	used to finish/finished
Salía	salí	used to leave/left

PRACTICA

Use the cues listed to make up questions. If the time reference is specific (un día, dos días), use the preterite. If the time reference is non-specific (generalmente, todos los días), use the imperfect. Then ask another student to answer your questions.

1. Nadar/Ud./todos los veranos
2. Jugar al tenis/Ud./ayer
3. Ir a México/Uds./el año pasado
4. Llegar/ellos/tarde/todos los lunes
5. Ir/tú/al cine/anoche
6. La fiesta/ser/ayer/¿verdad?
7. Cómo/ser/vacaciones

12.10
¿Quién fue? ¿Cómo era?

Amigo	*Amigo*	
Conocí a una mujer muy guapa ayer.	¿Cómo era?	I met a good-looking woman yesterday./What was she like?
Tenía _____.		She had _____.
la piel morena		dark skin
el pelo negro		dark hair (Also **pelo oscuro** or **pelo castaño**)
los ojos negros		dark eyes
La policía capturó al criminal.	Sí, dicen que estaba armado.	The police captured the criminal./Yes, they say he was armed.
Sí, tenía pistola.		Yes, he had a pistol.
¿Cuándo lo capturaron?	Eran como las dos de la mañana.	When did they capture him?/It was about 2 a.m.

PRACTICA

*The following list contains both descriptions and actions. Read
each statement aloud, and label it (a) if it is an action and (d) if it
is a description. Pair five actions with five descriptions.*

Ejemplo: Entró un ladrón° en la tienda. *(a)*   thief
              Eran las once de la noche. *(d)*

1. Amparo llevaba un vestido nuevo.
2. La luna y las estrellas brillaban en el cielo.
3. José Antonio besó a Amparo.
4. Una señora salió de la tienda.
5. Ellos estaban enamorados.
6. Un ladrón robó la tienda.
7. Era una noche romántica.
8. No querían ir a la tienda el domingo.
9. El policía sabía apuntar° muy bien.   aim
10. La joven pareja salió al patio.
11. Era un hombre feo y flaco.
12. El ladrón cayó muerto.°   dead
13. El policía era alto y fuerte.
14. Julián y Estela trabajaban todas las noches en la tienda.
15. Sacó su revólver y tiró.°   shot
16. Llamaron a la policía.   shouted

**12.11
Interrupciones**

**Explanation 12.d
Imp. vs. Pret.:
Action Completed/
Action in Progress
Interruptions**

Amiga

¿Cómo te fue en el trabajo hoy?

Cuéntame.

Amiga

Hubo una interrupción tras otra.

Mientras estaba trabajando . . . sonó el teléfono.

Mientras estaba hablando por teléfono . . . entró el jefe.

Mientras estaba hablando con el jefe . . . llegó su esposa.

Apenas salieron ellos llegó el jefe de ventas.

Mientras escribía una carta para él . . . me llamó mi esposo.

How did your work go today?/There was one interruption after another.

While I was working . . . the telephone rang.

While I was talking on the phone . . . the boss came in.

While I was talking with the boss . . . his wife arrived.

They had barely left when the head of sales arrived.

While I was writing a letter for him, my husband called.

PRACTICA

Complete each sentence by giving an action in the preterite that might have taken place at a particular time during the ongoing action.

Ejemplo: Veía televisión . . .
             Veía televisión cuando llegó mi novio.

1. Leía un buen libro _____.
2. Estaba manejando mi carro _____.
3. Hablaba por teléfono _____.
4. Comía una hamburguesa _____.
5. El criminal nos estaba robando _____.

12.12
¿Cuándo lo supo?

Explanation 12.d
Pret. vs. Imp.: Verbs with Special Meanings in Preterite
When Did You Find Out?

Visitante	*Amigo*	
Sabía que era la verdad.	¿Cuándo lo supo?	I knew . . ./When did you find out?
Anoche conocí a su primo.	¿No lo conocía antes?	I met . . ./Didn't you know . . .?
¿Fue Ud. a la fiesta?	. Quise ir, pero no pude.	Did you go . . .?/I wanted . . . but I couldn't.
Yo fui porque mi esposa quería ir.	¿Había mucha gente?	I went . . . my wife wanted . . ./Were there . . .?
Sí, bastante.	¿Podían bailar?	/Were you able to . . .?
Sí, pero teníamos otro compromiso y salimos temprano.		. . . we had another engagement . . .

PRACTICA

A friend wants to know if you did the following things or when you did them.

Ejemplo: ¿Cuándo supiste la verdad?
             La supe ayer.

1. ¿Cuándo conociste a la profesora?
2. ¿Por qué no pudiste estudiar anoche?
3. ¿Por qué no quisiste estudiar?
4. ¿Cuándo conociste a tu esposa/esposo (novio/novia)?
5. ¿Alguna vez quisiste ser político? ¿Cura o pastor de una iglesia? ¿Famoso/a?
6. ¿Tuviste buenas noticias ayer?

COMUNICACION—FORMA

A. A friend makes a statement and you want to find out all the information you can about it. One student can give the statement, and others can think of as many questions as possible that he/she must answer.

(You can use real experiences, or make up some good stories.)

Ejemplo: Conocí a un hombre muy interesante anoche.
¿Dónde lo conoció?
¿Cómo se llama?
¿Por qué dice que es interesante?
¿Es casado?

1. Tuve un accidente en mi carro.
2. Gané mucho dinero en la lotería.
3. Anoche vi un programa muy interesante en la televisión.
4. El verano pasado hicimos un viaje a Europa.
5. Yo tengo un amigo que hace un trabajo muy importante en el gobierno.
6. (Invente Ud. algo interesante.)

B. Use this outline to tell the story of the two spoiled daughters who lived with their rather plain mother.

1. Había una vez° dos hermanas muy bellas.°   Once upon a time/very beautiful
2. Ellas/tener/18 años
3. Ellas/ser/muy bellas/muy mimadas°   spoiled
4. madre/tener/37 años
5. Ella/ser/gordita, sencilla°, simpática   plain
6. Ser/viuda
7. madre/cocinar/platos exquisitos
8. Un día una hija/conocer/hombre muy rico
9. Lo/invitar/a comer en la casa
10. madre/preparar/comida muy sabrosa°   tasty
11. hombre rico/llegar a la casa
12. comer/arroz con pollo/que preparar la madre

(Y, ahora, ¿puede Ud. terminar el cuento?)

13. _____

14. _____

15. _____

16. _____

17. _____

FUNCION

Learning Activities	**Learning Hints**

12.13
Dar descripciones

Giving Descriptions

Empleado	*Empleado*	
¿Es _____ la cuerda?	No, es _____.	Is the cord _____?
larga	corta	long/short
áspera	lisa	rough/smooth
ancha	estrecha	wide/narrow
¿Es _____ la caja?	No, es _____.	Is the box _____?
ligera	pesada	light/heavy
grande	pequeña	big/little
¿Es _____ la tela?	No, es _____.	Is the cloth _____?
gruesa	ligera	heavy/light
costosa	barata	expensive/cheap
¿De qué material es el objeto?	Es de _____.	What's the material of the object?
	madera	wood
	ladrillo	brick
	plástico	plastic
	piel	fur
	acero	steel
	oro	gold
	plata	silver
	cartón	cardboard

SITUACIONES

1. Ud. es testigo° de un robo. Describa cómo era el ladrón.   witness

2. Una sociedad histórica desea descripciones de algunos edificios de su ciudad.
   ¿Cómo era la casa en que Ud. vivía cuando era niño/a?
   ¿Cómo era el edificio dónde Ud. asistía a clases?

3. Ud. va a describir algunos artículos de uso diario para un explorador de espacio.° Ud. debe traer dos o tres artículos a clase para describirlos.   (Review 3.3, 3.4, 6.1.)
   explorer from outer space
   Puede incluir: (1) para que sirve°
                   (2) de qué material es
                   (3) una descripción total del artículo.

   what it's used for

   (Suggestions: *llaves, un libro, una pluma,* etc.)

OPINION PROFESIONAL

*Read each selection and mark your opinion **Sí** or **No** on the statements that follow:*

1. Usted es consejero/a de una escuela secundaria. Una chica le pide una cita para hablar de cosas personales. En la conversación ella le dice que salió con su novio y no volvió a casa hasta el amanecer. Sus padres estaban muy enojados con ella y ahora no la dejan salir a ninguna parte y la vigilan constantemente.
   a. Ud. debe hablar con los padres.
   b. La chica debe hablar con sus padres para convencerlos de que no ha hecho nada malo.
   c. El novio debe hablar con los padres.
   d. _____
      ¿otras ideas?

2. Un muchacho muy inteligente quiere seguir sus estudios en la universidad pero su familia es muy pobre. Sus padres están separados y él tiene que ayudar a su mamá y a sus hermanos menores.
   a. Ud. puede explorar la posibilidad de asistencia social. Hay programas locales que pueden ayudar a la familia.
   b. Debe hacer solicitud para una beca.
   c. Puede matricularse en una universidad intermedia.
   d. _____
      ¿otras ideas?

INTERESES ESPECIALES Y VIAJES

Time to practice the vocabulary of your special interest. Turn to the Appendix for the vocabulary and structures for Lesson 12. Then work in small groups practicing the area of your special interest.

Pronunciacíon

Palabras cognadas

A. *Pronounce the cognate words:*

competencia	importancia	(Cognate word endings are
distancia	independencia	**encia** = ence
eficiencia	memoria	**ancia** = ance
elegancia	historia	**ria** = ry)
excelencia	paciencia	
frecuencia	violencia	

B. *Read each statement aloud and mark it* **Sí** *or* **No.**

1. La arrogancia es una cualidad prevalente entre las personas humildes.
2. El sistema de justicia no siempre muestra clemencia.
3. La constancia en el estudio de las lenguas es muy importante.
4. Algunas personas no persiguen la excelencia.
5. Cuando usted tiene un problema, generalmente no le da importancia.
6. Algunas personas que tienen buena memoria parecen más inteligentes de lo que son.
7. Es cierto que la experiencia se malgasta en las personas de edad madura.

C. *Think of other cognate words that end in unstressed* **-ia.**

D. *Make up additional* **Sí-No** *statements of your own.*

Notas culturales

Beginning with this lesson, you will read the cultural notes in Spanish rather than in English. Read them the way you have learned to read the *Ficción,* not reading word by word, but rather trying to grasp the general meaning. You will meet some new verb forms that you haven't yet studied. Try to guess general ideas from the context. To be a good reader is to be a good guesser! New key words are glossed in the margin in English. When in doubt—guess!

La conversación

Como ya sabemos, el hispano es de carácter jovial, gregario y comunicativo. No es de extrañarse,° pues, que el intercambio oral entre las personas haya alcanzado un gran desarrollo:° la conversación ha llegado° a ser un arte.

It's not surprising
development
has become

En la familia, la mayor parte de la conversación tiene lugar alrededor de la mesa, especialmente a la hora de las dos comidas principales: el almuerzo y la cena. El ritual es que mientras se satisface el apetito, la conversación se mantiene a un nivel° más o menos superficial, relegada a comentarios sobre la comida, el tiempo o los sucesos del día. Al servirse los postres y el café, la conversación se dirige a asuntos de mayor envergadura,° ya sea de política, filosofía, religión, artes, ciencias u otra cosa que interese a los miembros del grupo.

level

breadth

Esta conversación, que se denomina «de sobremesa,» dura una, dos o más horas, dependiendo del asunto° y de si es después del almuerzo o de la cena. Generalmente se inicia por medio de una pregunta o comentario que estimula el interés de los presentes. Los temas se disectan: se enuncian, se explican, se analizan y se interpretan con calor y convicción. Cada cual tiene la oportunidad de expresar su punto de vista si lo desea o puede simplemente escuchar.

subject

Los más jóvenes de la familia tienen una excelente oportunidad de conocer las ideas de los mayores, enriquecer sus experiencias y asimilar directamente el conocimiento que se ofrece.

Fuera de la familia, hay grupos que se reúnen con el solo propósito de conversar. Son las famosas tertulias formadas por literatos, periodistas, políticos, artistas, poetas, estudiantes universitarios o cualquier grupo de hombres de intereses semejantes.

Generalmente estos grupos se forman alrededor de una figura líder. Se reúnen en un club, café o restaurante un día y hora definidos. Es como una asociación sin cuotas ni miembros oficiales. Empiezan a reunirse dos o tres amigos y el grupito crece con los amigos de los amigos. La discusión va desde política, obras teatrales, los escritos o trabajos que hacen, hasta las «conquistas» que hicieron entre las mujeres (sea verdad o creatividad) o las que piensan hacer. Se cuentan chistes y pasan el rato tomando vino, cerveza o café.

Tradicionalmente, para las mujeres, las tertulias están vedadas.° No importa lo inteligente o bien educada que esté, una mujer no se siente aceptada en estas fraternidades. El progreso feminista no ha eliminado° las diferencias entre los sexos.

prohibited

has eliminated

Vemos, pues, que la conversación, como se practica en los países hispano-hablantes, sirve como catarsis entre los miembros de la familia y entre los amigos en general. Cuando una persona interesante empieza a hablar, nos olvidamos de su apariencia y nos concentramos en el producto de su mente que es la cosa más real que existe.

PREGUNTAS

1. ¿Por qué podemos decir que la conversación *ha llegado a ser* un arte entre los hispanos?
2. ¿Qué es la conversación de «sobremesa»?
3. ¿Cómo se llaman los grupos que se reúnen con el solo propósito de conversar?
4. ¿De qué hablan? ¿Quiénes asisten?
5. Tradicionalmente, ¿por qué no asisten las mujeres?
6. ¿Qué propósito tiene la conversación dentro de la familia?

EXPLANATIONS

12.a   Formation of the Imperfect   12.4, 12.5, 12.7
The forms of the imperfect tense, the tense of past description, are:

-ar Verbs	*-er, -ir Verbs*
tomaba	comía
tomabas	comías
tomaba	comía
tomábamos	comíamos
tomaban	comían

In the *-ar* verbs, only the **nosotros** form has an accent mark.

In the *-er, -ir* verbs, every verb form has an accent mark on the *i* before the ending.

In the imperfect tense, the **yo** and the **Ud.** form are the same.

Typically, the imperfect tense in Spanish is equivalent to several English expressions that show ongoing action:

En *esos* días comía *temprano.*	In those days I would eat early.
	I used to eat early.
Mientras trabajaba . . .	While I was working . . .

Sometimes, however, the meaning seems no different from the simple past tense in English:

| Quería salir. | She wanted to leave. |
| No quería salir. | She didn't want to leave. |

In explanation 12.d the imperfect and the preterite tenses are contrasted.

Imperfect Progressive   12.8

In Frame 12.8, **estar** in the imperfect tense is used with the present participle. This is the imperfect progressive tense. It is often interchangeable with the imperfect tense, as it is used to emphasize the going on of an action at a particular time.

| Yo *estaba* trabajando a *esa* hora. | I was working at that time. |

12.b   Verbs Irregular in the Imperfect   12.6

Only three verbs are irregular in the imperfect tense, and none are stem-changing. The three irregular verbs are:

Ir	*Ser*	*Ver*
iba	era	veía
ibas	eras	veías
iba	era	veía
íbamos	éramos	veíamos
iban	eran	veían

(*Ver* is irregular only because of the extra **e** in the stem.)

12.c   Uses of the Imperfect

The imperfect tense is the tense of past description and non-specific action. In this lesson you practice these uses of the imperfect:

1. Description in the past.   **12.3, 12.10**

El sol brillaba.   The sun was shining.
Tenía el pelo oscuro.   She had dark hair.
Eran las seis.   It was six.

(Describes the time shown on the clock.)

2. Non-specific action in the past; i.e., action that was going on over an unspecified time in the past, customary, habitual actions in the past.   **12.5, 12.7, 12.12**

En esos días, ella   In those days, she used
    salía mucho.   to go out a lot.

3. Action that was in progress.

Mientras estaba trabajando . . .   While I was working . . .

4. Descriptions of mental or emotional states.   **12.6, 12.12**

Yo era feliz.   I was happy.
Mi esposa quería ir.   My wife wanted to go.

12.d   Preterite vs. Imperfect

In Frames 12.9–12.12 the Preterite and Imperfect are contrasted:

Frame	*Preterite*	*Imperfect*
12.9	1. One specific action in the past	1. Habitual, customary actions in the past
	Esta vez llegué temprano. (This time I arrived early.)	Muchas veces llegaba tarde. (Often I used to arrive late.)
12.10	2. Past action	2. Past description
	La policía capturó al ladrón. (The police captured the thief.)	Tenía pistola. (He had a pistol.)

12.11

3. Action completed or happened at a particular time during an ongoing action

Entró el jefe . . .

(The boss came in . . .)

3. Action in progress in the past

mientras yo hablaba por teléfono.
(while I was talking on the phone.)

12.12

4. Verbs with special meanings in the preterite (usually indicating the beginning or end of an action

Tuve mala suerte ayer.
(I had bad luck yesterday.)

4. Verbs usually used in the imperfect (usually description of mental state or non-specific action)

Quería ver a mis abuelos.
(I wanted to see my grandparents.)

Some Hints To Help You Use These Two Tenses

1. Often words that refer to specific times indicate that the preterite tense is appropriate, while words that indicate non-specific times refer to the imperfect tense:

Preterite	*Imperfect*
anoche	entonces
ayer	en esos días
a las dos, etc.	antes
por dos años, etc.	siempre
hace dos años, etc.	todos los días, etc.
el verano pasado	todos los veranos

2. Don't let indecision about which tense to use keep you from attempting communication. Often, your message will still be understood, even though the tense is "wrong" to the ears of a native speaker. You have to make mistakes to learn, and little by little, your accuracy will increase.

Lección 13
La rutina diaria
Daily routines

FICCION

ODISEA DE LA FAMILIA MARTINEZ

Episodio 13

(José Antonio and Inés have continued seeing one another after meeting at Patricia's house.)

Están sentados cerca de la piscina y conversan muy íntimamente. El la mira embobado.°

captivated

J. A.: Ay, chiquita, ¡me tienes loco!

Inés: *(Sonriendo satisfecha)* Tú dices eso por decir algo.

J. A.: Créeme. Pienso en ti constantemente.

Inés: No te lo creo. *(Semi-desdeñosa°, tratando de hacerse difícil)*

half-disdainful

J. A.: *(En tono de amenaza°)* No juegues conmigo.

threatening

Inés: ¿Yo? No. De veras° me eres muy simpático. ¡Me caes reque-tebien!°

Really
I like you a whole, whole lot.

257

J. A.: *(Alentado por la respuesta de Inés)* El amor hace que nos sin-
tamos° de un modo especial. Nos hace mejores. El amor es   makes us feel
algo que mientras más se da más se recibe.

Inés: Es una idea interesante, pero . . . *(pensativa)* tengo miedo de
amar. Yo tengo emociones fuertes.

J. A.: Quiéreme y déjame quererte. Recuerda que el amor es como
un bumerang. Siempre vuelve al que lo da. No lo escatimes.°   Don't scrimp on it.
Es el dulce misterio de la vida. ¡Inés! ¡Quiero que seas mía!

Inés: No me vengas con esas «líneas». He oído otras.° *(Pero per-*   I've heard others.
diendo resistencia.)

J. A.: No seas cruel. ¡Estoy sufriendo por ti! *(Se acerca° como para*   He moves closer
besarla.)

Inés: Cálmate. No seas tan intenso. Mira que nos están mirando.

J. A.: *(Hace ademán de retirarse fingiendo estar herido.°)* No me   Draws back, pretending to be hurt.
importa que nos vean.

Inés: *(Le toma la cara entre sus manos diciendo tiernamente)* ¡Eres
un sentimental, pero yo también te quiero!

PREGUNTAS

1. ¿Dónde están José Antonio e Inés?   (Before words that begin with the
2. ¿Quién dice que tiene emociones fuertes?   sound *i* (*i* or *hi*), *y* meaning "and,"
3. ¿Cuáles son algunas cosas que dice José Antonio del amor?   changes to *e*.)
4. ¿Las muchachas creen las «líneas» como las de José Antonio?
   ¿Qué cree Ud.?
5. ¿Por qué es como un bumerang el amor?
6. ¿Cree Ud. que José Antonio va a romper con Amparo?

FONDO 13

Learning Activities	Presentación de materia nueva	Learning Hints

13.1
Ganándose la vida   Earning a Living

Empleado	*Director de personal*	
¿Cuánto paga el trabajo?	**Paga _____.**	How much does the work pay?/It pays _____. (Complete the answers with reasonable wages.)
	_____ por hora.	per hour
	_____ al día.	per day
	_____ a la semana.	per week
	_____ al mes.	per month

¿Cuánto es el sueldo?	Es _____.	How much is the salary?/It's _____.
	Es _____ mensual.	It's _____ monthly.
	Es _____ anual.	It's _____ annually.
¿Hay _____?	_____	Is there _____?
comisión		a commission
dividendo		a bonus
pago por las horas extras		overtime
¿Hay ventajas?	**Sí, hay _____.**	fringe benefits (lit., "advantages") (Also, ***beneficios accesorios***)
	seguros	insurance
	protección de los ingresos	income protection
	anualidades	annuity
¿Cuántos días hay de licencia médica con pago?	**Hay _____.**	How many days of sick leave with pay are there?
¿Cuántos días de vacaciones hay?	**Hay _____.**	

PRACTICA

(Review 3.1, 3.2.)

A. What is the typical pay for the following positions in your community today?

(You can look at the classified ads or ask those in the class who would know.)

Ejemplo: ¿Cuánto gana una dependienta de tienda?
Cinco dólares por hora y un descuento en las compras.

1. un bombero°
2. una sirvienta doméstica
3. un electricista
4. un profesor/una profesora
5. un policía

6. una secretaria
7. un programador o una programadora de computadoras
8. un psicólogo/una psicóloga

firefighter

B.   Aquí tiene Ud. datos sobre lo que ganan dos miembros de la comunidad. Lea la información y conteste las preguntas.

Oswaldo Walsh, Gerente:
Sueldo: $25.000 anual
Pensión: $500.00
Seguro médico: $323.00
Seguro dental: $85.00
Vacación pagada: dos semanas

Francisco Hernández, Electricista:
Sueldo: $30.00 por hora
Pago por tiempo extra: Tiempo y medio
Seguro médico: $220.00
Protección contra desempleo: $250.00
Protección contra accidentes: $300.00
Vacación pagada: una semana

PREGUNTAS

1. ¿Cuánto gana Oswaldo Walsh por mes?
2. Si durante un mes, Francisco trabaja 160 horas a sueldo regular, y 40 horas extras a 50% más, ¿cuánto gana?
3. ¿Quién tiene mejores vacaciones? ¿Por qué?
4. De estos empleos, ¿cuál tiene las mejores ventajas?
5. ¿Quién recibe más protección en dólares contra emergencias?
6. En los buenos tiempos económicos, ¿quién puede ganar más dinero?
7. En los malos tiempos económicos, ¿quién puede ganar más dinero?
8. ¿Cuál de los empleos prefiere Ud.? ¿Por qué?

13.2
Organización del trabajo   Organization of Work

Empleado	Director de personal	
¿Cuáles son las horas de trabajo?	Son de _____ a _____.	
¿Cuánto tiempo tenemos para almorzar?	_____	(Complete the conversation for the personnel director.)
¿Cuánto tiempo tenemos para descansar?	_____	. . . for a break?
¿Hay que unirse a un sindicato?	_____	Do you have to join a union?
¿Hay que trabajar los fines de semana?	_____	Do you have to work on weekends?
¿Hay que pertenecer a una sociedad profesional?	_____	(Guess! It's cognate.)
¿Cuánto son las cuotas?	_____	How much are the dues?

PRACTICA

You're asking an applicant about his last job. Use the cue words to ask questions in the imperfect.

(Review 12.9)

Ejemplo: qué/sueldo/ganar
              ¿Qué sueldo ganaba Ud.?

1. cuántas horas/trabajar
2. pertenecer/sindicato
3. a qué hora/empezar a trabajar
4. cuánto/ser/período de descanso
5. qué/ventajas/recibir
6. recibir/comisión
7. cuántas semanas/vacaciones/recibir

COMUNICACION—FONDO

A. *Read the* **Anuncios.** *Then answer the questions about them.*

A) 1. ¿Cuánta experiencia debe tener el ingeniero?
2. ¿Tiene que saber inglés?
3. ¿Solicita la compañía un ingeniero titulado?

B) 1. ¿Dónde está la planta?
2. ¿Qué puesto va a ocupar el contador público?

C) 1. ¿Cuánta experiencia necesitan los técnicos?
2. ¿Qué ofrece la compañía?

D) 1. ¿Cuales son los requisitos para el empleo?
2. ¿Se necesita título universitario para este empleo?

A.

EMPRESA LIDER EN SU RAMO
SOLICITA:

INGENIERO TITULADO

* CON EXPERIENCIA MINIMA DE 5 AÑOS EN EL AREA DE VEN-
TAS RAMA INDUSTRIAL.
* DOMINIO DEL IDIOMA INGLES (NO INDISPENSABLE).

Interesados enviar
Curriculum Vitae
Al Apartado Postal
O comunicarse al Tel.
EN HORAS HABILES CON EL SR. AGUIRRE

B.

EMPRESA IMPORTANTE
INDUSTRIAS CONASUPO, S.A. DE C.V.
PLANTA NUEVO LAREDO
SOLICITA:

CONTADOR PUBLICO o LIC. EN
ADMINISTRACION DE EMPRESAS
PARA PUESTO DE SUB-GERENTE
DE ADMINISTRACION Y FINANZAS

EXPERIENCIA 3 AÑOS; MINIMO 2 AÑOS EN ADMINISTRACION Y FI-
NANZAS o CONTRALORIA.

INUTIL PRESENTARSE
SIN ESTOS REQUSITOS
SUELDO ATRACTIVO SEGUN APTITUDES
ENTREVISTAS DE LUNES A VIERNES EN

CON EL SR.
DE 9 A 1 Y DE 15 A 18 HRS.

C.

TECNICOS EN AIRE ACONDICIONADO

**IMPORTANTE EMPRESA EN
EL RAMO DE AIRE ACONDICIONADO
Y REFRIGERACION**

Requiere de técnicos en aire acondicionado
para desarrollarse en el departamento técnico

REQUISITOS:
* 4 años de experiencia mínimo.
* Estudios técnicos.
* Edad de 26 a 40 años.
* Disponibilidad de viajar.
OFRECEMOS:
* Sueldo atractivo.
* Prestaciones superiores a las de la Ley.
* Capacitación y desarrollo.

Interesados concertar cita a los TELS.
Departamento de administración
de personal.

D.

EMPRESA
EN EXPANSION
SOLICITA PARA SU
DEPARTAMENTO DE VENTAS

PERSONAL DINAMICO

CON LOS SIGUIENTES REQUISITOS:
* EDAD 25 A 35 AÑOS.
* ESTUDIOS INGENIERIA ELECTRICA O ELECTRONICA (PASANTE).
* TIEMPO COMPLETO.
* CASADO, CON AUTOMOVIL PROPIO.
* EXPERIENCIA: VENTAS A NIVEL INDUSTRIA MINIMO 2 AÑOS.
OFRECEMOS:
= SUELDO BASE.
= ATRACTIVAS COMISIONES.
= CARTERA DE CLIENTES AMPLIA ZONA DEL TRABAJO.
= PRESTACIONES DE LEY.

INTERESADOS ENVIAR
CURRICULUM VITAE
AL APARTADO POSTAL
MONTERREY, N. L.

B. *You are a real estate agent, and you've had a very bad day at the office. Use your notes to describe your day.*

(Review imp. vs. pret.)

(Some verbs will be in the preterite and some in the imperfect.)

Ejemplo: llegar/las diez
Llegué a las diez.

1. clientes/me esperar
2. clientes/desagradables
3. mirar/10 casas
4. no les gustar/ninguna
5. volver/la oficina
6. jefe/querer verme

7. pronto/ir a llegar/otro cliente
8. cliente/llegar/las siete
9. cliente/ser/señor muy sim-pático
10. nosotros/ver/dos casas
11. después/me/invitar/a comer

FORMA

Learning Activities	Presentación de estructuras nuevas	Learning Hints
	13.3 **En el teatro**	Explanation 13.a Reflexive Verbs In the Theater

Ayudante	*Actriz*	Assistant/Actress
¿Quiere probarse el vestido?	Sí, me pruebo éste.	Do you want to try on the dress?/Yes, I'll try on this one.
¿Quiere vestirse ahora?	Sí, me visto ahora.	Do you want to get dressed now?/Yes, I'll get dressed now.
¿Quiere ponerse este vestido?	Sí, me pongo éste.	Do you want to put on this dress?/Yes, I'll put on this one.
¿Quiere quitarse el otro?	Sí, me quito el otro.	Do you want to take off the other one?/Yes . . .
¿Quiere arreglarse ahora?	Sí, me arreglo ahora.	Do you want to "get ready" now? (make up, clean up)
¿Quiere ponerse el maquillaje ahora?	Sí, me pongo _____.	Do you want to put on your makeup now?/Yes, _____.
¿Quiere peinarse ahora?	Sí, me peino ahora.	Do you want to comb your hair now?/Yes, _____.

PRACTICA

A. *What do you wear in the following situations?*   (Review 8.1, 8.2.)

Ejemplo: ¿Qué se pone Ud. para nadar?
Me pongo el taje de baño.

1. ¿Qué se pone Ud. para jugar al tenis?
2. ¿Qué se pone Ud. para asistir a una fiesta elegante?
3. ¿Qué se pone Ud. para trabajar?
4. ¿Qué se pone Ud. para bañarse?
5. ¿Qué se pone Ud. para ir a la iglesia?
6. ¿Qué se pone Ud. para dormir?

B. *Ask classmates one item of clothing that they wore (put on) yesterday, and then one item of clothing that they'll put on tomorrow.*

Ejemplo: ¿Qué se puso Ud. ayer?
Me puse pantalones.

¿Qué se pone Ud. mañana?
Me pongo una falda.

(Present tense is often used in Spanish to refer to times in the near future.)

C. Tell which thing you usually do first.

Ejemplo: ¿Se viste o se peina primero?
   Me peino primero.

1. ¿Se quita el sombrero o se quita el abrigo primero?
2. ¿Se pone ios zapatos o se pone los calcetines/las medias primero?
3. ¿Se pone el maquillaje o se peina primero?
4. ¿Se prueba un traje antes o después de comprarlo?
5. Si Ud. va a salir por la noche, ¿se arregla primero o come primero?

13.4 Pórtate bien.	Explanation 13.4 Reflexive Pronouns Be Good.

Psicólogo de niños	*Niñito/a*	(Complete the answers for the child.)
¿A qué hora te despiertas?	Me despierto a _____.	What time do you wake up?
¿A qué hora te levantas?	Me levanto _____.	get up
¿A qué hora te bañas o te das una ducha?	Me _____.	take a bath
		take a shower
¿Cuándo te lavas los dientes?		brush your teeth (also **te cepillas los dientes**)
¿A qué hora te vistes?		get dressed
¿Te arreglas con mucha prisa?		get ready in a hurry
¿Te portas bien?		behave (be good)
¿Te fijas en los otros niños?		notice
¿Te pones de pie?		stand up
¿Te alegras de estar aquí?		are you happy

PRACTICA

Use the verbs as notes to explain to the class your typical daily routine on a schoolday or workday.

Ejemplo: despertarse
   Me despierto a las ocho.

1. despertarse
2. levantarse
3. bañarse/darse una ducha
4. vestirse
5. trabajar

6. comer
7. _____
8. acostarse
9. dormirse

(Add what you do in the evening.)

13.5
Turistas

Agente	*Turistas*	
¿Dónde se quedan Uds.?	Nos quedamos en _____.	Where are you staying?/We're staying at _____.
¿Cuánto tiempo se quedan?	Nos quedamos _____.	
¿Se divierten aquí?	Sí, nos divertimos mucho.	Are you having a good time here?
¿Van a recordar nuestra ciudad?	Nunca olvidaremos esta bella ciudad.	Are you going to remember our city?/We'll never forget this beautiful city.

PRACTICA

A. *¿Qué preferimos? Answer using the* **nosotros** *form of the verb.*

Ejemplo: ¿Nos divertimos más en el trabajo o en una fiesta?
Nos divertimos más en una fiesta.

1. Cuando estamos de vacaciones, ¿nos quedamos en un hotel de lujo o en un motel modesto?
2. ¿Nos divertimos más viendo programas de televisión o yendo° al cine?   going
3. ¿Nos damos mucha prisa° para llegar tarde o para llegar temprano?   (**Darse prisa** = to hurry)
4. Cuando vamos a un centro a comprar ropa, ¿nos quedamos mucho o poco tiempo?
5. ¿Nos divertimos más en la clase de español que en otras clases?

B. *What did you use to do when you were children?*   (Review 12.9.)

Ejemplo: ¿Se divertían Uds. los veranos?
Sí, nos divertíamos mucho.   (For practice, answer with the **nosotros** form of the verb.)

1. ¿Se vestían como adultos?
2. ¿Jugaban a las muñecas?
3. ¿Se acostaban temprano?
4. ¿Se ponían maquillaje?
5. ¿Se lavaban los dientes todos los días?
6. ¿Veían mucha televisión?
7. ¿Se divertían mucho?
8. ¿Viajaban mucho?
9. ¿Se levantaban muy temprano?
10. ¿Salían mucho?

13.6 **¿Qué hacen ellos?**		Explanation 13.a Reflexive Verbs What Are They Doing?

Amigo

¿En qué van a especializarse?

¿Cuándo van a _____?
   matricularse
   graduarse
   casarse
   darse cuenta de los problemas

   divorciarse

Amigo

Se especializan en _____.

Se matriculan _____.
Se gradúan _____.
Se casan _____.
Se dan cuenta de _____.

Se divorcian _____.

What are they going to major in?/They are majoring in _____.
When are they going to _____?
register
graduate
marry
realize the problems
(***darse cuenta de*** = realize; ***realizar*** = achieve)

divorce

PRACTICA

A. *Tell whether each person or group realizes the fact that follows. Use a form of **darse cuenta de** in your answer.*

(***Darse cuenta de*** needs a lot of practice! It's hard for English speakers.)

Ejemplo: los atletas/la importancia del ejercicio
     Se dan cuenta de la importancia del ejercicio.

1. el gerente/la importancia de llegar a tiempo al trabajo
2. yo/la necesidad de estudiar
3. el prisionero/lo que es la libertad
4. nosotros/que tenemos mucho que hacer
5. algunos padres/los problemas de sus hijos

B. *Some friends of yours went to an elegant resort for their vacation. Use the words below as your outline to report what they did during the week they were there.*

Ejemplo: levantarse tarde
     Se levantaron tarde toda la semana.

(Review 12.11.)

1. quedarse/hotel de lujo
2. divertirse/bastante
3. acostarse tarde/todas las noches
4. no preocuparse por sus negocios

5. bañarse°/piscina
6. _____
7. _____
8. _____

(swim, lit., bathe)
(Add other things they did.)

13.7
¿Qué pasa?

Enfermera	*Madre/Padre*
¿Por qué se siente mal?	Porque _____.
¿Por qué no se mejora?	
¿Por qué no se divierte?	
¿Por qué se asusta?	
No debe preocuparse.	¿Por qué no?

(Give answers for the parent.)

Why does he/she feel bad?/
Because _____.
doesn't . . . get better
doesn't . . . enjoy himself/herself
is . . . afraid
You shouldn't worry.

PRACTICA

A. *Associate an action in the right-hand column with each statement*

1. Hace frío.
2. Tiene indigestión.
3. Toma medicina.
4. Va a empezar las clases en la universidad.
5. ¿Cuándo es la boda?
6. Va a darse una ducha.
7. Va a nadar.
8. Va a terminar sus estudios.
9. Va a una fiesta.
10. Tiene mucho sueño.

   a. Se quita la ropa.
   b. Se divierte.
   c. Se siente mal.
   d. Se pone el abrigo.
   e. Se gradúa.
   f. Se casa pronto.
   g. Se matricula.
   h. Se pone el traje de baño.
   i. Se acuesta.
   j. Se mejora.

B. *Now, as another person gives the statements in the first column in random order, answer as the one who reacts to each statement.*

Ejemplo: Hace frío.
              Me pongo el abrigo.

13.8
¿Cuándo me lo da?

Jefe	*Empleado*
Le voy a dar _____.	**¿Cuándo me lo da?**
el trabajo	
el uniforme	

I'm going to give you _____./When are you giving it to me?

Le voy a dar _____.	**¿Cuándo me la da?**
la cuenta	
la orden	
Le voy a dar _____.	**¿Cuándo me los da?**
los libros	
los documentos	
Le voy a dar _____.	**¿Cuándo me las da?**
las tarjetas	
las cartas	

(Now practice once more. Give a simple answer to the question, such as **Mañana, En seguida,** etc.)

PRACTICA

I have each of the following. Do you want it/them or not? If you want the item, respond with:

Démelo, por favor.
Démela,
Démelos,
Démelas,

If you don't want the item, respond with:

No lo quiero, gracias.
No la quiero.
No los quiero.
No las quiero.

(A good way to practice is to bring the pictures of items, and to take turns asking questions; you may only have the item if you ask for it correctly; or, if it's something you don't want, you have to take it if you don't ask for it correctly. You can keep score and play this as a game.)

1. dos boletos en la lotería
2. un cheque por 1.000 dólares
3. un cheque sin fondo°
4. una multa de una infracción de tránsito
5. un gatito precioso
6. unas botas tejanas°

7. unas fotos de una estrella de cine
8. una botella de vino   "hot"
9. dos docenas de rosas
10. unos impuestos federales que no he pagado   Texan

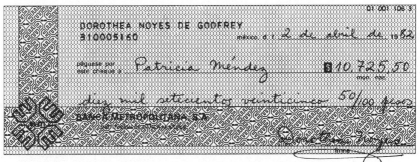

13.9
Te lo traigo.

Explanation 13.b
Two Object Pronouns
I'm Bringing It to You.

Amiga	*Amigo*
¿Cuándo me traes _____?	**_____ traigo en seguida.**
el dinero	Te lo
la carta	Te la
los libros	Te los
las estampillas	Te las
la tarjeta	
las entradas	
los nombres	
las invitaciones	
los documentos	

When are you bringing me _____?
I'm bringing it/them right away.

PRACTICA

How good friends are your friends? Ask classmates if they will lend you the following items.

Ejemplo:　¿Me prestas tu suéter?
　　　　　　　Sí, te lo presto.
　　　　　　　No, no te lo presto.

Will you lend me your sweater?

Yes, I'll lend it to you/or/No, I won't lend it to you.

1. ¿Me prestas tus pantalones?
2. ¿Me prestas tu libreta negra° con la lista de teléfonos?
3. ¿Me prestas tu cepillo de dientes?
4. ¿Me prestas tu tarjeta de crédito?
5. ¿Me prestas 50 dólares?
6. ¿Me prestas tu examen?

little black book

13.10
Se lo digo.

Explanation 13.b
Two Object Pronouns
I'm Telling You.

Vendedor	*Dependienta*
¿Puede decirme _____?	**Sí, _____ digo ahora.**
el número	se lo
la talla	se la
los nombres	se los
las marcas	se las
las tallas	
el surtido	
la tela	
los diseños	

Can you tell me _____?/Yes, I'll tell _____ to you now.

size

brands

selection
fabric
designs

PRACTICA

A. *To whom do you sell each of the following items? Use the cues to give your answer.*

(Review 10.1, 10.2, 10.3.)

Ejemplo: una casa elegante (a ellos)
Se la vendo a ellos.

1. las cortinas (a Carmen)
2. los retratos (a Ud.)
3. tres sillas (a ti)
4. el lavaplatos (a Ursula)
5. la cama antigua (a los Martínez)
6. los cachivaches (a nadie)

B. *What community member do you tell about each of the following?*

(Review 3.1, 3.2.)

(Use *lo* in all of your answers in this exercise. *Lo* refers to the whole idea, not just the **señora** or the buying, or the **vestido.**)

Ejemplo: Una señora quiere comprarse un vestido nuevo. (Delia Villarreal)
Se lo dice a la dependiente, Delia Villarreal.

1. Hubo un robo en la tienda. (Gilberto Iglesias)
2. Hay una casa de venta. (Carmen Calderón)
3. Una persona quiere confesarse.° (Padre Eduardo)   confess one's sins
4. Una niña no se porta bien en la clase. (Felicia Estévez)
5. Una señora quiere comprar comestibles.° (Julián Martínez)   foods

| 13.11
 Nos lo pide. | Explanation 13.b
 Two Object Pronouns
 He's Asking Us for It. |

Gerente	**Secretaria**
¿A quién pide _____?	_____ pide a nosotros.

el dinero	Nos lo
la información	Nos la
los datos	Nos los
las recomendaciones	Nos las
los documentos	
el cheque	
la orden	
las mercancías	

Who's he asking for _____?/He's asking us for it/them. (The *a nosotros* gives emphasis to *nos.*)

(A good way to practice two object pronouns is to repeat over and over again to yourself: *Me lo, te lo, se lo.* These frequently used pronoun combinations will help fix the patterns in your mind.)

merchandise

PRACTICA

Whom should I ask for each of the following things?

Ejemplo: Quiero un aumento de sueldo. (pedir/al jefe)
Debe pedírselo al jefe.

1. Quiero una semana más de vacaciones. (pedir/al jefe)
2. Quiero comida gratis. (a la agencia)
3. Quiero unas recomendaciones. (a Uds.)
4. Quiero una nota de «A». (a Ud.)
5. Quiero el auto. (a ti)
6. Quiero los boletos. (a ellos)
7. Necesito los documentos. (al agente)

(When two object pronouns are added to an infinitive, an accent mark is placed over the vowel before the *r.*)

COMUNICACION—FORMA

A. *Someone makes the following statements to you. React to each statement using:*

Me alegro.
Lo siento.

1. No hay clase hoy.
2. Recibí malas noticias.
3. No tenemos examen esta noche.
4. Hice una presentación para mi jefe. Fue un éxito.
5. Gané mil dólares en la lotería.
6. Mi madre está enferma.
7. Me dejaron cesante° en mi trabajo.
8. Encontré el vestido perfecto para el baile.
9. No pude hacer los ejercicios.
10. Les traje refrescos.

(One student can read a statement and another can react. If you want to play the cynic, you can say, *¿Y a mí, qué?,* "What do I care?")

They laid me off

B. *This is one of those cards on which you check the box to send the appropriate message.*

Marque la tarjeta:

Querido _____ Querida _____ Te escribo para darte _____ las buenas noticias _____ las malas noticias. Tuve _____ buena suerte. _____ mala suerte. Yo _____ gané cien dólares _____ perdí en la lotería. Ahora _____ te pido unos cincuenta dólares. _____ te pago ¿Te acuerdas del _____ que libro _____ carro _____ me prestaste? _____ me diste?	Tuve un accidente y quedó destruido. Seguramente tienes _____ seguro. _____ otro. ¿Qué debo hacer? ¿Estás _____ contento/a conmigo? _____ enojado/a Si no me contestas, _____ me suicido. _____ me alegro. ¿Cuándo _____ te pierdes? _____ vienes a vistarme? _____ Firma

C. *You want to straighten out some ambiguous statements that a friend of yours makes.*

Ejemplo: —Se lo di. (¿Qué? ¿A quién?)
　　　　　—*Un disco.*
　　　　　—*A mi amigo.*

1. Los vi anoche. (¿Quiénes? ¿Dónde? ¿Con quiénes estaban?)
2. Se lo pedí prestada. (¿Qué? ¿A quién?)
3. Se los traje anoche. (¿A quién? ¿Qué? ¿A qué hora? ¿Dónde?)
4. ¿Los reconociste? (¿A quiénes?)
5. Me la regaló. (¿A ti? ¿Qué? ¿Quién?)

(Use the cues in parentheses as cues for questions.) (The dash— indicates the start of a conversation in Spanish.)

(**Lo** could be anything masculine singular. **Se** could be "to him, to her, to them," or to someone named.)

(Whatever it was, it was something feminine = **la.**)

FUNCION

Learning Activities	Learning Hints
13.12 **Pedir objetos**	Explanation 13.c Introduction/ Commands Asking for Things

Deme _____, **por favor.**	Give me (**Ud.** command)
Denme _____.	(**Uds.** command)
Dame _____.	(**tú** command)
Haga el favor de darme _____.	Please give me _____. (extremely polite)
Tenga la bondad de darme _____.	Please give me _____. (also very polite)
Tráigame _____, **por favor.**	Bring me (**Ud.** command)
Tráiganme _____.	(**Uds.** command)
Tráeme _____.	(**tú** command)
¿Me trae _____, **por favor?**	(Would) you bring me _____, please?
el recado/el mensaje	message
los billetes	bills (money, money owed)
la cuenta	check (restaurant)/account
las hojas	sheets (of paper), lit. "leaves"
la carpeta	folder, file folder (Also **cartapacio**)
la ficha	index card, diskette

SITUACIONES

1. *Ud. es un empleado en una oficina. Quiere obtener los siguientes objetos. ¿Cómo los pide?*

una carpeta—a un empleado que es muy amigo de Ud.
las hojas—a su jefe, un señor mayor de edad
las carpetas—a sus empleados
la ficha—a la secretaria ejecutiva, una señora de unos 50 años
el recado—a su secretario, joven
los billetes—a sus clientes

2. **Un juego.** *Pongan varios objetos o tarjetas que representen varios objetos en una mesa. Todos pasan por la mesa, miran los* objetos y tratan de recordarlos. Después, todos se sietan y se cubren los objetos (o se voltean las tarjetas). El objeto es pedir objetos/tarjetas sin ver los. Debe usar el imperativo apropiado. El que tiene más objetos o tarjetas gana el juego.

OPINION PERSONAL

La Disciplina
Marque su opinión en la escala de números a la derecha de la respuesta.
1—de acuerdo
2—es discutible
3—no sé
4—completamente en desacuerdo

1. La única disciplina que vale es la autodisciplina.	1 2 3 4
2. Es importante imponer orden en las actividades de cada día.	1 2 3 4
3. Una persona debe planear su semana entera y no cambiar ese plan.	1 2 3 4
4. Uno debe hacer listas de lo que quiere hacer cada día.	1 2 3 4
5. Al levantarse, uno debe darse una ducha.	1 2 3 4
6. Uno necesita mucha disciplina para estudiar lenguas.	1 2 3 4
7. Uno necesita como mínimo una hora de ejercicio cada día.	1 2 3 4
8. A los estudiantes de hoy les hace falta disciplina.	1 2 3 4
9. El castigo corporal es necesario para disciplinar a los niños.	1 2 3 4

Ud. debe sumar los números marcados en cada columna. Una nota muy baja indica que Ud. cree que la disciplina es muy importante. Una nota muy alta indica que Ud. no le da mucha importancia a la disciplina.

Defienda su punto de vista: (Defend your point of view.)
¿Por qué es la disciplina tan importante? o ¿Qué es más importante que la disciplina?

INTERESES ESPECIALES Y VIAJES

Ya es hora de practicar con su grupo con el vocabulario de su interés especial para este capítulo. Esta sección está al final del texto antes del vocabulario.

Palabras Derivadas

A. *Practice pronouncing these words that are derived from base words.*

Palabra base	Terminación -ero	Terminación -ía
flor	florero	florería
acompañar	compañero	compañía
enfermo	enfermero	enfermería
pan	panadero	panadería
barba	barbero	barbería
carne	carnicero	carnicería
puerta	portero	portería
zapato	zapatero	zapatería

(*-ero,* someone who does something; *-ía*—a place where something is sold or a service is provided.)

B. *Write sentences using two or more of the related words, as in the example:*

El florero me vende una flor en la florería.

Notas culturales

Estilos De Vida

Muchos hispanos que han venido a residir en los Estados Unidos, especialmente los que hace tiempo están aquí o que proceden de áreas rurales, añoran° una existencia tranquila que se refleja en la rutina diaria. Recuerdan un estilo de vida que aún existe en ciertos lugares pero que va desapareciendo.°

    En ese mundo, el día se divide por medio del período de la siesta que puede durar de una a tres horas. Esto no quiere decir que todo el mundo se acuesta a dormir a pierna suelta° por dos a tres horas. Las actividades cesan en las tiendas y oficinas mientras los empleados vuelven a sus casas a almorzar, descansar, bañarse, vestirse y prepararse para la parte del día más larga e importante. Se trabaja hasta las siete, las ocho o las nueve de la noche, según el lugar, y la merienda° se hace entre las cinco y las siete. La cena generalmente es después de las nueve y media de la noche.

    Las amas de casas hacen las compras de comestibles diariamente. En algunos lugares to-

long for

disappearing

sleep like a log (lit., with a free leg)

tea time/snack

davía existen los vendedores ambulantes que les traen sus productos frescos cada día. Por ejemplo el frutero, quien trae su carretilla° cargada de frutas y vegetales de donde la dueña de casa, o la sirvienta, escoge lo que necesita para el día. El pescadero viene pregonando° su pescado fresquecito, acabado de coger° y pregunta: «¿Quiere algo, señora? Los camarones° están preciosos.» «No, gracias, no quiero nada hoy.» También pregona sus productos el panadero quien viene tempranito trayendo pasteles de carne y dulce y sus panes calientitos, acabados de hornear.° Y el boticario° envía complaciente a un mensajero que va en bicicleta a entregar una aspirina o un jarabe para la tos.

     El carnicero, por la naturaleza de su producto, no puede llevarlo de puerta en puerta, pero en casi cada esquina hay una carnicería. El carnicero corta a la orden la porción de carne que el cliente desee, del tamaño que desee.

     Por supuesto que hay tiendas de comestibles o mercados en donde el cliente puede «hacer facturas»° para la semana, la quincena o el mes. Estas compras son de latería,° granos y otros productos° que pueden guardarse sin echarse a perder. También hay puestos de todas clases especializados en flores, dulces, refrescos, frutas y vegetales.

     Aunque el supermercado moderno, bien surtido y atractivo, ofrece muchas ventajas, siempre se recuerda con nostalgia la vida de antaño.

cart

crying out
just caught
shrimp

just baked
druggist

buy provisions
canned goods
staples

PREGUNTAS

1. ¿Qué divide el día?
2. ¿Qué significa la siesta?
3. ¿Por qué las amas de casa hacen la compra diariamente?
4. ¿Qué vendedores ambulantes hay?
5. ¿Por qué el carnicero no vende ambulante?
6. ¿Dónde pueden hacer las facturas?

EXPLANATIONS

13.a   Reflexive Pronouns   13.6, 13.7

Frames 13.6–13.7 present reflexive pronouns. Reflexive pronouns are used with verbs and reflect the subjects of the verbs.

me lavo	I wash myself
te lavas	you wash yourself
se lava	you wash yourself, he washes himself, she washes herself
nos lavamos	we wash ourselves
se lavan	you wash yourselves, they wash themselves

Position of Reflexive Pronouns   13.6

In Frame 13.6 reflexive pronouns used with infinitives are presented. Like other pronouns used with verbs (direct object and indirect object), the reflexive pronouns precede conjugated forms of verbs, or they follow and are attached to infinitives.

¿Cuándo van a casarse?	When are they getting married?
Se casan en junio.	They're getting married in June.

In the first example, **van** is a conjugated verb form. Thus, an alternate form is:

¿Cuándo se van a casar?

13.b   Two Object Pronouns Used Together 13.8–13.11

In Frames 13.8 to 13.11 you practice using two object pronouns together, the direct and the indirect. The indirect object pronoun always precedes the direct object pronoun. When two object pronouns beginning with the letter *l* come together, **se** is used instead of **le** or **les.** It may be easier to think of this as substituting the reflexive **se** for **le** or **les** in such cases.

The following combinations of pronouns thus result when indirect object pronouns are used with direct object pronouns:

me lo	me la	me los	me las
te lo	te la	te los	te las
se lo	se la	se los	se las
nos lo	nos la	nos los	nos las

(**Se** can mean "to him, to her, to them," and "to you," both singular and plural.)

An Overview of Spanish Pronouns

You have now practiced five different kinds of personal pronouns in Spanish. The following table gives an overview of them.

Sing.	Subject	Obj. of Prep.	Obj. of Verb ("with Verb")		
			Refl.	Ind.Obj.	Dir.Obj.
I/me/myself to, for me	yo	mí (conmigo)	me	me	me
you (fam.) yourself to, for you	tú	ti (contigo)	te	te	te
you (form.) yourself to, for you	Ud.	Ud.	se	le	lo/la
he/him/ himself to, for him	él	él	se	le	lo
she/her herself to, for her	ella	ella	se	le	la
Pl.					
we/us/our-selves/to, for us	nosotros	nosotros	nos	nos	nos
you (pl.) yourselves to, for you	Uds.	Uds.	se	les	los/las
they/them(m.) themselves to, for them	ellos	ellos	se	les	los
they/them(f.) themselves to, for them	ellas	ellas	se	les	las
Placement	Alone or near verb (usually before)	Immediately following preposition	Immediately before or after verb: 1. Precede conjugated form of verb, negative command 2. Follow and attached to: (a) infinitive (b) present participle (c) aff. command		

As may be seen from the table, the subject pronouns and the object pronouns of prepositions differ only in the first and second persons. The "with verb" pronouns differ only in the third person. This means that to be able to use the pronoun objects of verbs, it is only necessary to be able to determine the appropriate pronoun for the third person; the other persons are the same.

Although there are three "with verb" kinds of pronouns, only two are used together. (This is so because the reflexive pronoun acts as either an indirect or direct object.) It may be helpful to think of this invariable order, however:

R   *I*   *D*

Reflexive   Indirect   Direct

Keeping this order in two-pronoun combinations results in the following possible combinations of pronouns:

RI
RD
ID

In this lesson you practice the ID combination. In later lessons you will practice the other combinations.

13.c   Introduction to Commands   13.12
Commands are forms that you use when you want to ask people to do things. There is a different form of the command for each form of "you." In Frame 13.12 the commands for *dar* and *traer* are presented in the *tú* form, the *Ud.* form, and the *Uds.* form. You notice that the *tú* form has the same vowel as the infinitive, but the *Ud.* and the *Uds.* forms have the "opposite" vowel; that is, *dar* has an **e** in the *Ud.* and *Uds.* commands, and *traer* has an **a** in these forms.

A question, rather than a command, may be used as a more polite form of requesting:

¿Me trae agua, por favor?   Would (will) you bring me water, please?

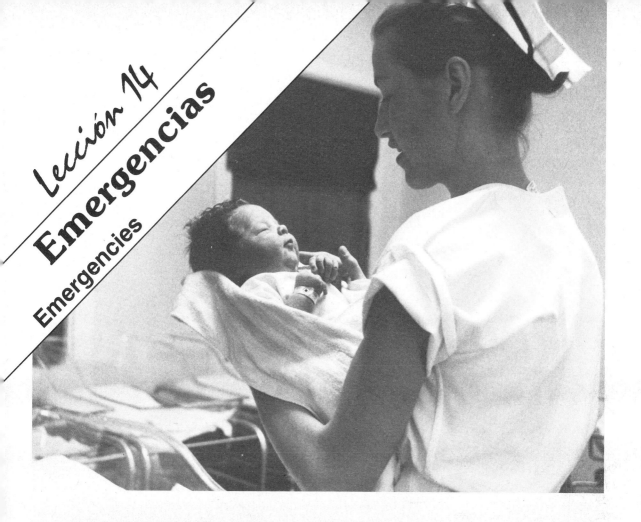

FICCION

ODISEA DE LA FAMILIA MARTINEZ

Episodio 14

Carmen llama por teléfono a Antonio.

Carmen:	Antonio, apúrate y ven a buscarme.°	come get me
Antonio:	¡No me digas que es la hora!	
Carmen:	Creo que sí.	
Antonio:	¿No será° falsa alarma?	can it be
Carmen:	Si no te apuras el bebé va a nacer en el carro.	
Antonio:	¡Voy en seguida para allá!	

Dos horas más tarde en el hospital. Antonio está en la sala de espera.° waiting room
Alicia llega, dando la impresión que ha salido° con prisa. has left

Alicia: Hola, Antonio. ¿No hay noticias?

Antonio: No, se la llevaron para la sala de maternidad hace como una hora.

Alicia: No te preocupes. Carmen es una persona fuerte y saludable.

Antonio: Pero ya no es muy joven. Ya cumplió los 37.

Alicia: Pero ha tenido un embarazo bueno.° Ve° a la cafetería she's had a good pregnancy/Go
y toma algo. Yo espero aquí.

Antonio: No creo que pueda comer nada.

Alicia: Ve, y tómate un café o un refresco.

Media hora más tarde. Se asoma° a la sala de espera buscando a looks into
Alicia que se ha ido° para el cuarto de Carmen. has gone

Antonio: ¿Alicia?

Va hacia el puesto de enfermeras y pregunta.

Enfermera: La señora Martínez fue para el cuarto 208 para estar con su señora.

Antonio: ¿Ya dio a luz?° Voy para allá inmediatamente. Did she already have the baby (give birth)?

Alicia: Ven, Antonio. Aquí está Carmen pero está descansando. *(Sale.)*

Antonio se acerca a° la cama y besa a Carmen tiernamente. Le goes up to
acaricia° la mano. Carmen abre los ojos y le sonríe.° caresses/smiles at him

Carmen: ¡Es una niña! ¡Es preciosa!

Antonio: ¡Gracias a Dios que todo salió bien! ¿Cómo te sientes?

Carmen: Un poco cansada. ¿Quieres verla?

Antonio: Sí, voy para allá. Volveré pronto.

Pocos momentos después. Antonio vuelve entusiasmado.

Antonio: ¡Es preciosa! Se parece a ti.° ¿No estás contenta? She looks like you.

Carmen: Claro. ¡A empezar otra vez!

PREGUNTAS

1. ¿Por qué Carmen llama por teléfono a Antonio?
2. ¿Quién llega a la sala de espera?
3. ¿Por qué está preocupado Antonio?
4. ¿Por qué no debe preocuparse, según Alicia?
5. ¿Qué quiere decir «dio a luz»?
6. ¿Por qué dice Carmen «A empezar otra vez»?

¡Una Hijita!

Una hija trae calor
Y sonrisas al hogar,
Siempre lo podrá alegrar
Con su gesto encantador—
Una hija es alegría,
Es paz, es felicidad—
Todo eso y mucho más
¡Pues una hija es...amor!

¡MIL FELICIDADES!

FONDO 14

Learning Activities	Presentación de materia nueva	Learning Hints

	14.1 Remedios caseros	Home Remedies

Señor/Señora	Enfermera	
Me corté.	**Póngase _____.** yodo	I cut myself./Put _____ on it. iodine
Me lastimé el codo.	**Límpieselo con_____.** algodón y alcohol	I hurt myself./Clean it with _____. cotton and alcohol
	Póngase _____. un vendaje gasa y tela adhesiva	bandage gauze and adhesive tape
Me duele la espalda.	**Frótesela con _____.** linimento ungüento	My back hurts./Rub it with _____. liniment ointment
Estoy resfriado/a.	**Tome _____.** antibióticos jarabe para la tos	I have a cold./Take _____. antibiotics cough syrup
Estoy estreñido/a.	**Tome un laxante.**	I'm constipated./Take a laxative.
Tengo _____. indigestión	**Tome _____.** píldoras antiácidas	antacid tablets

PRACTICA

(Review 7.2.)

You are the pharmacist. Tell the customer what to buy in each case.

(If you can't think of anything else, you can always use **esta medicina** or a brand name.)

Ejemplo: Mi hija está estreñida.
            Aquí tiene un laxante.
                    or
            Aquí tiene una medicina excelente.

(**Aquí tiene** = Here is; lit., Here you have.)

1. Tengo tos.
2. Mi hijo se ha cortado el dedo.
3. He trabajado mucho. Tengo dolor en los brazos, en las piernas, y en la espalda.
4. Me duele la garganta.
5. Me duele el estómago.
6. Me he arañado° la pierna.
7. Estoy estreñido.
8. Tengo diarrea.

I scratched my leg. (Also **rasguñarse**)

14.2
Primeros auxilios   First Aid

Paramédico	*Madre/Padre*	
¿Qué pasó?	Lo picó un insecto.	An insect bit him.
	Lo mordió una serpiente.	A snake bit him.
	Se desmayó.	He fainted.
	Se quemó.	He was burned.
	Se cayó.	He fell.
	Por poco se ahoga.	He almost drowned.
	Tragó un pedazo de hueso.	He swallowed a piece of bone.
	Tuvo _____.	
	una convulsión	convulsion
	un ataque al corazón	heart attack
	hemorragia nasal	nose bleed

PRACTICA

Read the statements aloud and associate each one with one or more of the problems given above.

1. Hay que darle respiración boca a boca.
2. Hay que usar el procedimiento de Heimlich.
3. Hay que poner presión en _____.
4. Hay que darle resucitación cardiopulmonar.
5. Hay que ponerle un torniquete.
6. Hay que ver si tiene una reacción alérgica.
7. Hay que ponerle una bolsa de hielo.°   ice pack
8. Hay que llevarlo al hospital.

14.3
En la sala de emergencia   In the Emergency Room

Médico	*Enfermera*	
¿Qué le ha pasado?	Ha estado en un accidente.	What's happened to him?/He's been in an accident.
	Ha tomado drogas.	He's taken drugs.
	Ha tomado veneno.	He's taken poison.
	Ha tratado de suicidarse.	He's tried to commit suicide.
	Se ha roto la pierna.	He's broken his leg.
	Se ha torcido un músculo.	He's twisted a muscle.
	Le han dado una puñalada.	He's been stabbed. (Lit., They have given him a stabbing.)
	Lo/La han atacado.	He's/She's been attacked. (Lit., They've attacked him/her.)
	La han violado.	She's been raped. (Lit., They've raped her.)

PRACTICA

A. *Give an emergency (from the preceding frame) that might have happened in each of the following places.*

Ejemplo: en la casa
Ha tomado veneno.

1. en un lugar aislado°   5. en la oficina   isolated
2. en la calle   6. en un bar
3. en un juego de fútbol   7. en una fábrica
4. en una loma de esquiar

B. *Each of the events given is in the present perfect tense be-*   (Present perfect tense is explained
cause it has recently happened, and the crisis is still going on in   in 14.d.)
the emergency room. Imagine that you are a newspaper reporter
who has to report these incidents for your paper. Give each one
in the preterite tense.

14.4
Los signos vitales   Vital Signs

Doctora	*Enfermera*	
¿Le tomó el pulso?	**Si, lo tiene _____.**	Did you take his/her pulse?
	débil	weak
	lento	slow
¿Le tomó la presión?	**Si, la tiene _____.**	Did you take his/her blood pressure?
	normal	
	baja	
¿Le tomó la temperatura?	**Si, la tiene _____.**	Did you take his/her temperature?
	muy baja	
	muy alta	
¿Tiene la respiración normal?	No, tiene la respiración lenta.	Is his/her respiration normal?/ . . . slow
Su condición es _____.	**Sí, es verdad.**	
seria		
estable		
mejor		
peor		
Su salud es excelente.	**Si, se cuida mucho.**	

ESCORIACIONES

Use una gasa ó algodón para limpiar suavemente el raspón con agua y jabón. Si la escoriación es profunda y sucia consulte a un médico.

HERIDAS PUNZO CORTANTES

Si la herida es más profunda que la superficie de la piel, vea un médico inmediatamente. Apliquese un vendaje ligeramente presionado mientras tanto.

PRACTICA

Choose a suitable comment for each person's condition.

Ejemplo: Tiene una temperatura de 101 grados.
              Tiene la temperatura muy alta.

1. La presión es 210 sobre 140.
2. Corre todos los días, come sanamente y nunca está enferma.
3. Tiene el pulso de 72 pero corre todos los días.
4. Lo operaron ayer. Probablemente va a morir.
5. Unas veces parece mejor y otras peor.
6. Casi no se le siento° el pulso.   feel
7. Tiene la respiración mejor que ayer, y el pulso no lo tiene tan débil.

AGOTAMIENTO POR CALOR

Síntomas: Temperatura baja, cansancio. Remedio: Acueste a la persona con la cabeza más abajo que los pies. Cúbrase con una cobija. Dele una taza de café ó té muy cargado. Llame al médico.

FRACTURAS

Cualquier deformación de la parte afectada normalmente significa una fractura. No debe moverse a ninguna persona fracturada.

Llame al médico. Si la persona con fractura debe ser movida entablíllese el miembro lesionado como en la ilustración.

14.5 **Para mí**	Explanation 14.a, 14.b Overview *para, por* Uses of *para* For Me

Recepcionista	**Médico**	
Es una llamada para Ud.	¿Para mí?	It's a call for you./For me?
Sí, la señora Martínez quiere algo para la tos.	¿Para la tos? ¿Para quién?	Yes, Sra. Martínez needs something for a cough./For a cough? Whose? (Lit., For whom?)
Para María Eugenia.	Para niña activa tiene muchos resfriados.	For María Eugenia. For an active child, she has many colds.
Necesita una receta porque salen mañana para Nueva York.	Bueno. Ud. puede llamar a la farmacia.	She needs a prescription because they're leaving tomorrow for New York./Well, you can call the pharmacy.
Maestra	**Niña**	
María Eugenia, ¿por qué no me has entregado el papel?	Porque he estado enferma.	María Eugenia, why haven't you handed in your paper?/Because I've been sick.
Tú sabes que el papel era para el martes.	¿Para el martes? Yo creía que era para el viernes.	You know that the paper was for Tuesday./For Tuesday? I thought it was for Friday.
Tienes que estudiar para aprender.	Y tengo que descansar para ponerme bien.	You have to study to (in order to) learn./And I have to rest to get well.
¿No tienes tiempo para estudiar?	No, no tengo tiempo para nada.	Don't you have time to study?/No . . .

PRACTICA

A. Tell what each item is for by joining with **para** a word or phrase from the right-hand column with one from the left-hand column.

Ejemplo: jarabe/la tos
jarabe para la tos

1. botella	a. ensalada
2. medicina	b. vino
3. cuchara	c. dolor de cabeza
4. sartén	d. sopa
5. frasco	e. freír
6. plato	f. perfume

B. Give the name of a person who might receive each thing.

Ejemplo: las flores
Las flores son para Patricia.

1. el dinero	4. los papeles
2. las plumas	5. la medicina
3. la cuenta	

C. Answer the questions by using **para** with a time, place, or purpose.

Ejemplo: ¿Para qué estudian?
Estudiamos para aprender.

1. ¿Para qué comen?	4. ¿Para qué estudian español?
2. ¿Para cuándo es esta lección?	5. ¿Para qué hacen ejercicio?
3. ¿Para dónde van Uds. este verano?	6. ¿Para qué van al médico?
	7. ¿Para qué vivimos?

(**Adónde** could also be used in No. 3, but **Para dónde** is rather like English, "Where are you heading?"— it's rather vague.)

Edad	Vacunas
1-2 MESES	DPT (DIFTERIA, TOS FERINA, TETANO)
3-4 MESES	Y VACUNA CONTRA POLIO
5-6 MESES	UNA VEZ CADA DOS MESES
6-12 MESES	PRUEBA DE TUBERCULINA
12 MESES	VACUNA COMBINADA DE SARAMPIÓN Y RUBEOLA
12-24 MESES	REFUERZO PARA DPT Y POLIO

Explanation 14.a, 14.c
Overview *para, por*
Uses of *por*

14.6
Va por la medicina.

She's Going for the Medicine.

Madre	**Patricia**	
¿Puedes ir por la receta?	¿Qué receta?	Can you go for the prescription?/What prescription?
La medicina para María Eugenia.	Lo hago por ti, mamá y no por mi hermanita.	The medicine for M. E./I'll do it for you, mom, but not for my sister.
¿Por qué hablas así?	Porque ella me toma por idiota.	Why do you talk that way?/Because she takes me for an idiot.
¡Por Dios! Patricia, no hables así.	Bueno, mamá. Ya voy. ¿Cuánto cobran por la medicina?	My heavens, Patricia. Don't talk that way./Okay, mom. I'm going. How much do they charge for the medicine?
Te doy quince.	Bien, mamá.	I'll give you fifteen./Okay, mom.
Puedes pasar por el supermercado a comprar leche.	Voy en bicicleta por el parque.	You can go by the supermarket to get some milk./I'll go on my bike through the park.

Farmacéutico	**Patricia**	
¿Vienes por la medicina?	Sí, para mi hermana.	Are you coming for the medicine?/Yes, for my sister.
Aquí la tienes. ¿Otra cosa?	Sí, quiero este frasco de perfume.	Oh, here it is. Anything else?/Yes, I want this bottle of perfume.
Bien.	¿Cuánto le debo?	Okay./How much do I owe you?
Ocho por la medicina y cinco cincuenta por el perfume, más el impuesto del perfume, son trece ochenta y tres.	Entonces me queda° uno dieci-siete.	Eight for the medicine and five fifty for the perfume, plus the tax on the perfume, that's 13.83./ . . . I've got left . . .

PRACTICA

A. *Answer in a few words in Spanish.*

1. Cuando Ud. viene a clase, ¿por qué calles pasa Ud.?
2. Si Ud. viaja a Panamá en carro, ¿por qué países pasa Ud.?
3. Si Ud. va desde Nueva York a Houston, ¿por qué estados pasa Ud.?
4. Yo tengo mi carro. Paso por Ud. a las 10:00. ¿A qué hora llegamos a la clase? ¿A qué hora llegamos al centro?
5. Hacemos muchas cosas por amor. Dé Ud. unos ejemplos de lo que hacemos por amor en nuestra familia y nuestra comunidad.

B. Fill each blank with **por** or **para** according to the meaning of the sentence(s).

1. José Antonio compra flores. Son _____ Inés.
2. Tengo que tener preparado el reporte _____ el miércoles.
3. Hoy día es casi imposible comprar comida _____ un dólar.
4. _____ maestra, Felicia Estévez es muy chismosa.
5. ¿Quieres ir conmigo a la fiesta? Paso _____ ti a las ocho y media.
6. Antes de ir a la fiesta, tengo ir a la tienda _____ los refrescos.
7. Si vamos a Miami de vacaciones, podemos pasar _____ San Agustín.
8. ¿No tienes una bolsa _____ este sándwich?
9. _____ ser tan inteligente y trabajadora, Amparo sacó las mejores notas.
10. Pepe le dice a María Eugenia, —Te doy mi juguete _____ esa pelota.
11. _____ joven de 17 años, José Antonio parece muy adulto.
12. Julián piensa, «Todo lo que he hecho° ha sido° _____ mi esposa. Ella ha sido mi inspiración.»   Everything I've done/has been
13. Estela piensa, «Todo lo que he hecho ha sido _____ mi esposo. Le he servido fielmente° siempre sin pensar en mí misma.»   faithfully
14. Este regalo es _____ tu cumpleaños

LUXACIONES°   dislocation

Elévese la parte afectada. Aplíquese una bolsa de hielo ó trapos húmedos durante 25 minutos inmediatamente después de la falseadura.

PERDIDA DEL CONOCIMIENTO

Nunca le de a la persona nada por la boca. Acuéstese con la cabeza ligeramente hacia un lado. Afloje la ropa. Llame al médico a menos que se tenga la seguridad de que es un simple desmayo.

COMUNICACION—FONDO

A. You are the visiting nurse. Suggest a remedy for each situation.   (Review 7.1, 7.2.)

1. Le duele la cabeza.
2. Se cayó y se torció el tobillo.
3. Tiene gripe.°   flu
4. Estaba trabajando al sol y se desmayó.
5. Le duelen las piernas.
6. Lo mordió una serpiente venenosa.
7. Se echó° café° caliente encima y se quemó.   He/She spilled/coffee
8. Le duele la espalda.
9. Se cortó.

B. *Follow the instructions.*

(Review 5.12.)

Una lección de arte surrealista

A lesson in surrealist art

1. Tome una hoja de papel.°   Take out a piece of paper.
2. En el papel dibuje° una mano grande.   draw
3. Dentro de la mano dibuje un pie grande.
4. Arriba del pie dibuje dos dedos.
5. Abajo, dentro del pie, dibuje una nariz.
6. A la izquierda de la nariz dibuje una boca.
7. Cerca de la boca dibuje un ojo.
8. Junto al pulgar de la mano dibuje un tronco de un cuerpo humano.
9. Compare Ud. su dibujo con el dibujo de un amigo.
10. ¿Es Ud. un Picasso?

C. *Una tarjeta para ti.*

Check the blanks for the message you want the card to say.
Then read your message aloud.

_____ Mi vida
_____ Mi armor
_____ Querido amigo/a
Te escribo _____ por necesidad.
        _____ para decirte algo muy
          importante.
Tú sabes que la semana que viene yo voy
        _____ por tu ciudad.
        _____ para México.
Voy allá _____ por asuntos de negocio.
        _____ para verte.
        _____ por mi familia.

Pero tengo que decirte que allá tengo
        _____ a mi esposo/a mi esposa.
        _____ un negocio estupendo.
Por eso
        _____ no vuelvo
        _____ vuelvo
y entonces _____ te voy a decir todo.
        _____ no puedo verte más.
A propósito, ¿tienes dinero
        _____ para invertir?
        _____ para comprar flores?
Tu _____ amigo/a
        _____ ex-novio/a
que _____ te recuerda siempre
        _____ te olvidará pronto
              Firma _____

D. *Un juego. En mi botiquín de primeros auxilios tengo°* . . .

In my first-aid kit I have . . .

The first person adds one item; the next person repeats that item
and adds another; the third person repeats the first two items
and adds yet another, and so on. The person who can repeat the
most items correctly wins.

FORMA

Learning Activities	Presentación de estructuras nuevas	Learning Hints
	14.7 **¿Lo ha hecho?**	Explanation 14.d Pres. Perf. Tense, 3rd Pers. S., Pl. Has He/She Done It?

Familia

¿Ha _____ el médico?

  operado
  regresado

¿Ha _____ el cirujano?

  llegado
  atendido al paciente

Médico

¿Han _____ los padres?

  firmado
  contestado

¿Han _____ los padres?
  venido
  decidido

Personal médico

Todavía no ha _____.

Ya ha _____.

Técnico

Sí, ya han _____.

No, todavía no han _____.

Has the doctor _____?/He/She hasn't _____ yet.
operated
returned
Has the surgeon _____?/Yes, he's already _____.

arrived
attended the patient

Have the parents _____?/Yes, they've already _____.
signed

No, they haven't _____ yet.

PRACTICA

Match subjects with verbs in the present perfect tense to tell what people have done. Use the indicated infinitives as cues.

Ejemplo: salir con Amparo
      José Antonio ha salido con Amparo.

1. José Antonio
2. Héctor y Alicia
3. María Eugenia
4. Amelia y Javier
5. Héctor y Javier
6. Carmen y Antonio
7. Estela y Julián
8. Amparo

a. tener un bebé
b. trabajar en la tienda
c. hablar de negocios privados
d. estudiar poco
e. comprar una casa nueva
f. bailar con José Antonio
g. cenar en casa de los Martínez
h. conocer a Inés

14.8
¿Lo has pensado?

Esposo	Esposa	
¿Lo has pensado?	Sí, lo he pensado.	Have you thought about it?/Yes, I've . . .
¿Lo has mirado?	Sí, lo he mirado.	Have you looked at it?/Yes, I've . . .
¿Has decidido?	No, no he decidido.	Have you decided?/No, I haven't . . .
¿Has oído algo?	No, no he oído nada.	Have you heard something?/No, I haven't . . .
¿Has hablado con alguien?	No, no he hablado con nadie.	Have you talked to anyone?/No, I haven't . . .
¿Has pedido el dinero?	Sí, lo he pedido.	Have you asked for the money?/Yes, I've . . .
¿Has conseguido el dinero?	He conseguido una parte.	Have you gotten the money?/I've . . .
Hemos hablado mucho.	Pero no hemos decidido.	We've talked a lot./But we haven't . . .
Hasta hemos discutido.	Pero no lo hemos comprado.	We've even argued./But we haven't bought it.

PRACTICA

A. *Answer this question:*
¿De qué hablan los esposos en la sección 14.8? Dé su opinión.

B. *Imagine that you did the following things last year. Compare what you did last year with what you have done so far this year.*

Ejemplo: El año pasado fui a la playa.
Este año no he ido a la playa. (or)
Este año también he ido a la playa.

1. El año pasado estudié mucho.
2. El año pasado esquié en las montañas.
3. El año pasado ahorré poco dinero.
4. El año pasado recibí un aumento de sueldo.
5. El año pasado leí mucho.

14.9
¿Qué ha hecho?

Enfermera	Paciente	
¿Ha hecho el ejercicio?	Sí, lo he hecho.	**(hacer)** Have you done the exercise?
¿Ha visto al médico?	Sí, lo he visto.	**(ver)** Have you seen the doctor?

¿Le ha dicho del dolor?	Sí, se lo he dicho.
¿Se ha puesto la bolsa de agua caliente?	Sí, me la he puesto.
¿Ha vuelto a trabajar?	Sí, he vuelto a trabajar.

Maestra	*Niña*
¿Por qué no has abierto el libro?	_____
¿Por qué no has escrito en el papel?	_____
¿Por qué no has devuelto el libro a la biblioteca?	_____

(decir)
Have you told him about the pain?
(poner)
Have you put a heating pad on it?
(volver)
Have you returned to work?

(Give answers for the child.)
(abrir)
Why haven't you opened your book?

(escribir)
Why haven't you written on your paper?

(devolver)
Why haven't you returned the book to the library?

PRACTICA

A. *Use the cue words to ask your teacher if he/she has done these things today:*

Ejemplo: escribir en español
        ¿Ha escrito Ud. en español hoy?

1. me/decir/la fecha
2. romper/algo
3. ver/un accidente
4. volver/a casa
5. poner/dinero en el banco
6. devolver/libros a la biblioteca
7. hacer/planes interesantes
8. abrir/un periódico

B. *Use past participles to describe actions:*

Ejemplo: Cuando uno escribe algo es algo *escrito.*

1. Si hacen un auto en México, es un auto _____ en México.
2. Si me pongo el sombrero, llevo _____ el sombrero.
3. Si leo un libro, es un libro _____.
4. Si ahorro dinero, es dinero _____.
5. Si pierdo dinero, es dinero _____.

(When used to describe nouns or pronouns, as here, past participles are used as adjectives.)

14.10
Lo habían dicho.

Explanation 14.f.
Past Perfect Tense
They Had Said It.

Agente de ventas	*Empleado*
¿Ya lo habían _____?	**Sí, lo habían _____**
dicho	**mucho antes.**
hecho	
escrito	
visto	
descrito	
abierto	

Had they already _____? Yes, they had _____ a long time ago.

PRACTICA

Each section happened before the one in the preterite. Answer the questions accordingly.

Ejemplo: ¿Dieron el informe ayer?
              No, lo habían dado la semana pasada.

1. ¿Escribieron la carta ayer?
2. ¿Abrieron la cuenta en el banco ayer?
3. ¿Trajeron el dinero anoche?
4. ¿Leyeron el libro ayer?
5. ¿Dijeron esto anoche?
6. ¿Cambió Ud. el cheque ayer?
7. ¿Limpió Ud. la sala ayer?
8. ¿Compró Ud. el carro ayer?

COMUNICACION—FORMA

A. *Some friends tell you what they used to do. You ask them if they have done it this year.*   (Review 12.9.)

Ejemplo: Siempre íbamos a la playa.
              ¿Han ido este año?

1. Visitábamos a nuestros padres.
2. Esquiábamos en las montañas.
3. Trabajábamos durante las Navidades.
4. Comíamos en el Restaurante Fénix.
5. Veíamos a los Calderón.

B. *You are the caterer for an important party to entertain clients. The office manager reads through his/her notes, and asks you if each thing has been done. You answer in the **nostros** form.*

Ejemplo: enviar las invitaciones ¿Ha enviado las invitaciones?
              Sí, las hemos enviado.

1. hacer una lista de los invitados
2. alquilar° sillas y mesas   rent
3. pedir la comida y la bebida
4. reservar la sala del hotel
5. pedir las flores
6. conseguir° un fotógrafo   to get
7. arreglar transporte para los invitados especiales

C. *A couple is arguing about not having done the things agreed to. Take the parts of husband and wife and explain why you haven't done each thing.*

Ella: ¿Has lavado el auto?

  El: No, porque no he tenido tiempo. ¿Has limpiado la casa?

Ella: No, _____.

        ¿Has arreglado la aspiradora?

  El: No, _____.

        ¿Has lavado la ropa?

  El: No, _____.

  El: ¿Has planchado° mi camisa?

Ella: No, _____.

        ¿Has cortado el césped°?

  El: No, _____.

        ¿Y me vas a decir que tampoco° has _____?

Ella: Así te lo digo. Tampoco he _____.

D. *Now report to a friend of theirs what the husband and wife said to each other. Use the past perfect tense.*

Ejemplo: *El dijo que no había lavado el carro.*
Ella dijo que no había limpiado la casa.

¿Cree Ud. que esta pareja debe dividir el trabajo de otra manera?
¿Qué sugiere Ud.?

(See how many different excuses you can think of. Review 11.12.)

ironed

cut the grass (also *la hierba*)

that you haven't even

(Write and act out a conclusion for the *discusión.*)

FUNCION

Learning Activities

Learning Hints

14.11
Pedir ayuda

Asking for Help

¡Socorro!	Help!
Ayúdame, por favor.	Help me, please (fam.)
¿Puede Ud. ayudarme?	Can you help me?
¿Me hace el favor de _____?	Please (very polite) _____.
ayudarme	help me
decirme	tell me
Quisiera pedirle un favor.	I should like to ask you a favor.
Necesito la ayuda de _____.	I need the help of _____.
alguien	someone (someone's help)
un voluntario	a volunteer

SITUACIONES

A. *¿Cómo pide Ud. ayuda en los siguientes casos?*

1. Ud. es presidente de un club y necesita planear el banquete anual.
2. Ud. se está ahogando.
3. Su automóvil no quiere arrancar,° y Ud. ve a un policía.   start
4. Ud. va a pedir un aumento de sueldo a su jefe.
5. Ud. quiere devolver una compra
   a. la tienda no siempre acepta cambios.
   b. Ud. compró el artículo en venta y la tienda no quiere cambiarlo.

B. *Imagínese que Ud. es turista y el día entero ha sido un desastre. Ud. se ha perdido, no sabe dónde está, su carro no anda, se ha olvidado del nombre del hotel, ha perdido el mapa y no conoce la ciudad. ¿Cómo resuelve esta situación?*

(One person can be the tourist, and others can take the parts of people in the community.)

OPINION PERSONAL

When we read stories, we like to think why people do the things they do. Think about the *episodios* about the Martínez family you have read. Review episodes as you need to. Why do you think people did the things they did? Choose answers to the questions from the list to the right, or give your own reasons.

1. ¿Por qué la abuela se opone a que Amparo sea novia de José Antonio?
2. ¿Por qué a Antonio no le gusta que trabaje Carmen después del nacimiento del bebé?
3. ¿Por qué Héctor entra en negocios con Javier?
4. ¿Por qué creen que Alicia y Javier "se entienden"?
5. ¿Por qué se ha enojado Marta González con Amparo?
6. ¿Por qué rompió José Antonio con Amparo?
7. ¿Por qué quiso Javier conocer a Héctor?
8. ¿Por qué le gustó Inés a José Antonio?
9. ¿Por qué es famosa Felicia Estévez?
10. ¿Por qué Julián piropea a las chicas bonitas?

(a) por ser genial
(b) por ser chismosa
(c) por su edad
(d) por ser muy tradicional
(e) por la carta de amor que ha encontrado
(f) por las "malas lenguas" (gossips)
(g) por codicia (greed)
(h) por amor a otra chica
(i) por su belleza
(j) por asuntos de negocios
(k) por ser un viejo verde
(l) por amor a Alicia
(m) _____

INTERESES ESPECIALES Y VIAJES

Ya es hora de practicar con su grupo el vocabulario de su interés especial para este capítulo. Esa sección está al final del texto.

Palabras cognadas

A. Pronounce the cognates ending in *-rio*.

(In English, usually *-ry*)

aniversario	laboratorio	preparatorio
comentario	necesario	primario
diccionario	ordinario	revolucionario
dormitorio		

B. Find a word that is related in form to each cognate.

(Look in the vocabulary in the back.)

Ejemplo: dormitorio   *dormir*

C. Write seven sentences using some of the cognates given in Práctica A or others ending in *-rio*.

Ejemplo: *El dormitorio no está lejos de la cafetería.*

Notas culturales

Remedios caseros

Hay un dicho° común entre los que hablan español que dice: «De médico, de poeta y de loco todos tenemos un poco.» En esta selección nos vamos a limitar a discutir como todos tenemos algo de médico.

 Casi involuntariamente cuando alguien dice, —«Tengo un malestar aquí o un dolor allí,°» —nosotros estamos preparados para recomendar un remedio o un tratamiento° para esa dolencia que «me sentó de lo mejor°» o que curó a un familiar o amigo que padeció de° lo mismo. Ahora está muy de moda recomendar vitaminas y ejercicios.

 Desde el principio de la humanidad, el hombre ha preparado pociones para ayudar a restaurar la salud de los enfermos. Algunos de esos remedios han tenido poco efecto medicinalmente;

Folk Medicine
saying

ache or pain here or there

treatment
really worked for me
suffered from

otros han resultado de gran valor en la medicina. Un ejemplo conocido es la quinina, que en un tiempo fue remedio casero de los incas. La quinina se usa en la cura de la malaria y otras enfermedades. En el folklore español e hispanoamericano abundan las hierbas, cortezas, resinas° y ungüentos que los indios y los españoles usaban como remedios caseros.

> herbs/bark/resins

En cualquier tienda o mercado de un país hispano se encuentra un surtido variado de hierbas. Cada hierba o combinación de hierbas se recomienda para casos específicos de acuerdo con la costumbre local o de las recomendaciones del curandero.° Un ejemplo típico es el apazote,° una hierba de olor fuerte° y penetrante y sabor amargo° cuyas° hojas y flores se usan como té para curar las lombrices° intestinales. Las flores de la manzanilla° se usan en té y se recomienda para todos los problemas desde el resfriado° hasta los desarreglos° intestinales. Se cree que un dolor de oído puede aliviarse° poniendo hojas de ruda° en la oreja afectada. El uso de estos remedios caseros tiene una base lógica. Muchas de las medicinas que se venden en la farmacia se hacen de materias primas° entre las que se encuentran hierbas, raíces° y resinas.

> faith healer/wormseed
> strong-smelling
> bitter taste/whose
> worms
> camomile
> cold
> disorders
> can be cured
> rue
>
> raw materials
> roots

PREGUNTAS

1. ¿Cuál es el dicho común?
2. ¿Qué está muy de moda recomendar?
3. Dé un ejemplo de remedio casero usado hoy en medicina.
4. ¿Para qué se recomienda el apazote? ¿Y la manzanilla?
5. ¿Qué productos naturales se usan para hacer medicina?

EXPLANATIONS

14.a Overview of *Para* and *Por*   **14.5**

Sometimes the translations of *por* and *para* may be the same in English and sometimes they may be different:

Typical Translations

Para	*Por*
for	for
towards	by
on behalf of	through
in order to	considering the fact that

Most of the problems for English speakers occur when they want to use the Spanish equjivalent of "for." Therefore, it may help to think of *por* in the sense of going through or having contact with the object of the preposition, and *para* as going toward the object, showing its purpose and intended destination, but not completing contact with the object.

14.b *Para*   14.5

In Frame 14.5 these uses of *para* are presented:

Meaning	*Example*
for (purpose)	medicina para la tos
for (destined for)	medicina para María Eugenia
for (by a certain date)	para el martes
for (considering the fact that)	para niña activa, tiene muchos resfríos
in order to	para ponerme bien
towards	Salen para Nueva York.

14.c *Por*   14.6

In Frame 14.6, these uses of *por* are presented:

Meaning	*Example*
for (come/go by for)	Vienes por la medicina.
for (go get)	Puedes ir por la medicina.
for (in exchange for)	cinco cincuenta por el perfume
for (the sake of)	Lo hago por ti.
for (through a certain period of time)	por dos semanas
for (take someone for)	me toma por idiota
because of	por necesidad
by	Paso por el supermercado.
through	por el parque

14.d Present Perfect Tense   14.7, 14.8

The present perfect tense is a tense that bridges the past and the present, and even perhaps the future. It begins in the past, but connotes a connection to the present or future.

He   estudiado.
I have   studied.

(Meaning, I began to study in the past and this past action is connected to present actions:
 . . . and now I'm ready for the test.
 . . . and I'll study more today.)

The uses of the tense are largely the same in English and in Spanish. The present perfect tense is used much as it is in English, except that in conversation many English speakers tend to substitute the simple past tense (preterite or imperfect) for the present perfect, while in similar instances, the Spanish speaker may use the present perfect:

Typical Spanish   *Typical English*

Hoy he tomado tres exámenes.   I took three exams today.

Formation

In Spanish, the present perfect tense is formed by using the present tense of the irregular auxiliary verb *haber* with the past participle. Past participles (except for a few irregular ones) are:

-ar verbs   *-ado* replaces the infinitive ending *-ar*
-er, -ir verbs   *-ido* replaces the infinitive endings *-er, -ir*

You practice this tense in Frames 14.7 and 14.8:

he   llegado
I have   arrived

Yo he llegado.   I have arrived.
Tú has llegado.   You (fam.) have arrived.
El ha llegado.   He has arrived.
Ella ha llegado.   She has arrived.
Usted ha llegado.   You (for.) have arrived.
Nosotros hemos llegado.   We have arrived.
Ustedes han llegado.   You (pl.) have arrived.
Ellos han llegado.   They have arrived.

You will notice that the past participle does not change form when it is used in a tense with *haber.* (It can also be used as an adjective, and then it agrees with the noun or pronoun it describes. More about this in a later lesson.)

   In Frame 14.8 the object pronoun *lo* is used with the present perfect tense. When object pronouns are used with the perfect tenses, they precede the whole verb:

Lo he decidido.   I have decided it.

14.e   Irregular Past Participles   14.9
Some verbs have irregular past participles:

abrir	abierto
escribir	escrito
decir	dicho
describir	descrito
devolver	devuelto
hacer	hecho
morir	muerto
poner	puesto
romper	roto
ver	visto
volver	vuelto

14.f   Past Perfect Tense   14.10
The past perfect tense begins before the time of the simple past tense (preterite, imperfect) and comes up to the time of these tenses.

Había estudiado y por eso salí   I had studied and therefore I did
   bien en el examen.   well on the test.

      The past perfect tense is formed by using the imperfect of *haber* with a past participle:

había estudiado	I had studied
habías estudiado	you had studied
había estudiado	you, he, she had studied
habíamos estudiado	we had studied
habían estudiado	you (pl.), they had studied

Recreos y pasatiempos
Recreation and Pastimes

FICCION

ODISEA DE LA FAMILIA MARTINEZ

Episodio 15

Javier y Héctor se reúnen para almorzar en el Club de Profesionales.
Javier llega primero y pide un trago.° Llega Héctor.   drink

Héctor: Hola, Javier. Perdóname por llegar tan tarde pero como
no pienso volver a la oficina esta tarde quería dejar todo
arreglado con mi secretaria.

Javier: No te preocupes, yo necesitaba unos momentos a solas°   alone
para pensar en mis problemas.

Héctor: ¿Qué problemas tienes tú? Pareces una persona muy feliz.

Javier:	Las apariencias engañan.° Tú sabes que Amelia y yo no andamos muy bien. Anoche tuvimos una pelea° y he decidido dejarla.	Appearances are deceptive. fight, quarrel
Héctor:	Chico, lo siento. Es difícil aconsejar° en estas situaciones. Pero no te precipites° a hacer algo impulsivo.	give advice rush into
Javier:	Ya no aguanto a Amelia. Tú debes saber que he estado saliendo con Margarita del Valle.	
Héctor:	Bueno, eso ya es otra cosa.	

El camarero viene a ofrecerles otro trago. Javier repite y Héctor pide una cerveza. Piden también el almuerzo.

Javier:	Siento empezar nuestra reunión con mis problemas. ¿Cómo están tus padres? Me dijeron que el viejo° no anda muy bien.	lit., "the old man," = don Julián
Héctor:	Sí, el pobre. Tiene la presión alta y no se siente bien.	
Javier:	Lo siento.	
Héctor:	Gracias.	
Javier:	Ahora entremos en negocios.° ¿Has hecho contacto con nuestros socios en San Lucas?	Let's get down to business.
Héctor:	Sí. Hablamos anoche y ya tienen el cargamento° listo. No hemos decidido si mandarlo por barco o por avión ¿Qué te parece?	shipment
Javier:	A ver. ¿Cuáles son las condiciones?	
Héctor:	Por avión es más rápido. En barco es más fácil ocultar.°	hide it
Javier:	¿Quién se encarga° de los papeles? ¿Pedro, el de la Embajada?	is in charge of
Héctor:	Sí, ya tiene todo listo. Sólo espera nuestras órdenes.	
Javier:	Bueno. Recuerda que tienen que marcar las cajas como herramientas.°	tools
Héctor:	Por supuesto. No podemos declarar lo que contienen.	
Javier:	¿Tienes a alguien de confianza que pueda ir a la Aduana° a recibirlas?	customs
Héctor:	Sí, Rafael no me falla.° Es listo y discreto.	won't fail me
Javier:	Yo siempre me pongo nervioso hasta que completamos estas transacciones.	
Héctor:	Es natural. Yo también.	
Javier:	Espero que después de un par de cargamentos más podamos retirarnos° de este negocio.	retire
Héctor:	Sí. ¡Nunca será muy pronto!° Me están saliendo canas° de pensar en todo esto.	It can't be too soon!/getting gray
Javier:	Bueno, si me necesitas, tú sabes dónde encontrarme.	
Héctor:	Lo mismo te digo.	
Javier:	Hasta luego pues.	
Héctor:	Hasta luego y buena suerte.°	Good luck

PREGUNTAS

1. ¿Qué problemas tiene Javier?
2. ¿Qué quiere decir Héctor cuando dice «Eso es otra cosa»?
3. ¿Cómo está el padre de Héctor?
4. ¿Es mejor enviar el cargamento por barco o por avión?
5. ¿Quién es Pedro y qué espera?
6. ¿Qué esperan hacer Héctor y Javier después de un par de cargamentos más?
7. ¿Cómo van a marcar las cajas? En su opinión, ¿en qué negocio están?

FONDO

Learning Activities	Presentación de materia nueva	Learning Hints

15.1 Los deportes — Sports

Periodista	Jugador	Journalist/Player
¿Quién ganó el partido de _____?	Nuestro equipo.	Who won the _____ game?/Our team.
fútbol		soccer
fútbol americano		football
béisbol		baseball
boliche		bowling
golf		
¿Quién ganó la carrera de _____?	Nuestro favorito.	Who won the _____ race? (lit., the race of _____.) Our favorite.
caballos		horses
barcos de vela		sailboats
ciclismo		cycling
¿Quién ganó el encuentro de _____?	Nuestros atletas.	Who won the _____ match (meet)?/Our athletes.
gimnasia		gymnastics
atletismo en pista		track
jai-alai		jai-alai

PRACTICA

Conteste en español:

1. ¿Qué deporte le gusta más a Ud.?
2. ¿Cuántos jugadores hay en cada equipo de los deportes mencionados?

3. ¿Cuáles son dos diferencias entre el fútbol y el fútbol americano?
4. ¿Cuáles son unas carreras de caballos muy famosas?
5. En todos los deportes, deportistas° hispanos se han destacado.°   sportsmen/women/have stood out.
   Nombre Ud. dos personas con apellidos° hispanos famosos en los   surnames
   deportes siguientes:

   golf
   béisbol
   fútbol americano
   tenis

15.2
Ganar o perder
Win or Lose

Periodista	*Atleta*	Reporter/Athlete
¿Quién fue _____?	**Fue _____.**	
el árbitro		umpire
el entrenador		coach
el ganador		winner
el perdedor		loser
¿Quién _____ la pelota?	_____	(Give answers from today's sports.)
bateó		batted
pateó		kicked
tiró		threw
cogió		caught (also **agarró**)

PRACTICA

*Look at a sports page in the newspaper or a television sportscast.
Give three statements about what is going on in the world of
sports today.*

Ejemplos: *Los Piratas de Pittsburgh ganaron el campeonato.*

            *Dos boxeadores de peso ligero pelean esta tarde en el
            Madison Square Garden para ganar el Campeonato
            Mundial.*

            *La Copa Mundial de Fútbol se jugará la semana
            próxima.*

15.3
La vida al aire libre
Outdoor Life

Amigo	Amigo	
¿Cómo prefiere Ud. pasar las vacaciones?	Me encanta _____.	(Review 12.2.) How do you prefer to spend your vacations?/I love to _____.
	patinar	skate
	esquiar	ski
	acampar	go camping
¿Qué hace Ud. en el verano?	Soy muy aficionado/a _____.	What do you do in the summer?/I really like (I'm quite fond of . . .) _____.
	a la escuba	scuba diving
	al esquí acuático	water skiing
	al acuaplano	surfboarding

PRACTICA

You are a jet-setter and an **aficionado**/*a of sports. Tell the sports you participated in in the following locations.*

(**Estaba** is in the imperfect, because it describes being in a place; the activity you did there is preterite because it's an action done at a certain time.)

Ejemplo:　Cuando estaba en Acapulco, _____.
　　　　　　Cuando estaba en Acapulco, practiqué el esquí acuático.

1. Cuando estaba en el lago, _____.
2. Cuando estaba en las montañas, _____.
3. Cuando estaba en los bosques° de Montana, _____.　　forests
4. Cuando estaba en los Alpes, _____.
5. Cuando estaba en la pista de patinaje,° _____.　　skating rink
6. Cuando estaba en el Parque Nacional, _____.

15.4
Los juegos
Games

Amigo	Amigo	
¿Quieres jugar _____?		
a los naipes	No me gustan las cartas.	cards
al póker	No tengo suerte.	poker
al ajedrez	No sé jugar.	chess
a las damas chinas	No tengo tablero.	checkers/board
al bridge	No puedo concentrarme.	
¡Qué aguafiestas!		What a "party-pooper!"

PRACTICA

A. Here are some things you might need for different games.
Which ones do you need for the games listed below?

naipes	playing cards
tablero	board
fichas o piezas	pieces
dados	dice
tarjetas de varias clases	cards of various kinds
letras del alfabeto	letters of the alphabet

1. ajedrez
2. bridge
3. Monopolio
4. canasta
5. póker
6. damas chinas
7. Scrabble
8. veintiuno

15.5
Tengo el mío.

Explanation 15.a
Possessives, Long
Forms
I Have Mine.

Consejero	*Joven*	
¿Es tu _____?	**Tengo _____.**	Counselor/Young person (This answer is like saying *Tengo el balón mío* and then leaving out *balón*.)
balón	el mío	football/mine
caña de pescar	la mía	fishing rod/mine
¿Son tus _____?	**Tengo _____.**	
guantes	los míos	gloves/mine
patines	las mías	skates/mine
¿Dónde está _____?	**Yo tengo _____.**	
el bate de Pepe	el de él	Pepe's bat/his
la pelota de Pepe	la de él	Pepe's ball/his
¿Dónde están _____?	**Yo tengo _____.**	
los guantes de Pepe	los de él	Pepe's gloves/his
las flechas de Pepe	las de él	Pepe's arrows/his
¿Dónde están _____?	**Están _____.**	
los uniformes de Pepe		(Give a possible place where these things might be.)
los de él/ella		
los de ellos/ellas		
los de Ud./Uds.		(These answers are like saying *los uniformes de ella* and then leaving out *uniformes*.)
los nuestros		
los míos		

PRACTICA

A. Answer the questions, naming a place in the house where each person has left the item.

(Review 10.1, 10.2.)

Ejemplo: ¿Dónde está la bolsa de Carmen?
La de ella está en la mesa.

(Leave out the noun in the answer for more natural-sounding comments.)

1. ¿Dónde está la raqueta de María?
2. ¿Dónde está el jabón° de Pepe?
3. ¿Dónde están tus camisetas?
4. ¿Dónde está el balón de Uds.?
5. ¿Dónde están las flechas° de Carlos?
6. ¿Dónde están los bates del equipo?

soap

arrows

15.6
¿De quién es?

Explanation 15.a
Possessives, Long
Forms After *ser*
Whose Is It?

Consejero/a	**Niño/a**
¿Y este bate? ¿Es tuyo?	Sí, es mío.
¿Y estas raquetas? ¿Son tuyas?	Sí, son mías.
¿Estas frazadas? ¿Son de Uds.?	Sí, son nuestras.
¿Esta tienda? ¿Es de Uds.?	Sí, es nuestra.
¿Este saco de dormir? ¿Es de Patricia?	Sí, es de ella. Es suyo.
¿Estas camisetas? ¿Son de Jorge?	Sí, son de él. Son suyas.

(The camp counselor is straightening out possessions before the children go home.)

rackets
blankets (also **mantas**)
tent
This sleeping bag? Is it Patricia's?/
Yes, it's hers.

T-shirts (also **franelas**)/his

(The definite article is omitted after a form of **ser.**)

(The **suyo/a** long form can be used once the reference is clear. But it's used less often than **de él, de ella,** etc.)

PRACTICA

A. You want to make sure everyone knows it's yours. Read each statement and then add **Es mío,** etc., emphasizing the final word.

Ejemplo: Es mi lápiz. *Es mío.*

1. Es mi gorra.°
2. Son mis flechas.
3. Son mis guantes.
4. Es mi frazada.
5. Son mis raquetas.
6. Es mi camiseta.

cap

B. Each person in the class can bring a picture of a car with his or her name written on it. Exchange the pictures and explain to the class whose car you have. Then describe it.

Ejemplo: *Tengo el de Sandra.*

¿Cómo es?
Es un Ford Fiesta. Es blanco.
Tiene dos puertas. Es muy bonito.

(Any number of items can be used in this way. When every member of the class has the same item, then you can practice one construction at a time. For example,
Los zapatos—Tengo los de Sandra.
Las toallas—Tengo las de Sandra, etc.)

COMUNICACION—FONDO

A. The following is a time line for the life of Roberto Clemente, a famous baseball hero who died on a flight to bring relief supplies to earthquake victims in his native country.

Roberto Clemente

1934			1961	1964
Nace en Santo Domingo	Empieza a jugar béisbol profesional	Jardinero para los Piratas de Pittsburgh	Campeón de bateo en la Liga Nacional Promedio: .351	Campeón de bateo en la Liga Nacional Promedio: .339

1965	1966	1967	1972
Campeón de bateo en la Liga Nacional Promedio: .329	Jugador más valioso en la Liga Nacional	Campeón de bateo en la Liga Nacional Promedio: .357	Muere en un accidente de avión sobre el Mar Caribe

CONTESTE LAS PREGUNTAS

1. ¿Qué tuvo lugar en el año 1965?
2. ¿Qué le pasó en el año 1972?
3. ¿Cuál ha sido el promedio de Roberto Clemente al terminar la estación de béisbol del año 1961?
4. ¿Cuántos compeonatos de bateo había ya ganado Clemente en el año 1967?
5. Cuando murió, ¿cuántos títulos ya había recibido?

B. ¡A jugar!
Why not try playing some of your favorite games in Spanish? Games such as Bingo, Monopoly, and Scrabble come in Spanish versions. If you're missing some vocabulary, a dictionary should give you what you need.

FORMA

Learning Activities	Presentación de estructuras nuevas	Learning Hints
		Explanation 15.b *Se* with No Stated Subject It Is Said.
	15.7 **Se dice.**	

Amigo chismoso	*Amiga*	
		(*Se* + 3rd s. of the verb can mean "they," "one", "you" (indefinite)
Se dice que _____.		They say that _____.
Amparo y José Antonio rompieron.	¡Imagínate!	
Héctor está en un negocio sucio.	¡Fíjate!	Think of that (lit., Notice that.)
Javier y Amelia se están divorciando.	¡Increíble!	Incredible!
José Antonio está loco por Inés.	¡No me digas!	Don't tell me!
¿Es verdad?	Bueno, se cree que es la verdad.	Is it true?/Well, they believe it's true.

PRACTICA

Estela Martínez is telling you some customs she considers typical and/or important to her way of life. Comment on these by telling her what your customs are.

Ejemplo: La comida principal se come al mediodía.
   Ud.:   *La comida principal se come a las seis o a las siete de la tarde.*

1. En las fiestas se baila mucho.
2. Se toma vino con las comidas.
3. Se toma el café después del postre.
4. Se conversa largo rato en la mesa después de comer.
5. La vida gira° alrededor de la familia, hasta para los adolescentes.   revolves around
6. Se va a la iglesia todos los domingos.
7. Se respeta a los mayores.
8. Se trata a las personas con formalidad.
9. Las muchachas decentes no salen solas con los jóvenes.
10. Se obedece la autoridad del padre.

15.8
Se organiza un equipo.

Reflexives with Nonpersonal Subjects
A Team Is Being Organized.

Jugador	*Jugador*
¿Cuándo se organiza el equipo?	Se está organizando ahora.
¿Cuándo se juega el partido?	No se sabe todavía.
¿Se jugaron dos partidos la semana pasada?	No, se jugaron tres.
¿Se rompieron todos los récords?	Sí, se rompieron todos.

(The reflexive **se** is used with sing. subject following 3rd sing. verb.)

When's the team being organized?/ It's being organized now. (lit., organizing itself)

When's the game being played?/They don't know yet.

Were two games played last week?/ No, three were played.

(The reflexive **se** is used with pl. subject following 3rd pl. verb.)

Were all the records broken?/Yes, they were all broken.

PRACTICA

Tell what is sold in each store.

(Review Lesson 13.)

Ejemplo: la tienda de discos
En la tienda de discos se venden discos.

1. la farmacia
2. la frutería
3. la panadería
4. la tienda de ropa
5. el supermercado
6. la carnicería
7. la zapatería
8. la joyería

15.9
Se me occurió.

Explanation 15.b
Reflexive; Detachment from Events
It Occurred to Me.

Jefe	*Empleado*
_____ **algo.**	¿Qué se le _____?
Se me ocurrió	
Se me cayó	
Se me rompió	
Se me olvidó	
Se me perdió	
Se me olvidaron.	

_____ occurred to me. (Lit., it occurred itself to me.)

I dropped _____.

(When the subject—the word following the verb—is plural, then the verb is plural.)

PRACTICA

It's been a disastrous day. Everything's gone wrong. Explain to your esposo/esposa or amigo/amiga what happened in each of these cases. (You want to imply, "It certainly wasn't my fault!")

Ejemplo: ¿Qué pasó con el reloj? No funciona. (caerse)
   Ud.: *Lo siento mucho, pero se me cayó.*

1. ¿Qué me trajiste para mi cumpleaños? (olvidarse)
2. ¿No se te ocurre ninguna idea? (ocurrirse)
3. ¿Qué pasó con los platos nuevos? (romperse)
4. ¿Dónde está el billete de veinte que te di? (perderse)
5. ¿Dónde están las llaves? (olvidarse)

(Use the verb in parentheses to answer the questions.)

(Add other excuses, too! Review 11.12.)

15.10
Se conocieron.

Reflexive for "Each Other"
They Met Each Other.

Amigo	*Amiga*	
Se conocieron en casa de Patricia.	¿Quiénes?	They met each other at Patricia's house.
Se dieron la mano.	¿Cuándo?	They shook hands. (Lit., They shook each other's hands.)
Se veían frecuentemente.	¿Dónde?	They saw each other frequently.
Se encontraban en el parque.	¿Qué hacían?	They would meet in the park.
Siempre se miraban.	_____	They always looked at one another.
Se besaron.	_____	They kissed each other.
Se enamoraron.	_____	They fell in love.
¿Se van a casar?	_____	Are they going to get married?

PRACTICA

Tell about your relationship with a good friend who no longer lives where you do. Choose from the time expressions given or use others.

Ejemplo: ¿Cuándo se ven Uds.?
   Nos vemos dos veces al año.

1. ¿Cuántas veces se llaman por teléfono?
2. ¿Cuándo se visitan?
3. ¿Cuándo se hablan?
4. ¿Se escribieron la Navidad pasada?
5. ¿Se dieron regalos de cumpleaños?

Una vez al día	Once a day
De vez en cuando	From time to time
Una vez por semana	Once a week
Dos veces al mes	Twice a month
En las vacaciones	During vacations
Los domingos	On Sundays

COMUNICACION—FORMA

A. *I'm newly arrived on this planet. I don't know anything about your campus. I'll ask you about the buildings and what goes on in them. Please answer me in complete sentences so I can understand your Spanish better.*

Ejemplo: ¿Como se llama este edificio? (biblioteca)
Es la biblioteca.

¿A qué hora se abre?
Se abre a las ocho, de lunes a viernes.

¿Qué se hace aquí?
Se estudia.

¿Se leen muchos libros?
Sí, se leen muchos.

1. ¿Y esta sala? ¿Qué es? (cafetería)
¿Qué se hace aquí?
¿Qué comidas se sirven?
¿Es elegante la cafetería?
¿Es buena la comida?
¿Debo yo comer aquí?
2. ¿Y qué son estos cuartos que dicen «Damas» y «Caballeros»?
¿Para qué se usan los baños?
¿De dónde viene el agua que sale° de los grifos°?   runs out/faucets
¿A qué hora se abren?
3. ¿Cómo se llama este edificio? (administración)
¿Qué quiere decir administración?
¿Qué es un administrador?
¿Ganan mucho dinero los administradores?

B. *You are studying for your first-aid course. Tell what procedure*   (Review 15.2.)
is usually done in each of these medical emergencies?

Ejemplo: Se ha quemado la mano.
Se la pone en agua fría.

1. Se ha torcido el tobillo.
2. Ha sufrido un ataque al corazón.
3. Casi si ahoga.
4. Se ha cortado la mano.
5. Lo ha mordido una serpiente.
6. Lo ha picado un insecto.
7. Ha tomado veneno.
8. Se ha desmayado.

FUNCION

Learning Activities

Learning Hints

15.11
Explicar las reglas

Explaining Rules

Empleado	Gerente
¿A qué hora se abre la tienda?	Se abre a las diez.
¿Dónde se estacionan los empleados?	Se estacionan detrás.
¿Y los clientes?	Se estacionan enfrente.
¿Qué más necesito saber?	Se empieza el día con 20 dólares en la caja.
¿Y si necesito más?	Se lo pide a la cajera.
¿Y si el cliente quiere pagar con cheque?	Se verifica el cheque en el libro.
¿Y a qué hora se cierra?	Se cierra a las seis.

Employee/Manager

What time does the store open?/It opens at 10.

Where do the employees park?/They park in back.

They park in front.

You begin the day with 20 dollars in the register.

And if I need more?/You ask the cashier.

And if the customer wants to pay by check?/You verify the check in the book.

What time do you close?/Closing time is six.

SITUACIONES

Se ha dicho que la vida es una serie de reglas. Explique las reglas para las siguientes situaciones.

1. Ud. quiere explicar a un estudiante nuevo las reglas de la universidad. Puede incluir:
   matricularse
   sacar libros de la biblioteca
   darse de bajo° de una clase   to drop
   dónde estacionarse
   horas de la cafetería
2. Ud. quiere explicar a un amigo las reglas de un juego o un deporte que él no sabe jugar.
3. Ud. quiere explicar cómo se hace un plato favorito.
4. Ud. quiere explicar las reglas en su lugar de trabajo.
5. Ud. quiere explicar cómo vive la gente en otro país, otra ciudad, u otra región que la suya.

OPINION PERSONAL

¿Está Ud. de acuerdo con estas oraciones o no? Si Ud. está de acuerdo, marque «Sí.» Si no está de acuerdo, marque «No,» y cambie la oración de tal manera que exprese° su opinión. in such a way that it expresses

1. El fútbol americano es mejor juego que el fútbol hispano. _____ soccer
2. Jugar bien es más importante que ganar. _____
3. En los Estados Unidos debe haber programas públicos para entrenar a los atletas olímpicos desde muy jóvenes. _____
4. El apostar° en las carreras de caballos debe ser legalizado porque es una buena manera de ganar dinero para el estado. _____ Betting
5. No hay nada malo en las peleas de gallos° y deben ser legales en los Estados Unidos. _____ cock fights
6. La corrida de toros° es un espectáculo maravilloso. Soy muy aficionado/a a la «fiesta brava.» _____ bullfight (another name for the bullfight)
7. El boxeo es uno de los deportes más crueles y no debe ser permitido. _____
8. Cuando los atletas becados° asisten a la universidad para jugar un deporte, la universidad tiene la obligación de graduarlos. _____ with scholarships

Ahora, escoja una de las oraciones, y explique oralmente (5 a 10 oraciones) por qué Ud. tiene esa opinión.

INTERESES ESPECIALES Y VIAJES

Ya es hora de estudiar su interés especial. Favor de abrir el libro en la sección que corresponde a la Lección 15.

Palabras derivadas

A. Pronounce the base words and their derivatives:

Palabra base	*Palabra derivada*
activo	activismo
alcohol	alcoholismo
atleta	atletismo
convención	convencionalismo
drama	dramatismo
fatal	fatalismo
favor	favoritismo
bárbaro	barbarismo
cubo	cubismo
mecánico	mecanismo

B. *Use each base word to form five sentences that are either true or false. Read your sentences to your classmates and ask them to comment* **Sí** *or* **No.**

(Find other words that end in *-ismo.*)

Ejemplo: *El cubismo es una comida típica de España.*

Notas culturales

Los Refranes

El hispano, por su modo de ver la vida con optimismo y esperanza, posee un sentido del humor característico. Este humor con frecuencia se expresa en forma del refrán. Los refranes son comentarios que dan sabor único al habla del hispano. En ellos se refleja todo lo característico de este pueblo captando lo exagerado, grotesco o ridículo y comparándolo con la vida real.

     Dicen que «de lo sublime a lo ridículo no hay más que un paso.» Esto se nota especialmente en la famosa obra de Cervantes, *Don Quijote.* Cervantes salpica° su obra con refranes llenos de sabiduría° popular, unas veces expresando el idealismo en boca de Don Quijote, y otras veces el sentido común° en boca de su escudero Sancho Panza, que simboliza los aspectos prácticos de la vida. Los siguientes refranes ilustran la chispa° humorística y la sabiduría popular del hispano al enfrentarse° con la realidad.

sprinkles
wisdom

common sense

spark
face

Habló el buey y dijo mú.	The ox spoke and said "moo."
Cada uno tiene su manera de matar pulgas.	Everyone has his own way of killing fleas.
Aunque la mona se vista de seda, mona se queda.	Even though the monkey dresses in silk, she's still a monkey.
No hay mal que por bien no venga.	There's no bad thing that doesn't bring some good with it.
Nadie diga de esta agua no beberé.	Let no one say, I'll never drink this water.
El ojo del amo engorda el caballo.	The owner's eye fattens the horse.
La mujer buena de la casa vacía hace llena.	A good woman makes an empty house full.
Barriga llena, corazón contento.	Full belly, happy heart.
Más vale pan con amor que gallina con dolor.	Bread with love is better than chicken with sorrow.
En boca cerrada no entran moscas.	Flies don't come in a closed mouth.

En fin, en el genio del hispano se expresa un caudal de observaciones geniales y paradojas divertidas por medio de los refranes.

PREGUNTAS

1. ¿Cómo es el hispano?
2. ¿Qué reflejan los refranes?
3. ¿Qué expresa Cervantes por medio de Don Quijote?
4. ¿Qué expresa Sancho Panza?
5. Escoja uno de estos refranes y describa una situación en que pueda aplicarse.

(In order to keep the flavor of the Spanish, the translations of the proverbs are rather literal. Can you think of proverbs in English that might be used to give the same ideas?)

EXPLANATIONS

15.a Possessives, Long Forms   15.5, 15.6

In Lesson 10, you began to practice the "short forms" of possessives, *mi, tu, su,* etc. Possessives also have "long forms." The long forms are pronouns. The long and short forms have somewhat the same meanings as their English equivalents:

Es mi bate.   It's my bat.
Es mío.   It's mine.

In Frames 15.5 and 15.6 these forms are presented:

Este bate es mío.   This bat is mine.
Esta pelota es tuya.   This ball is yours.
Esta raqueta es suya.   This racquet is yours (also *de Ud.*)
                                 his (also *de él*)
                                 hers (also *de ella*)
                                 yours (pl.) (also *de Uds.)*
                                 theirs (also *de ellos, ellas*)
Esta raqueta es nuestra.   This racquet is ours.

As may be seen in these examples, the possessive agrees in form with the person who owns it (*yo—mí, tú—tuyo,* etc.). But in person and in number the long form matches the item owned.

El bate es mío.   The bat is mine.
La raqueta es mía.   The racket is mine.
Los bates son míos.   The bats are mine.
Las raquetas son mías.   The rackets are mine.

In most cases, as in Frame 15.5, the definite article is used before the long form. In Frame 15.6, after *ser,* the definite article is not needed.

15.b Uses of Reflexive Pronouns   15.7, 15.10

In addition to the use of the reflexive pronouns that you practiced in Lesson 13, there are several other uses of reflexive pronouns in Spanish.

1. As an indefinite form meaning "you," "they," "we," "it is done." No subject is stated. Frame 15.7 presents such constructions as:

Se dice que . . .	It is said that . . .
	They say . . .
¿Se sabe que . . .	Do they know . . .
	Is it known . . .

2. In the third persons singular or third plural to indicate what is done. The agent or the person who does the action is not expressed.

   In such cases, the verb agrees with the subject, which follows it.

Se habla español.	Spanish is spoken.
Se organizan varios equipos.	Several teams are being organized.

3. In idiomatic constructions to show detachment from events:

Se me perdió el libro.	I lost my book.
	(Lit., The book got lost to me—it happened accidentally.)

4. To mean "each other:"

Se ven.	They see each other.
Nos vemos.	We see each other.

In this meaning, the reflexive agrees with the verb.

REPASO III

Pruebe su conocimiento

Test Your Knowledge

Choose the best completion for each sentence. Circle the letter of your choice.

1. ¿Qué hicieron durante las vacaciones?
   a. Pescamos en la piscina.
   b. Nadamos en la bañadera.
   c. Fuimos a las montañas.
   d. Tenemos una casa en la esquina.
2. ¿Cómo estuvo el tiempo durante sus vacaciones?
   a. Hacía un tiempo perfecto.
   b. Pensaba mucho en eso.
   c. Ibamos a la ciudad todos los días.
   d. Ayudaba siempre en la iglesia.
3. ¿Qué hacía Ud. cuando era niño?
   a. Trabajaba en la planta eléctrica.
   b. Veía muchos programas de televisión.
   c. Pasaba días y noches en el parque.
   d. Nunca iba a la escuela.
4. ¿Cuándo conociste a mi primo?
   a. La conocí ayer.
   b. Lo conozco mañana.
   c. La conocí en un compromiso.
   d. No lo conozco todavía.
5. Cuando Ud. se levanta por la mañana, ¿qué es lo primero que hace?
   a. Me baño y me visto.
   b. Me quito el traje de baño.
   c. Me quito el maquillaje.
   d. Me pongo la camisa de dormir.
6. ¿Cuál es su rutina antes de acostarse?
   a. Me baño, me desayuno y me acuesto.
   b. Me pongo la ropa, me peino y salgo.
   c. Me pongo el sombrero y el abrigo y me acuesto.
   d. Me quito la ropa, me pongo la camisa de dormir y me cepillo los dientes.
7. Para ingresar en la universidad, es necesario primero . . .
   a. saber mucho.
   b. graduarse.
   c. empezar a asistir a clases.
   d. matricularse.

8. ¿Qué hacen sus padres si Ud. les pide dinero?
    a. Me lo dan.
    b. Me lo quitan.
    c. Me lo piden.
    d. Me lo ponen.
9. ¿Qué hace Ud. por amor?
    a. Me acuesto temprano.
    b. Leo el periódico.
    c. Pago los impuestos.
    d. Ayudo a mi familia.
10. ¿Has pensado en eso?
    a. Sí, los he pensado.
    b. No, Ud. no lo ha pensado.
    c. No, no quiero pensarlo.
    d. No, no lo has pensado.
11. Si me pongo el vestido, tengo el vestido _____.
    a. póngaselo
    b. puesto
    c. puse
    d. ponía
12. ¿Qué necesitas para la fiesta?
    a. Despedir a los invitados.
    b. Sacar los pasajes.
    c. Pedir champaña y licores.
    d. Romper la cámara.
13. Quiero devolver esta bolsa que compré pero no quieren _____.
    a. pedírmela
    b. cambiármela
    c. comprármela
    d. vendérmela
14. ¿Por qué rompieron José Antonio y Amparo?
    a. Se querían mucho.
    b. Ya no se querían más.
    c. Querían casarse.
    d. A ellos les gusta bailar.
15. Me gusta mucho jugar a las cartas. Mi juego favorito es _____.
    a. la pesca
    b. bridge
    c. la pelota
    d. la cacería
16. «No te precipites» quiere decir «No te . . . a hacer algo.»
    a. preocupes
    b. apures
    c. dejes
    d. pongas

17. —¿Qué me trajiste para mi cumpleaños?
     —Lo siento mucho, _____.
     a. Siempre te traigo algo.
     b. Te traje un traje.
     c. Te traigo un regalo.
     d. Se me olvidó.
18. Héctor dice que no está enterado de eso. El quiere decir que no
     _____ eso.
     a. sabe
     b. tiene
     c. cree
     d. espera
19. Anoche hubo una reunión.
     a. ¿Dónde fue?
     b. ¿Dónde estuvo?
     c. ¿Dónde vino?
     d. ¿Dónde hizo?
20. ¿Cuándo celebraron Uds. sus bodas de plata?
     a. El día de nuestra boda.
     b. Cuando nos casamos.
     c. Cuando nació nuestro primer hijo.
     d. Cuando cumplimos 25 años de casados.

FICCION

ODISEA DE LA FAMILIA MARTINEZ

Episodio 16

Felicia:	*(Por teléfono a Carmen)* ¿Cómo están todos por allá?
Carmen:	Por aquí bien. Carmen Estela se porta muy bien. Gracias a Dios es muy sanita.
Felicia:	Me imagino lo contenta que debe estar Estela con la nueva nieta.
Carmen:	Sí, especialmente sabiendo que la pusimos su nombre. Le vamos a llamar Carmela.
Felicia:	¡Qué lindo! Carmen y Estela, Carmela.
Carmen:	Si supieras que la pobre no ha tenido casi oportunidad de estar con ella.

320

Felicia:	¿Por qué?
Carmen:	Es que papá ha estado malo y ha tenido que ir al hospital.
Felicia:	¿Qué tiene don Julián?
Carmen:	Parece que es el corazón. Le dio una embolia° y le ha paralizado el brazo derecho.
Felicia:	¡Cuánto lo siento! ¡Tengo que ir a verlo!
Carmen:	Sí, ve, por favor. Yo no he podido ayudarlos teniendo una niña tan pequeña.
Felicia:	Apenas° ha cumplido dos meses.

stroke

hardly

Una semana después en casa de los abuelos. Toda la familia está reunida menos María Eugenia y la niña.
Estela en una silla llora° inconsolablemente.

cries

Carmen:	Ay, mamá, cálmate, por favor.
Héctor:	Sí, mamá. Debemos dar gracias a Dios que no sufrió mucho.
Carmen:	Tenemos que decidir mucho asuntos° y hay que serenarse.°
Estela:	Hagan Uds. lo que quieran.°
Héctor:	No, mamá. Tú sabes cuáles eran sus deseos.
Carmen:	Héctor, ¿por qué no llamas a la funeraria° para hacer los arreglos?

a lot of matters
calm down
whatever you wish

funeral home

Héctor va al teléfono y vuelve unos minutos más tarde.

Héctor:	Ya puse una esquela° en cada periódico y hemos fijado el entierro para mañana a las dos de la tarde.
Alicia:	Yo me quedo con usted esta noche.
Estela:	Yo no quiero dejarlo solo. Yo iré a la funeraria y me quedaré allí° hasta que se lo lleven.°
Héctor:	Pero mamá sé razonable. No puedes hacer nada más por él.
Estela:	Yo no puedo hacer como esa gente que dejan al muerto° abandonado. No me quiero separar de él hasta el final.
Héctor:	Bueno, te prepararemos un lugar para que puedas descansar allí.
Carmen:	Sí, Héctor. Habla con el director para que la dejen° pasar la noche allí.

Esquela refers to a special black-bordered announcement of the death by the family.

I'll stay there/until they take him

the dead person

so they'll let her

Al poco rato se van los tres—los dos hijos sosteniendo a la madre que apenas puede cominar.
Alicia y Antonio comentan.

Alicia:	No sé cómo se va a adaptar la pobre Estela a una vida sin Don Julián.
Antonio:	No va a ser fácil.

PREGUNTAS

1. ¿Cómo forman el apodo° de la niña?   nickname
2. ¿Por qué Estela no ha podido estar con su nueva nieta?
3. ¿Qué le pasó a Don Julián?
4. ¿Por qué Estela debe serenarse?
5. ¿Qué arreglos hizo Héctor para el entierro?
6. ¿Qué costumbre aceptada en este país no quiere seguir Estela?
7. ¿Cómo cree Ud. que la muerte de Don Julián va a afectar la vida de Estela?

FONDO 16

Learning Activities	Presentación de materia nueva	Learning Hints
	16.1 **Medios de transporte**	Means of Transportation

Agente	Turista	
¿Cómo van?	**Van** _____.	
	en carro	(Also *coche, automóvil*)
	en taxi	
	en ómnibus	by bus (also *camión, guagua*)
	en tren	by train
	en metro	by subway (also *subterráneo*)
	en avión	by plane
	en helicóptero	
	en barco	by boat

A. *Imagine that you used to live in the following cities. How did you usually get around?*

(You can also use *por* as well as *en* with long distance or major means of transportation.)

Ejemplo: Los Ángeles
              Generalmente iba en carro.

1. Buenos Aires   4. San Francisco
2. México   5. Santa Fe, Nuevo México
3. Houston   6. Madrid

(When you are in the country of Mexico, **México** refers to the capital.)

B. *Give one advantage and one disadvantage for each means of transportation you practiced in Frame 16.1. Here are some possibilities. Perhaps you'll think of others.*

1. Es muy lento.
2. Es muy rápido.
3. Se demora mucho.°
4. Es muy caro.
5. Es muy barato.

6. Es muy cómodo.
7. Es más privado.
8. Hay menos gente.
9. Es más interesante.
10. No es puntual.

It takes a long time.

16.2
Los viajes por avión

Airplane Travel

Pasajero/a	*Agente*	
Quiero hacer una reservación para un vuelo a San Juan de Puerto Rico.	¿Quiere un boleto de primera clase o de turista?	I want to make a reservation for a flight to San Juan, Puerto Rico.
Turista, por favor.	¿De ida y vuelta o sólo de ida?	Round trip or one way only?
De ida y vuelta por favor.		stop
¿El avión hace escala en Miami o es un vuelo directo?	Es directo.	

Pasajero/a	*Empleado*	
Quiero facturar el equipaje.	Aquí tiene Ud. los comprobantes.	check my luggage/baggage claim checks
	¿Sección de fumadores o no fumadores?	Smoking or non-smoking?
No fumadores.	Aquí tiene Ud. la tarjeta de embarque.	boarding pass

PRACTICA

Imagine you went on this vacation. Use the cue words to describe the trip.

1. Nosotros/ir de vacaciones/hace un mes
2. Volar/Chicago/Madrid
3. Hacer escala/Nueva York
4. Cambiar/de avión/París
5. oficiales/inspeccionar/documentos
6. Ir/la sala de reclamación de equipajes
7. Por fin/tomar/taxi/llegar/hotel/medianoche

baggage claim

16.3
No es esto sino lo otro.

Turista	**Agente**
No vamos en avión, sino en barco.	¿Van en avión? Pero en avión es más rápido.
No vamos en metro sino en ómnibus.	Pero el ómnibus es menos rápido.
No llevamos dos maletas sino una.	¿Pero no necesitan más?
No vamos en carro sino en taxi.	Pero un carro privado es más cómodo.

pero = but (reason)
sino = but (contradiction)

PRACTICA

Complete the statement by offering an alternate choice to the rejected one.

Ejemplo: No queremos vino _____.
No queremos vino sino café.

1. No queremos boletos de ida y vuelta _____.
2. No queremos volar _____.
3. No vamos en avión _____.
4. No vamos en motocicleta _____.
5. En San Francisco no viajamos en ómnibus _____.
6. No queremos hacer escala en Chicago _____.

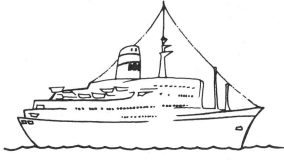

COMUNICACION—FONDO

A. *You recently took a trip, and some experiences were good and some were bad. Tell your experiences and let the class react to them. Here are some suggested reactions—you'll think of others.*

¡Qué horrible!
¡Qué imbeciles!
¡Fantástico!
Lo siento.
Me alegro.
¿Cómo fue posible?
Menos mal.°

1. Primero se me perdió el pasaporte.
2. Entonces perdí° el avión.
   Tuve que tomar otro vuelo.

That's good. (lit., less bad = "at least that")

I missed

3. El asistente de vuelo era muy amable.
4. Hicimos escala en tres aeropuertos antes de llegar a nuestro destino.
5. Despegamos° tarde y sirvieron cocteles gratis.   We took off
6. Los oficiales de inmigración eran muy descorteses.
7. Se perdieron mis maletas.
8. Me dieron un cheque para comprar algunas cosas que necesitaba.
9. El chófer del taxi era muy simpático.
10. El hotel era excelente, cómodo y barato.

B. *Here are international traffic signs. You want to explain them in Spanish to convince a Spanish-speaking officer that you do understand what they mean.*

two-way traffic
traffic circle
signal
r.r. crossing

cattle
school crossing
men working
vertical clearance

trailer camp
airport
hospital
mechanic
ferry

restaurant
restrooms
telephone
gas station

FORMA

| Learning Activities | Presentación de estructuras nuevas | Learning Hints |

16.4
Hágalo, por favor.

Ud. Commands
Explanation 16.b
Do It, Please.

Empleado

¿Debo _____?

  esperar
  entrar
  asistir

¿_____ ahora?

  Salgo
  Vengo
  Voy

¿Debo _____?
  comprarlo
  venderlo
  escribirlo

¿Lo _____?
  hago
  digo
  pongo
  muestro
  pido

Director

Sí, _____, por favor.

  espere
  entre
  asista

Sí, _____ ahora, por favor.

  salga
  venga
  vaya

Sí, _____.
  cómprelo
  véndalo
  escríbalo

No, _____.
  no lo haga
  no lo diga
  no lo ponga
  no lo muestre
  no lo pida

Should I _____?/Yes, _____, please.

wait
come in
attend

leave
come
go

(When the commands are written as one word with *lo* attached, an accent is written on the third from the last syllable: **es-crí-ba-lo**)

(When commands are negative—that is, when they tell you not to do something—the pronoun or pronouns precede the commands.)

(The key to the command form is the final vowel—the "opposite" one from the infinitive—*-ar* verbs > **e;** *-er, ir* verbs > **a.** Write the questions and commands on 3 × 5 cards and practice them with a partner or in a small group, being especially careful to pronounce the final vowel clearly. They'll need a lot of practice!)

PRACTICA

A. Repeat the conversations you have just practiced changing the employees' questions to the **nosotros** form, and the Director's commands to the **Uds.** form.

(Add *-n* to the singular command to form the plural.)

Ejemplo: ¿Debemos comprarlo?
Sí, cómprenlo.

B. *You are the boss telling the new employees what to do. Use the cues as your notes.*

(These will be plural commands [+n].)

Ejemplo: abrir las puertas a las ocho
Abran las puertas a las ocho.

1. tratar cortésmente a los clientes
2. limpiar el suelo
3. pedir cambio al cajero
4. dar el recibo al cliente
5. preguntar los precios que no saben
6. meter las cosas pesadas al fondo de la bolsa
7. ofrecer ayudar al cliente
8. no mostrar enojo si no reciben propina°
9. sonreír mucho

(A reminder: You'll need the indirect object pronoun **le** with **pedir** and **decir**.)

tip

16.5 ¡Que lo hagan!	Commands with *que* Explanation 16.c Let Them Do It.

Director	**Jefe**	
¿Quién va a _____?	**Que lo _____ él.**	Who's going to _____?/Let him do it.
arreglar el horario	Que lo arregle Marta.	arrange the schedule?/Let Martha arrange it.
vender la casa	Que la venda Carmen.	/Let Carmen sell it.
hacer el trabajo	Que lo hagan ellos.	/Let them do it.
Señor/a	**Turista**	
Que pase un buen fin de semana.	Gracias. Igualmente.	Have a good weekend./Thanks. Same to you.
Voy a hacer un viaje.	¡Que se divierta!	/Have a good time!

PRACTICA

Use the following verbs to give **Ud.** *commands to classmates. The person who is given the command says to let someone else do it.*

(Review 2.11, 3.10.)

Ejemplo: ir a la pizarra
Margarita, vaya a la pizarra.
Que lo haga Nelson.

1. escribir su nombre en la pizarra
2. abrir esta caja
3. esperar en el pasillo
4. romper° la piñata
5. recitar estas poesías
6. llamar a la profesora

tear

16.6
Espera que sí.

Empleado/a	Amigo/a
Espera que yo trabaje mañana.	_____
Espera que trabajes mañana.	_____
Espera que ella trabaje mañana.	_____
Espera que trabajemos mañana.	_____
Espera que Uds. trabajen mañana.	_____
Espera que Uds. coman temprano.	_____
Espera que Uds. digan que sí.	_____

(Give answers for the **amigo, amiga**)

He hopes I'll work tomorrow.
. . . you'll work . . .
. . . she'll work . . .
. . . we'll work . . .
. . . you'll work . . .

. . . you'll eat early.

. . . you'll say yes.

PRACTICA

A. Give the subjunctive forms of the following verbs in the persons indicated.

(A reminder: some of the verbs are irregular. Review Frame 16.6.)

1. decir (tú)
2. ir (ellos)
3. aprender (yo)
4. levantarse (ella)
5. tomar (Héctor)
6. poner (ellos)
7. mirar (nosotros)
8. vivir (tú)
9. venir (Ud.)
10. decidir (Amparo)

B. Use the forms you have practiced in **Práctica A** to complete these sentences:

(In the following frames, you'll practice the words that cause the subjective to be used. Here, use words from *Práctica A* that fit the blank and make sense in the sentence.)

1. Espero que Ud. _____ a la fiesta.
2. La maestra insiste en que yo _____.
3. Les mando que _____ el dinero en el banco.
4. El quiere que nosotros _____ estos libros.
5. Alicia le dice a María Eugenia que _____ temprano.

16.7
Quiero que lo haga.

Explanation 16.c
Subjunctive in Noun
Clauses
Influencing Others
I Want You To Do It.

Jefe	*Empleado*	
Espero que lo haga él.	Vamos a ver.	I hope he'll do it./We'll see.
Quiero que lo haga él.	El no quiere.	I want him to do it./He doesn't want to.
Le pide que lo haga él.	El no puede.	I ask him to do it.
Le digo que lo haga él.	El dice que no.	I tell him to do it.
Le ruego que lo haga él.	El dice que es imposible.	I beg him to do it.

Mamá	*Niña*	
Te aconsejo que lo hagas.	No quiero.	I advise you to do it./I don't want to.
Es mejor que lo hagas.	¿Por qué?	It's better for you to do it./Why?
Es necesario que Uds. aprendan esto.	¿Por qué es importante que lo sepamos todo?	It's necessary for you to learn this./Why is it important for us to know everything?

PRACTICA

A. *Choose from the expressions that influence others (listed to the right) to change the following statements to the way you wish they would come out.*

(Use **no** in front of the expressions to make them negative. Use **que** after the expression.)

Ejemplo: Me roban el dinero.
   No permito que me roben el dinero.

1. Fuman en la clase.
2. Estudiamos mucho.
3. El otro equipo gana el juego.
4. Mis padres no saben que tuve un accidente.
5. Me prestan cien dólares.
6. Me ponen una multa de tráfico.
7. Ud. va de compras ahora.
8. Toma una taza de café.

Le aconsejo
Quiero/No quiero
Espero
Le pido
Es mejor
Es necesario
Es importante
Insisto en = *I insist*
Exijo = *I demand*
Permito/No permito = *I permit/don't permit*
Prohibo = *I forbid*

B. *Sometimes you don't want to influence others. Verbs like **ver** and **oir**, for example, just state facts. Decide whether the following sentences state facts (indicative) or try to influence (subjunctive), and complete them accordingly with the verbs suggested to the right.*

1. Quiero ver la película. Dicen que _____ maravillosa.   ser
2. Ellos esperan que sus padres _____ a la fiesta.   venir
3. Ellos creen que _____ a ser muy divertida.   ir
4. Es importante que nosotros les _____ todo.   decir
5. Mi consejera me dice que _____ muy buenas recomendaciones
   para la beca.   tener
6. Por eso mi consejera me dice que _____ con ella mañana.   hablar
7. ¿Tú permites que los niños _____ las malas palabras?   escuchar

---

16.8
Me alegro de que estén aquí.

Explanation 16.d
Subjunctive in Noun Clauses; Emotion
I'm Happy You're Here.

Amigo/a	*Amigo/a*	
Ojalá que venga a la fiesta.	Sí, ojalá.	(Give responses for the friend.)
Siento que Estela esté enferma.	_____	
Es una lástima que ya no se interese en La Tienda.	_____	It's a shame that she isn't interested in La Tienda now.
Temo que se sienta muy solitaria.	_____	I'm afraid that she feels very alone.

PRACTICA

Restate each sentence to show how the person feels about it. Choose verbs of feeling from the list to the right.

(Those without stated subjects can be used with **Ojalá** or **Es una lástima que**)

Ejemplo: Estela/no sale
               Es una lástima que Estela no salga.

1. Los estudiantes/hoy es viernes   Ojalá
2. No llueve mañana.   sentir
3. No tenemos clase.   alegrarse de
4. Yo/ellos son felices   Es triste
5. Carmen y Antonio/tienen una niña preciosa   quejarse de
6. Inés/José Antonio está enamorado de ella   Es una lástima
7. Amelia/Javier se divorcian

16.9
¿Crees que sea posible?

Explanation 16.d
Subjunctive in Noun Clauses
Doubt, Disbelief
Do You Think It's Possible?

Amigo/a	Amigo/a chismoso/a
¿Crees que Javier y Amelia se divorcien?	_____
¿Es cierto que Héctor esté metido en algo ilegal?	_____
¿Niega Javier que sea peligroso?	_____
¿Es verdad que Javier y Alicia «se entienden»?	_____
¿Estás seguro/a de que no es Margarita?	_____

(Give answers for the *amigo/a*.)

Is it certain that Héctor is into something illegal?

Does Javier deny that it's dangerous?

Is it true that Javier and Alicia "have something going?"

Are you sure that it's not . . . ?

PRACTICA

A. Use the expressions to the right to make statements of:
doubt (subjunctive) or certainty (indicative),
disbelief (subjunctive) or belief (indicative),
denial (subjunctive) or acceptance (indicative).

Ejemplos: El padre González/existe Dios
El padre González no duda que existe Dios.

El ateo/existe Dios
El ateo niega que exista Dios.

1. Nosotros/la tierra es redonda
2. En este mundo nada es cierto.
3. Uds/trabajamos demasiado
4. Uds./la profesora/el profesor es muy exigente
5. Los adolescentes/el amor conquista todo
6. Yo/tenemos un buen presidente

creer
no creer
¿Cree?
dudar
estar seguro de
no estar seguro de
es verdad
no es verdad
negar
no negar

B. Answer in Spanish.

1. ¿Creen los adolescentes que el amor lo conquista todo?
2. ¿Cree Ud. que tenemos un buen presidente?
3. ¿Saca Ud. siempre notas de A.?
4. ¿Es la vida más cara aquí que en otras ciudades?
5. ¿Son los precios razonables en el supermercado?
6. ¿Niega el ateo la existencia del diablo?

COMUNICACION—FORMA

A. *You are the instructor of an exercise class. Here are your notes for the routine you are teaching. Tell your students what to do.*

(The class can role-play the students.)

1. Levantar los brazos.
2. Bajar los brazos.
3. Saltar° 3 veces.
4. Sacar° el pie derecho.
5. Sacudir° las manos
6. Virar el torso° a la derecha.
7. Acostarse en el suelo.
8. Levantar la pierna izquierda sin doblar la rodilla.
9. Ponerse de pie.

Jump
Put out
Shake
Turn at the waist.

B. *You are my doctor. I am really run down. What advice do you give me?*

Ejemplo: Insisto en que/Ud./descansar
Insisto en que Ud. descanse.

1. Lo digo que/perder peso
2. Le aconsejo que/hacerse un examen médico°
3. Le pido que/no fumar
4. Es importante que/Ud./cuidarse
5. Es necesario que/Ud./ir al hopspital
6. Es importante que/Ud./saber los resultados° de los exámenes.

physical examination

results

*Que el amor de Dios
te traiga paz...
Que el amor de tus amigos
te traiga consuelo.*

FUNCION

Learning Activities	Learning Hints

16.10
Espresar temor, hostilidad

Expressing Fear, Hostility

Persona 1	*Persona 2*	(Review 8.9.)
Me asusta.	¿Por qué te asusta?	It frightens me.
No tengo confianza en nadie.	¿Ni en su familia?	I don't trust anyone./Not even your family?
No puedo confiar en nadie.	Puede confiar en mí.	I don't have faith in anyone./You can have faith in me.
Yo no estoy encargado/a de eso.	¿Quién es la persona encargada?	I'm not in charge of that./Who is the person in charge?
¿De qué están hablando?	¿A ti qué te importa?	What are they talking about?/What's it to you?
Oye.	No me hables más.	Listen./Don't talk to me.

SITUACIONES

A. *Ud. recibe una llamada por teléfono. Al principio Ud. entiende que es un agente de ventas que quiere venderle un condominio en un lugar de veraneo. Ud. lo trata con mucha hostilidad. Después se da cuenta de que llaman de la oficina del presidente de su compañía para invitarlo/la. La compañía ofrece un fin de semana de recreo a sus empleados. ¿Cómo arregla Ud. la situación?*

B. *Viene un joven a pedirle trabajo. Ud. ha tenido un mal día y lo trata muy mal. Después Ud. se da cuenta de que se trata del hijo del director de la escuela dónde enseña su esposo/a. ¿Qué hace Ud.?*

C. *Ud. ha recibido un paquete en el correo que ha llegado roto, y el contenido hecho pedazos (unos platos numerados que había pedido para su colección). El paquete no estaba asegurado y el empleado dice que no hay nada que se pueda hacer. El empleado se muestra°*   shows himself to be
muy hostil. ¿Qué le dice a Ud? ¿Qué le dice Ud. a él?

OPINION PROFESIONAL

Diga si las siguientes ideas son ciertas o no. Si no está de acuerdo, cámbielas para reflejar su opinión.

1. Los Estados Unidos tiene el mejor sistema de transporte.
2. En las ciudades grandes es más práctico usar el subterráneo.
3. Los medios de comunicación deben ser pagados por el gobierno nacional.
4. Todos los ferrocarriles° deben ser nacionalizados.   railroad
5. El uso del automóvil ha perjudicado° el sistema de transporte pú-   hurt
   blico en los Estados Unidos.
6. El transporte de mercancía por carretera crea más gastos y el público tiene que pagarlos.
7. Eventualmente, el transporte aéreo va a sustituir el transporte terreste de carga.
8. A los Estados Unidos les conviene un nuevo canal entre el Atlán-
   tico y el Pacífico.

INTERES ESPECIALES Y VIAJES

Ya es hora de practicar con su grupo el vocabulario de su interés especial para esta lección. Esa sección está al final del texto en frente del
vocabulario.

Estudio de palabras

*Read aloud the word families that follow. Look up in the vocabu-
lary words you don't know or can't guess. Make up short, meaningful sentences using one or more words in each group.*

amor	amar	enamorado	amante	
estudio	estudiar	estudiante	estudiantil	
función	funcionar	funcional	funcionamiento	
honra	honrar	honrado	honor	honorario
vida	vivir	viviente	vivaz	
paso	pasar	paseo	pasajero	
	pasado	pasaporte		
vela	velar	velorio	desvelarse	velado

Notas culturales

Es importante notar cómo las diferentes culturas
afrontan las emociones grandes, en este caso,
la muerte, de un modo distinto.

Algunas culturas avanzadas tienden a reprimir las manifestaciones emocionales asociadas con la muerte y el duelo.° No es aceptable llorar y expresar en otras formas el dolor intenso que uno experimenta° al perder un ser querido. Ser «emocional» en ciertas culturas se considera como sinónimo de ser inestable, psicótico, loco. Se les prohibe a los niños presenciar el sufrimiento° y la enfermedad y en caso de muerte se les dicen mentiras convencionales que no siempre convencen: «se ha ido de viaje,» «ha ido a estar con el Señor,» y otros eufemismos semejantes.

La cultura hispánica no reprime la expresión emocional del sentimiento. Las personas tienen menos inhibiciones y en vez de criticar al que demuestra° sus sentimientos, critica al que no los expresa, llora° o sufre visiblemente. En tiempos medievales se alquilaban° lloronas° profesionales, llamadas «plañideras.» Ellas gritaban a toda voz la tristeza que los familiares sentían.

En la sociedad hispana, la persona que fallece° no se queda sola. Hasta el momento del entierro°, familiares y amigos se congregan alrededor del ataúd y pasan la noche en vela.° Esto es lo que se llama «velorio». Se toma café y se comentan los incidentes de la vida del difunto.° Algunas personas sólo ven en estos momentos de duelo. Entonces cambian impresiones y se ponen al dia de los cambios que han ocurrido en la familia y los amigos desde la última vez.

En el campo. puesto que° los visitantes vienen de larga distancia, se mata° una vaca y se hace una comilona° antes o después del entierro. Un velorio es un acontecimiento° local.

Tradicionalmente, para los familiares, después del entierro, viene el período de luto.° La viuda y las mujeres más allegadas° a la familia —esposa, madre, hijas y hermanas—se «cierran de negro,» esto es, se visten de negro de pies a cabeza por un periodo que varía de tres a seis meses dependiendo del parentesco.°

Durante el período de luto las mujeres no usan maquillaje, no van a fiestas, ni oyen música en la casa.

Por supuesto en tiempos modernos estas prácticas han cambiado, especialmente en las

mourning

feels

suffering

shows
cries
hired/criers

dies
burial
at a wake

deceased person

since
kill
feast
happening

mourning
closest

relationship

ciudades grandes. En el campo todavía se prac-
tican estas costumbres con más o menos severi-
dad. Es de notar° que los grupos hispano-
hablantes en países anglo-sajones han adoptado
el sistema de su nueva sociedad.

    En general, el hispano todavía mantiene
elementos de creencia medieval que le ayudan a
aceptar la muerte con menos temor y resigna-
ción. Como el hispano comparte sus emociones,
la muerte resulta una experiencia menos imper-
sonal y solitaria.

° It should be noted

PREGUNTAS

1. ¿Qué significa ser emocional, en ciertas culturas?
2. En esas culturas, ¿qué se les dice a los niños en caso de enfermedad seria o muerte?
3. ¿A quiénes critica el hispano?
4. ¿Quiénes eran las plañideras?
5. ¿Qué es el velorio?
6. ¿Por qué hacen una comilona en el campo cuando hay un entierro?
7. ¿Cómo expresan el duelo las mujeres allegadas al difunto?
8. ¿Cómo resulta la muerte para el hispano?

EXPLANATIONS

16.a   The Subjunctive

An Overview. Until now the verb tenses you have been studying are
what is called "indicative mood," the "factual mood" of the verb. It is
used for stating actions that are conceived as facts, and for statements that can stand independently from one another. By contrast,
"subjunctive mood" is used to express actions or states of being
that are conceived as possibilities, wishes, or commands, and for
certain kinds of actions that depend on others.

    The subjunctive mood barely exists in English. We often use
words like "may," "might," and "will" to express concepts that are
expressed by the subjunctive mood in Spanish. Usually, however,
sentence structure in English does not indicate that the subjunctive
mood will be used in Spanish. Here are some typical sentences that
use subjunctive in Spanish and their idiomatic English equivalents.

Quiero que Ud. mire esto.   I want you to look at this.
                            (Lit., I want that you
                               look . . .)

| Temo que *ellos* aprendan poco. | I'm afraid they aren't learning much. |
| | (Lit., I'm afraid that they may not learn . . .) |

Formation of the Present Subjunctive

Regular Verbs. Compare the indicative and subjunctive moods for the three verb conjugations:

mirar		comer		vivir	
Ind.	*Subj.*	*Ind.*	*Subj.*	*Ind.*	*Subj.*
miro	mire	como	coma	vivo	viva
miras	mires	comes	comas	vives	vivas
mira	mire	come	coma	vive	viva
miramos	miremos	comemos	comamos	vivimos	vivamos
miran	miren	comen	coman	viven	vivan

When you compare the indicative and subjunctive forms, you will notice that:

1. The subjunctive forms seem to have "traded" vowels with the indicative forms. That is:

   -ar verbs   > *e* in the subjunctive ending
   -er, -ir verbs > *a* in the subjunctive ending

2. The first and third persons of the subjunctive are the same.

Irregular Verbs. Present subjunctive for most irregular verbs can be formed by using the first person singular indicative as the stem. Remove the *o,* and add the subjunctive endings:

hacer	hago	hag- + a	haga
			hagas
			haga
			hagamos
			haga

Here are some examples of the more common irregular verbs.

Infinitive	*First person indicative*	*Subjunctive* (1st and 3rd person)
caer	caigo	caiga
conocer	conozco	conozca
decir	digo	diga

oír	oigo	oiga
poner	pongo	ponga
salir	salgo	salga
tener	tengo	tenga
venir	vengo	venga
ver	veo	vea

A few verbs will not fit this pattern:

Infinitive	*Subjunctive*
	(1st and 3rd person)
haber (hay)	haya
ir	vaya
saber	sepa
ser	sea

Stem-Changing Verbs. Stem-changing verbs that end in **-ar** and **-er** have an **o** or an **e** in the stem of the first-person plural of the present subjunctive (instead of the **ue** or **ie** of the other forms), just as they do in the indicative.

Indicative	*Subjunctive*
cerrar	*volver*
cierre	vuelva
cierres	vuelvas
cierre	vuelva
c**e**rremos	v**o**lvamos
cierren	vuelvan

In Lesson 17 you'll practice with the **-ir** stem-changing verbs.

16.b   *Usted/Ustedes* Commands   16.4

Commands are the forms of the verb that tell or ask people to do something. The *Ud.* and *Uds.* commands are the third-person singular and third-person plural of the subjunctive:

Venga acá. Come here *(Ud.).*   **Vengan acá.** Come here *(Uds.).*

Commands are affirmative when they ask that something be done. They are negative when they ask that something not be done.

Affirmative   Negative

Venga acá.   No vengan acá.

Position of Object Pronouns with Commands   16.4

In Lessons 14 and 15 you studied the three kinds of pronouns that cluster around the verb in Spanish: direct object pronouns, indirect object pronouns, and reflexive pronouns. All three kinds of pronouns are used in the same way with commands:

1. They follow affirmative commands (and in writing are attached to the end of them).
2. They precede negative commands.

    Examples are:

Hágalo.   Do it.
No lo haga.   Don't do it.

16.c   Indirect Commands   16.5

Indirect commands are softened requests, often equivalent to English "Let so and so do it." Indirect commands consist of a present subjunctive form preceded by *que.* Expressions that convey good wishes are given as indirect commands:

Que pase un buen día.   Have a good day.

The object pronouns precede indirect commands:

Que Jorge lo haga.   (More of a request than saying
Que Uds. lo hagan.   *Háganlo Uds.*)

16.d   Subjunctive in Noun Clauses   16.9–16.11

In Frames 16.9 through 16.11 the subjunctive in noun clauses is presented. (They're noun clauses because they act as the direct objects of the verbs.) The subjunctive is used in the second part of the sentence when two conditions are met:

1. The sentence expresses situations of:
    (a) trying to influence others
    (b) emotion
    (c) doubt and denial

2. The subjects of the two clauses are different.

Examples are:

Le digo a José Antonio que lo haga.   I tell José Antonio to
                                          do it.
                                        (Lit., that he do it.)

Me alegro de que lo haga.   I'm glad that he's
                                          doing it.

Niego que lo haga.   I deny that he does it.

Spanish has a special word, **Ojalá,** that can take the place of the whole first part of the sentence. It comes originally from Arabic, from a Moslem prayer that began "Oh, Allah . . ." It expresses strong wishing or hoping. We can say it is similar to saying, "I really hope that . . ." or "I so wish that . . ." **Ojalá** is used with or without **que** following:

Ojalá salga bien.
Ojalá que salga bien. } I hope it turns out okay.

16.f   *Sino* vs. *Pero*   16.3

Both **sino** and **pero** mean "but." **Sino** really comes from the two words **si no,** "if not." It shows a contradiction: not this but the other, or not this "if not" the other. **Pero,** on the other hand, gives a reason. Compare:

No quiere vino sino cerveza.
Quiere vino, pero no tiene suficiente dinero.

Lección 17
El niño en su mundo
The Child in His World

FICCION

ODISEA DE LA FAMILIA MARTINEZ

Episodio 17

Amparo y su padre están en la sala de su casa.

Amparo: Oye, papá, quiero hablar contigo.

Jorge: ¿Qué te pasa? ¿Todo anda bien?

Amparo: Quiero pedirte tu consejo.°   advice

Jorge: A ver . . .

Amparo: Necesito tomar unas decisiones y quiero pedirte tu opinión.

Jorge: Me halaga° que me la pidas.   I'm flattered

Amparo: Papi, tu sabes que yo te quiero y te considero mucho.

Jorge: ¡Vamos, vamos! Ya estoy poniéndome curioso. *(La abraza y la sienta a su lado.)*

341

Amparo:	Quiero dejar° mi trabajo en la pre-escuela.	leave
Jorge:	¿Por qué?	
Amparo:	Por dos razones. Primero, José Antonio y yo nos peleamos.°	we had a fight
	(Se enjuga° una lágrima.°)	wipes/tear
Jorge:	No me extraña.° Esos amores jóvenes son muchas veces como tormentas de verano. Ahora, a nuevas aventuras.	I'm not surprised.
Amparo:	Sí, pero siempre duele. *(Solloza.°)* Estoy confusa y necesito dirigir mi vida de otro modo.	sobs
Jorge:	Tú sabes que yo haré° lo que pueda para ayudarte.	I'll do
Amparo:	Pues te voy a necesitar porque si dejo el trabajo en la pre-escuela, quisiera° estudiar canto° y esto cuesta dinero.	would like/to study singing
Jorge:	Si crees que eso es lo que debes de hacer, tu madre y yo te apoyamos.° Tú tienes talento.	we support you
Amparo:	La música me gusta mucho y quisiera probar mi suerte en el teatro.	
Jorge:	Yo siempre quise que continuaras° tus estudios. Tú mereces° algo mejor.	would continue deserve
Amparo:	Gracias, papi.	
Jorge:	No te preocupes. Todo saldrá° bien.	will end up
Amparo:	Hay un muchacho que quiere que yo vaya a trabajar en una estación de televisión.	
Jorge:	¿Quién es?	
Amparo:	Se llama David. Es programador en una estación de televisión y está interesado en mí. *(Se sonríe.)*	
Jorge:	Ten cuidado.°	Be careful.
Amparo:	Sí, papá. Puede ser una oportunidad en mis nuevos planes de carrera.	
Jorge:	Ya veremos. Debes hablar con tu mamá.	
Amparo:	Sí, por supuesto.°	of course

PREGUNTAS

1. ¿Qué consejo le pide Amparo a su padre?
2. ¿Qué quiere hacer?
3. ¿Por qué quiere cambiar de carrera?
4. ¿Qué quiere estudiar Amparo?
5. ¿Cómo reacciona su papá?
6. ¿Está Ud. de acuerdo con el papá de Amparo cuando él dice que muchas veces los amores jóvenes son como tormentas de verano?
7. ¿Qué quiso Jorge siempre?
8. ¿Quién es David?
9. ¿Con quién debe hablar?
10. ¿Cree Jorge en el talento de Amparo?

FONDO 17

Learning Activities	**Presentación de materia nueva**	**Learning Hints**

17.1
Vamos a jugar.

Let's Play.

Maestra	*Niño/a*	
Vamos a _____.	**¿_____? ¡Qué bueno!**	Let's _____.
cortar la lámina		cut out the picture
colorear el dibujo		color the drawing
jugar con bloques		play with blocks
jugar a las muñecas		play dolls
jugar a mamá y papá		play house
jugar con los globos		play with the balloons
guardar los juguetes		put away the toys
hacer un rompecabezas		make a puzzle
hacer burbujas		blow bubbles
hacer pasteles do lodo		make mud pies

PRACTICA

A. *Tell whether each activity is cognitive or motor. Label each activity* **cognoscitiva** *or* **motora.**

(One student can read the activities and others can say to which group they belong.)

Ejemplo: Estudiante A: *hacer pasteles de lodo*
Estudiante B: *actividad motora*

1. hacer burbujas
2. hacer un rompecabezas
3. escuchar música
4. jugar con los bloques
5. dibujar
6. mirar el libro
7. mirar las láminas
8. jugar con la muñeca
9. cortar la lámina
10. guardar los juguetes

(Are some activities both cognitive and motor?)

B. *The children didn't listen when you said "Let's," so you need to make the request stronger. Change the statements in Frame 17.1 to* **Uds.** *commands.*

(Review 16.6.)

Ejemplo: *Vamos a guardar los juguetes*
Guarden los juguetes.

17.2
Descríbemelo/a.

Madre	*Maestra*
Es un **buen** niño, ¿verdad?	Sí, verdad, es **bueno.**
¿Y mi hija, es una **buena** niña también?	Sí, también es **buena.**
Pero dicen que hay un niño **malo** en la clase. Se llama Pepe.	No, Pepe no es **malo;** en realidad Pepe no es **mal** niño, es un poco travieso nada más.
Mis hijos dicen que Ud. es una **gran** maestra.	Y una maestra **grande** también ¿no? Porque para los niños todos los adultos somos **grandes.**
¿Cuántos niños asisten a la preescuela ahora?	**Treinta y uno. Veintiún** niños y diez niñas.
¡Ah! Treinta y **un niños** en total.	Sí. Preferimos un grupo pequeño.
Así no hay **ningún** problema.	No, **ninguno** que no podamos solucionar.

He's a good boy, isn't he?/Yes, that's right, he's good.

And my daughter is a good girl, too, isn't she?/Yes, she's good too.

But they say there's a bad boy in the class. His name is Pepe./No, Pepe isn't bad; really Pepe isn't a bad child; he's just a little mischievous, that's all. And my children say that you're a great teacher./And a big teacher, too. Because for children all adults are big.

(The *nosotros* form of the verb is used when the speaker is included in the group named.)

How many children are attending pre-school now?/31. 21 boys and 10 girls.

Ah! 31 children all together./Yes, we prefer a small group.

That way, there is no problem./No, none that we can't solve.

PRACTICA

Choose a word from those listed to the right to complete each sentence as you think it should be completed.

Ejemplo: *Si tengo cincuenta libros y once libros tengo sesenta y __un__ libros.*

1. Nuestro presidente es un _____ presidente.   buen
2. Winston Churchill era un diplomático muy _____. Además, era un hombre _____.   bueno / buenos
3. No hay nada como un _____ juego de tenis para relajarse.   buena / buenas
4. Si hace muy _____ tiempo, yo no salgo.   mal
5. Vamos a celebrar una _____ fiesta para todos.   malo

buen
bueno
buenos
buena
buenas
mal
malo

6. Casi no tengo dinero. Estoy en muy _____ condiciones. Me quedan solo cuarenta y _____ centavos.

malos
mala
malas

7. Generalmente los jugadores de fútbol americano son hombres _____.

gran
grande

8. La bandera de Texas y la bandera de Chile son muy parecidas: tienen sólo _____ estrella.

grandes
ningún

9. Aunque Evita Perón tenía _____ reputación, era _____ mujer muy interesante.

ninguna
ningunos

10. ¿Es verdad que no tenemos _____ lección para mañana?

ningunas
un
una

17.3
¿Está contento el niño?

Explanation 17.c
Estar + Past Part.
Is the Child Happy?

Enfermera	*Maestra*
¿Está _____ Pepe?	**Sí, está _____ o.**
_____ María Eugenia?	**_____ a.**
asustado/a	frightened
enojado/a	angry
¿Están _____ ellos?	**No, no están _____ os.**
_____ ellas?	**_____ as.**
sentados/as	sitting down (lit., seated)
parados/as	standing up
dormidos/as	asleep

PRACTICA

(Review 12.10.)

Describe the condition of each object or person after the action has taken place.

Ejemplo: Se abrieron las ventanas.
Las ventanas estaban abiertas.

1. Se rompieron los cristales.°   glass
2. Se escribió la carta.
3. Se cerró la ventana.
4. Se arregló el cuarto.
5. Ella puso la mesa.
6. La niña se resfrió.
7. Las niñas se durmieron.

COMUNICACION—FONDO

A. *Children say the following things to you. What do you say to each child?*

Ejemplo: Te quiero.
                Y yo también te quiero a ti.

1. Tengo sueño.
2. Tengo sed.
3. Quiero irme a mi casa.
4. ¿Cuándo viene mamá?
5. Estoy cansada.

6. ¿Puedo ir afuera?
7. Necesito ir al baño.
8. Pepe tiene mis creyones.
9. Tengo miedo.
10. Maestra, ¿Ud. tiene papá?

B. You visited the preschool and you're reporting on what you saw. You took pictures. Describe what the children were doing in the pictures.

(What tense will you use for description in the past? What tense will you use for action in the past?) (Review 12.10.)

C. Imagine each event is taking place right now. Use the present progressive tense to tell what is going on now.

Ejemplo: *El director está abriendo la puerta.*

FORMA

Learning Activities	Presentación de estructuras nuevas	Learning Hints
		Explanation 17.a Affirmative *Tú* Commands Commands
	17.4 Órdenes	

Maestra	*Estudiantes*	(A good way to practice: individual students role-play the boy or girl performing the commands, imitating the actions of the teacher. The class answers the question.)
Levanta la mano. ¿Qué hace?	Levanta la mano.	Raise your hand.
Baja la mano. ¿Qué hace?	Baja la mano.	Put your hand down.
Dame la mano. ¿Qué hace?	Le da la mano.	Shake hands.
Da una vuelta. ¿Qué hace?	Da una vuelta.	Turn around.
Camina. ¿Qué hace?	Camina.	Walk.
Sube a la silla. ¿Qué hace?	Sube a la silla.	Climb on your chair.
Baja de la silla. ¿Qué hace?	Baja de la silla.	Get off your chair.
Corre rápido. ¿Qué hace?	Corre rápido.	Run fast.
Enciende la luz. ¿Qué hace?	Enciende la luz.	Turn on the light.
Apaga la luz. ¿Qué hace?	Apaga la luz.	Turn off the light.
Ven acá. ¿Qué hace?	Viene acá.	Come here.
Ve allá. ¿Qué hace?	Va allá.	Go there.
Sal de la clase. ¿Qué hace?	Sale de la clase.	Leave the room.
Pon el libro aquí. ¿Qué hace?	Pone el libro aquí.	Put the book here.
Dí «Sí». ¿Qué hace?	Dice «Sí».	Say "Yes."
Sonríe. ¿Qué hace?	Sonríe.	Smile.

PRACTICA

A. 1. Change each statement to a command, putting a pause after the name and changing the inflection.

Ejemplo: María Eugenia corre rápido.
María Eugenia, corre rápido.

1. Antonio abre la puerta.
2. Patricia trabaja en la tienda.
3. José Antonio maneja el carro.
4. Amparo canta una canción.
5. Amparo enseña a los niños.

2. Change the following statements to **tú** *commands. Attach the object pronoun to the command.*

Ejemplo: Estela la abre.
Estela, ábrela.

(When one pronoun is attached, an accent is written on the third from the last syllable: *á-bre-la* If there aren't three syllables, no accent is needed.)

1. José Antonio lo maneja.
2. Amparo los enseña.
3. Amparo la canta.
4. Patricia lo hace.
5. Héctor lo pide prestado.°

borrows (lit., asks for it loaned)

B. Give the commands in Frame 17.4 in random order to your classmates. Use the **Uds.** *form.*

Ejemplo: Levanta la mano.
Levanten la mano.

(Even when the command is plural, *mano* remains in the singular, because each person is to raise one hand.)

| 17.5 Siéntate. | Explanation 17.c *Tú* Commands/ Reflexive Verbs Sit Down. |

Maestra	*Estudiantes*	
Ponte de pie ¿Qué hace?	Se pone de pie	Stand up (also **Párate** and **Ponte de pie**.)
Siéntate. ¿Qué hace?	Se sienta.	Sit down.
Quítate el zapato. ¿Qué hace?	Se quita el zapato.	Take off your shoe.
Ponte el zapato. ¿Qué hace?	Se pone el zapato.	Put on your shoe.
Ríete. ¿Qué hace?	Se ríe.	Laugh.
Cállate. ¿Qué hace?	Se calla.	Be quiet. (also **estáte quieto**.)

PRACTICA

Give series of commands to your classmates. Use the infinitives as cues.

(Give the commands in Frame 17.5 to your classmates.)

Ejemplo: salir, tomar agua, volver a la clase
Sal, toma agua, y vuelve a la clase.

(It's fun to build up to longer ones —to see if you can remember all of them and in the right order.)

1. levantarse, sentarse, levantar el brazo derecho, levantar el brazo izquierdo
2. tomar una silla, ponerla en un rincón° de la sala, sentarse en la silla

corner

3. levantarse, tocarse las puntas de los pies, levantarse, sentarse
4. quitarse el reloj, poner el reloj en la mesa, ponerse el reloj
5. quitarse _____, llevar *(el artículo)* a la profesora, darle *(el artículo)* a la profesora, sentarse

17.6
No hagas eso.

Persona 1	Persona 2	Persona 3
Entra	¿Entro?	No, no entres.
Levanta la mano.	¿Levanto la mano?	No, no levantes la mano.
Baja la mano.	¿Bajo la mano?	No, no bajes la mano.
Da la mano.	¿Doy la mano?	No, no des la mano.
Sal de la clase.	¿Salgo?	No, no salgas.
Levántate.	¿Me levanto?	No, no te levantes.
Siéntate.	¿Me siento?	No, no te sientes.

Come in./Shall I come in?/No, don't come in.

PRACTICA

A. *You see a child doing each of these things. Tell him or her not to do it.*

Ejemplo: Chabelita le tira la Pelota a Pepe.
    Chabelita, no le tires la pelota.

1. Pepe le quita el juguete a Chabelita.
2. Carlitos corre en la sala de clase.
3. Mercedes grita a los otros niños.
4. Lupita se levanta.
5. Bernardo le habla a Gloria.

(Reminder for writing: **c** changes to **qu** when followed by **e**.)

B. *Several children are doing things they shouldn't. Tell the children to stop.*

Ejemplo: Los niños le tiran la pelota a Pepe.
    ¡Niños, no tiren la pelota!

1. Bernardo y Juan siguen hablando.
2. Elena y María se sientan en la mesa.
3. Pepe y Elena brincan en la clase.
4. Carlos y Pepe patean la pelota.
5. Mercedes y Elena corren.

Explanation 17.b, c
Pres. Subj., *-ir*
Stem-changing
Verbs
Here's Hoping We Have a
Good Time.

17.7
Ojalá nos divirtamos.

Amigo/a	*Amigo/a*	
¿Uds. van a la fiesta?	Sí, ojalá nos divirtamos.	We really hope to have a good time.
¿Y si está muy aburrida?	Ojalá no nos durmamos.	Here's hoping we don't fall asleep.
Bueno, no se preocupen.	Sí. _____.	
	Bailemos	Let's dance.
	Comamos	Let's eat.
	Tomemos	Let's drink.
	Estemos alegres.	Let's be happy.
	Divirtámonos.	Let's have a good time.

(The **s** of ***divirtamos*** is dropped when ***nos*** follows. It would be hard to say. — Try it.)

¡Vamos!	Sí. ¡Vamónos!	Let's go.

(Usually this command is given in the indicative in one of these two ways instead of in the subjunctive.)

PRACTICA

A. *Suggest to your friends, let's do these things.*

Ejemplo: bailar
          Bailemos.

1. comprar dulces
2. dar una fiesta
3. invitar a la clase

4. no olvidar a la profesora
5. salir a comer

B. *Give "Let's" commands for these* ***-ir*** *stem-changing verbs.*

Ejemplo: servir café
          Sirvamos café.

1. no pedir cerveza
2. no dormirse en la clase
3. servir a nuestros amigos

4. vestirse pronto
5. referir el asunto al jefe

17.8
Para que Uds. sepan

Señora	**Maestra**	
¿Cuándo tienen que inscribirse?	**Antes de que** asistan a las clases.	When do they have to enroll?/Before they attend.
¿Pueden asistir?	Sí, **con tal que** sean elegibles.	Can they attend?/Yes, provided they're eligible.
¿Por qué necesitan asistir?	**Para que** aprendan.	Why do they need to attend?/So that they'll learn.
¿No pueden venir mañana?	No, **a menos que** los lleve su padre.	Can't they come tomorrow?/No, unless their father brings them.
¿Pueden recibir un almuerzo gratis?	No **sin que** el director lo autorice.	Can they receive free lunch?/Not without the director's approving it.

PRACTICA

A. You're telling policies to a new employee. The boss is very demanding. Read each statement, completing it with the suggested words.

Ejemplo: Ud. no puede salir a menos que él _____ (le/dar) permiso.
      Ud. no puede salir a menos que él le dé permiso.

1. Ud. no debe salir antes que _____ (él/salir).
2. No va a recibir aumento de sueldo sin que _____ (el jefe/lo/aprobar).
3. Tiene que llenar esta tarjeta para que _____ (él saber/los datos).
4. No puede aceptar cheques sin que _____ (el jefe/los/ver).
5. Puede aceptar tarjetas de crédito con tal que _____ (los clientes/tener/identificación).
6. Ud. debe trabajar los sábados a menos que _____ (ser/día de fiesta).

B. Repeat the sentences, this time beginning them with the conjunction.

(The subjunctive remains in the clause with the preposition.)

Ejemplo: *A menos que el jefe le dé permiso, Ud. no puede salir.*

17.9
Aunque sea difícil

Niño/a	Maestro/a	
Es difícil.	**Aunque** es difícil, puedes hacerlo.	It's difficult./Although it's difficult, you can do it.
¿Es difícil?	No sé. **Aunque** sea difícil, puedes hacerlo.	Is it difficult?/I don't know. Even though it may be difficult, you can do it.
¿Cuándo puedo jugar?	**Cuando** vengas mañana, puedes jugar.	When can I play?/When you come tomorrow, you can play.
	Todos los días **cuando** vienes a la escuela, puedes jugar.	Every day when you come to school, you can play.

Niño/a	Madre	
¿Cómo hago esto?	**Según** te ha dicho la maestra.	How do I do this?/The way your teacher has told you.
	Según te diga tu maestra.	However your teacher tells you.

PRACTICA

A. *Use one of the conjunctions listed to complete each sentence.*

cuando	when
hasta que	until
como	as
según	according to
donde	where
aunque	although
tan pronto como, en cuanto	as soon as

1. Yo te aviso _____ ella venga.
2. Puedes sentarte _____ quieras.
3. ¿Por qué no te sientas _____ yo te digo? (Y te lo voy a decir.)
4. Héctor nos dijo todo _____ llegó.
5. _____ me lo pidas cien veces, no te compro el carro.
6. _____ recibieron el dinero, Héctor y Alicia compraron una casa nueva.

B. *Complete the paired sentences with the indicative or subjunctive, as indicated.*

Ejemplo: (estudiar)
Cuando estudies, vas a salir bien.
Cuando estudias, sales bien.

(You haven't studied yet.)
(All the times you study, you do well.)

1. (querer)
Trabaja como tú _____.
Trabaja como el jefe _____.

(And he wants it a certain way.)

2. (querer)
Hágalo según _____ la maestra.
Hágalo según _____ la maestra.

(Any way she tell you.)
(The way she tells you, and she will tell you a specific way.)

3. (llegar)
Voy a salir en cuanto _____ él.
Salí en cuanto _____ él.

(He hasn't arrived yet.)
(He did arrive and I left.)

COMUNICACION—FORMA

A. *You want to tell a child to do these things:*

Ejemplo: cantar
                Canta, por favor.

1. sentarse
2. lavarse las manos
3. sonreír
4. salir de la clase
5. ir a la oficina del director

B. *You want to tell a child **not** to do these things:*

Ejemplo: escribir en la pared
                No escribas en la pared.

1. correr en el pasillo
2. hablar alto
3. tocar la pared
4. poner los pies en la silla
5. golpear a otro niño
6. dibujar en el libro
7. quitarse los zapatos

C. *You decide you can get better cooperation from each child by making a gentler request. Preface each statement by* **Quiero que.**

(Change the **tú** command to the subjunctive form.)

Ejemplo: Abre el libro.
                Niño, quiero que abras el libro.

1. Siéntate en tu asiento.
2. Ponte los zapatos.
3. Cállate.
4. Espera un momentito.
5. Haz tu trabajo.
6. Dame el creyón.
7. Dile eso a tu mamá.
8. Dale esta nota a la secretaria.

FUNCION

Learning Activities	Learning Hints

17.10
Dar órdenes al niño

Telling the Child What to Do

Maestra	**Niña**	
Déjame ayudarte.	Yo puedo hacerlo sola.	Let me help you./I can do it by myself.
Empuja la puerta.	No sé hacerlo.	Push the door./I don't know how to do it.
Tira la palanca.	No quiero.	Pull the handle. (Also **Jala** and **Hala**)/I don't want to.
Cuelga tu abrigo.	¿Por qué?	Hang up your coat./Why?

Guarda tus cosas. ¿Así?	Put your things away./Like this?
Abróchate los zapatos.	Fasten your shoes.
Suénate la nariz.	Blow your nose.
Límpiate la boca.	Wipe your mouth.
Siéntate en mis piernas.	Sit on my lap.
Dame un abrazo.	Give me a hug.

SITUACIONES

1. *¿Qué hace Ud. y qué dice Ud. en las siguientes situaciones?*

a. Un niño tiene la nariz sucia.
b. La madre llega tarde a buscar a su hija.
c. Una niña se enfermó en la clase.
d. Jugando afuera un niño se cayó y se lastimó.
e. Dos niños pelean por un juguete.
f. Es hora de entrar a la clase. Algunos niños no quieren entrar.

2. *Ud. es maestra de la pre-escuela. Es una tarde tormentosa. Muchos niños ya se han ido para su casa. La mamá de un niño no ha venido a buscarlo y él se siente mal.*

Ud. le dice al niño que debe sentarse a su lado. El niño dice que tiene miedo y que no se siente bien. Ud. le dice que no tenga miedo y que no llore, que todos son sus amigos. El niño tiene hambre y pregunta cuando va a llegar su mamá. Usted le dice que ella va a llegar muy pronto. Pero su mamá no viene, viene su papá. Invente el resto de la conversación.

OPINION PROFESIONAL

You have just given a talk to a women's group concerning the current status of day-care facilities in your city. The women ask you the following questions. How do you answer them?

1. «Mi esposo no quiere mandar a nuestro hijo a la pre-escuela. Yo necesito algún tiempo libre. ¿Qué sugiere?» (Antes de dar sus recomendaciones, Ud. quiere saber la edad del niño, las condiciones económicas de la familia, la proximidad de la creche° o la guardería,° su transporte, etc.)   daycare
2. «Yo tengo un bebé de tres meses. Yo quisiera volver a trabajar. No tengo quién me cuide al niño. ¿Qué me aconseja?»
3. «Yo tengo dos niños en la escuela elemental. Yo no salgo del trabajo hasta las seis. ¿Qué recomienda para ellos?»
4. «Yo creo que a los niños les beneficia asistir a la pre-escuela. ¿Cuáles son las ventajas y las desventajas?»

INTERESES ESPECIALES Y VIAJES

Ya es hora de estudiar su interés especial. Favor de abrir el libro a la sección que corresponde a la Lección 17.

Estudio de palabras

Read aloud the word families that follow. Make up short, meaningful sentences using one or more words that you didn't know before from each group.

complicado	complicar	complicación	complejo
brazo	abrazar	bracero	abrazo
pérdida	perder	perdedor	perdido
calor	calentar	calefacción	caliente
nevada	nevar	nieve	níveo
nocturno	anochecer	trasnochar	noche/anoche
tarde	atardecer	tardío	tardar
limpio	limpiar	limpieza	limpiador

Notas culturales

La actitud hacia la crianza° de los niños en las familias de cultura latina es un poco diferente del concepto de disciplina que tiene el anglo-sajón. En primer lugar, la pareja° joven cuando tiene sus hijos no está sola, tiene la guía° y la ayuda de la familia que o viven juntos o están muy cerca. Ahí están la madre, la abuela, los tíos, los primos, los padrinos° y aún los vecinos para dar un consejo o aliviar la presión que significa tener la responsabilidad total en la crianza de un niño.

    La familia no permite que el niño pequeño llore° o que sus demandas no sean atendidas, pues cuando la madre no puede atenderlas, la familia responde. Generalmente a los niños pequeños no se les castiga,° se les mima.° Se espera a que tengan uso de razón° para disciplinarlos. Y los niños de meses raramente están solos o desatendidos,° siempre en brazos. De acuerdo a° la posición de la familia a cada niño se le asigna una muchacha, pariente o no, para que lo cuide mientras la madre atiende sus quehaceres domésticos° o al resto de la familia.

    No se espera que el niño muy joven sea independiente como en la cultura anglosajona. El

- bringing up
- couple
- guidance
- godparents
- cry
- punish/spoil
- age of reason
- unattended
- According to
- housework

hispano no pone tanto énfasis en las habilidades de ayuda personal,° o al «ayúdate a ti mismo.» La independencia y la responsabilidad se adquieren con los años.   *self-help skills*

       La autoridad de los padres es indisputable, pero es la madre la que establece° la rutina y la que resuelve las pequeñas discordias en la familia. Al padre se le respeta y admira pero los lazos de cariño° son distantes. Los niños expresan sentimientos de afecto más evidentes hacia la madre y se sienten más apegados° a ella.   *establishes*

     bonds of affection

     closer

       El centro de la vida del niño es la vida del hogar° y sus dimensiones básicas son: respeto, autoridad y cariño.   *home*

PREGUNTAS

1. ¿Quiénes ayudan a la pareja joven?
2. ¿Cómo es diferente el concepto hispano de disciplina al concepto anglosajón?
3. ¿Qué actitudes diferentes hacia la independencia y la responsabilidad reflejan las dos culturas.
4. ¿Cuáles son los diferentes papeles que tienen el padre y la madre?
5. ¿Qué ventajas y desventajas encuentra Ud. en los dos conceptos de la crianza del niño?

EXPLANATIONS

17.a *Tú* Commands

Affirmative and Negative Commands. Affirmative commands are those that tell someone to do something; negative commands are those that tell someone not to do something.

Regular Commands   17.4–17.6

Affirmative *tú* commands that are regular have the same forms as the *él-ella-Ud.* forms of the present indicative tense. (If this seems strange, and even a bit confusing, it may help to know that in Latin, the language from which Spanish structure developed, the familiar commands and the third person indicative were different forms, but they ended up in Spanish as the same!)

       Negative familiar commands are the same as the *tú* form of the present subjunctive, preceded by *no*.

Affirmative Commands	Negative Commands
mira	no mires
abre	no abras
come	no comas

The placement of the object and reflexive pronouns is the same for familiar commands as it is for formal: they follow and in writing are attached to the affirmative commands; they immediately precede negative commands.

Déme el dinero ahora.	Give me the money now.
No me des el dinero ahora.	Don't give me the money now.
Siéntate.	Sit down.
No te sientes.	Don't sit down.

Irregular Commands   17.4–17.6

The *tú* commands of some of the most common verbs have irregular forms—forms that are only one syllable long. Many irregular commands are similar to the third singular of the indicative, but with some letters deleted.

Infinitive	3rd Sing. Ind.	Irregular tú commands
salir	salé	sal
hacer	hacé (c>z)	haz
poner	poné	pon
decir	dicé	di
venir	viené	ven
tener	tiené	ten

17.b Present Subjunctive Forms of -ir   17.7
Stem-Changing Verbs

Ir stem-changing verbs change in every person of the present subjunctive, as may be seen in the following examples:

e>i	e>ie, i	o>ue, u
pedir	*divertir*	*morir*
pida	divierta	muera
pidas	diviertas	mueras
pida	divierta	muera
pidamos	divirtamos	muramos
pidan	diviertan	mueran

17.c *Let's* commands   17.8–17.9

In Frame 5.8 you practiced "Let's" using *vamos a* + infinitive.

In this Lesson, in Frame 17.10, the "let's" command using subjunctive is presented:

Vamos a bailar.
Bailemos. } Let's dance.

17.d Subjunctive in Adverbial Clauses   17.8–17.9

In Frames 17.8 and 17.9 the present subjunctive in adverbial clauses is presented. These are clauses that function to modify verbs, adjectives and adverbs. They are introduced by conjunctions that express cause, purpose, time, and provision. Some of these conjunctions will always be followed by the subjunctive form of the verb because they express unknown contigencies. Others may or may not be followed by the subjunctive depending on whether they express facts or unknown or provisional factors.

Always take Subjunctive		*Require Subjunctive if Not Fact*	
(See Frame 17.8 for examples)		(See Frame 17.9 for examples)	
a menos que	unless	aunque	although
antes (de) que	before	como	as
con tal que	provided that	cuando	when
para que	so that, in order that	donde	where
		según	according to
sin que	without	tan pronto como, en cuanto	as soon as

17.e Shortened Forms of Adjectives   17.2

Frame 17.2 presents adjectives that drop o when they precede masculine nouns. (You practiced some others like these in earlier lessons):

buen hombre	hombre bueno	buena mujer
veintiún libros	veintiuno	veintiunas plumas
ningún libro	ninguno	ninguna solución

   Grande becomes *gran* before any singular noun. Used before the noun, *gran* means "great"; used after the noun, *grande* has more the sense of "large." In Frame 17.5 the teacher made a play on words with these two meanings.

17.e *Estar* + Past Participle   17.3

In Frame 17.3 the past participle is used with *estar* to show the result of a condition. In this construction, the past participle is an adjective, and so it agrees with the subject of *estar.*

La niña estaba dormida.
Los niños estaban dormidos.

FICCION

ODISEA DE LA FAMILIA MARTINEZ

Episodio 18

Son las seis y media de la tarde. Alicia está preparando la comida. Ya la mesa está puesta. Mira el reloj impaciente, se dirige al teléfono, levanta el receptor y lo vuelve a colocar sin llamar. En eso entra Héctor, se le ve agobiado° por alguna preocupación.   overwhelmed

   Alicia: Hola, Héctor. Ya estaba impaciente. *(Se acerca a él° para*   goes up to him
                   abrazarlo.)

  Héctor: *(La besa distraído.)* Hola, querida. He tenido un día muy
                   complicado.

   Alicia: Se te nota en la cara. ¿Te preparo un trago°?   drink

  Héctor: Sí, dame algo, por favor. *(Se sienta en el sofá.)*

360

Alicia: *(Vuelve con dos cocteles. Le da uno y se sienta al lado de él. Mientras sorbe° un trago le dice:)* ¿Quieres contarme qué te pasa?   sips

Héctor: Tengo que salir de la ciudad por unos días.

Alicia: ¿Adónde? ¿Cuándo? ¿Por qué? *(Ansiosa)*

Héctor: Cálmate. Es cuestión de negocios. Prepárame la maleta° esta noche pues salgo mañana a mediodía.   suitcase

Alicia: ¡Vaya sorpresa!° Bueno, voy a servir la comida. Después hablamos.   What a surprise!

Héctor: Voy al baño y vengo en seguida.

Después de la cena, en el cuarto de ellos.

Alicia: ¿Cuánta ropa vas a necesitar?

Héctor: Dame tres mudas° de ropa interior, tres camisas y dos trajes.   changes

Alicia: Todavía no me has dicho adónde vas.

Héctor: Te lo digo luego.

Alicia: ¿Quieres que te lleve al aeropuerto?

Héctor: No, no es necesario. Javier me va a llevar.

Alicia: Está bien. Llámame antes de salir si tienes tiempo.

Héctor: Trataré. *(La abraza, la mira con ternura y le dice:)* No te preocupes. Nada me va a pasar.

El próximo día en el aeropuerto. Javier dándole un paquete a Héctor.

Javier: Ten mucho cuidado con esto. El éxito de nuestra misión depende de ti en estos momentos.

Héctor: Yo comprendo que estés aprensivo, pero yo soy parte del negocio. Mi interés es tan grande como el tuyo.

Javier: Lo sé. Perdóname. Pero es que también me preocupa tu seguridad. Sé el riesgo que estás corriendo.

Héctor: No hay que preocuparse. Todo saldrá bien. Ya verás. *(Se abrazan. Héctor sale.)*

Dos días después. Javier está escuchando las noticias. Da un brinco al oír al locutor decir que ha habido° un golpe de estado° en San Lucas. Se levanta y camina nervioso, peinándose con los dedos. Sigue paseándose por la habitación, se detiene, va al teléfono y llama.   there has been/military coup

Alicia, contestando desde su casa.

Alicia: Aló. Aló.

Javier: *(Habla titubeando°.)* Alicia. ¿Cómo estás?   hesitantly

Alicia: Bien, gracias. ¿A qué se debe tu llamada? Tú sabes que Héctor está de viaje.

Javier: Sí, por eso te llamo para ver si has sabido de él.

Alicia:	No, ni una palabra. Estoy ansiosa pues no sé ni por dónde anda.
Javier:	¿Has oído las noticias?
Alicia:	No, no esta tarde.
Javier:	Ha habido un golpe de estado en San Lucas.
Alicia:	Y eso, ¿qué tiene que ver con Héctor?
Javier:	Mucho. *(Recalcando° las palabras.)* Él está en San Lucas.
Alicia:	¡Ay, Dios mío! No me atormentes. *(Cuelga el teléfono y se echa en el sofá aturdida.°)*

Stressing

stunned

PREGUNTAS

1. ¿Cree Ud. que Héctor y Alicia tienen una buena relación matrimonial?
2. ¿Por qué Héctor tiene que salir de la ciudad?
3. Según la ropa que lleva, ¿cuántos días va a estar Héctor de viaje?
4. ¿Por qué Héctor no quiere que Alicia vaya a despedirlo al aeropuerto?
5. ¿Por qué está Javier aprensivo?
6. ¿Qué riesgo está corriendo Héctor?
7. ¿Por qué Javier salta al oír las noticias?
8. ¿Qué cree Ud. que le pasa a Héctor?

FONDO 18

Learning Activities	**Presentación de materia nueva**	**Learning Hints**

18.1
Suena el teléfono.

The Telephone's Ringing.

Persona 1	*Persona 2*	
¿Bueno? Con Patricia Martínez. ¿Quién llama, por favor? ¡Ah! Lo siento, señor Longoria.	Aló. ¿Con quién hablo, por favor? ¿Puedo hablar con la señora Martínez, por favor? Habla Javier Longoria.	(Telephone greetings vary from speakers of one country to another. Some typical greetings are ***Bueno, Aló, Hola, Diga, Dígame, Oigo.***)

Ella. no está° en este momento.
Sí, señor, con todo gusto.
Adiós.

Bueno. ¿Quieres decirle que he
   llamado?
Adiós.

(= no está aquí)

Empleada

Buenos días. Compañía Longoria.

Sí, señor. *(Otra voz)*
Oficina del señor Vargas.

¿De parte de quién?

El señor Vargas está en conferencia ahora.
Sí, cómo no.

Sí, señor. ¿Algo más?
Gracias. Hasta luego, señor.

Cliente

Buenos días. ¿Me comunica con
   el Departamento de Ingenie-
   ría, por favor?

Quisiera hablar con el señor
   Vargas.
De parte del señor Touyac.

Bueno. ¿Quiere tomar un reca-
   do, por favor?
Dígale por favor que me llame
   en cuanto esté desocupado.
   Que tengo un candidato para
   la posición nueva.
No, gracias, es todo.
Adiós, señorita.

Will you connect me with the
Engineering Department?

I would like . . .

Who's calling? (lit., On whose part?)/
Mr. Tuoyac.
/Will you take a message, please?

. . . to call me as soon as he's free.
That I have a candidate . . .

Cliente

¿**Hablo con** _____?
   el gerente
   la jefa
   la secretaria
   el agente de ventas

Empleado/a

Sí, con él habla.
Sí, con ella habla.

Am I talking to _____.
Yes, speaking.

PRACTICA

A. *Give (or make up) telephone responses using the following words:*

Ejemplo: parte
            De parte del señor Jones.

1. parte
2. que me llame
3. recado
4. me comunica con

5. en conferencia
6. desocupado
7. Quisiera
8. decirle

B. *Role-play two telephone conversations, one a personal call, and one a business call.*

18.2
Llamadas telefónicas   Telephone Calls

Señor/a	***Operador/a***	
Quiero hacer una llamada de larga distancia.	¿A dónde?	
A Venezuela.	Ud. puede marcar directo, si prefiere.	You can dial direct . . .
No, necesito llamar de persona a persona.	Bien, ¿para quién es la llamada?	
Para el señor Linares.	Lo siento. La línea está ocupada.	. . . is busy.
¿Pero cómo puede ser? Esperaba mi llamada.	Bueno, lo llamo otra vez.	. . . He was expecting my call.
¿No será un número equivocado?	Es posible.	Could it be a wrong number?
Operador/a	***Universitario/a***	
¿Qué número desea, señor/ita?	El cinco tres cuatro-setenta y seis veinte.	534-7620
¿Cuál es la zona telefónica?	Es el tres cero uno.	301
¿A cobrar allá?	Sí, señorita.	Collect?
Adolescente	***Adolescente***	(Telephone numbers can be read in a variety of ways—often whatever "sounds good" to the speaker.)
	(En el centro de tiendas)	
Voy a llamar a Tomás.	¿Para qué?	
Para que venga a buscarnos.	Buena idea. ¿Tú sabes el número?	So he can come for us.
No, pero allí hay una cabina telefónica.	Sí, vamos a buscarlo en la guía.	No, but there's a telephone booth./ Yes, we'll look in the (telephone) book.
Aquí está. *(Levanta el receptor.)*		(He/She picks up the receiver.)
No oigo el tono de discar.	Debe estar descompuesto.	I don't hear the dial tone./It must be out of order.

PRACTICA

A. *Explain the meaning of each of the following words or phrases.*

Ejemplo: el número de teléfono
              una serie de números que uno
              marca para conectar la línea
              telefónica con el teléfono
              de otra persona a quien
              quiere llamar o con quien quiere hablar

1. cabina   5. operador
2. marcar   6. tono de discar
3. a cobrar allí   7. descompuesto
4. receptor

¿Quiere Ud.
llamar a México?

Para marcar
directamente
desde
la habitación:

B. *Make a short statement using each of the following words.*

1. la línea
2. la guía telefónica
3. marcar
4. sabes
5. buscamos
6. el tono de discar
7. descompuesto
8. ocupada

COMUNICACION—FONDO

A. *You are explaining to a visitor from outer space (this visitor speaks only Spanish) how to use the telephone. Use the cues to give polite commands.*

Ejemplo: buscar/número/guía
Busque el número en la guía.

1. levantar/receptor
2. escuchar/si/línea/desocupada
3. tocar/dígito 9/línea exterior
4. escuchar/tono de discar
5. marcar/número
6. esperar/hasta que/persona/ contestar
7. conversar/persona
8. decir/adiós
9. colgar/receptor

(**hasta que,** future time = subj.)

B. *You are the receptionist at **Compañía Universal**. Complete this conversation with a client who calls.*

(Suena el teléfono.)

Recepcionista:
    Cliente: Buenos días, señorita.
Recepcionista:
    Cliente: ¿Cuál es el número de la extensión del señor Tou-yac, por favor?
Recepcionista:
    Cliente: Gracias. De parte del señor González.
Recepcionista:
    Cliente: ¿Sabe Ud. cuándo regresa?
Recepcionista:
    Cliente: ¿Puede tomar un recado?
Recepcionista:
    Cliente: Que me llame cuando vuelva.
Recepcionista:
    Cliente: Es el 830-6659.
Recepcionista:
    Cliente: Es un asunto del personal para la nueva fábrica.
Recepcionista:
    Cliente: Moisés Touyac.

(You will need to know the Spanish alphabet for spelling names or for filing. You can ask: ¿Cómo se dele-trea . . .?)

Letter:	Sound:
a	a
b	be
c	ce
ch	che
d	de
e	e
f	efe
g	ge
h	hache
i	i
j	jota
k	ka
l	ele
ll	elle
m	eme
n	ene
ñ	eñe
o	o

Recepcionista:	
Cliente:	Moisés. M - o - i - s - é - s.
	Touyac. T - o - u - y - a - c.
Recepcionista:	
Cliente:	Dios mío, señorita. ¿Es Ud. sorda? ¡Touyac! ¡Touyac! ¡Touyac!
Recepcionista:	
Cliente:	Sí, señorita. «T» como en «tonto.»
Recepcionista:	
Cliente:	Gracias, muy amable.
Recepcionista:	

p	pe
q	cu
r	ere
rr	erre
s	ese
t	te
u	u
v	ve
w	doble ve
x	equis
y	i griega
z	zeta

(Sr. Touyac's grandfather was from France. Many Spanish-speaking people have surnames that are not of Spanish origin.)

C. *A journalist from Ecuador is coming to interview you about your company/institution. He has rented a car at the airport. Tell him how to get from the airport to your building. Spell the street names that he doesn't understand.*

(Your teacher or another student can role-play the journalist. Members of the class can take turns adding on to the directions.)

FORMA

Learning Activities	Presentación de estructuras nuevas	Learning Hints
		Explanation 18.a Future Tense, Reg. Verbs They'll Buy It.
	18.3 Lo comprarán.	

Jefe	**Gerente**	
Lo _____ comprado.	**Y _____ también lo _____.**	
he	yo . . . compraré	I've bought it./And I'll buy it too.
hemos	nosotros . . . compraremos	We've bought it/. . . we'll buy it . . .
has	tú . . . comprarás	You've bought it/you'll . . .
ha	él . . . comprará	He's bought/he'll buy . . .
han	ellos . . . comprarán	they've bought/they'll . . .
No lo _____ pedido.	**_____ tampoco lo _____.**	I haven't asked for it./I won't ask for it either.
he	yo . . . pediré	
hemos	nosotros . . . pediremos	
has	tú . . . pedirás	
ha	ella . . . pedirá	
han	Uds. . . . pedirán	

PRACTICA

A. *Time to make some New Year's resolutions. Choose the resolutions that you'd like to make and state them in the future tense.*

Ejemplo: Voy a estudiar más.
Estudiaré más.

(How many? Surely you can find 8
or 10 that you think would improve
your life!)

1. Voy a comer menos.
2. No voy a dejar para mañana lo que pueda hacer hoy.
3. Voy a tratar a mis empleados con más cortesía.
4. Voy a manejar con más cuidado.
5. Voy a manejar con menos hostilidad.
6. Voy a perder peso.
7. Voy a llevar una vida más disciplinada.
8. Voy a ayudar más a mi esposo/esposa en todo.
9. Voy a gastar menos en la comida.
10. No voy a jugar tanto a los juegos de video.
11. _____
12. _____

(Add a few of your own!)

B. *Use the infinitives as cues to write a lesson plan for a class of
fifth graders. Use the future tense.*

(Some teaching objectives are written as infinitives and some in the
future. A teacher's manual might
use either form.)

Ejemplo: dibujar formas geométricas
Los niños dibujarán formas geométricas.

1. hablar de su visita al aeropuerto
2. escribir una composición sobre la visita
3. entregar los papeles
4. leer un cuento
5. empezar el estudio de la división
6. escuchar música

18.4
Me dirán.

Explanation 18.c
Future Tense, Irreg.
Verbs
They'll Tell Me.

Empleado	Jefa	

(Give answers for the boss. Suggestions: **Creo que sí, No lo creo,
¿Quién sabe?,** etc.)

Empleado	Jefa	English
¿Sabrá hacerlo?	_____	Will she/he know how to do it?
¿Podrá hacerlo?		Will . . . be able to . . .
¿Querrá hacerlo?		Will . . . want to . . .
¿Pondrá atención?		Will . . . pay attention?
¿Tendrá tiempo?		Will . . . have time?
¿Saldrá pronto?		Will . . . leave . . .
¿Vendrá pronto?		Will . . . come . . .
¿Dirá la verdad?		Will . . . tell . . .
¿Hará el trabajo?		Will . . . do . . .

PRACTICA

Los Martínez are planning their dream house. What will they want in it? Use the words suggested to describe what they will have.

Ejemplo: tener/sala enorme
              Tendrán una sala enorme.

1. tener/piscina olímpica
2. tener/cancha de tenis
3. querer/cuartos para dormir
4. poner/garage/cocina
5. haber/cuartos para sirvientes
6. precio/salir en millones de pesos

18.5
Dijo que lo compraría.

Explanation 18.b
Conditional Tense,
Reg. Verbs
He Said He Would Buy It.

Jefe	*Empleado*	
¿Qué dijo?	**Que _____.**	What did he say?/That _____.
	yo lo compraría	I'd (I would) buy it
	tú lo comprarías	you'd buy it
	él lo compraría	he'd buy it
	nosotros lo compraríamos	we'd buy it
	Uds. lo comprarían	you'd buy it
		(After **que,** and in many clauses, subjects often follow the verb.)
¿Qué prometió ella?	**Que _____.**	
	lo pediría yo	I'd ask for it
	lo pedirías tú	you'd ask for it
	lo pediría ella	she'd ask for it
	lo pediríamos nosotros	we'd ask for it
	lo pedirían Uds.	you'd ask for it

PRACTICA

What would you do if you won a million dollars in the lottery?

Choose 5 things from the suggestions below that you would do. Change the infinitive to the conditional tense.

Ejemplo: viajar a Europa
              Viajaría a Europa.

1. comprar un yate
2. seguir con mis estudios
3. divorciarme
4. casarme
5. viajar por el mundo
6. dar una fiesta fantástica
7. dar todo el dinero a los pobres
8. comprar un auto nuevo
9. _____
10. _____

(What else?)

		Explanation 18.c Conditional Tense, Irreg. Verbs
	18.6 **Dijo que lo haría.**	He Said He'd Do It.

Jefe	Empleada	
¿Qué dijo?	Que _____ de hoy en ocho días. saldría vendría sabría podría ir	What did he say?/That he'd _____ a week from today. (Lit., "from today in eight"—there are eight days if you count today and the same day of next week.)
¿Qué dijo?	Que lo _____ de hoy en quince días. diría haría pondría querría tendría	What did he say?/That he'd _____ two weeks from today.

PRACTICA

Tell what the person would do in each of the following circumstances:

Ejemplo: tener tiempo.
     Tendría tiempo.

1. poner el dinero en el banco
2. salir temprano
3. tener buenas notas
4. querer salir
5. venir tarde
6. saber las palabras
7. poder esquiar
8. hacer mucho dinero

18.7
¿Hay alguien?

Explanation 18.e
Subj. in Adj. Clauses,
Indefinite
Is There Anyone?

Jefe	*Asistente*	
¿Hay algún empleado que lo _____?	Sí, yo creo que _____ lo _____.	Is there some employee who may _____ it?/Yes, I think _____ _____s it.
sepa	sabe	I think _____ knows it.
arregle	arregla	
¿Conoces a alguien que lo _____?	¿No puede _____ _____ lo?	Do you know someone who might _____ it?/Can't _____ _____ it?
consiga	conseguir	
pida	pedir	
Señor/Señora	*Gerente*	
¿Solicitan un empleado? una empleada	Sí, alguien que _____.	Are you looking for an employee?/Yes, one who _____.
	sepa procesar palabras	knows word processing
	sepa programar la computadora	knows computer programming

PRACTICA

A. *You want to write want ads for the following positions. Complete the first line of the ad using the cue words:* **Se solicita**° _____ **que** _____.

Wanted, We're looking for

Ejemplo: secretaria/tener experiencia con computadoras
Se solicita secretaria que tenga experiencia con computadoras.

1. empleado/trabajar de noche
2. sirvienta/encargarse de la casa
3. chófer/manejar camión
4. enfermera/tener experiencia en la sala de emergencia
5. dependiente/ser de buena presencia°   attractive
6. ingeniero/conocer la industria petrolera

B. *Write a want ad for a person you would like to employ.*

Ejemplo: *Se solicita contador que pueda ayudarme con los impuestos y pueda trabajar después de las cinco de la tarde o los fines de semana.*

18.8 **No hay nadie.**	Explanation 18.e Subj. in Adj. Clauses Negative There Isn't Anyone.

Gerente	*Empleado*	
¿No hay nadie que _____ hacerlo?	**No conozco a nadie.**	Isn't there anyone who'll _____ to do it?/I don't know anyone.
sepa pueda se ofrezca a		offer
No hay empleado _____.	**¿Ninguno?**	There isn't an employee _____./ Not one? (None?)
que venga a tiempo que falte al trabajo		who comes on time who misses work

PRACTICA

What do you think about the following careers? Complete the statements as you think appropriate.   (Review 3.1, 3.2.)

Ejemplo: No hay empleado _____.
No hay empleado que gane bastante dinero.

1. No hay abogado que _____.
2. No hay policía que _____.
3. No hay profesor/a que _____.
4. No hay médico que _____.
5. No hay sirviente que _____.
6. No hay vendedor que _____.

COMUNICACION—FORMA

A. Tell what you will do in the following cases.

Ejemplo: Ud ha recibido un premio grande en la lotería. ¿Pondrá el dinero en el banco o lo gastará?
Lo pondré en el banco.

1. Ud. ha visto al esposo de una amiga en un club con otra mujer. Se lo dirá a su amiga o no se lo dirá.
2. Ud. ha encontrado un billete de cien dólares en la calle. Escrito en el billete hay un número de teléfono y el nombre «Chuck.» ¿Llamará Ud. al número para ver si Chuck sabe algo del billete, o llamará a la policía o no le dirá nada a nadie?
3. Ud. tiene que llegar al aeropuerto para recibir a su suegra. Es muy importante que llegue a tiempo, porque en su última visita Ud. llegó tarde. El vuelo llega a las cinco. ¿A qué hora saldrá para llegar a tiempo?

B. *Amparo doesn't know what to do. Everyone is giving her advice, opinions, and talking about her situation. Complete the statements as you think they might be completed for each person.*

Ejemplo: Me alegro de que _____.
               Me alegro de que Amparo no salga con José Antonio.

1. Alicia: No me importa que _____.
2. Su padre: Ud. sabe que los amores jóvenes _____.
3. Marta González, directora de la pre-escuela: Yo dudo que _____.
4. José Antonio: Yo no creo que _____.
5. Inés: Yo le aconsejo a Amparo que _____.
6. Mamá de Amparo: Es mejor que _____.
7. Raúl, técnico en el canal de televisión: Espero que Amparo _____.
8. Padre de Amparo: Ojalá Amparo no _____.
9. María Eugenia: Yo veo que _____.
10. Estela: No es bueno que _____.

(Review 16.6, 16.7, 16.8.)

(Use subjunctive or indicative according to whether the statement is fact or:
1. attempting to influence her
2. emotion
3. doubt, denial.)

FUNCION

Learning Activities	**Learning Hints**
	Explanation 18.d Fut./Cond. of Probability Expressing Probability
18.9 Expresar probabilidad	

Empleado	*Secretaria*	
¿Dónde está el señor Longoria?	**No sé. Estará** _____.	Where's Sr. Longoria?/I don't know. He must be _____. (He probably is, I think he is, etc.)
	afuera en conferencia	outside
¿Qué hora será?	**Serán** _____. las dos las tres	What time can it be?/It's probably . . .

Amigo	*Amiga*	
¿Dónde estaría Amparo que no vino anoche?	Estaría _____.	Where can Amparo be that she didn't come last night?/She must have been . . .
	enferma ocupada	
¿Qué hora sería cuando terminó la reunión?	Sería _____.	What time can it have been when the meeting ended?/It must have been . . .
	medianoche las diez	

SITUACIONES

1. Un agente de ventas busca a su jefe. Ud. sabe que su jefe no quiere verlo. Ud. da muchas excusas, sin decirle nada exacto, como: «Estará de vuelta por la tarde; Tendrá que salir después; Otro día sería mejor,» etc.

2. Se ha encontrado muerto a un famoso abogado criminalista. Lo encontraron en su dormitorio con tres heridas de bala. Uds. son los investigadores del homicidio. Están hablando de las posibles soluciones. Discuten el caso, usando como guía algunas de las preguntas siguientes:

¿Quién sería el asesino?	¿Actuaría el asesino solo o tendría cómplice?
¿Por qué lo mataría?	¿Qué arma usaría?
¿Cuál sería el motivo?	¿Qué castigo recibiría?

OPINION PERSONAL

Exprese su opinión acerca de los siguientes asuntos.

1. ¿Cómo sería el mundo si no tuviéramos° teléfonos?   we didn't have (past subj.)
2. ¿Sería mejor tener varias compañías de teléfonos?
3. La compañía telefónica nos ofrece hoy en día una variedad de servicios nuevos: podemos marcar los números frecuentemente llamados tocando sólo un botón; si no estamos en casa nuestro teléfono puede sonar en casa de otra persona designada; podemos poner en espera una llamada para atender a otra. ¿Cuáles de estos servicios le convienen más? ¿Ud. tiene todos estos servicios? ¿Vale la pena su costo?
4. Con los cambios recientes, la Compañía Americana de Teléfonos y Telégrafos adquiere un papel más importante en los servicios de información. En cambio, nosotros tenemos que encargarnos de la instalación de los teléfonos y su arreglo cuando funcionan mal. Además ahora podemos comprar los teléfonos que nos gusten. ¿Cómo se beneficia el consumidor con todos estos cambios?
5. ¿Cómo han cambiado los teléfonos en los últimos cincuenta años, según lo que Ud. ha leído o lo que ha visto?

INTERES ESPECIALES Y VIAJES

Ya es hora de estudiar su interés especial. Favor de abrir el libro en la sección que corresponde a la Lección 18.

Estudio de palabras

Read aloud the word families that follow. Make up short, meaningful sentences using one or more words in each group.

campo	acampar	campamento	campeador	campesino
mezcla	mezclar	mezclado	mezclador	
picada	picar	picador	picante	
peso	pesar	pesado	pesadez	
nacido	nacer	nacimiento	natal	
ayuda	ayudar	ayudante		
burla	burlar	burlesco	burlador	
idéntico	identificar	identidad	identificación	

Notas culturales

Reflejos Históricos Sobre el Carácter Hispano

Es difícil saber hasta qué punto nuestras actitudes están influídas por nuestros antecedentes históricos.

La Península Ibérica ha sido el crucero° para los pueblos migratorios entre el continente europeo y el Africa continental. Por ese motivo Iberia fue invadida por numerosos pueblos que han dejado sus huellas° en el carácter español.

Uno de los invasores de más influencia en la civilización española fue el pueblo árabe, no sólo por su gran cultura sino por la duración de su dominación. Los árabes llegaron a la Península Ibérica en el año 711. Su civilización alcanzó° un gran desarrollo° como podemos ver en algunos monumentos que todavía existen: la Mezquita de Córdoba y la Alhambra de Granada, entre otros.

El pueblo cristiano que habitaba la Península nunca se rindió° completamente, siempre tratando de recuperar el territorio que los árabes

crossroads

footprints

reached/development

surrendered

habían conquistado. Esta lucha,° que duró hasta   fight
el año 1492, se conoce con el nombre de la Re-
conquista°.   Reconquest

El año 1492 fue de gran significación histórica. Durante ese año el país quedó unido bajo
un solo reino°, el de los Reyes Católicos Fer-   kingdom
nando e Isabel y bajo una sola religión, la católica.
Los judíos eran forzados a convertirse o a salir
del territorio y se peleó° la última batalla contra   fought
los moros que se retiraron al Africa.

Los cristianos medievales se dedicaban
con preferencia a las artes de la guerra° y a la   martial arts
religión como profesión. Arabes y judíos eran los
que mantenían la estructura básica de la sociedad: la agricultura, el comercio, la industria y el
sistema bancario.

Este concepto idealista se ha mantenido a
través° de las generaciones y los jóvenes de hoy,   throughout
como los de antes, continúan buscando un modo
prestigioso de ganarse la vida. Por eso, la familia
hispana da tanta importancia a la educación.
Para la mayoría de los hispanos, el camino hacia
el progreso es la educación.

Cualquiera que sea la causa, los valores
medievales han sido conservados en gran manera en la actitud del hispano.

PREGUNTAS

1. ¿Por qué ha sido invadida por muchos pueblos la Península Ibérica?
2. ¿En qué forma han dejado sus huellas los pueblos invasores?
3. ¿Por qué los árabes influyeron tanto en la civilización española?
4. ¿Qué monumentos dejaron los árabes en España?
5. ¿Qué es la Reconquista?
6. ¿Cuánto tiempo duró la dominación árabe en la Península?
7. ¿Por qué el año 1492 es de gran significación histórica?
8. ¿Qué ocupaciones preferían los cristianos en Iberia?
9. ¿Qué clase de trabajos representan los grupos sometidos?
10. ¿Cómo se refleja la actitud hacia el trabajo en el pueblo español?
11. ¿Cómo reacciona el hispano moderno hacia la educación?
12. ¿Qué significa la educación para el hispano?

EXPLANATIONS

18.a Future Tense of Regular Verbs

The future tense of regular verbs is the same for all three verb conjugations. An easy way to remember the formation of the future tense is to add the present tense of **haber** (without the **h**) to the whole infinitive:

comprar + ~~h~~e	compraré
comprar + ~~h~~as	comprarás
comprar + ~~h~~a	comprará
comprar + ~~h~~emos	compraremos
comprar + ~~h~~an	comprarán

All forms have written accents, with the exception of the first-person plural.

Typical English meanings for the future are:

Ud. comprará	you will buy, you'll buy
Ud. no comprará	you won't buy

While the future tense is an "easy" tense, it is not used in quite the same way in Spanish as it is in English. For example:

1. In conversation, the *ir a* construction is often used instead of the future tense.

Lo voy a hacer mañana.	I'm going to do it tomorrow.
	I'll do it tomorrow.

2. Present tense is often used for events in the near future, even in cases where English would use the future:

Lo hago mañana.	I'll do it tomorrow.

18.b Conditional Tense of Regular Verbs   18.5

Like the future tense, the conditional tense is formed by adding endings to the whole infinitive. The endings are also the same for all three conjugations.

We might say that the conditional tense is formed by adding to the infinitive the endings of *-er, -ir* verbs in the imperfect:

comprar + ía	compraría
comprar + ías	comprarías
comprar + ía	compraría
comprar + íamos	compraríamos
comprar + ían	comprarían

The typical English meaning of the conditional tense is:

Ud. compraría.   You would buy, you'd buy.
Ud. no compraría.   You wouldn't buy.

18.c   Verbs with Irregular Stems in the Future and Conditional   18.4, 18.6

Not many verbs are irregular in the future and conditional tenses, but those that are have the same irregularities in the stem in both the future and conditional tenses; the endings are the same as for regular verbs:

Infinitive	*Stem*	*Future*	*Conditional*
	(Drop final **e** of Inf.)		
querer	querr-	(yo) querré	(yo) querría
saber	sabr-	sabré	sabría
poder	podr-	podré	podría
haber	habr-	habré	habría
	(Drop final vowel, + d.)		
poner	pondr-	pondré	pondría
tener	tendr-	tendré	tendría
venir	vendr-	vendré	vendría
salir	saldr-	saldré	saldría
valer	valdr-	valdré	valdría
	(Drop two letters.)		
decir	dir-	diré	diría
hacer	har-	haré	haría

18.d   Future and Conditional of Probability   18.9

The future tense can be used to express probability or possibility in **present** time. The conditional tense can be used to express probability or possibility in **past** time:

¿Qué hora será?	What time can it be?
	What time do you suppose it is?
Serán las dos.	It must be two.
	It's probably two.
¿Qué hora sería cuando terminó la junta?	What time do you suppose it was when the meeting ended?
	(What time could it have been . . .)
Sería medianoche.	It was probably midnight.
	(It might have been . . . It possibly was . . .)

18.e   Subjunctive in Adjective Clauses   18.7, 18.8

Adjective clauses describe nouns, pronouns, and nominalized forms. When something or someone unknown or nonspecific is described, the subjunctive mood is used in the clause. In this sense, clauses introduced by negative pronouns are also nonspecific. In Frames 18.7 and 18.8 the subjunctive in adjective clauses is presented.

¿Hay alguien que lo sepa?	Is there anyone who knows it?
No hay nadie que lo sepa.	There is no one who knows it.

FICCION

ODISEA DE LA FAMILIA MARTINEZ

Episodio 19

Amparo visita a Felicia para pedirle consejo acerca de sus planes para el futuro.

Felicia:	¡Hola, Amparo!
Amparo:	Hola, Felicia. *(Se abrazan.)*
Felicia:	Pasa y siéntate.
Amparo:	Con tu permiso. *(Entra.)*
Felicia:	¿Qué hay de nuevo? ¿Qué te trae por aquí?
Amparo:	Tenía ganas de conversar contigo y además necesito tu consejo.
Felicia:	Me halaga que me pidas mi modesto consejo.

Amparo:	Vamos, no te hagas la violeta.° Tú sabes que yo te aprecio° mucho y tus ideas también.	don't be modest appreciate
Felicia:	¿Qué te pasa? ¿Tienes algún problema?	
Amparo:	En general, estoy bien. Pero mi vida está en una encrucijada.° Ya cumplí los 26 y tengo que decidir qué camino seguir.	crossroads
Felicia:	Cuéntame. ¿A qué te refieres?	
Amparo:	Tú sabes que José Antonio y yo nos peleamos. El es muy joven y ahora anda con otra chiquita, muy jovencita.	
Felicia:	Ya me lo habían dicho. Espero que no te haya afectado mucho.	
Amparo:	Un poco. Tú sabes como es eso. Por eso quiero dejar la pre-escuela y seguir mi vocación de artista de televisión. Ampliar mi horizonte.	
Felicia:	Tú tienes una voz° muy bonita. Sería una lástima que no la desarrollaras.° Tendrías que estudiar mucho.	voice develop
Amparo:	Lo sé. Pero no me importa estudiar. El otro día unos amigos de mi padre me presentaron a un joven que trabaja en el canal 15. En nuestra conversación hablamos de mis deseos de ser artista y él prometió ayudarme.	
Felicia:	¡No me digas! ¿Cómo se llama? A lo mejor° yo lo conozco.	probably
Amparo:	Se llama David, David Romero. Y por lo que me dicen está muy bien conectado en ese ramo°.	field
Felicia:	No, no lo conozco, pero me suena° el nombre. A mí me parece excelente que dejes la escuelita y sigas una carrera de artista. Yo sé lo que es la vida del maestro: mucho sacrificio y poco dinero. No hay porvenir, hijita, no hay porvenir en la enseñanza.° Tú tienes talento, eres joven y bonita y sabe Dios qué futuro puedas tener en teatro y televisión.	sounds familiar teaching
Amparo:	Me das ánimo.° Tienes razón. Me has ayudado a aclarar mis ideas con respecto a mi futuro.	courage
Felicia:	*(Con expresión y malicia)* ¿Sabes la última?	
Amparo:	¡Tú y tus noticias! No sé cómo te enteras° de todo.	find out
Felicia:	Amelia y Javier se están divorciando.	
Amparo:	Lo siento, especialmente por la hija, pero no me extraña.°	I'm not surprised
Felicia:	¿Por qué lo dices? Tú también sabías que Javier andaba con Margarita, y no solamente con Margarita, sino también con Alicia.	
Amparo:	En cuanto a Alicia, lo dudo. Lo de Margarita, sí.	
Felicia:	¿Has notado lo mucho que se parecen° Margarita y Alicia?	look alike
Amparo:	Ahora que lo dices, es verdad. El mismo porte,° la misma risa° . . .	bearing laugh
Felicia:	¡Hasta en los gestos se parecen!	
Amparo:	La que me da mucha pena° es Doña Estela. La muerte de Don Julián le ha afectado mucho.	I'm sad about

Felicia: Sí, la pobre. Está destruída. Ha perdido peso y no sale a ninguna parte.

Amparo: Imagínate, tantos años juntos. No es para menos.° Carmen está preocupada por ella. Quiere que vaya a pasar una temporada° con su hermana en la finca.°

It's no wonder

period of time/farm

Felicia: Sí, sería buena idea. Necesita distraerse y olvidar lo que no tiene remedio.

Amparo: Bueno, Feli, me voy. Te doy gracias por escucharme y por darme tu opinión.

Felicia: Adiós Amparito. Fe° y adelante y que Dios te acompañe. *(Se besan y Amparo sale.)*

Have faith

PREGUNTAS

1. ¿Para qué va Amparo a casa de Felicia?
2. ¿Qué diere decir «violeta» en este caso?
3. ¿Se ha encontrado Ud. alguna vez en una encrucijada? ¿Cuándo y por qué?
4. ¿Cree Ud. que Amparo pueda tener éxito en su carrera como artista?
5. ¿Qué piensa Felicia de la enseñanza como carrera?
6. ¿En qué se parecen Alicia y Margarita?
7. ¿Qué ventajas y qué desventajas tendría la visita de Estela a la finca?

FONDO 19

Learning Activities	Presentación de materia nueva	Learning Hints
	19.1 **Democracias y dictaduras**	Democracies and Dictatorships

Profesor/a	*Estudiante*	
¿Qué sistema de gobierno tiene _____?	**Es _____.**	(You can practice using real countries.)
	una democracia	
	una monarquía	(You can guess the cognates!)
	una dictadura	
	una teocracia	
	comunista	
	socialista	
¿Qué candidato apoya el partido _____?	**Apoya al candidato _____.**	What candidate does the _____ party support?
	demócrata	
	republicano	
	cristiano	
	liberal	
	conservador	
	izquierdista	
	derechista	
	marxista	

PRACTICA

Read each statement aloud and tell the kind of government referred to:

1. Un rey° o una reina° dirige° este gobierno.   king/queen/directs
2. El pueblo o una mayoría del pueblo dirige el gobierno.
3. La dirección del gobierno se deja a una persona a quien se acepta como representante de Dios.
4. El gobierno es dueño colectivo de la producción y su distribución.
5. El gobierno está a cargo de un solo hombre fuerte.
6. El partido totalitario controla la producción del estado.

19.2
El gobierno federal y estatal

Federal and State
Government

Visitante	*Ciudadano*
¿Cuáles son las posiciones que van a llenar?	**Todas las federales.**
¿Quién es el _____?	
senador	
representante	
gobernador	
juez Federal	
juez Estatal	
¿Quién fue nombrado _____?	_____
a la Corte Suprema	
representante a las Naciones Unidas	
Ministro de Relaciones Exteriores	
¿Cuáles son las tres partes del gobierno?	La ejecutiva, la legislativa y la judicial.
¿Cuáles son las dos Cámaras del Congreso?	El Senado y la Cámara de Representantes.

(A good way to learn the vocabulary is to put each question on a 3 × 5 card, and take turns answering with the names of present officials.)

(In many Spanish-speaking countries, the position of *diputado* is equivalent to *representante* in the United States.)

Who was named _____?

to the Supreme Court
United Nations representative

Secretary of State

(Also: *la Cámara Alta/la Cámara Baja*)

PRACTICA

A. *With what official are the following responsibilities associated?*

1. Representar a los constituyentes de su distrito en el gobierno estatal.
2. Una de las dos personas que representa su estado en el Congreso Nacional.
3. Interpreta las leyes estatales.
4. Dirige los asuntos del estado.
5. Este grupo es el útimo árbitro en casos judiciales.
6. Tiene el poder de vetar° las leyes.°

veto/laws

B. *Give the names of persons who currently hold these positions.*

1. Gobernador de su estado
2. Senador
3. Juez estatal
4. Miembro° de la Corte Suprema
5. Representante de su estado
6. Representante de los Estados Unidos a las Naciones Unidas

same form for men and women

19.3
El gobierno local

Ciudadano	Visitante	
¿Quién es _____?	Es _____.	
el alcalde/la alcaldesa		mayor (m./f.)
el controlador/la controladora		
el jefe de policía		
el jefe de bomberos		firechief
el presidente/la presidenta del consejo municipal		president of city council
el consejal/la consejal		councilman/woman

PRACTICA

A. *Explique en español qué hace cada uno de los siguientes oficiales:*

Ejemplo: *El jefe de bomberos dirige las operaciones de apagar incendios.*

1. El jefe de policía
2. El alcalde/La alcaldesa
3. Los miembros del consejo municipal
4. Los miembros de la junta directiva de las escuelas
5. El controlador/La controladora

B. *Explique cómo llegar a las oficinas siguientes de su ciudad.*   (Review 5.1)

1. la oficina de impuestos del condado
2. la cárcel° municipal   jail
3. el ayuntamiento
4. la estación de policía
5. una estación de bomberos

COMUNICACION—FONDO

A. *An immigrant is studying for his citizenship exam. He has several questions. Could you please answer him?*

1. ¿Quién recibe más respeto—el gobernador o el senador?
2. ¿Quién gana más dinero—el gobernador o el senador?

3. ¿Quién tiene más poder—el Presidente de los Estados Unidos o la Corte Suprema?
4. ¿Por qué hay los Estados Unidos solamente dos partidos políticos principales?
5. ¿Por qué a los ciudadanos de los Estados Unidos les gusta la democracia?
6. ¿Los consejos municipales dependen directamente del Presidente de los Estados Unidos?
7. ¿Votar es un deber° o un privilegio?   duty
8. ¿Por qué más ciudadanos no votan en los Estados Unidos?

B. *A guessing game! Here is information from a voter's certificate in Spanish. Every fifth word has been left out. Guess what word should go in the blank. (Some are words you wouldn't even know, so this is challenging!) The person who gets the most words that would fit correctly in the blanks wins.*

Este certificado puede ser _____ solamente en elecciones dentro _____ 1 de marzo, 1984, _____ el 29 de febrero _____. Cada dos años recibirá _____ certificado nuevo si no _____ sido descalificado bajo algunos _____ de la ley electoral. _____ cambia usted su domicilio _____ del condado, o si _____ cambia usted su nombre, _____ si la información de arriba _____ incorrecta, haga las correcciones _____ firme abajo, y devuelva _____ tarjeta al registrador de _____ su condado.

FORMA

Learning Activities	Presentación de estructuras nuevas	Learning Hints
	19.4 Ojalá votaran.	Explanation 19.a Imp. Subjunctive I Hope They Vote.

Empleado	*Político*	
¿Votaron?	Ojalá votaran.	Did they vote?/I hope they vote.
¿Ganaron?	Ojalá ganaran.	
¿Firmaron?	Ojalá firmaran.	
¿Salieron?	Ojalá salieran.	
¿Volvieron?	Ojalá volvieran.	
Señor	*Político*	
¿Ganará Ud.	Ojalá ganara.	I sure hope I'll win.
¿Ganará ella?	Ojalá ganara.	
¿Ganaron Uds.?	Ojalá ganáramos.	
¿Gané yo?	Ojalá ganaras.	

PRACTICA

A. Comment on the present tense sentences in the past:

Ejemplo: Ella quiere que yo lo gane.
Ella quería que yo lo ganara.

1. Yo quiero que Ud. lo aprenda.
2. Héctor quiere que Raúl le ayude.
3. Javier ya no quiere que Amelia viva con él.
4. Marta no quiere que Amparo deje la pre-escuela.
5. Estela no quiere que Jimmy salga con Patricia.
6. Alicia quiere que Héctor invite a los Longoria.
7. La profesora/El profesor quiere que Ud. escriba en español.
8. ¿Ud. quiere que terminemos temprano la clase?

B. Choose the appropriate completion for each sentence (past subjunctive, infinitive, or past indicative).

1. Su mamá le aconsejaba a María Eugenia que se (portaba, portara, portar) bien.
2. Ya veo que Ud. no (recibió, recibiera, recibir) su cheque.

3. Era importante que ellos (votaron, votaran, votar).
4. Le pedí al candidato que (habló, hablara, hablar) con entusiasmo.
5. Roberto me dijo que el Congreso (aprobó, aprobara, aprobar) la ley.
6. Carmen no creía que (existió, existiera, existir) una razón para la pelea.
7. Era mejor (envió, enviara, enviar) la carta ese día.
8. Era mejor que ellos no me (vieron, vieran, ver) después.

19.5 ¿Qué querían?	Explanation 19.a Imp. Subjunctive, What Did They Want?

Empleado

¿Fueron temprano?
¿Dieron los resultados?
¿Dijeron la verdad?
¿Pusieron el artículo en el periódico?
¿Hicieron el anuncio?
¿Pidieron dinero?
¿Consiguieron dinero?
¿Tuvieron suerte?

Votante

Quería que fueran temprano.
Quería que los dieran.
Quería que la dijeran.
Quería que lo pusieran.

Quería que lo hicieran.
Quería que lo pidieran.
Quería que lo consiguieran.
Quería que la tuvieran.

Votante

¿Qué querían?

Empleada

_____ en el comité.

Que yo sirviera	for me to serve
Que tú sirvieras	for you to serve
Que él sirviera	for him to serve
Que nosotros sirviéramos	for us to serve
Que Uds. sirvieran	for you to serve

PRACTICA

A. *You wanted to influence others. Complete the sentences in the past subjunctive with the cues provided.*

Ejemplo: Yo insistía en que mi suegra no/servir/café.
             Yo insistía en que mi suegra no sirviera café.

1. Le dije que no/venir/hasta más tarde.
2. Te sugerí que me/hacer/este favor.
3. Esperaba que/ser/la verdad.
4. Ojalá nosotros/tener/tiempo.
5. Dudaba que Uds./andar/solos.
6. Les pedí que/estar/aquí a las ocho.
7. Temí que ella no/decir/la verdad.
8. Sugerí que Uds./vestirse/de gala.°   evening clothes

19.6
Quería que lo hiciera.

Candidato	Empleado	
¿Qué quería?	Que votara.	What did you want?/For him to vote.
¿Qué le dijo?	Que viniera temprano.	What did you tell him?/That he should come early.
¿Qué dudaba?	Que ganara.	What did you doubt?/That he would win.
¿Qué temía?	Que perdiera.	What did you fear?/That he would lose.
Votante	**Votante**	
¿Qué pensaba Ud. de las elecciones?	No había candidato que valiera.	/There wasn't a candidate who was worth anything.
¿Qué esperaba Ud.?	**Quería un candidato** ————.	What were you hoping for?/I wanted a candidate ————.
	que fuera honorable	who was honest
	que trabajara por leyes justas	who would work for fair laws

PRACTICA

Complete the sentences, using the indicated verbs if you wish, or substituting a completion of your own.

Ejemplo: Yo dudaba que ————. (venir a tiempo)
Yo dudaba que el profesor viniera a tiempo.

1. El profesor insistía en que yo ————. (tomar exámenes)
2. Los estudiantes temían que el profesor ————. (darles bastante tiempo)
3. Ellos dudaban que ————. (ser fácil)
4. El profesor nos dijo que el examen ————. (sacar papel y lápiz)
5. Me alegraba mucho de que tú ————. (salir bien en el exámen)
6. ————
7. ————

19.7
Cuando Ud. viniera

Candidato	Empleado	
¿Qué dijo?	Dijo que haría el trabajo.	What did he say?/He said he would do the work.
¿Cuándo?	Cuando Ud. viniera.	/Whenever you came.

¿Cómo?	Según Ud. le pidiera.	/However you asked him.
¿Dónde?	Donde Ud. le dijera.	/Wherever you told him.
(Más tarde)		
¿Cuándo hizo el trabajo?	Cuando Ud. vino.	/When you came.
¿Cómo lo hizo?	Según Ud. le pidió.	/The way you asked him.
¿Dónde lo hizo?	Donde Ud. le dijo.	/Where you told him to.

PRACTICA

Choose the best completion for each sentence, according to the context given in the margin. Read the sentence aloud with the answer of your choice.

1. Le dije que lo haría como Ud. _____. (quisiera, quería)   (Any way you wanted)
2. Siempre lo hacía como Ud. _____. (quisiera, quería)   (I knew the way you wanted)
3. Siempre estudiaba cuando _____ a clase. (llegaba, llegara)   (That was my routine.)
4. Ese día le dije que estudiaría cuando _____ a clase. (llegué, llegara)   (That's what I would do that one day.)
5. Prometió que lo haría según _____ el médico. (indicaba, indicara)
6. Prometió que lo haría según _____ el médico en la receta que tenía. (indicó, indicara)

19.8
¿Qué haría Ud.?

Explanation 19.d, e
Imp. Subj. in *Si* Clauses
What Would You Do?

Amigo	*Amiga*	
¿Qué haría Ud. _____?		What would you do _____?
si tuviera un millón de dólares	Viajaría por todo el mundo.	if you had a million dollars?/I would travel around the world.
si recibiera una beca	Estudiaría en Madrid.	if you were to receive a scholarship?/ I'd study in Madrid.
si fuera el profesor de esta clase	No daría exámenes.	if you were the teacher of this class?/I wouldn't give tests.

Amiga	*Amigo*	
Ud. habla _____.		You talk _____.
como si *eso* fuera posible.	¿No sería posible?	as if it were possible./Wouldn't it be possible?
como si tuviéramos bastante tiempo	¿No tendríamos bastante tiempo?	as if we had enough time/Wouldn't we have enough time.

PRACTICA

A. *Answer in Spanish:*

1. ¿Qué haría Ud. si tuviera un millón de dólares?
2. ¿Qué haría Ud si se encontrara en una isla desierta con su persona favorita?
3. ¿A dónde iría si pudiera viajar a cualquier parte del mundo?
4. ¿Qué cosas cambiaría si pudiera volver a empezar su vida?
5. Suponga que ha llegado la hora de retirarse. Ud. tiene sesenta y cinco años. ¿Qué haría Ud. con su vida?

B. *Complete the following similes in Spanish using* **como si:**

Ejemplo: corre/león
              Corre como si fuera un león.

1. camina/ser/un elefante
2. trabaja/ser/el dueño
3. camina/dolerle los pies
4. canta/ser/un ruiseñor°   nightingale
5. hablar/estar/loco
6. gasta dinero ser/dueño° del Tesoro Nacional   owner of the National Treasure

COMUNICACION—FORMA

A. *Tell what you would do if you were one of the following:*

Ejemplo: Su profesor
              Si yo fuera el profesor/la profesora, yo nunca daría exámenes.

1. El Presidente de los Estados Unidos
2. Su esposo/esposa
3. El embajador/La embajadora a las Naciones Unidas
4. El Senador de su estado
5. Su jefe
6. Su vecino entrometido

B. *Make statements telling what each person advises Amparo to do.*

Ejemplo: Marta González: Yo te aconsejo que/seguir/en la pre-escuela
              Yo te aconsejo que sigas en la pre-escuela.

1. Estela: Yo te aconsejo, hijita, que/olvidarse de carrera/y/encontrar un hombre/con quien casarse

2. Sus padres: Nosotros te aconsejamos que/hacer lo que/desear
3. José Antonio: Yo deseo que/tener mucho éxito en tu carrera y que/
olvidarse de mí
4. David Romero: Quiero que/venir al estudio/para ensayar
5. Felicia Estévez: Te deseo que/conseguir un contrato/para trabajar
en el cine
6. Estela: Te aconsejo que/vestirte/con más decoro
7. Chabelita: Deseo que/seguir trabajando/en la pre-escuela
8. Su mamá: Deseo que/ser féliz/en todos tus proyectos

FUNCION

Learning Activities

Learning Hints

19.9
Dar quejas

Explanation 19.f
Registering Complaints

Cliente	Empleado
¿Cómo es posible que Uds. no hayan arreglado esto?	Pero no somos responsables.
Siento molestarlos, pero esto es imposible.	¿Qué, señora?
Quisiera que Uds. arreglaran este asunto.	En cuanto sea posible.
No debiera _____.	**¿Pero qué puedo hacer?**
enojarse	
quejarse	
¿Pudiera Ud. _____?	**Pero no veo la necesidad.**
arreglarlo	
cambiarlo	
Hubiera sido mejor _____.	**Pero fue imposible.**
esperar	
avisarnos	
¿No sería mejor hacerlo así?	Buena idea.

How is it possible that you haven't taken care of this?/But we are not responsible.

I'm sorry to bother you, but that is impossible./What's that, ma'am?

I should like to ask you to take care of this matter.

You shouldn't _____./But what can I do?

get angry

complain

Could you possibly _____?/But I don't see the need to.

fix it

exchange it

It would have been better to _____./But it was impossible.

Wouldn't it be better to do it this way?/Good idea.

SITUACIONES

(Be creative—make up the particulars of situations yourself.)

1. Ud. es el director de un grupo de ancianos° que planean una fiesta de cumpleaños para la gerente del programa. Algunas de sus ideas no le parecen muy prácticas: quieren alquilar un salón en un hotel; quieren dar la fiesta un sábado por la noche; quieren poner 58 velas en la torta de cumpleaños. Ud. necesita sugerir con mucha gentileza que tal vez haya otras maneras de hacer la fiesta. — senior citizens

2. Ud. ha comprado en venta un par de zapatos nuevos. La regla de la tienda es que no se debe devolver la mercancía en venta. Pero Ud. ha decidido que no le gustan los zapatos y que no le quedan bien. Ahora, Ud. tiene que convencer al dependiente que no quiere los zapatas.

3. Ud. es una persona muy criticona.° Cuando su empleado hace algo, Ud. le dice que hubiera sido mejor hacerlo de otro modo. — critical

OPINION PERSONAL

*¿Está Ud. de acuerdo con estas oraciones o no? Léalas y vote **Sí** o **No**. Puede contar los votos de los miembros de la clase. Después puede debatir sobre dos o tres de las ideas más controversiales.*

1. Debe haber un límite para los gastos de los candidatos en una elección, incluso en la de Presidente de los Estados Unidos.
2. El sistema capitalista tiene sus problemas, pero de todos modos es el mejor sistema que tenemos.
3. En realidad, lo que tenemos ahora no es un sistema capitalista sino un sistema socialista.
4. Sería mejor que la posición de Presidente de los Estados Unidos fuera por seis años en vez de cuatro, sirviendo un solo término.
5. El gobierno de los Estados Unidos no debe meterse en los asuntos de Latino-América, sobre todo en lo que se refiere a enviar armas.
6. Es importante que las agencias como la CIA influyan en la política y las acciones de los gobiernos de Latino-América.
7. La pena capital es inhumana y no debe existir.
8. Es más importante que los Estados Unidos establezcan mejores relaciones con China que con Rusia.

INTERESES ESPECIALES Y VIAJES

Ya es hora de practicar con su grupo el vocabulario de su interés especial para este capítulo. Favor de abrir el libro en la sección que corresponde a la Lección 19.

Estudio de palabras

Pronounce the following families of words. Then choose two from each group, and form meaningful sentences using them.

conocido	conocer	conocimiento	conocedor
puesto	poner	ponedor	poniente
sabido	saber	sabedor	sabio
autorizado	autorizar	autorización	autoritario
poseído	poseer	posesión	poseedor
indicado	indicar	indicación	índice
vencido	vencer	vencimiento	invencible
justicia	juzgar	justo	juez

Notas culturales

El Caudillismo en la América Latina

El diccionario no explica con detalle la palabra «caudillo.» Da más bien palabras de significado semejante° como cacique,° jefe, tirano, dictador, autócrata, cabecilla,° líder y otras. ¿Qué es el caudillo? ¿Qué es el caudillismo? ¿Cuáles son las cualidades del caudillo? ¿Por qué aparece el caudillo con tanta frecuencia en la América Latina? ¿Qué clase de sociedad favorece el caudillaje?° ¿Son condiciones económicas, sociales o psicológicas? ¿Por qué el pueblo tolera el caudillaje?

 El caudillo tiene ciertas cualidades extraordinarias que le permiten imponerse° a los que lo rodean.° Su coraje° a toda prueba, su destreza° física, su astucia,° sus ideas simplistas, su personalidad de persona sencilla y su camaradería hacen que el hombre del pueblo le preste° su apoyo° incondicional. Al seguir a su líder, el pueblo espera obtener algo que no puede alcanzar° por sí mismo.°

 El carácter individualista del español y su regionalismo han contribuido a que este inmenso territorio con las mismas lenguas, religión y costumbres haya sido segmentado en 19 repúblicas independientes. Estas repúblicas pequeñas son vulnerables separadas; bajo un mismo gobierno hubieran constituído una potencia formidable.

 Naturalmente, en estas circunstancias el progreso en todas sus formas ha sido difícil y ha contribuido a hacer de la América Latina un con-

similar/chieftain
head

rule by caudillo

control
surround/spirit/prowess
cunning

give
support
achieve/itself

tinente de violencia social e inestabilidad política. Estas condiciones engendran° el descontento, la apatía y el negativismo de las multitudes.   foster

    En la América Latina, las clases inferiores constituyen la mayoría de la población.° Hay un   population
gran contraste entre la pobreza° de estas clases   poverty
y la opulencia de la clase alta. La gente pobre
carece° hasta de las cosas más esenciales para   lack
la vida. Por eso no es de extrañarse que el pueblo siga a cualquier persona que le ofrezca una
panacea política con la esperanza de mejorar su
condición. La injusticia social trata de resolverse
por medio de revoluciones violentas y hace del
pueblo terreno° fértil para la propaganda comu-   ground
nista que continúa extendiéndose inexorable-
mente en la América Latina y acercándose cada
vez más hacia nuestras fronteras.

    No es fácil comprender las circunstancias
que hacen posible este fenómeno político-social
que conocemos con el nombre de caudillismo. El
caudillismo es una de las manifestaciones de la
insatisfacción de un pueblo con su suerte.°   luck

PREGUNTAS

Conteste las preguntas que se encuentran en el primer párrafo.

EXPLANATIONS

19.a Formation of Imperfect   19.4, 19.5
       Subjunctive

There is only one simple past subjunctive tense, the imperfect. However, it looks more like the preterite indicative than the imperfect indicative. The imperfect subjunctive functions in the past much as the present subjunctive functions in the present.

    The easiest way to think of the formation of the imperfect subjunctive is to think of it as the past subjunctive with a preterite base.

    Here is a system for forming the "past" subjunctive that works for all verbs, regular and irregular:

Preterite, *3rd pers. pl.*	*-on*	*+ conjugation endings*
votaron	votar-	votara, votaras, votara, votáramos, (1st and 3rd person singular are the same) votaran
abrieron	abrier-	abriera, abrieras, abriera, abriéramos, abrieran

hicieron	hicier-	hiciera, hicieras, etc.
dijeron	dijer-	dijera, dijeras, etc.
divirtieron	divirtier-	divirtiera, divirtieras, etc.
durmieron	durmier-	durmiera, durmieras, etc.

The **nosotros** form has a written accent on the **e** before the **r** of the ending: **-éramos**

In some regions where Spanish is spoken, and in reading and in poetry, you will encounter another set of past subjunctive forms that may be used interchangeably with the **-ra** endings. These are the **-se** endings.

ir

fuera	fuese
fueras	fueses
fuera	fuese
fuéramos	fuésemos
fueran	fuesen

19.b Imperfect Subjunctive in Noun and Adjective Clauses   19.6

In Lessons 16 and 18 you practiced the present subjunctive in noun and adjective clauses. In this lesson, Frame 19.7 presents the imperfect subjunctive in the same kinds of clauses. When the main verb is in the present tense, the verb in the clause is in the present subjunctive. When the main verb is in a past tense, the subjunctive verb is in the imperfect subjunctive.

Quiero que Ud. vaya.	I want you to go.
Quería que Ud. fuera.	I wanted you to go.
No hay nadie que lo sepa.	There is no one who knows it.
No había nadie que lo supiera.	There was no one who knew it.

Whether or not the English equivalent shows the past tense, the past subjunctive is used in past tense sentences requiring the subjunctive in Spanish.

19.c Imperfect Subjunctive in Adverbial Clauses   19.7

The subjunctive is used in past time in adverbial phrases much as it is used in the present. In Frame 17.8 you practiced the conjunctions that Spanish speakers always follow with the subjunctive. These will be the same conjunctions followed by the imperfect subjunctive in the past tense sentences.

Le digo para que sepa.	I'm telling you so you'll know.
Le dije para que supiera.	I told you so you'd know.

In Frame 17.9 you practiced conjunctions that Spanish speakers follow with present subjunctive when they show things not regarded as accomplished or real. The subjunctive is used in the same way in the past with these conjunctions, except that by the very nature of the past tense, more unknown events have become known because they have been accomplished.

Me va a avisar cuando venga.	He'll tell me when he comes. (Whenever that is)
Me avisó cuando vino.	He told me when he came. (He did get there, and he told me.)
Dijo que me avisaría cuando viniera.	He said he would tell me when he got there. (And at that time he hadn't gotten there.)

19.d   Subjunctive in *Si* Clauses   19.8

The past subjunctive is used in *si* ("if") clauses when the verb in the other clause is in the conditional tense:

Si el empleado trabajara más, ganaría más dinero.

$\qquad\qquad$ (past subjunctive)   (conditional)

If the employee worked more, he would earn more money. In such cases, the past subjunctive expresses an act that is impossible, unreal, or imaginary. In this case, the employee would not work more.

In other cases, the indicative, not the subjunctive, is used:

Si el empleado trabaja más, gana más dinero.	If the employee works more, he will earn more money.

19.e   Subjunctive after *Como si*   19.8

In clauses introduced by *como si* ("as if"), the forms of the past subjunctive are always used. Such clauses imply a comparison that is imaginary rather than factual:

Trabaja como si fuera presidente de la compañía.	He works as if he were president of the company.

19.f   Imperfect Subjunctive in Complaints and Softened Statements   19.9

Either past subjunctive or the conditional tense may be used to give softened, more polite statements, and for complaints and criticisms that are meant to be polite. In the *Función* you practice such statements as:

No debiera hacerlo.	You (really) shouldn't do it.
Hubiera sido mejor no hacerlo.	It might have been better not to do it.
Sería mejor no hacerlo.	It would be better not to do it.

FICCION

ODISEA DE LA FAMILIA MARTINEZ

Episodio 20: Las apariencias engañan.

I

Margarita está en casa de Alicia.

Alicia: ¡Cuánto me alegra saber que eres mi hermana!

Margarita: Yo también. Siempre quise hermanos, pero me crié sola con mi mamá en Villa Estrella. Mi madre nunca se casó y se dedicó a criarme y educarme con todo amor.

Alicia: ¡Pobrecita! Debe haber sufrido mucho.

Margarita: Ella quería mucho a mi papá—digo, a nuestro padre. Siempre me hablaba de él. Yo no lo recuerdo.°   don't remember him

Alicia: Sí, murió cuando yo tenía 12 años. Tú tendrías 5.

397

Margarita:	Me casé muy joven, sólo para salir de aquel pueblecito soñoliento° y sin esperanzas.° Cuando vine para la capital con mi esposo, mi mamá sufrió mucho. Quedó completamente sola allá en Villa Estrella. Yo creo que eso contribuyó a su enfermedad y a su muerte. *(Se enjuga una lágrima.)*
Alicia:	*(Le toma las manos con simpatía.)* No tengas remordimientos.° Yo sé que tú fuiste una buena hija y que hiciste lo que pudiste por ella.
Margarita:	Quizás. La vida es así.
Alicia:	Anímate.° Olvida el pasado. Ahora con tu nuevo matrimonio° tu suerte va a cambiar.
Margarita:	Javier es buenísimo° conmigo. Me quiere mucho y hasta la fecha no tengo queja de él. Siempre anda buscando el modo de halagarme.°
Alicia:	¡Dios quiera que sean muy felices!
Margarita:	Espero que sí.
Alicia:	Quiero dar una recepción de boda para ustedes en el Hotel Sevilla para celebrar tu unión y para que todos sepan que somos hermanas.
Margarita:	¡Que Dios te lo pague!°

Margin glosses: sleepy/hope · regrets · Cheer up. / marriage · so good / please me · repay you

II

Escena en un salón del Hotel Sevilla. Hay una mesa bien servida con aperitivos de todas clases y bebidas en abundancia, champán, cocteles, etc. Están presentes todos los miembros de la familia Martínez, los Calderón, los Longoria y sus amistades,° vestidos de gala.° Hacia un lado está la pequeña orquesta Los Dorados. Algunas parejas bailan al son° de la música latina. Otros conversan animadamente. En una mesa están sentados Héctor y Alicia, Margarita y Javier y Antonio y Carmen.

Margin glosses: friends/formal wear · sound

Héctor:	Al fin podemos hablar. ¡Qué meses de ansiedad y preocupación hemos pasado tratando de ocultar° nuestras transacciones!
Alicia:	A la verdad, con tus secretos me tenías nerviosa; no sabía qué pensar de ti.
Carmen:	Antonio me dijo que en la estación de radio se comentaba que Uds. estaban mezclados° en negocios ilegítimos.
Antonio:	De veras, había rumores que me tenían preocupado por ustedes. Yo no me atrevía° a decirles nada.
Javier:	No nos quedaba más remedio que mantener un secreto absoluto pues no podíamos arriesgar° el éxito de la operación.

Margin glosses: conceal · mixed up in · I didn't dare · risk

Margarita:	Y pensar que sólo se trataba de fichas° de computadoras.	disks, chips
Héctor:	Sí, pero eso es alta tecnología y el contenido de las fichas tiene un gran valor estratégico.	
Javier:	Hubiera sido muy difícil conseguir el permiso de exportación y completamente imposible obtener el permiso de importación en San Lucas antes del cambio de gobierno.	
Antonio:	¿Y cuál es la situación ahora?	
Héctor:	La importación de tecnología computadora, monitores y grabadores° hubiera sido suicida si nos coge° la Junta en San Lucas. Ahora, en cambio, somos unos héroes para el nuevo gobierno.	recorders/catch
Javier:	Ayer recibió Héctor una carta de su Excelencia, el Embajador° de San Lucas en Washington, felicitándonos° por nuestro papel al traer a San Lucas los nuevos avances tecnológicos. Quieren condecorar° a Héctor en una ceremonia pública.	Ambassador congratulating us decorate

(Todos aplauden.) ¡Fabuloso! ¡Fantástico!

Margarita:	Vamos a Washington a celebrar con Uds.	
Carmen:	¡Qué maravilloso! *(A Alicia y Margarita)* Primero se descubre su parentesco.° Después *(señalando° a Javier)* se casan ustedes, y por último° *(señalando a Héctor)* este honor por sus servicios.	relationship/pointing finally

Interrumpe la voz de David Romero en el micrófono.

David:	¡Atención! ¡Atención a todos! Propongo un brindis° a los recién casados Javier y Margarita Longoria! ¡Que sean muy felices!	toast
Grupo:	*(A coro)* ¡Que así sea!	
David:	Ahora tengo el placer de presentarles a la bellísima y prometedora cantante Amparo Vázquez, cuya voz° rica y melodiosa puede oírse a través del Canal 15 y de la radio emisora CTV. Les pido un cálido aplauso para Amparito.	whose voice
Amparo:	*(Se dirige° al micrófono, saluda y se dispone a° cantar una canción.)* Guantanamera, guajira guantanamera . . .	goes up to/gets ready to

PREGUNTA

Explique el título de este episodio.

FONDO

Learning Activities	Presentación de materia nueva	Learning Hints
	20.1 **Los instrumentos musicales**	Explanation 20.f Passive —*Ser* + Past Part. Musical Instruments

Músico	*Cantante*	Musician/Singer
¿Quién tocó _____?	**Fue tocado por _____.**	Who played _____?/It was played by _____.
el piano	**Fue tocada por _____.**	
el violín	**Fueron tocados por**	(Complete the conversation as you wish.)
las guitarras	**_____.**	
la viola	**Fueron tocadas por**	
el violoncelo	**_____.**	cello
el contrabajo		double bass
el arpa		
los clarinetes		
las flauta		flute
las trompetas		
el saxofón		
los trombones		
el cuerno francés		French horn
los tambores		drums

PRACTICA

A. *Identify in Spanish the musical instruments in the drawing.*

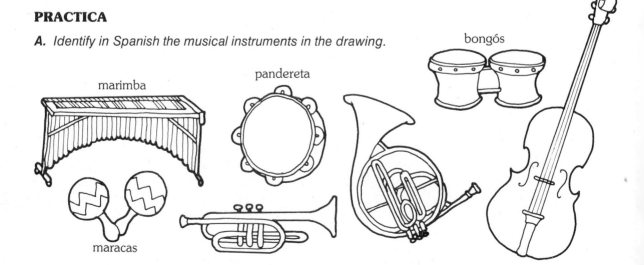

bongós

marimba

pandereta

maracas

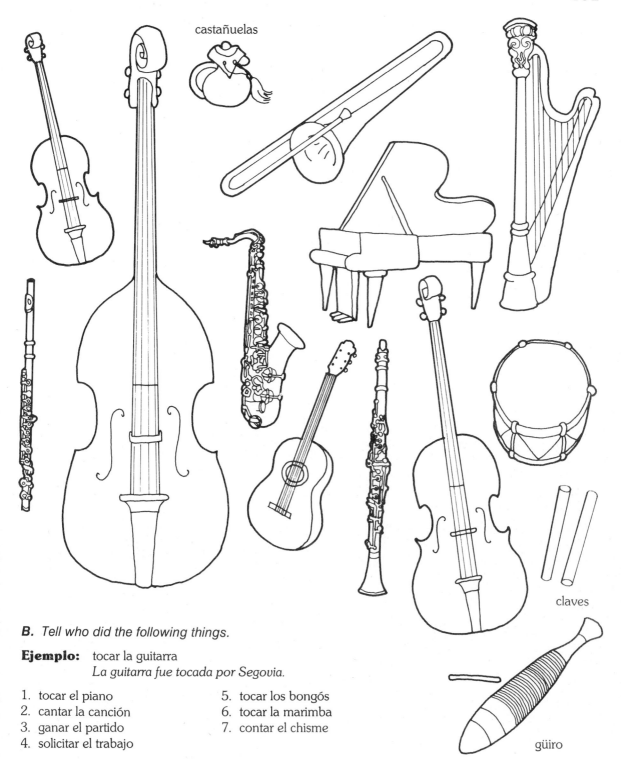

castañuelas

claves

güiro

B. *Tell who did the following things.*

Ejemplo: tocar la guitarra
La guitarra fue tocada por Segovia.

1. tocar el piano
2. cantar la canción
3. ganar el partido
4. solicitar el trabajo

5. tocar los bongós
6. tocar la marimba
7. contar el chisme

20.2
Tocar la música   Playing Music

Músico	**Músico**	
¿Quién fue _____?	**Fue _____.**	(Complete the conversation as you wish.)
¿Cuál fue _____?		
el director de orquesta		conductor
el compositor		composer
el cantante		singer
el conjunto		group/band
¿Usaban _____?	**No, no _____ usaban.**	
el micrófono	**Sí, _____ usaban.**	microphone
la guitarra eléctrica	lo	
el amplificador	la	
los altavoces	los	speakers
los platillos		cymbals

PRACTICA

A. *Name a group or a person that uses the instruments or equipment you have just practiced.*

Ejemplo: Los platillos
Se usan en la banda.

B. *Nombre Ud. una persona famosa que sea:*

1. director de orquesta
2. compositor
3. cantante de ópera
4. cantante popular
5. cantante popular en los países de habla española

COMUNICACION—FONDO

A. *Choose the musical instruments and the equipment you will need for each musical occasion.*

Ejemplo: una banda que va a marchar en una parada militar
Clarines, clarinetes, platillos, trombones, tambores, flautas, etc.

1. un conjunto que va a tocar en un aniversario de boda
2. un conjunto que va a tocar en un club «Cowboy and Western»
3. los mariachis
4. una orquesta de cámara
5. un conjunto de rock
6. una banda de jazz

B. *You are planning a program for a church banquet. Announce who will do each thing.*

Ejemplo: leer la invocación
La invocación será leída por _____.

1. mandar las invitaciones
2. preparar la comida
3. poner las mesas
4. planear el programa
5. leer la invocación
6. pronunciar el discurso
7. entregar los premios
8. hacer los anuncios

C. *You are the secretary in the real estate agency. You haven't had time to do anything but take a few notes when Carmen calls you for her messages. Give them to her, telling what people want her to do.*

(Review 16.9.)

Ejemplo: El dueño de la propiedad/llamar/los clientes
El dueño de la propiedad quiere que llames a los clientes.

1. Su hijo/darle dinero para que/llevar a Inés a bailar
2. El banquero°/firmar los contratos   banker
3. El oficial de la Compañía de Escritura de Propiedades°/los clientes llenar la solicitud/para el préstamo   title company
4. Su esposo/llamarlo a la estación de radio
5. Estela/llamarla acerca de Carmela
6. Los clientes/mostrarles otra casa
7. Los Longoria/buscar una casa para ellos

FORMA

Learning Activities	Presentación de estructuras nuevas	Learning Hints

Amigo

Espera que _____.
  yo haya terminado
  tú hayas terminado
  Ud. haya terminado
  nosotros hayamos terminado
  ellos hayan terminado

Temen que ella lo _____.
  haya visto
  haya dicho
  haya abierto
  haya escrito

Amigo

¡Seguro que sí!
¡Por supuesto!
¡Me imagino!
¿Quién?

¿Por qué?

I've finished
you've finished (fam.)
you've finished (form.)
we've finished
they've finished

They're afraid she _____ it.
may have seen
may have said
may have opened
may have written

PRACTICA

A. Tell what you hope has happened in each case. Use **Ojalá** + present perfect subjunctive.

Ejemplo: Perdemos el dinero.
              Ojalá no hayamos perdido el dinero.

1. Llueve durante la noche.
2. Me dice la verdad.
3. Son muy amables.

4. Van a la iglesia.
5. Se casan ahora.
6. Se divorcian ahora.

B. Rewrite the statements preceding them with **Te dije que** as in the example.

Ejemplo: Abre la puerta.
              Te dije que abrieras la puerta.

1. Dime la verdad.
2. Tráeme la bandeja.
3. Pon atención.
4. Oye esto.

20.4
Esperaba que hubiera ido.

Amiga

Esperaba que _____.

yo hubiera terminado
tú hubieras terminado
Ud. hubiera terminado
nosotros hubiéramos terminado
ellos hubieran terminado

Amiga

Así me dijo.
¡Quién lo hubiera
   pensado!

He was hoping _____./
So he told me.
Who would have thought it!
I had finished
you had finished
you had finished
we had finished

they had finished

PRACTICA

Tell what you were sorry about, using the sentences that follow as your cues.

Ejemplo: Mis amigos habían salido.
        Sentía que mis amigos hubieran salido.

1. No habíamos tenido clase.
2. La profesora había estado enferma.
3. El examen había sido difícil.
4. Tuvimos un accidente.

20.5
Lo habrá hecho.

Amigo

¿Para cuándo lo habrá
  hecho?

Amiga

Lo _____ para el lunes.

habré hecho
habremos hecho
habrás hecho
habrá hecho
habrán hecho

By when will you have done it?

I'll have done
we'll have done
you'll have done
he'll have done
they'll have done

PRACTICA

Tell when you will have done each of the following things.

Ejemplo: Haré el trabajo.
        Lo habré hecho para el martes.

1. Presentaré el programa.
2. Venderé el carro.
3. Compraré un carro nuevo.
4. Planearé una fiesta.
5. Invitaré a mis amigos.

20.6
Lo habría hecho.

Explanation 20.d
Conditional Perf. Ind.
He'd Have Done It.

Amigo	*Amigo*	
¿Lo habría hecho?	Sí, si lo hubiera sabido.	Would he have done it?/Yes, if he'd known.
¿Lo habrías hecho?	Sí, si lo hubiera sabido.	Would you have done it?/Yes, if I'd known.
¿Lo habrían hecho?	Sí, si lo hubiéramos sabido.	Would you (pl.) have done it?/Yes, if we'd known.
Ella lo habría visto, ¿verdad?	Me imagino que sí.	She'd have seen . . ./I imagine so.

PRACTICA

Use the cue words to tell what you would have done if you had been able to.

Ejemplo: Si hubiera tenido dinero/comprar una casa nueva.
            Si hubiera tenido dinero, habría comprado una casa nueva.

1. Si hubiera tenido tiempo/estudiar más.
2. Si mis vacaciones hubieran sido en invierno/ir a esquiar en Colorado.
3. Si me hubieran aumentado el sueldo/no dejar el trabajo.
4. Si sus amigos lo hubieran aceptado/él no suicidarse.
5. Si no hubieras tomado tanta cerveza/no emborracharte.
6. Si sus padres no la hubieran ayudado/no terminar sus estudios.

Amigo	*Amigo*	
Es posible que esté aquí.	Vamos a ver.	It's possible he's here./Let's see.
Es posible que haya estado aquí.	Quizás.	It's possible that he's been here./Perhaps.
Me dijo que estuviera aquí.	¿A qué hora?	He told me to be here./At what time?
Era posible que hubiera estado aquí.	Posible, pero no probable.	It was possible that he might have been here./Possible, but not probable.
Siento que todo no saliera bien.	Yo también lo siento.	I'm sorry that everything didn't turn out okay./I'm sorry too.

PRACTICA

*Imagine that it's the year 2050. Conditions in Latin America are no longer as they are described in the **Notas culturales** in Lesson 19. Change the description from present to past orientation by changing the underlined verbs from present to past tenses.*

1. En la América Latina, las clases bajas constituyen la mayoría
2. de la población. Hay un gran contraste entre la pobreza de estas
3. clases y la opulencia de la clase alta. La gente pobre todavía carece
4. de las cosas más esenciales de la vida. Por eso no es de extrañarse
5. que el pueblo siga a cualquiera que le ofrezca una panacea política
6. con la esperanza de mejorar su condición. La injusticia social trata
7. de resolverse por medio de revoluciones violentas y hace del
8. pueblo terreno fértil para la propaganda comunista que continúa extendiéndose inexorablemente en la América Latina y acercándose cada vez más hacia nuestras fronteras.

COMUNICACION—FORMA

A. *Look at the time line of María Eugenia's life. Answer the questions about what she's doing or has done.*

1976	1991	1997	1998
Nacimiento	Quinceañera	Se gradúa de la universidad	Entra en la escuela de medicina

2000	2002	2004	2005
El novio le da un anillo de compromiso	Se gradúa y se casa	Termina su residencia en pediatría	Empieza a practicar en una clínica

2006	2008	2027
Nace su primer hijo, Héctor Julián	Nace su segundo hijo, Daniel Antonio	Celebran sus bodas de plata

Ejemplo: Es el año 2000. ¿Qué pasó este año?
               El novio le dio un anillo de compromiso.

1. Es el año 1976. ¿Qué pasó este año?
2. ¿Qué pasó en el año 1991?
3. ¿Dónde estudiaba María Eugenia en los años 96–97?
4. ¿Dónde estudiaba en los años 98–99?
5. Es el año 2002. ¿Qué hacen María Eugenia y su novio, Daniel, en este año?
6. Es el año 2004. ¿Qué empezará María Eugenia el año próximo?
7. Es el año 2005. ¿Qué terminó María Eugenia el año pasado?
8. Es el año 2007. ¿Qué ha pasado el año anterior? ¿Qué habrá pasado para el año próximo?
9. ¿Que pasó en el año 2008 y qué había pasado dos años antes?
10. Es el año 2026. ¿Qué celebrarán el año próximo?

B. *Express what you hope you will have done by next year, using the indicated cues.*

Ejemplo: graduarse
               El año que viene me habré graduado.
               El año que viene no me habré graduado todavía.

1. casarse   4. jugar un partido de golf
2. divorciarse   5. ganar un partido de golf
3. cantar en televisión

C. *Tell us which of the above actions you would have taken if you could have.*

Ejemplo: *Si hubiera podido, me habría casado.*

En el
Día De Bodas

Que sus vidas estén llenas
de felicidad
como sus corazones
están llenos de amor.

Felicidades

FUNCION

Learning Activities

Learning Hints

20.8
Pedir explicaciones

Empleado/a	*Empleado/a*
¿Por qué lo hizo así?	Siguiendo las instrucciones. Porque me lo dijo el jefe. Por falta de tiempo.
¿Por qué no encontraron otra solución?	No fue posible a causa de _____ las reglas de la compañía la situación económica
No pudimos hacer nada.	No, no hubo remedio.
¿No habría sido posible cambiarlo?	No hubo tiempo.

We couldn't do anything./No, there was no help for it.

SITUACIONES

1. Su jefe regresa de un almuerzo de negocios y quiere saber por qué Ud. no ha terminado su trabajo. Ud. le explica que ha tenido varios problemas. La archivista ha estado enferma y Ud. no ha podido encontrar los papeles que necesita. La computadora no funciona por el momento y no se pueden sacar los datos necesarios. Ud. le pide al jefe que emplee más oficinistas y él le explica por qué no es posible.

2. Los padres de dos jóvenes planean su boda. No están de acuerdo en cuanto a los arreglos. Los padres de la novia quieren una boda pequeña y una recepción sencilla. Los padres del novio prefieren una boda grande en la Catedral y una recepción en un club elegante. Representen Uds. a las dos familias y expliquen las razones de sus preferencias.

OPINION PERSONAL

*Marque cada oración **Sí** o **No.** Explique por qué piensa Ud. de ese modo.*

1. La música es una expresión estética.
2. El baile debe prohibirse entre la gente joven por su efecto erótico.

3. La música clásica le gusta sólo a los viejos.
4. Los estudios musicales deben ser parte de la educación de cada persona.
5. El talento musical no nace, sino que se adquerirse.
6. Si una persona estudia música formalmente, no debe tocar nunca de oído.
7. El baile es una forma excelente de ejercitar los músculos.
8. La música electrónica no es realmente música.

INTERESES ESPECIALES Y VIAJES

Ya es hora de estudiar su interés especial. Favor de abrir el libro a la sección que corresponde a la Lección 20.

Estudio de palabras

Pronuncie las palabras en cada serie. Escoja una o dos palabras de cada familia y forme oraciones.

imagen	imaginar	imaginación	imaginable
poesía	poetizar	poeta	poético
música	musical	músico	musicalidad
casa	casarse	casero	casamiento
canción	cantar	cantante	cantor
esforzado	forzar	fuerza	fuerte
nota	notar	noticia	noticiero
recibo	recibir	recibidor	recibimiento

Notas culturales

La Música en Latinoamérica

Muchos han observado que el temperamento hispano se distingue en lo artístico y literario más que en lo científico e industrial. Un aspecto destacado° del temperamento hispano, muy apreciado universalmente, es su aporte° a la música. El hispano-americano ama y vive la música. Se dice que les corre ron° en vez de sangre por las venas porque casi nacen bailando. Tienen un ritmo natural.

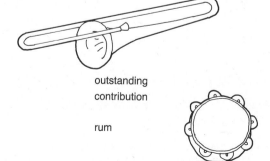

outstanding
contribution

rum

La música hispano-americana está directamente relacionada con la evolución histórica de este enorme territorio. Esta música asimila las tendencias de los tres grupos étnicos que la integran: el español, el indio y el negro.

La vena española trae a su vez las influencias arábigas ejercidas en todos los aspectos de la vida española durante los siete siglos de la dominación árabe en España. Notamos, entre otros géneros españoles de influencia árabe, el pasodoble, rápido y vibrante y el baile flamenco, caracterizado por su ritmo vivo y el taconeo°. El gitano tipifica la música flamenca. Por su calidad de nómada, usaba instrumentos portátiles—guitarra, mandolina, violín, castañuelas y panderetas.

El elemento autóctono° americano sobrevivió la colonización en algunas regiones y desapareció en otras. En aquellas regiones en que la civilización autóctona era fuerte y bien organizada, como en México y Perú, se nota más la influencia india en todos los aspectos de la cultura. En la región del Caribe y el resto de la América Latina, los grupos indígenas carecían de tal cultura y desarrollo.

Los bailes regionales de México reflejan la influencia india en alto grado. Algunos de ellos, como el jarabe, usan el zapateo.° La cueca, baile popular de la región andina, incorpora también el elemento indígena.

En otros países, donde la influencia aborigen no es tan marcada, su efecto en la música se nota más en la melodía lírica, suave, cadenciosa y sensual que en el ritmo.

A medida que lo indio se diluye entre los otros elementos del pueblo hasta desaparecer, comienza la importación del negro esclavo del Africa y con él comienza también la influencia de su rastro ancestral al mezclarse con el hombre del nuevo mundo. El negro esclavo trajo consigo sus ritmos, sus tambores y sus dioses negros, que iban a producir un nuevo género: la música negra.

Estos tres elementos han contribuído a formar la gran variedad de géneros musicales, que constituyen lo que se conoce como la música la-

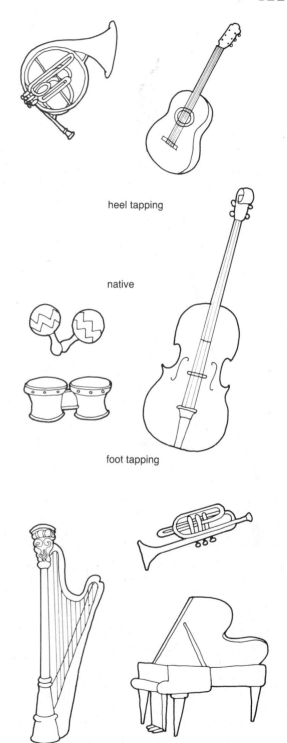

heel tapping

native

foot tapping

tina. Esta música ha despertado interés universal, ha invadido todas las regiones del mundo y ha florecido en todos los climas. Tiene color y características propios.

La música latina tradicional es romántica, dulce, melodiosa y lenta, como la canción, la habanera, la danza, el son, la guajira y el bolero. Conserva el sello de una época ya pretérita. Otros ejemplos de este género pero que mantienen su popularidad hasta el momento son el pregón, como El Manisero de Moisés Simón y la popular Guajira Guantanamera con versos del poeta cubano José Martí. Otro ejemplo de música tradicional es el tango, rítmico y sensual, baile típico de la Argentina, que ha sido popularizado por el famoso cantante Carlos Gardel. La rumba, la conga, el merengue y la comparsa reflejan más directamente la influencia negra. Esta música es típica de la región del Caribe: Venezuela, Cuba, Puerto Rico y la República Dominicana así como del Brasil. Un cantante muy famoso de música negra es Miguelito Valdés, conocido por su famoso afro Babalú.

La música latina, cálida, expresiva, llena de color, ritmo y romance refleja el alma y el temperamento del pueblo que la produce.

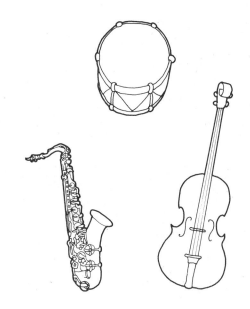

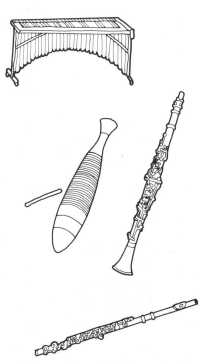

PREGUNTAS

1. ¿Por qué se distingue el temperamento hispano?
2. ¿Qué aporte ha hecho el hispano a la cultura universal?
3. ¿Qué grupos étnicos integran el pueblo hispano?
4. ¿Cuántos siglos duró la dominación árabe en España?
5. ¿Qué caracteriza el baile flamenco?
6. ¿Por qué el gitano usaba instrumentos portátiles?
7. ¿En qué regiones de América se mantuvo la influencia autóctona, y por qué?
8. ¿Qué ejemplo de baile en Latinoamérica usa el zapateo?
9. ¿En qué otros aspectos de la música se nota la influencia aborigen?
10. ¿Cómo es la música tradicional?
11. ¿Qué música latina conoce Ud.? Dé algunos ejemplos.

EXPLANATIONS

20.a Present Perfect Subjunctive   20.3

The present perfect subjunctive consists of the present subjunctive of *haber* plus the past participle.

Espera que yo haya salido.	He hopes that I have left.
Espera que tú hayas salido.	He hopes that you have left.
Espera que ella haya salido.	He hopes that she has left.
Espera que nosotros hayamos salido.	He hopes that we have left.
Espera que ellos hayan salido.	He hopes that they have left.

The present perfect subjunctive is used in the same situations that call for present subjunctive: in noun, adjective and adverbial clauses. In time concept, the present perfect subjunctive is like the present perfect indicative; that is, it indicates action that begins in the past but that is related to the present.

20.b Past Perfect Subjunctive   20.4

The past perfect subjunctive is formed by using the past subjunctive of **haber** with the past participle.

Esperaba que hubiera salido.	He hoped that I had left.
Esperaba que hubieras salido.	He hoped that you had left.
Esperaba que hubiera salido.	He hoped that she had left.
Esperaba que hubiéramos salido.	He hoped that we had left.
Esperaba que hubieran salido.	He hoped that they had left.

The past perfect subjunctive is used in the same situations as the past subjunctive, but represents an action beginning prior to the action of the main verb, and extending to the time of the main verb in some way.

20.c Future Perfect Indicative   20.5

The future perfect indicative is formed by using the future of **haber** with the past participle. In Frame 20.7 you have practiced forms like:

Lo habrá hecho para el miércoles.	He'll have done it by Wednesday.

The future perfect tense indicates action that will have taken place at some future time.

20.d   Conditional Perfect Indicative   20.6

The conditional perfect tense of the indicative is formed by using the conditional of *haber* with the past participle. Frame 20.8 presents such sentences as:

Lo habría hecho si hubiera sabido.   He would have done it if
                                                                he had known.

The conditional perfect tense indicates action that would have, or might have, taken place at some past time.

20.e   Sequence of Tenses   20.7

With the completion of Lesson 20, you have practiced all the tenses that exist in Spanish.

   Frame 20.9 presents some of the different tenses that "go together" in the indicative and the subjunctive. We can divide the tenses in Spanish into those that basically have a present time frame, and those that basically have a past time frame. Then, with two exceptions discussed below, we can see what tense goes with what.

	Indicative	*Subjunctive*

Tenses and Forms with Present Orientation	Present
	Commands
	Present Progressive
	Present Perfect
	Future
	Future Perfect
		Present or
		   Present
		   Perfect

Tenses with Past Orientation	Imperfect Preterite Past Progressive Past Perfect Conditional Conditional Perfect	Imperfect or Past Perfect

See Frame 20.e for examples of many of these combinations.

Exceptions

1. Past subjunctive may follow verbs oriented in the present when feelings are expressed in the present about events in the past:

   Siento que tuvieras un accidente.

2. Past subjunctive always follows **como si,** no matter what tense is in the rest of the sentence.

20.f Passive Voice 20.1

When the subject of a sentence is acted upon, rather than being the actor of the sentence, we say the "voice" is passive. Frame 20.1 presents such sentences as:

La canción fue cantada por Amparo.

The "active" voice of this same sentence would be:

Amparo cantó la canción.

The passive voice is formed by combining any tense of **ser** with the past participle, as the above example illustrates. Because the past participle is really an adjective, it agrees with the subject of the verb.

Passive forms such as the ones you practice in Frame 20.3 are not used as much in Spanish as we use them in English. Mostly, they are used when the doer of the action, or the "agent" (in this case Amparo) is expressed or clearly implied in the context.

You have practiced other forms that are used in Spanish in constructions that are often passive in English:

1. **Se** + 3rd person of the verb for stating things routinely done.

Se abrió la sesión.   The session was opened.
Se abrieron las puertas.   The doors were opened.

This form is often used for stating routines, policies, and typical procedures.

2. **Estar** + the past participle for describing results of actions.

María Eugenia estaba   María Eugenia was asleep in
    dormida en clase.   class.

(As with **ser** + past participle, the past participle agrees with the subject.)

This form is typically used to describe the result of an action, not the action itself. In this case, María Eugenia went to sleep; therefore, as a result, she was in the state of being asleep.

3. Third person plural of the verb for actions "they" do:

Sirven el almuerzo al   Lunch is served at noon.
    mediodía.

Frequently the Spanish speaker uses one of these constructions where the English speaker would convey the meaning with the passive voice. For the student of Spanish, it's worthwhile to learn to "turn sentences around," to avoid the passive voice that is so pervasive in English.

20.g Hubo

Hubo is a form of the preterite tense of *haber*. In the *Función* you practice *hubo* as the preterite form of *hay*. *Hubo* has special use in the preterite to indicate a state that terminated at a particular time or could never be. *Había*, the imperfect, tends to be used more frequently in conversation because frequently descriptions follow forms of *hay*.

No hubo reunión.	There was no meeting.
Había mucha gente en la fiesta.	There were a lot of people at the party.

You will often hear *hubo* used as a greeting:

¿Qué hubo?	What's happening? (Lit., What was there?)

You'll hear this pronounced as one word, *¿Quíubo?* It's roughly equivalent to *¿Qué tal?*

REPASO FINAL

Pruebe su conocimiento   Test Your Knowledge

Ficción

1. Dice que está bien que vayamos _____.
   - a. sola
   - b. solos
   - c. solo
   - d. ayer
2. Héctor, rico o pobre, tú _____ que yo te quiero.
   - a. conoces
   - b. tienes
   - c. dices
   - d. sabes
3. ¿Quién es esa chica _____?
   - a. encantadora
   - b. encanto
   - c. encantada
   - d. encantaría
4. Un bebé va a _____ nuestras vidas.
   - a. cumplir
   - b. complicar
   - c. completo
   - d. sentir
5. Hoy yo estoy _____ de la tienda.
   - a. trabajo
   - b. visitando
   - c. encargo
   - d. encargada
6. Las mujeres modernas trabajan _____ hasta el nacimiento del bebé.
   - a. casi
   - b. cosa
   - c. tiempo
   - d. pronto
7. Hay un _____ que quisiera discutir con Ud.
   - a. gusto
   - b. algo
   - c. asunto
   - d. riesgo
8. Por lo que dice esta carta Uds. pasan de _____ .
   - a. amor
   - b. enamorados
   - c. querer
   - d. chismes
9. Pepe, ¿qué pasa? Dime por qué María Eugenia está _____ contigo.
   - a. enferma
   - b. enojada
   - c. encantada
   - d. estúpida
10. Estas mujeres _____ parecen esqueletos ambulantes.
    - a. flacas
    - b. gordas
    - c. bonitas
    - d. simpáticas
11. Tenemos negocios y me interesa _____ su amistad.
    - a. sembrar
    - b. cultivar
    - c. perder
    - d. devolver
12. Voy a llamar a la consulta del médico para pedirle _____.
    - a. un turno
    - b. un dolor
    - c. un boleto
    - d. un bocado

13. Recuerda que _____ es como un bumerang.
    - a. el dolor
    - b. el tiempo
    - c. el dinero
    - d. el amor

14. Si no te apuras en llevarme al hospital, el bebé va a _____ en el auto.
    - a. beber
    - b. nacer
    - c. salir
    - d. descansar

15. No te precipites a hacer algo de lo que tengas que _____.
    - a. alegrarte
    - b. enterarte
    - c. arrepentirte
    - d. ponerte

16. Recuerda que tienen que marcar las cajas como _____.
    - a. herramientas
    - b. cosas
    - c. negocio
    - d. barco

17. Le dio una embolia a Julián y le ha _____ el brazo derecho.
    - a. cumplido
    - b. podido
    - c. mejorado
    - d. paralizado

18. Héctor hizo los arreglos para el entierro y pidió _____ en cada periódico.
    - a. un director
    - b. un papel
    - c. una esquela
    - d. una razón

19. Los amores jóvenes son a veces como _____ de verano.
    - a. tormentas
    - b. torturas
    - c. nieve
    - d. vientos

20. Amparo, tú sabes que tu madre y yo te _____.
    - a. estudiamos
    - b. apoyamos
    - c. olvidamos
    - d. dejamos

21. Prepárame la maleta. Ponme dos trajes, tres camisas y tres _____ de ropa interior.
    - a. cosas
    - b. camisetas
    - c. modos
    - d. mudas

22. Me preocupa tu seguridad. Sé _____ que estás corriendo.
    - a. el riesgo
    - b. el rato
    - c. la lucha
    - d. peligroso

23. Tengo ganas de conversar contigo y pedirte tu _____.
    - a. dinero
    - b. tiempo
    - c. cariño
    - d. consejo

24. No, no lo conozco pero me _____ el nombre.
    - a. alegra
    - b. suena
    - c. parece
    - d. entera

25. Me casé muy joven sólo para salir de aquel _____ soñoliento.
    - a. pueblecito
    - b. casa
    - c. vida
    - d. villa

26. El éxito de nuestra misión depende de _____ en este momento.
    - a. nos
    - b. su
    - c. ti
    - d. tú

27. Hay un muchacho que quiere que yo _____ a trabajar con él.
    a. voy
    b. vaya
    c. ir
    d. iré
28. Debemos darle gracias a Dios que papá no _____ mucho.
    a. sufrió
    b. vivió
    c. murió
    d. durmió
29. No te preocupes, necesitaba unos momentos _____ para pensar en mis problemas.
    a. consigo
    b. contigo
    c. a solas
    d. desde
30. Cálmate. No seas tan _____.
    a. intenso
    b. extenso
    c. contento
    d. simpático

Fondo, forma y función

1. El padre de su madre es su _____.
    a. amigo
    b. abuelo
    c. cuñado
    d. tío
2. Su padre y su madre (de Ud.) son sus _____.
    a. padres
    b. hijos
    c. padrinos
    d. nietos
3. Quiero que conozca _____ señor Martínez.
    a. al
    b. lo
    c. el
    d. un
4. El abogado trabaja en _____.
    a. la consulta
    b. el bufete
    c. el hospital
    d. la fábrica
5. Si Ud. tiene un trabajo monótono, su trabajo es _____.
    a. aburrido
    b. interesante
    c. triste
    d. famoso
6. ¿Cuál es su estado civil? Soy _____.
    a. desempleado
    b. divorciado
    c. católico
    d. americano
7. Si Ud. va a entrevistar a una persona que solicita trabajo, Ud. le pide _____.
    a. su dirección
    b. su dinero
    c. su retrato
    d. sus datos personales
8. Cuando Ud. llega a una oficina pública, le pide información _____.
    a. al conserje
    b. al recibo
    c. al receptor
    d. a la recepcionista
9. _____ conecta la mano al brazo.
    a. La rodilla
    b. El hombro
    c. El codo
    d. La muñeca

10. Los ojos están encima de _____.
    a. la frente   c. las cejas
    b. el pelo   d. la nariz

11. ¿Por qué no te _____ bien, niña? ¿Te duele algo?
    a. sientes   c. siente
    b. sientas   d. sienta

12. El trabajo es más interesante _____ la clase.
    a. de   c. como
    b. que   d. tan

13. ¿Quién sabe _____ el piano?
    a. tomar   c. tocar
    b. jugar   d. ir

14. Héctor y Javier tienen que _____ mucho dinero para el negocio.
    a. conseguir   c. seguir
    b. perder   d. trabajar

15. Nosotros venimos a la clase a las diez y _____ a las once y media.
    a. entramos   c. vamos
    b. salimos   d. estamos

16. ¿Tienes los trajes? No, pero _____ voy a traer.
    a. las   c. el
    b. los   d. lo

17. Los muchachos estudian _____ como las muchachas.
    a. tan   c. más
    b. tanto   d. mejor

18. Algunos creen que en las relaciones de amor el hombre debe ser _____ que la mujer.
    a. mayor   c. peor
    b. más   d. menos

19. ¿Te gusta _____ vestido que está allá en la ventana?
    a. aquel   c. este
    b. ese   d. eso

20. _____ un bistec medio asado, por favor.
    a. Traerme   c. Tráigame
    b. Trayendo   d. Me traiga

21. —¿Vamos a poner la mesa ahora? —Sí, hijita, _____ por favor.
    a. ponla   c. póngalas
    b. la pones   d. ponerla

22. ¿_____ a usted los plátanos fritos?
    a. Le gusta   c. Le gustan
    b. Te gustan   d. Te gusta

23. —¿Qué me dicen ustedes? —_____ a Ud. la verdad.
    a. Le digo   c. Te dice
    b. Le decimos   d. Decirle

24. ¿Son éstas sus oficinas? Sí, son _____.
    a. nuestras
    c. nuestros
    b. las nuestras
    d. los nuestros

25. —¿Dónde están mis zapatos? —Los vi _____ la cama.
    a. debajo de
    c. abajo
    b. bajo
    d. debajo

26. —¿Consiguió Ud. el dinero? —Sí, ya lo _____.
    a. consigue
    c. consiguió
    b. conseguí
    d. consigo

27. ¿_____ es el Día de la Independencia de los Estados Unidos?
    a. Qué
    c. Quién
    b. Cuál
    d. Dónde

28. ¿_____ día reciben los niños regalos de los Reyes Magos?
    a. Qué
    c. Quién
    b. Cuál
    d. Dónde

29. Si Pepe no dijo la verdad, él _____.
    a. sintió
    c. sirvió
    b. cayó
    d. mintió

30. No pude llegar a tiempo porque _____ un accidente y el tráfico estaba imposible.
    a. hay
    c. habrá
    b. hubo
    d. habido

31. ¿Qué tiempo _____ cuando fuiste a Madrid?
    a. hacía
    c. haría
    b. habrá
    d. hará

32. Cuando Uds. eran niños, ¿_____ mucha televisión?
    a. ven
    c. visto
    b. veían
    d. vieron

33. El gerente se da _____ de la importancia de la puntualidad.
    a. cuento
    c. contra
    b. cuenta
    d. contar

34. —¿Qué le pasó a Pepito? —_____ torcido un músculo.
    a. Te ha
    c. Te has
    b. Se ha
    d. Te he

35. Tú sabes que el trabajo es _____ el martes.
    a. por
    c. para
    b. a
    d. de

36. No ganaron ni perdieron el juego. Quedaron _____.
    a. aplastados
    c. en la pista
    b. empatados
    d. cansados

37. Pero mamá, _____ razonable. No puedes hacer nada más por el pobre papá.
    a. sé
    c. esté
    b. soy
    d. estás

38. _____ me lo pidas cien veces no te compro una motocicleta.
    a. Cuando
    c. Como
    b. Aunque
    d. Donde

422

39. No hay empleado que _____ más leal que Rogelio.
    - a. eres
    - b. es
    - c. se
    - d. sea
40. No me dijo lo que _____ si se encontrara conmigo en una isla desierta.
    - a. hacía
    - b. haría
    - c. hará
    - d. hizo

Notas culturales

*Marque cada oración con **Sí** o **No**.*

_____ 1. Los Estados Unidos es el quinto país hispanohablante.

_____ 2. Las actitudes culturales son fijas y permanentes. Raramente cambian.

_____ 3. En la familia hispana el honor de la familia regula las acciones de padres e hijos.

_____ 4. En los Estados Unidos, generalmente la familia hispana es una familia nuclear.

_____ 5. La siesta es la parte del día en que todo el mundo duerme.

_____ 6. En los países hispanohablantes el tiempo se mide por la calidad de las experiencias que produce.

_____ 7. El piropo no siempre es una expresión de elogio y halago.

_____ 8. Los diminutivos se usan únicamente para describir cosas y personas pequeñas.

_____ 9. «Personalismo» quiere decir que el individuo es más importante que la institución.

_____ 10. El hispano siente que las palabras no son suficientes para expresarse, por eso usa gestos.

_____ 11. Nosotros nunca usamos expresiones de enojo con nuestros seres queridos.

_____ 12. Los hispanos que vienen a este país pronto se olvidan de sus comidas y costumbres tradicionales.

_____ 13. Para el hispano, su hogar es un lugar muy privado.

_____ 14. En los países hispanos las fiestas de Navidad y Año Nuevo duran tres semanas.

_____ 15. Todos los días del año se celebra el día de uno o más santos.

_____ 16. En la familia hispana la sobremesa sólo se practica cuando hay visita.

_____ 17. Para ser miembro de una tertulia hay que pagar una cuota razonable.

_____ 18. Los vendedores ambulantes llevan sus productos frescos a las casas todos los días.

_____ 19. El supermercado es un fenómeno típico de los Estados Unidos.

_____ 20. Es cierto que de médico, de poeta y de loco todos tenemos un poco.

_____ 21. El humorismo del hispano le permite burlarse de sí mismo.

_____ 22. Ser emocional se considera en ciertas culturas como ser inestable, un poco loco.

_____ 23. En la familia hispana no se disciplina a los niños hasta que tengan uso de razón.

_____ 24. El carácter español se ha mantenido a pesar de la influencia de los muchos pueblos invasores.

_____ 25. Una cualidad característica del caudillo es su flexibilidad.

_____ 26. En la América Latina las clases bajas constituyen la mayoría de la población.

_____ 27. El temperamento hispano es más científico que artístico y literario.

_____ 28. La música, como el carácter español, es una síntesis de las culturas que la forman.

_____ 29. El individualismo del español ha contribuido a la formación de muchos países pequeños en vez de una sola potencia unida.

_____ 30. El año 1492 fue de gran significación en la historia de España.

Appendix

Intereses especiales y viajes

| NEGOCIOS | BUSINESS |

**Learning
Activities**

**Learning
Hints**

LECCION 1

¿Cómo se llama?

What's His/Her Name?

Cliente

Hombre/Mujer de negocios

Client/Business man/woman

¿Cómo se llama _____?

Se llama _____.

What's the name of _____?
His/Her name is _____?

  el dueño/la dueña

    Julián Martínez

owner

  el ejecutivo/la ejecutiva

executive

  el jefe/la jefa

head/boss/foreman

  el gerente/la gerente

manager

  el vendedor/la vendedora

salesman/woman

  el secretario/la secretaria

secretary

  el empleado/la empleada

employee

  el obrero/la obrera

worker/laborer

PRACTICA

Ask and answer questions to identify these people in the community.

Ejemplo: gerente   Oswaldo Walsh
              ¿Quién es el gerente?
              Es Oswaldo Walsh.

1. dueño   Julián Martínez
2. vendedora   Carmen Calderón

425

3. secretaria   Yusebia Pérez
4. ejecutivo   Javier Longoria
5. empleada   Delia Villarreal
6. obrero   Sempronio del Río

SITUACION

Use the organizational chart to explain who supervises whom.

Ejemplo: ¿Quién supervisa al gerente?
              El dueño supervisa al gerente.

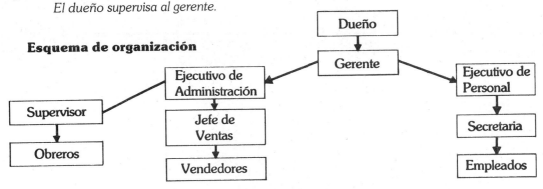

Esquema de organización

LECCION 2

¿Cuánto es?   How Much Is It?

Empleado   *Empleado*

¿Cuánto es _____?   **Es mucho.**   How much is _____?/It's a lot.
  la comisión   **Es poco.**   commission/It's small.
  el precio   **Es demasiado.**   price/It's too much.
  la factura   invoice
  la orden   order
  el franqueo   postage
  la cuenta   bill
  el alquiler   rent
  el sueldo   salary

PRACTICA

*Combine the words and phrases listed to make a complete state-   (Review 2.8.)
ment. Read your statement aloud.*

Ejemplo: precio del café/50 centavos
              El precio del café es cincuenta centavos.

1. comisión del vendedor/7 por ciento
2. sueldo del obrero/10 dólares por hora°   per hour

3. franqueo a México/20 centavos
4. cuenta en el restaurante/65 dólares
5. orden para papel/89 dólares
6. alquiler del carro/25 dólares al día°   per day
7. factura para los libros/92 dólares

SITUACION

You work in a business office. Your boss needs some information about prices of various items.

(Turn to Lesson 6.5. Practice the larger numbers.)

Ejemplo: Jefe: ¿Cuánto cuesta esto?
(Points to table.)
Ud.: *Cuesta ciento cincuenta dólares.*

(You can use items in the classroom, or you can bring pictures of items.)

LECCION 3

Un negocio   A Business Deal

Comprador	Vendedor	Buyer/Seller
¿Cuál es _____?	**Es _____.**	What is the _____?/It's _____.
el pago	alto/bajo	high/low
la tasa	alta/baja	rate/high/low (f.)
el interés		interest
el depósito		deposit
el préstamo		loan
la cotización		quoted price
la ganancia		earnings
el gasto		expenses

PRACTICA

Answer each question with a few words in Spanish.

Ejemplo: La ganancia es 15 por ciento. ¿Es razonable?°   reasonable
Sí, es razonable.

1. ¿Cómo quieren el pago, en cheque o en efectivo?°   cash
2. Quiero comprar una casa. ¿Cuál es la tasa de interés?
3. ¿Cuánto es el depósito?
4. ¿Es difícil conseguir° un préstamo?   to obtain
5. ¿Tiene Ud. muchos gastos?

SITUACION

You are the owner of a small paper supply company. You are discussing borrowing money to expand your business. You are talking with an officer of the Small Business Administration. What questions do you ask him and what does he ask you?

LECCION 4

¿Cuándo?   When?

Jefe	Empleado	
Favor de _____ esto.	**¿Cuándo? ¿Ahora mismo?**	Please _____ this./When? Right now?
cambiar	¿Mañana?	change/exchange
firmar	¿La semana próxima?	sign
contar	¿El lunes?	count
administrar		manage
controlar		control
confirmar		confirm
llenar		fill out
entregar		deliver/hand over

PRACTICA

Ask questions in the present tense using the verbs you have just practiced. Other students can answer the questions.

Ejemplo: *¿Cambia Ud. esto?*
Sí, lo cambio.

SITUACION

Clients ask you when you are going to do various things, and you can't right now, so you need to stall for time.

Ejemplo: *¿Cuándo va a pagar esto?*
Hoy mismo.

Here are some other expressions you can use to put things off.

En diciembre
En dos semanas
Esta semana
La semana que viene

(Or any other times can be used in these expressions.)

Next week

LECCION 5

Empresas		Businesses/Companies
Cliente	*Empleado*	
¿Donde está _____?	**Está cerca.**	
	Está lejos.	
la planta		plant
la fábrica		factory
el almacén		warehouse/wholesale store (Also, in some dialects, "department store")
la bodega		wine cellar/food warehouse
la agencia		agency
la estación		station
la terminal		terminal
el muelle		dock

PRACTICA

Add the following phrases to the places you have just practiced. Read the whole phrase aloud.

1. de colocaciones°
2. del aeropuerto°
3. eléctrica
4. en este puerto°
5. de ferrocarril°
6. de ropa°
7. de vinos
8. de automóviles

employment (also **de empleados**)/railroad
airport/clothing
at this port

SITUACION

You are the owner of a business. Your client asks you how to get from your place of business to some of the above locations.

LECCION 6

En el banco		At the Bank
Empleado	*Cliente*	
¿En qué puedo servirle?	Quiero abrir una cuenta.	May I help you?/I want to open an account.
¿Qué tipo de cuenta?		
¿Comercial?		
¿Personal?		

¿Corriente?		Checking (also **de cheques**)
¿De ahorros?		Savings
¿Individual?		
¿Conjunta?		Joint
¿Tiene Ud. identificación con su firma?	Sí, cómo no.	Do you have identification with your signature on it?/Yes, of course.
¿Hay algo más?	Sí, necesito un modelo de depósito.	Is there anything else?/Yes, I need a deposit slip. (Also **boleta**.)
	Quiero comprar _____.	I want to buy _____.
	una letra de cambio	bank draft
	un cheque de cajero	cashier's check
	cheques de viajero	traveler's checks
	Quiero ver al oficial de préstamos.	I want to see the loan officer.
¿Puede firmar el pagaré?	Sí, cómo no.	Will you sign the promissory note?

PRACTICA

Answer the following questions:

1. Yo quiero comprar una casa. ¿A quién necesito ver?
2. Quiero cambiar un cheque. ¿Qué identificación necesito?
3. ¿Para quién es el pagaré?°   promissory note
4. ¿Quieren Uds. una cuenta conjunta, señores?
5. ¿Cuántos cheques de viajero quiere Ud? ¿De cuánto quiere los cheques?
6. ¿Puede darme dos modelos de depósito?

SITUACION

You are a bank customer who wants to take care of several banking transactions. You tell the bank employee that you want to open a checking account, a savings account, buy traveler's checks, and see a loan officer about a loan for a house. Act out this conversation with another member of your group.

LECCION 7

La bolsa   The Stock Market

En la oficina del corredor de bolsa   In the stockbroker's office

Corredor	*Cliente*	
¿Cómo quiere invertir su dinero?		How do you want to invest your money?
¿En _____?	**Sí, en _____, por favor.**	In _____?/Yes, in _____ please.
¿En acciones?		stocks
¿En bonos?		bonds

¿En obligaciones?	debentures
¿En bienes raíces?	real estate
¿En la bolsa de valores?	stock market
¿En entregas futuras?	futures (Also ***entregas a término***)
¿En bonos exentos de impuestos?	tax exempt bonds
¿En mercancías?	commodities

PRACTICA

Answer the questions for a customer.

1. ¿Cuánto cuestan las acciones de la compañía _____? (seleccione una compañía)
2. ¿Cómo están valuados los bonos de _____?
3. ¿Son convertibles estas obligaciones? ¿A cuántas acciones?
4. ¿En qué parte de la ciudad conviene comprar bienes raíces?
5. ¿Cree que va a subir o bajar la bolsa de valores?
6. ¿Cuánto puedo ganar (o perder) en las entregas futuras?
7. ¿Cómo puedo invertir el dinero para la educación de mis hijos?

SITUACION

*A man comes into the stockbroker's office. He says he's going to shoot the broker because he always loses a lot of money. He tells him, «**Invertí en _____ y perdí,**° **invertí en _____ y perdí, etc.**»*

I invested in _____ and I lost . . .

LECCION 8

Un préstamo comercial

A Commercial Loan

Cliente	Oficial	
Deseo solicitar un préstamo.	¿Qué clase de préstamo?	I want to apply for a loan./What kind . . .
Para comprar un edificio para mi negocio.	¿Hay uno que le guste?	that you like
Hay uno con tres pisos en un buen lugar.	¿Cuánto cuesta el edificio?	
Piden _____.	¿Cuánto es la hipoteca?	They're asking _____./How much is the mortgage?
Es _____.	¿Cuánto es el saldo de la hipoteca?	How much is the mortgage balance?
Es _____.	El tasador puede hacer una evaluación de la propiedad.	The appraiser can assess the property.
¿Y después?	Un oficial de préstamos puede discutir con Ud. los detalles del préstamo.	A loan officer can discuss the details of the loan with you.

PRACTICA

Answer the questions in a few words in Spanish:

1. ¿De cuántos pisos es el edificio?
2. ¿Desea Ud. solicitar un préstamo? ¿Para qué?
3. Si una casa cuesta cien mil dólares y la hipoteca es sesenta mil, ¿cuánto dinero necesita Ud. en efectivo?
4. ¿Quién hace la evaluación de los bienes raíces?
5. ¿Es mejor alquilar espacio en un edificio grande o comprar un edificio pequeño?
6. ¿Con quién discute Ud. los detalles del préstamo?

SITUACION

A Spanish-speaking client asks you to explain what you mean by some of the terms you're using. You explain these items to him/her as best you can.

bienes raíces
hipoteca
saldo de la hipoteca
tasador
evaluación
tasas de interés
impuestos
seguros
pago mensual

LECCION 9

Ventas al detalle

Retail Sales

Vendedor	*Gerente*	
¿Ud. es vendedor al por mayor?	No, soy detallista.	Are you a wholesaler?/No, I'm a retailer.
¿Ud. es comprador al por mayor?	No, compro al detalle.	Are you a wholesale buyer?/No, I'm a retail buyer.
Dependienta	*Cliente*	Clerk/Customer
¿En qué puedo servirle?	Quiero un reembolso.	May I help you?/I want a refund.
	Quiero devolver esto.	. . . return this.
	Necesito cambio.	. . . need change.

Puedo mostrarle el catálogo.	¿Tiene este modelo?	I can show you the catalog./Do you have this style?
Lo siento. Está agotado.	¿No hay otros?	I'm sorry. We're out of it.
Puede escoger entre varios modelos.	Me quedo con esto.	You can choose from several styles./I'll take this one.
¿Algo más?	Favor de envolverlo.	Something else?/Please wrap it.
	Favor de ponerlo en una caja.	Please put it in a box.

PRACTICA

Answer the clerk's questions:

1. ¿Por qué quiere devolver esto?
2. ¿Por qué quiere comprar esto?
3. ¿Quiere ver el catálogo?
4. ¿Quiere ponerlo todo en su tarjeta de crédito?
5. ¿Quiere seleccionar uno del catálogo?

SITUACION

You are the clerk, and a lady is trying on shoes. She tries on one pair after another, but there is always something wrong. Finally, what do you say? You act out the part of the clerk, and another member of the group can take the part of the lady.

LECCION 10

Importación/Exportación

Import/Export

Gerente

Jefe

¿Recibió _____?	**Lo recibí ayer.**	Did you receive _____?/I received it yesterday.
el envío para el extranjero		overseas shipment
la carta de porte		bill of lading
la cuenta de ventas		bill of sale
¿Recibieron _____?	**La recibimos la semana pasada.**	Did you (pl.) receive _____?/We received it last week.
la declaración de aduana		customs declaration
la factura consular		consular invoice
la factura comercial		commercial invoice
la letra de cambio		letter of exchange

PRACTICA

Complete the questions and ask another student to answer them.

1. ¿Pagó Ud. _____? ¿Cuándo?
2. ¿Vendió Ud. _____? ¿Cuánto?

3. ¿Compró Ud. _____? ¿Dónde?
4. ¿Buscó Ud. _____? ¿Cuándo?
5. ¿Encontró Ud. _____? ¿Dónde?
6. ¿Llevó Ud. _____? ¿Dónde?
7. ¿Cuánto _____ entregó Ud.?

SITUACION

Trámites   Transactions/Arrangements

*You are arranging to import a cargo of wine from Spain. Explain
the necessary **trámites**.*

LECCION 11

Transacciones terminadas   Completed Transactions

Cliente   *Empleado*

¿Cuándo _____?   **Lo _____ ayer.**
                              La
                              Los
                              Las

  pidió el préstamo   pedí
  cobró la cuota   cobré
  firmó el cheque   firmé
  entregó los modelos   recibí
  pagó la cuenta   pagué
  consiguió las órdenes   conseguí

¿Cuándo lo _____?   **Lo _____ hace dos
  despacharon   semanas.**
  cotizaron
  aseguraron

PRACTICA

*Instead of the times given, state that each of these actions has
just taken place:*

Ejemplo: ¿Cuándo lo cotizaron?
                Acaban de cotizarlo.

SITUACION

*You own a small company. For two weeks you have been dealing
with a large company that has completely mixed up your order.
One person passes you along to another until you finally are talk-*

ing to the head of the shipping department. You have to convince him that errors have been made in the shipping, in the dates, in the prices, and in the quantities. Imagine you are selling wheat to an underdeveloped country. Role-play the situation.

LECCION 12

Descripción de servicios

		Description of Services
¿Qué negocios ofrecían?	De compraventa de acciones.	What business (transactions) were they offering?/Stock trading.
¿Cómo era el hotel?	Bastante bueno.	How was the hotel?/Pretty good.
¿Qué servicios solicitaban?	Los servicios de sanidad.	What services were they seeking?/Sanitation services.
¿Quién hacía las entrevistas?	El jefe.	Who was doing the interviewing?/The boss.
¿De qué hablaban?	De la inflación.	What were they talking about?/About inflation.
¿Quién vendía el producto?	Varios vendedores.	Who was selling the product?/ Various traders.
¿En cuánto lo cotizaban?	Muy alto.	What price were they quoting?/Very high.
¿Cuándo iba a llegar la carga?	Dentro de unos días.	When was the shipment going to arrive?/Within a few days.

PRACTICA

Ask the questions that follow, changing the verb to the preterite tense.

Ejemplo: ¿Cuándo iba a llegar la carga?
           ¿Cuándo llegó la carga?

1. ¿Quién hacía las entrevistas?
2. ¿Cuántas personas iban a asistir?
3. ¿De qué hablaban en la conferencia?
4. ¿Qué decían de los precios?
5. ¿Qué negocios iban a ofrecer?
6. ¿Qué solicitudes aceptaban?
7. ¿Quiénes vendían el producto?
8. ¿Quiénes pedían precios más bajos?

SITUACION

You have just attended a business conference. You are writing a report of the conference for your boss. Choose a business and tell him at least three business matters that were discussed, what the people attending were like, and how the weather was.

LECCION 13

Cargas y medidas

Empleado	*Agente de carga*	Shipping agent
¿Cuándo lo van a cargar?	_____	(Give answers for the shipping agent.)
¿Cuándo lo van a descargar?		load it unload it
¿Cuándo llega la remesa?		shipment
¿Cuánto demora la remesa?		How much delay . . .
¿Tiene Ud. la carta de porte?		freight charges
¿Quién es el consignatario?		consignee

¿Cuánto es el precio por _____?

tonelada	per ton
barril	per barrel
kilo	per kilogram
litro	per liter
libra	per pound
docena	per dozen
gruesa	per gross

PRACTICA

In what quantities would the following items typically be purchased?

Ejemplo: galletas para una familia española
por kilo

1. aceite para cocinar   cooking oil
2. petróleo para importación
3. dulces para una novia
4. huevos para la familia
5. arroz para la familia
6. frijoles para un restaurante mexicano
7. tazas de papel para la cafetería

SITUACION

You are the purchasing agent for the school cafeteria. A special PTA banquet has been planned, and your order has not been delivered by the wholesaler. Call the person in charge, convincing him/her that the warehouse must send a special driver with the order.

LECCION 14

Los seguros   Insurance

Agente   *Cliente*

¿Tiene Ud. _____?
  seguro de hospitalizacíon   hospitalization
  póliza de grupo   group policy
¿Está Ud. asegurado contra _____?   Are you insured against _____?

  incendios   fires
  tormentas   storms
  inundaciones   floods
  daños a la propiedad   property damage
¿Cuánto es _____?

  la prima   premium
  la tasa   rate
  el daño estimado   estimated damage

PRACTICA

Conteste en español:

1. ¿Ha sufrido Ud. daños por inundaciones o tormentas?
2. ¿Siempre ha tenido suficiente seguro?
3. ¿Cómo saben las compañías de seguros cuánto tiene que pagar el cliente por la prima?
4. Según las estadísticas, ¿quién vive una vida más larga, la mujer o el hombre?
5. ¿Cree Ud. que la mujer necesita tanto seguro como el hombre?
6. ¿A qué edad debe comprarse una póliza de seguro de vida?
7. ¿Cuál es su actitud hacia las compañías de seguros?
8. ¿Se necesita° en los Estados Unidos un plan de seguro de hospi-   Is . . . needed
   talización auspiciado por el gobierno federal?

SITUACION

You are an independent insurance agent who wants to sell us every conceivable kind of insurance. Describe what the various types of insurance are and why we need them.

LECCION 15

La contabilidad		Accounting
Contador	*Cliente*	

(Invent a business and give answers for the client.)

¿Cuánto son las ventas?	Son _____.	. . . sales
¿Cuánto es el costo de las ventas?	Es _____.	. . . cost of the sales/sales costs
¿Cuántos son _____		
las ganancias brutas?		gross income
los gastos de operación		operating costs
los gastos totales de operación		total operating costs
los sueldos		salaries
las ganancias netas		net income
las pérdidas		losses

PRACTICA Y SITUACION

Here is an accounting statement for a small company. Make up a business and fill in the statement.

Plana de ganancias o pérdidas

COMPANIA _____
CALLE _____

_____
CIUDAD   ESTADO   ZONA POSTAL

	Mes de _____ 19 _____	
	Mes en curso	Año hasta la fecha
VENTAS	_____	_____
COSTO DE VENTAS	_____	_____
GANANCIAS BRUTAS	_____	_____
GASTOS DE OPERACION	_____	_____
Automóviles	_____	_____
Servicios de Sanidad	_____	_____
Lavandería	_____	_____
Mantenimiento y reparación	_____	_____
Gastos de Oficina	_____	_____
Gastos de Operación	_____	_____
Rentas	_____	_____
Sueldos	_____	_____
Utilidades	_____	_____

———	———	———
———	———	———
	———	
GASTOS TOTALES DE	———	———
OPERACION		
GANANCIAS NETAS O		
PERDIDAS	———	———

LECCION 16

Movimiento de carga y transporte		Movement of Cargo and Transportation

Empleado	*Gerente*	
¿Cómo llega la carga?	Por transporte aéreo.	by air freight
	Por transporte marítimo.	by ship
	Por ferrocarril.	by railroad
	Por carretera.	by road
¿Quiénes se encargan de los financiamientos?	La empresa _____.	
		(Complete the conversation for the manager.)
¿Quién se encarga de los trámites de descargues?	El corredor.	Who's in charge of the unloading procedures?/The broker.
¿De quién conseguimos las grúas?	La compañía _____.	Who'll we get the cranes from?
¿De quién conseguimos los elevadores de carga?	La misma compañía.	Who'll we get the forklifts from?
¿Cuántos envases hay?	_____	How many containers are there?

PRACTICA

Conteste en español:

1. ¿Qué transportes serían más eficaces° para las siguientes cargas:
   algodón° de Egipto°
   aceitunas° de España
   cobre° de Chile
   medicinas de Alemania°

   efficient
   cotton/Egypt
   olives
   copper
   Germany

2. ¿Para qué se usa el elevador de carga?
3. ¿Para qué se usa la grúa?
4. ¿Cree Ud. que las compañías de camiones de remolque° pagan
   suficiente impuesto por el uso de las carreteras?

   18-wheeler

5. Generalmente, ¿quién paga el costo de transporte?

SITUACION

A shipment of olives° consisting of 100 barrels was scheduled to arrive on a ship from Spain that has just unloaded. The olives are not there. You are with the wholesale importing company. Role-play your conversations with the various dock officials as you try to track down the missing olives.

aceitunas

LECCION 17

Administración de negocios

Business Management

Presidente de la Empresa	*Administrador/a*	
Buscamos un administrador que _____.		We're looking for a manager who _____.
determine los objetivos	Me interesa mucho determinarlos.	will determine the objectives
establezca los procedimientos	Me interesa mucho _____.	will establish the procedures
		(Complete the manager's conversation, using the infinitive of the verb in the president's statement.)
pueda controlar la administración de la empresa		can control the administration of the business
pueda tomar decisiones difíciles		can make difficult decisions
sepa obtener el mayor beneficio con el menor riesgo		can obtain the greatest gain with the least risk
pueda aumentar las ganancias		can increase the profits
sepa evaluar la actividad de la empresa		can evaluate the business activity
sepa evaluar las decisiones		can evaluate decisions

PRACTICA

Explain the qualities of a good manager. Change the subjunctive statements to **se** + the present indicative tense.

Ejemplo: Buscamos un administrador que sepa tomar decisiones difíciles.
Se toman decisiones difíciles.

SITUACION

You are hiring the manager for a photographic studio. You interview the person, explaining that the job is really a public relations *kind of job, and that the client is always right. One candidate is particularly obnoxious. How do you handle him or her? Role-play the manager and the applicants.*

LECCION 18

Publicidad		Advertising
Administrador	*Agente*	
¿Quiénes hacen _____?	**La agencia publicitaria.**	Who does the _____?/The advertising agency.
los anuncios		ads
los anuncios de radio		radio advertising
la cinta de video		video tapes
la propaganda para el concurso		ads for the contest
la plana del diario		newspaper page
¿Cuál es el mejor medio publicitario?	Depende.	What's the best means of publicity?/It depends.
¿Cuántos clientes alcanzan Uds.?	¿A través de la televisión?	How many clients can you reach?/Through television?
No. A través de la radio.	Más que por los diarios.	No. Through radio./More than through the daily papers.

PRACTICA

Design an ad in Spanish for a business of your choice.

SITUACION

You are the manager of a bookstore. A newspaper calls your store, hoping you will again place an ad you have had running the past week. Tell the sales agent that you are better off advertising on the radio. She/He argues that the newspaper is better, but you know radio is better. What arguments do you bring to bear?

LECCION 19

Las computadoras		Computers
Empleado	*Empleada*	
¿Para qué se usa la computadora?	Para programas de _____.	
	contabilidad	accounting
	investigación	researches
	datos	data

¿Es una minicomputadora o una
microcomputadora?

¿Qué marca es?   _____   What brand is it?

¿Qué lengua se usa?   Se usa _____.
                                        Básica
                                        Fortran
                                        Cobal
                                        Pascal

¿Se transmiten los datos por   Sí, usamos el modern.
modem?

¿De qué tamaño son las fichas?   De cinco y cuarto pulgadas.

¿Utilizan Uds. muchos programas   Sí, una variedad.
de software?

¿Cuánta es la capacidad de RAM?   bastante   (Random Access Memory)
                                      grande

PRACTICA

Conteste en español:

1. ¿Tiene Ud. una computadora?
2. ¿Sabe Ud. escribir programas para la computadora?
3. ¿Qué lenguas computadoras usa Ud.?
4. ¿Quién gana más, el/la técnico/a de computadoras o el/la programador/a de computadoras?
5. ¿Le gusta jugar los juegos de computadoras? ¿Cuál le gusta más?
6. ¿Cómo ha cambiado nuestras vidas la computadora?
7. ¿Cómo va a seguir cambiándonoslas en le futuro?
8. ¿Sabe Ud. usar la computadora para procesar palabras?°   . . . word processing

SITUACION

*You have been hired as an administrative assistant in an office
that has just acquired a new computer and a new word processing software package. Ask the computer department questions to
elicit information you might need to know.*

LECCION 20

Moneda del mundo hispánico   Currency in the Hispanic
                                                  World

País	Ciudadano/a	Moneda
Argentina	argentino/a	peso
Bolivia	boliviano/a	peso

Brasil	brasileño/a	cruzeiro
Chile	chileno/a	peso
Colombia	colombiano/a	peso
Costa Rica	costarricense	colón
Cuba	cubano/a	peso
Ecuador	ecuatoriano/a	sucre
El Salvador	salvadoreño/a	colón
España	español/a	peseta
Guatemala	guatemalteco/a	quetzal
Honduras	hondureño/a	lempira
México	mexicano/a	peso
Nicaragua	nicaragüense	córdoba
Panamá	panameño/a	balboa
Paraguay	paraguayo/a	guaraní
Perú	peruano/a	sol
Puerto Rico	puertorriqueño/a	dólar
República Dominicana	dominicano/a	peso
Uruguay	uruguayo/a	peso nuevo
Venezuela	venezolano/a	bolívar

(Although Brazil is not a Spanish-speaking country, it is included because of its importance in Latin-American trade.)

PRACTICA

Refer to the table. Give a possible country of origin for each product, the name of the citizen of that country, and the name of the currency he/she would use.

Ejemplo: aceitunas

>   *España   español   peseta*

1. petróleo
2. tabaco
3. pescado
4. vino
5. estaño   tin
6. goma   rubber
7. esmeraldas   emeralds

SITUACION

You are a wholesaler of Colombian leather. You are arranging the paperwork with the Colombian consulate and the shipper in Colombia for the importing of a quantity of hides. Role-play the parts of the various persons involved in the transaction and specify the details of the shipment—cost, means of transportation, method of payment, final destination, etc.

JUSTICIA	LAW ENFORCEMENT

Learning Activities	**Learning Hints**

LECCION 1

¿Cómo se llama?

What's His/Her Name?

Acusado   *Alguacil*

Accused/Bailiff

¿Cómo se llama _____?   **Se llama _____.**

el abogado/la abogada   lawyer
el fiscal/la fiscal   district attorney
el juez/la juez   judge
el oficial/la oficial   officer
el detective/la detective
el sospechoso/la sospechosa   suspect
el ladrón/la ladrona   thief
el cómplice/la cómplice   accomplice

PRACTICA

Identify these people in the community:

Ejemplo: abogado/Nicolás García
               El abogado se llama Nicolás García.

1. fiscal/Diego Martínez
2. policía/Gilberto Iglesias
3. ladrón/Juan Guerra
4. acusado/Jesús Aguirre
5. sospechosa/Norma Jiménez
6. detective/Elena Sánchez
7. juez/Jaime Chávez

SITUACION

You are a reporter at the courthouse. You ask the bailiff who each person is, and he/she tells you.

Ejemplo: *¿Quién es el acusado?*
               Es Jesús Aguirre.

Who is the accused?

LECCION 2

Lo voy a registrar.		I'm Going to Search You.

Policía	*Sospechoso*	
Favor de _____.	**¿Por qué?**	Please _____./Why?
levantar las manos		raise your hands
mostrarme las manos		show me your hands
mostrarme su cartera		show me your billfold
no mover las manos		don't move your hands
no hacer nada		don't do anything
vaciar los bolsillos		empty out your pockets
pararse contra la pared		stand up against the wall
mirar hacia la pared		face towards the wall
darme eso		give me that

PRACTICA

Choose words to complete each question.

(Try to use words from Lessons 1 and 2, as well as from Justicia 1 and 2.)

Ejemplo: ¿Qué tiene en _____?
              ¿Qué tiene en los manos?

1. ¿Qué tiene en _____?
2. ¿Quiere llamar al _____?
3. ¿Quiere darme _____?
4. ¿Quiere mostrarme _____?
5. ¿Quiere pararse _____?
6. ¿Quiere vaciar _____?
7. ¿Quiere mirar _____?

SITUACION

One member of the group takes the part of the police officers, and others of the suspect. The police officer gives the various requests in random order to members of the group.

LECCION 3

¿Quién está allí?		Who Is There?

Oficial	*Oficial*	
¿Quién está en _____?	**El acusado.**	Who is in/at the _____?/The accused.
la cárcel		jail
la corte		court
la oficina del alguacil		sheriff's office

¿Quiénes están en _____?   **Los sospechosos.**   (*Quiénes* is plural "who.")
- el depósito de carros — traffic pound
- el carro del policía — police car
- el garage de la policía — police garage
- la esquina — corner

PRACTICA

Using the names given in Lesson 1, answer the above questions.

SITUACION

You are working at the front desk of the police station. You are talking with a reporter about where people are. The reporter asks and you answer, telling him/her where people are.

Ejemplo: *¿Dónde está el detective?*
Está en el depósito de carros.

LECCION 4

Interrogatorios — Questioning

Policía — *Testigo* — /Witness

Dígame, por favor,   **¿Sí?**   Tell me, please, _____?
¿_____?

- ¿Cuándo fue el suceso? — **No sé.** — When did the incident happen?/I don't know
- ¿Dónde fue? — Where was it?
- ¿Cómo fue? — Es muy complicado. — What was it like?/(How did it happen?)/It's very complicated.
- ¿Quién fue? — Who was it?
- ¿Fue Ud.? — No, no fui yo. — Was it you?/No, it wasn't me (I).
- ¿Quién estaba con Ud.? — Nadie. — Who was with you?/No one.
- ¿Qué hizo Ud.? — Nada. — What did you do?/Nothing.

PRACTICA

Give questions for each of the following answers.

Ejemplo: A las 10 de la noche.
¿Cuándo fue el suceso?

1. En el depósito de carros.
2. Fue terrible.
3. Mi esposa.
4. Llamé° al policía   I called

5. Un ladrón.
6. No, yo no.

7. Fue un accidente.
8. En la tienda.

SITUACION

*There has been a robbery at the jewelry store, **un robo en la joy-ería.** Interview a witness. Be sure to ask him/her for sufficient personal identification.*

(Review 4.4, 4.5.)

LECCION 5

Vamos a hacerlo.

Let's Do It.

Oficial

Oficial

Officer

¿Necesita _____ lo/la?

Sí, vamos a _____ lo/la.

Do you need to _____ him, it/her? /Yes, let's _____. it/him/her.

registrar		search
ejecutar		enforce
perseguir		pursue
encarcelar		jail
detener		detain
investigar		investigate
interrogar		interrogate
legalizar		legalize

PRACTICA

Make questions asking who does each thing. Another group member can answer the question.

Ejemplo: *¿Quién investiga al ladrón?*
            El detective lo investiga.

(Review 2.10.)

1. encarcelar al ladrón
2. interrogar a la sospechosa
3. registrar al acusado
4. ejecutar las leyes

5. detener a la ladrona
6. perseguir al criminal
7. legalizar el documento
8. investigar el suceso

SITUACION

You are the teacher of cadets at the police academy. You take the part of a police officer telling a suspect what you are going to do. Other group members can ask questions afterwards.

Ejemplo: *Necesito ver su licencia de manejar.*

LECCION 6

El arresto		The Arrest

Policía	*Acusado*	
Tengo una orden para su arresto.	**¿Por qué?**	I have an order for your arrest.
Tengo que arrestarlo.		I have to arrest you.
Usted está bajo arresto.		You're under arrest.
Tiene que venir conmigo.	**¿A dónde?**	You have to come with me.
Tengo que llevarlo a la estación de policía.		I have to take you to the police station.
Tiene que salir de su carro.		You have to get out of your car.
Tiene que entrar en mi carro.		You have to get in my car.
Voy a leerle sus derechos.		I'm going to read you your rights.
Ud. puede usar el teléfono.		You can use the telephone.
Ud. puede hacer una llamada.		You can make one call.
Ud. tiene que dar una fianza.		You have to put up bail.

PRACTICA

Complete each sentence with an appropriate infinitive.

Ejemplo: El sospechoso está bajo arresto.
      Acabo de arrestarlo.

1. Ud. tiene que _____ de su carro.
2. Necesito _____ una llamada.
3. Voy a _____le sus derechos.
4. Ese comerciante acaba de _____lo del crimen.
5. Necesito saber si el sospechoso lleva armas. Voy a _____lo.
6. Para salir de la cárcel, Ud. tiene que _____ una fianza.

SITUACION

You are a police officer making an arrest. You also search the suspect. What do you say to him and what does he say to you?

LECCION 7

Descripción del sospechoso		Description of the Suspect

Policía	*Testigo*	
¿Cómo es?	**Es _____.**	What's he look like?/He's _____.
	moreno	dark-skinned (Black/Brown)
	blanco	fair-skinned (White)

¿Sexo?	Masculino.	
	Femenino.	
¿Edad?	Tiene _____ años.	
¿Altura?	Mide _____ pies más o menos.	Height?/He's _____ about _____ feet.
¿Peso?	Pesa _____ libras más o menos.	Weight?/He weighs about _____ pounds.
¿Pelo?	Negro	Black
	Rubio	Blonde
	Castaño	Brown (Chestnut)
¿Ojos?	Azules	Blue
	Negros	Black
¿Tiene marcas en la cara?	Sí, _____.	Does he have any distinguishing marks on his face?/Yes, _____.
	una cicatriz	a scar
	tatuajes	tattoos
¿Tiene _____?	No, no tiene.	
bigote		moustache
barba		beard

PRACTICA

Use a series of pictures from a magazine or from ads. Name one of them the suspect, and tell how the other people differ.

Ejemplo: *El sospechoso es más joven.*
        El sospechoso es más bajo.

(Review 7.6.).

SITUACION

You choose one member of your class to be the suspect, but you don't tell the others the person you've chosen. Members of your group have to ask you questions to find out the identity of the suspect.

LECCION 8

El equipo del policía		Police Equipment
Policía	*Policía*	
¿Qué hago con _____?	**Póngalo aquí.**	What'll I do with _____?/Put it/them here.
	Póngala.	
	Póngalos.	
	Póngalas.	
el tolete		club (also **garrote**)
el revólver		
la funda del revólver		/holster

las esposas	handcuffs
el casco	helmet
los cartuchos	cartridges
la pistola	
la gorra	cap
la chapa	badge

PRACTICA

Associate a word that you have just practiced with a word in this exercise:

1. proteger°	5. poner el revólver	protect
2. tirar°	6. poner en el revólver	shoot
3. identificarse°	7. sujetar° al sospechoso	identify oneself/restrain
4. usar en la cabeza		

SITUACION

A police officer is speaking to a group of young children. They ask why police officers use some of these things.

Ejemplo: *¿Para qué se usan las esposas?*
Para sujetar al acusado.

LECCION 9

¿Qué está haciendo?   What's He or She Doing?

Oficial	*Testigo*	
¿Está _____?	**Sí, está _____.**	
encendiendo la linterna	encendiéndola	turning the flashlight on
afilando el cuchillo	afilándolo	sharpening the knife
afilando el hacha	afilándola	sharpening the hatchet
cargando el rifle	cargándolo	loading the rifle
usando las armas	usándolas	using firearms
tomando drogas	tomándolas	taking drugs
contando las balas	contándolas	counting the bullets
buscando las llaves	buscándolas	looking for the keys

PRACTICA

Answer the questions as in the example:

Ejemplo: *¿Va a afilar el hacha?*
Acabo de afilarla.

1. ¿Va a cerrar el candado°?	4. ¿Va a usar las armas?	padlock
2. ¿Va a encender la linterna?	5. ¿Va a tomar las drogas?	
3. ¿Va a afilar el cuchillo?	6. ¿Va a tirar las balas?	

SITUACION

*You are in charge of the cadets. Give each one a chore to do.
Group members can role-play the cadets, asking further questions about your orders.*

Ejemplo: Ud.:   *Ud. debe contar las balas.*
              Cadete: *¿Dónde están?*

LECCION 10

El tránsito   Traffic

Ciudadano   *Policía*   Citizen

¿Qué hice mal?   **Ud. dobló _____.**   What did I do wrong?/You turned
                               impropiamente   _____.
                               a la derecha
                               desde la línea del centro   from the inside lane
                               desde la línea exterior   from the outside lane
                               Excedió el límite de velocidad.   You exceeded the speed limit.
                               Paso _____ sin dete-   You passed _____ without
                               nerse.   stopping.
                               una señal de parada   stop sign
                               una luz roja   red light
                               No cedió el derecho de vía.   You didn't yield the right of way.
                               No usó la zona para peatones.   You didn't use the pedestrian walkway.
                               Estacionó en una zona prohibida.   You parked in a no parking zone.

PRACTICA

Make excuses to give the traffic officer in each of the above cases.

SITUACION

*Use international traffic signs to tell what you can or cannot do
according to the law.*

LECCION 11

Seguridad en el hogar   Home Security

Policía   *Ciudadano/a*

¿Cerraron la puerta con llave?   Sí, la cerramos con llave.   Did you lock the door?
¿Instalaron un pestillo de resorte?   Did you install a bolt?
¿Instalaron una cerradura dor-   Did you install a dead bolt?
    mida?

¿Compraron una caja de seguridad?	Did you buy a safe?
¿Aseguraron sus artículos de valor?	Did you insure your valuables?
¿Tienen alarma contra ladrones?	Did you have a burglar alarm?
¿Avisaron a sus vecinos antes de irse de viaje?	Did you notify your neighbors before going on vacation?
¿Suspendieron la entrega de periódicos?	Did you stop delivery of your newspaper?

PRACTICA

Contesten en español:

1. ¿Por qué se deben fotografiar las joyas?
2. ¿Cómo se pueden proteger los artículos de valor?
3. ¿Cuáles son algunos tipos de alarmas contra ladrones?
4. ¿Las alarmas contra ladrones ayudan a prevenir los robos? ¿Cómo?
5. ¿Cuál es la mejor manera de proteger el hogar contra los ladrones?
6. ¿Qué clase de cerradura es mejor?
7. ¿Quiénes deben llevar la llave de la casa? Por ejemplo, ¿los adolescentes deben tener la llave de la casa?

SITUACION

You are the policeman or policewoman assigned to make home inspections to tell home owners what they need to do to make the home more secure. You visit a home in which there are no window locks, no dead bolt, and glass° in the front door. Tell the homeowners what they need to do.

vidrio

LECCION 12

Reporte de un carro robado

Stolen Car Report

Policía	*Ciudadano/a*	
¿Tiene Ud. el certificado de registro?	Sí, aquí está.	(Give logical answers for the citizen.)
¿Cuál es la marca del carro?		What make of car is it?
¿Cuál es el número de la placa?		What's the license number? (Also **chapa**)
¿Dónde fue robado?		Where was it stolen?
¿Le quitó la llave al carro?		Did you take the keys out of the car?
¿Cerró las ventanas?		Did you close the windows?
¿Estaban las puertas cerradas?		Were the doors locked?

¿Estaba asegurado el carro?	Was the car insured?
¿Dónde estaba estacionado?	Where was it parked?
¿Tenía algo de valor en el carro?	Did you have anything of value in the car?

PRACTICA

A. *Use the key words listed to ask additional questions about the car.*

Ejemplo: radio
              ¿Tiene radio el carro?

1. de dos o de cuatro puertas	
2. ruedas	wheels
3. llantas	tires
4. defectos	defects
5. antena	
6. número del motor	
7. año	

B. *Use the words given to ask questions about the car.*

Ejemplo: marca
              ¿Cuál es la marca del carro?

1. asegurado	5. llave
2. valor	6. puertas
3. robado	7. color
4. estacionado	

SITUACION

You are a policeman on security duty at a shopping mall. A woman comes up to you quite upset, saying that her car has been stolen. You suspect that she has simply forgotten where she parked it, but she insists that the car has been stolen and that you must take down the information about the car. Role-play the situation, resolving the conflict in an appropriate way.

LECCION 13

En la aduana		At Customs
Agente de la aduana	*Turista*	
¿Tiene Ud. algo que declarar?	**No, señor/a, nada.**	. . . something to declare
¿Tiene Ud. _____? bebidas alcohólicas	**Sí, tengo _____.**	

perfume	
más de 300 dólares de compras	more than $300 in purchases
un recibo de venta	sales receipt
Ud. tiene que pagar el impuesto. ¿Cuánto es?	duty (tax)
Abra la maleta, por favor. Sí, señor/a.	suitcase
Vacíe su bolsa, por favor.	Empty your purse.
Vacíe sus bolsillos, por favor.	Empty your pockets.
Tengo que registrarlo/la.	I have to search you.

PRACTICA

Answer the following questions using two object pronouns in your answer.

Ejemplo: ¿A quién le vendió las joyas?
Se las vendí al joyero°.   jeweler

1. ¿A quién le pagó los impuestos?
2. ¿A quién le enseñó el recibo de venta?
3. ¿A quién le enseñó la bolsa?
4. ¿A quién le pagó la multa?
5. ¿A quién le entregó la declaración?
6. ¿A quién le vendió los artículos importados?

SITUACION

You have had a tip that a couple going through customs is illegally importing diamonds. They maintain their innocence. They have been searched and X-rayed and so has their luggage. Half the group can role-play the customs agents and half the couple and friends. Make this a game to see if the couple can stump the customs agents.

LECCION 14

Rehabilitación / Rehabilitation

Oficial	*Guardia*	(Make up answers for the guard.)
¿Cuánto tiempo hace que está encarcelado?		How long has he been in prison?
¿Es una prisión de seguridad máxima o mínima?		Is it a maximum security prison or minimum security?
¿Cuándo es eligible para salir con libertad provisional?		When is he eligible for parole? (Also **libertad bajo palabra**)

¿Qué entrenamiento ha recibido?	What training has he received?
¿Ha recibido consejo?	Has he had counseling?
¿Cuándo salió con libertad pro-visional?	When was he parolled?
¿Quién es su oficial de libertad provisional?	Who is his parole officer?
¿Cuándo tiene que presentarse?	How often must he report?

PRACTICA

The following are factors that might be taken into account in de-ciding to parole a convict. Make a statement using each word or phrase.

1. auto-suficiencia
2. independencia económica
3. responsabilidad social
4. progreso en su actitud general
5. comportamiento en la prisión

SITUACION

You are on the parole board. You are interviewing a convict who is eligible for parole. He has been in prison for five years for computer-related crime. Role-play the situation, inventing the kinds of questions you want to ask such a prisoner.

LECCION 15

Los derechos del acusado

Rights of the Accused

Policía

Ud. tiene derecho a permanecer en silencio.

Ud. tiene derecho a hacer una llamada telefónica.

Ud. tiene derecho a consultar un abogado.

Ud. tiene derecho a poner una fianza.

Ud. tiene derecho a ser juzgado por un jurado.

El jurado mayor va a investigar el caso.

Acusado

¿Puedo hacer una llamada tele-fónica?

¿Puedo consultar con un abo-gado?

¿Puedo poner una fianza?

¿Me va a juzgar el juez?

¿Quién va a investigar las acusa-ciones?

You have the right to remain silent.

. . . to make a telephone call./. . . consult a lawyer?

. . . consult a lawyer./. . . make bail?

Will I be tried by the judge?

. . . tried by a jury./. . . investigate the accusations?

grand jury

El jurado menor va a investigar el caso.

¿Ellos comprenden español?

petit jury

Ud. tiene derecho a tener un intérprete.

. . . right to an interpreter.

PRACTICA

A. *You are reviewing the rights that a criminal had. Retell the rights using the imperfect tense.*

(Review 12.9.)

Ejemplo: Ud. tiene derecho a permanecer en silencio.
El acusado tenía derecho a permancer en silencio.

B. *Now, report what was done, using the preterite tense.*

Ejemplo: *El acusado no dijo nada.*

SITUACION

You are the district attorney. A newspaper reporter is interviewing you concerning the rights guaranteed suspects, and the way they are carried out in your city. The reporter charges that the district attorney's office has violated the rights of a Spanish-speaking suspect, by not offering him or her an interpreter. Role-play the situation.

(You may want to investigate local policy in regard to hiring interpreters in civil and criminal court cases.)

LECCION 16

Ordenes

Orders

Policía

Sospechoso

Venga acá.

No he hecho nada.

(Review 11.12. Give excuses for the suspect.)

Siga caminando.   Keep moving.
Pare.   Stop.
Alto.   Halt.
Retroceda.   Go back.
Levante las manos.   Raise your hands.
Espere aquí.   Wait here.
No corra.   Don't run.
No dispare.   Don't shoot.
No discuta.   Don't argue.
Firme aquí.   Sign here.

PRACTICA

Tell what the suspect must or must not do. Give the orders using **Hay que** *or* **No hay que** + *infinitive constructions.*

Ejemplo: Firme aquí.
Hay que firmar aquí.

SITUACION

You are a store security guard in a large department store. You have arrested a woman for shoplifting, and she is very uncooperative. She maintains that she has paid for the item in question, but simply can't find the sales slip. Finally, she begins yelling and insisting that you attacked her. Reenact the situation with members of your group.

LECCION 17

El público

Policía

¿Tienen permiso?
Enséñenmelo.
Formen una fila.
Quédense en la acera.
Quédense detrás de las sogas.
Uds. están reunidos ilegalmente.
Uds. están causando un
 disturbio.
No se reúnan.
Vayan a su casa.
Estense quietos.
Cálmense.
Dispérsense.
Uds. están bajo arresto por reu-
 nirse ilegalmente.

Ciudadano/a

Sí, señor, aquí lo tiene.

The Public

Police officer/Citizen

(Answer the police officer's questions and charges.)

Do you have a permit?
Show it to me.
Form a line.
Stay on the sidewalk.
Stay behind the ropes.
You are gathering unlawfully.
You are causing a disturbance.

Don't form groups.
Go to your homes.
Be quiet.
Be calm.
Break it up.
You're under arrest for unlawful assembly.

PRACTICA

Use the imperfect or preterite tense as needed to describe what happened in each of the above cases.

(Review 12.10.)

Ejemplo: Cálmense.
El público se calmó.

SITUACION

Half of your group is the police force and the other half the group of demonstrators protesting discrimination in public housing. The demonstrators have no permit, and the police have to prevent the demonstration without causing a riot.

LECCION 18

Manejar bajo la influencia de alcohol

Policía	Chófer

Driving While Intoxicated

(Give appropriate answers for the driver.)

¿Ha estado Ud. tomando?

Have you been drinking?

¿Cuánto ha tomado?

How much have you drunk?

¿Está bajo la influencia de alcohol ahora?

Are you under the influence of alcohol now?

¿Está Ud. enfermo?

Are you ill?

¿Toma Ud. calmantes o alguna medicina?

Do you take tranquilizers or some kind of medicine?

¿Se ha inyectado con drogas?

Have you had an injection of drugs?

Favor de caminar en esta línea.

Please walk on this line.

¿Podemos hacerle el examen de la respiración?

We're going to ask you to take a breathalizer test.

¿Ha sido arrestado antes por manejar bajo la influencia de alcohol?

Have you been arrested before for driving under the influence of alcohol?

PRACTICA

You are talking to another officer, speculating about the condition of the driver. Change the statements given to the future of probability.

Ejemplo: Ha sido arrestado antes.
              Habrá sido arrestado antes.

1. Toma calmantes.
2. Se ha inyectado con drogas.
3. Está enfermo.
4. Está borracho.
5. No puede caminar en la línea.
6. Se niega a tomar el examen de la respiración.

SITUACION

You have stopped a driver who seems obviously drunk, but he or she insists that he or she has diabetes. How do you handle the situation?

LECCION 19

La patrulla en la carretera

Highway Patrol

Policía	*Chófer*	
Ud. ha excedido la velocidad máxima.	Lo siento, señor. No me di cuenta.	You've exceeded the speed limit./I'm sorry, sir. I didn't realize it.
Ha perdido una placa.	No lo sabía.	You've lost a license plate.
Ud. ha pasado en una zona prohibida.		You passed in a no-passing zone.
El farol delantero derecho está apagado.		The right front headlight is out.
La luz trasera está apagada.		The rear light is out.
¿Está descompuesto el carro?		Did you have a breakdown?
¿Cuándo tuvo lugar el accidente?		When did the accident happen?
¿Quiere que llame un camión con grúa?		Do you want me to call a tow truck?

PRACTICA

Use the following words to ask questions other than those asked in the frame. Group members can take turns asking and answering questions.

Ejemplo: accidente
¿Cuántos accidentes ha tenido Ud.?

1. grúa
2. luces apagadas
3. faroles delanteros
4. zona prohibida
5. velocidad
6. doblar
7. perdido
8. descompuesto

SITUACION

You have stopped a car that has several things wrong with it. Tell the driver what he/she must do to pass the inspection.

LECCION 20

Las cortes   The Courts

Abogada   ### Abogado

¿En qué corte se presenta el   En la corte civil.
pleito?   En la corte criminal.

¿Quién es el demandante?   Who is the plaintiff?
¿Quién es el _____?   Who is the _____?
  demandado   defendant (civil)
  acusado   defendant (criminal)
¿Quién es el juez _____?
  de la corte local
  de la corte del condado   county court
  de la corte del estado
  de la corte federal
  de la corte de apelación?   appeals court
¿El acusado fue declarado cul-   Was the accused found guilty?
pable?
¿El acusado fue declarado ino-   Was the accused found innocent?
cente?
¿Fue el caso rechazado por falta   Was the case dismissed because of
de evidencia?   insufficient evidence?
¿No llegó el jurado a un acuerdo?   Was it a hung jury?
¿Van a apelar el caso?   Are they going to appeal the case?
¿Van a revocar el caso?   Are they going to overturn the case?
¿Va a ir el caso al tribunal su-   Will the case go to the Supreme
premo?   Court?

PRACTICA

Speculate about the outcome of court cases that are currently in local or national news. Tell what you hope the results will be. In your comments, you might choose from the following expressions:

Creo que	Es justo que
Espero que	No es justo que
Ojalá que	No creo que

Ejemplo: *Un joven robó en una tienda.*
      Yo creo que él es culpable.
      Espero que lo declaren culpable y lo envíen a la cárcel.

(Use subjunctive to express your feelings, doubts, and beliefs.)

SITUACION

Role-play a child-custody case being tried in a family relations court. In this case, the father might want custody of the child. Members of the group can role-play the parts of the judge, lawyers, jurors, mother and father.

ENSEÑANZA	TEACHING

Learning Activities	**Learning Hints**

LECCION 1

¿Cómo se llama?

What's His or Her Name?

Madre   *Secretaria*

(Supply names of people in your school.)

¿Cómo se llama _____?   **Se llama _____.**

What's the _____ 's name?/His/Her name is _____.

el maestro/la maestra	teacher
el director/la directora	principal
el alumno/la alumna	pupil; elementary school student
el estudiante/la estudiante	student
el consejero/la consejera	counselor
el ayudante/la ayudanta	assistant; teaching assistant
el conserje/la conserje	custodian

PRACTICA

Identify these people in the community:

Ejemplo: maestra/Felicia Estévez
             La maestra se llama Felicia Estévez.

1. profesora/Marta González
2. estudiante/José Antonio Calderón
3. secretaria/Yusebia Pérez
4. ayudanta/Amparo Vásquez
5. conserje/Sempronio del Río
6. alumna/María Eugenia Martínez
7. consejero/Tomás Treviño

SITUACION

Parents call the school to ask who these people are. You are the secretary and you give the names.

Ejemplo: ¿Quién es la ayudanta?
             Es Amparo Vásquez.

Who is the assistant?

LECCION 2

Materiales escolares

School Supplies

Niño/Niña	*Maestra*	
		(Give appropriate prices, or cut out ads and label them in Spanish.)

¿Cuánto cuesta _____**?**   **Cuesta** _____**.**

el cuaderno — notebook
la tiza — chalk (Also **gis**)
el mapa
la goma de pegar — paste

¿Cuánto cuestan _____**?**   **Cuestan** _____**.**   How much do _____ cost?

los creyones — crayons
las reglas — rulers
los lápices — pencils
las tijeras — scissors

PRACTICA

Pair a word from the first column with a related word in the second column:

Ejemplo: maestro—*profesor*

1. regla
2. lápices
3. cuaderno
4. estudiante
5. tijeras
6. creyones
7. tiza
8. director

a. alumno
b. libro
c. colores
d. consejero
e. papel
f. pizarra°   blackboard
g. plumas
h. línea

SITUACION

Un juego

A game

You want to teach the children to learn to recognize objects. You put classroom objects (and other objects that you know the names of) on the desk. Ask the children to come to the desk, look at the objects, and name them in Spanish. Then have them turn around so they can't see the desk. Remove two or three objects. The child who can first name the missing objects in Spanish wins the game.

LECCION 3

Favor de hacerlo.   Please Do It.

(Until you learn the command forms, this is a good way to ask people to do things.)

Maestra   *Estudiante*

Favor de _____ esto.   **¿_____lo? Muy bien.**   Please _____ this./_____?
Okay.

                              No quiero.   I don't want to.

    corregir   correct
    escribir   write
    deletrear   spell
    copiar   copy
    borrar   erase
    calcar   trace
    dibujar   draw
    guardar   keep; put away

PRACTICA

Make a request that might be associated with each thing on the following list.

Ejemplo: su nombre   your name
             Favor de deletrearlo.

1. el papel   5. la pizarra
2. los lápices   6. un libro para colorear
3. el examen   7. la clase de arte
4. una figura   8. un error

SITUACION

You are the teacher. You want to tell the students exactly what they are going to do. Combine requests with the nouns in the **Práctica** *to make the statements.*

Ejemplo: *Favor de colorear las figuras.*   (A reminder: articles agree with the noun in Spanish.)

LECCION 4

Lección de aritmética		Arithmetic Lesson
Maestro	*Niño/Niña*	(Review 2.8)

Vamos a sumar.
¿Cuántos son _____ **y** _____**?**   **Son** _____.

diez y diez
veinte y veinte

Let's add.
(*y* also *más*; *Son,* also *Igual a*)

(El signo de sumar: +)

Vamos a restar.
¿Cuántos son _____ **me-nos** _____**?**   **Son** _____.

viente menos diez
cuarenta menos treinta

Let's subtract.
(El signo de restar: −)

Vamos a multiplicar.
¿Cuántos son _____ **por** _____**?**   **Son** _____.

diez por diez
cinco por cinco

Let's multiply.
(El signo de multiplicar: ×)

Vamos a dividir.
¿Cuántos son _____ **entre** _____**?**   **Son** _____.

diez entre dos
veinte entre cinco

Let's divide.
(El signo de dividir: ÷)

PRACTICA

Read the problems aloud to your classmates. Then make up problems of your own to give the members of your group.

$$35 + 11 \quad 17 + 22 \quad 82 - 19 \quad 56 - 47 \quad 15 \times 5 \quad 45 \times 2 \quad 75 \div 3 \quad 64 \div 2$$

SITUACION

You're going to teach addition to your class. Here are some useful phrases:

Aquí tengo dos lápices. Cuenten Uds.   (Use any object you wish.)
Aquí tengo tres lápices. Cuenten Uds.
Si pongo los dos lápices con los tres lápices, ¿cuántos lápices tengo?

LECCION 5

En la escuela

Madre/Padre	**Maestro/Maestra**	At School
¿Dónde está _____?	**Siga derecho.**	(Review 5.3)
la biblioteca		library
la oficina del director		principal's office
el patio de recreo		playground
el salón para profesores		teachers' lounge
el gimnasio		gym
la clínica		clinic
la oficina del consejero		counselor's office
el auditorio		auditorium

PRACTICA

*Using the building you are in, give locations for these places. If there are any your building doesn't have, say **No hay.***

(Or you can practice by drawing the plan of a school; then give and directions according to that plan.)

SITUACION

A parent comes to the school office. From there she/he wants to visit each place in the building. A person in each place tells her/him how to get from one place to another. One person role-plays the parent, and the others, a person in each place.

Ejemplo: *¿Dónde está el gimnasio?*
                 Vaya abajo a la derecha.

LECCION 6

Instrucciones en la clase

Maestra	**Niños**	Classroom Instructions
Saquen los libros.	**Sí, maestra.**	Take out your books.
Abran los libros.		Open your books.
Tomen papel y lápiz.		Take (out) paper and pencil.
Cierren los libros.		Close your books.
Guarden los papeles.		Put your papers away.
Pónganse de pie.		Stand up. (Also **Párense**)
Apúrense.		Hurry. (Also **Dense prisa.**)
Pónganse en línea.		Get in line.
No griten.		Don't yell.
No empujen.		Don't push.

PRACTICA

Give classroom instructions using each of the following words.
Try to use the words in ways different from the ones you prac-
ticed above.

Ejemplo: en línea
              No griten en línea.

1. creyones
2. cuadernos
3. en la sala de clase
4. en el baño

5. los juguetes°   toys
6. las plumas
7. los dibujos

SITUACION

Take turns role-playing the teacher and the students. Use the   (Review 2.11, 4.11.)
commands you have practiced here, and add other requests us-
ing **Favor de** + *infinitive.*

LECCION 7

¿Qué quieres?		What Do You Want?
Maestro/Maestra	*Niño/Niña*	
¿Quieres _____?	**Sí, quiero, por favor.**	Do you want to _____?/Yes, I want to, please.
tomar agua		get a drink
salir		leave
ir a la oficina		go to the office
llamar a tu mamá		call your mom
¿No tienes _____?	**Sí, tengo.**	Don't you have _____?/Yes, I do. (lit., I have.)
el permiso		the permit
la tarea		the homework
bastante dinero		enough money
¿Necesitas ir al baño?	Sí, por favor.	Do you need to go to the bathroom?/ Yes, please.

PRACTICA

What word or words in the above vocabulary can you associate with each of the following words or expressions?

1. la cafetería
2. la lección
3. una nota del maestro
4. afuera

5. el teléfono
6. el director/la directora
7. una necesidad del cuerpo humano

SITUACION

You take the parts of students who make statements such as: **No tengo bastante dinero.**

One member of the group takes the part of the teacher, suggesting a solution to the problem, or granting a request.

LECCION 8

Actividades en la clase
Classroom Activities

Maestra/Maestro *Niña/Niño*

¿Qué estás haciendo? **Sí, estoy _____.**
　¿_____?
　¿Coloreando? Coloring?
　¿Dibujando? Drawing?
　¿Brincando? Jumping?
　¿Saltando? Skipping?
　¿Gritando? Yelling?
　¿Jugando? Playing?
　¿Ensayando? Rehearsing?
　¿Mostrando? Showing?

PRACTICA

Change the verbs in the **Presentación** *to the "Let's" form:*

Ejemplo:　Dibujando
　　　　　　Vamos a dibujar.

SITUACION

You're looking at a video tape of activities, and you comment on what the children are doing.

(Bring to class and label in Spanish pictures of activities.)

LECCION 9

Profesor/a	Estudiante	
	¿A quién le toca?	Whose Turn Is It?
¿A quién le toca?	_____	
	Me toca a mí.	It's my turn.
	Te toca a ti.	It's your turn. (You'll also hear, **Es tu turno,** etc.)
	Le toca a él.	It's his turn.
	Le toca a ella.	It's her turn.
	Le toca a Ud.	It's your turn.
	Nos toca a nosotros.	It's our turn.
	Les toca a ellos.	It's their turn.
¿Te interesa la clase?	Sí, me interesa mucho.	Are you interested in the class?/Yes, I'm very interested in it.
¿Te importa la clase?	No, no me importa nada.	matter
¿Te molesta lo que dice?	No, no me molesta nada.	Does what he/she says bother you?/ No, _____

PRACTICA

A Spanish speaker newly arrived in the community asks you what these things mean in Spanish. You want to keep it simple. Give the statements in Spanish using as few words as possible.

(Review 9.8.)

Ejemplo: It bothers me.
          Me molesta.

1. It worries me.
2. It bothers me.
3. It worries him.
4. It bothers her.
5. It's my turn.
6. It's our turn.
7. It bores me.
8. It doesn't matter to me.
9. It interests me.
10. It really matters to me.

SITUACION

The children have been playing a game, and now they're in a tremendous argument over whose turn it is. They yell, "It's my turn." "No, it's my turn." "It's his turn." Then they begin to call each other names. The group members are the children. You are the teacher. What do you say finally?

(Review 8.9.)

LECCION 10

¿Qué aprendiste hoy?		What Did You Learn Today?
Maestra/Maestro	*Niño/Niña*	
Niña, ¿_____ esto? estudiaste corregiste aprendiste deletreaste preparaste guardaste leíste escribiste	Sí, maestra, ya lo _____.	(Child) did you _____ this?/Yes, (teacher), I already _____ it.

PRACTICA

You tell the students "Let's do this." They tell you, "We've already done it." Answer as in the example.

Ejemplo: Vamos a aprender esto.
              Ya lo aprendimos.

1. Vamos a mirar esto.
2. Vamos a escribir esto.
3. Vamos a ganar esto.
4. Vamos a buscar esto.
5. Vamos a empezar esto.
6. Vamos a terminar esto.
7. Vamos a jugar esto.
8. Vamos a arreglar esto.
9. Vamos a corregir esto.
10. Vamos a contestar esto.

SITUACION

You ask your child about her school day. What classes did she have, what did she eat for lunch, how was her day.

LECCION 11

Expresiones positivas		Positive Reinforcement
Niño	*Maestra*	
¿Está bien?	Sí, está bien. Muy bien. Eso es. Bastante bien.	Is it okay?/Yes, it's okay. Very good. That's it. Pretty good.
¿Tengo razón?	Sí, tienes razón. Correcto.	Am I right?/Yes, you're right. Correct.

¿Te gusta?	¡Estupendo!	Great!
	¡Fantástico!	Fantastic!
	¡Excelente!	Excellent!
	¡Maravilloso!	Marvelous!
No puedo. Es difícil.	Sí, puedes.	I can't. It's hard./Yes, you can.
	Trata.	Try.

PRACTICA

Respond to the following situations. Choose from the phrases above, but add additional comments as needed.

1. Una estudiante recibe una nota de 100 en el papel.
2. Un estudiante recibe una nota de 58 en su papel. Antes recibió 30.
3. Un niño le da una respuesta° en parte correcta.   answer
4. Un niño está llorando porque no entiende el problema.
5. Una niña dice que nunca va a poder solucionar el problema.
6. Una niña lee correctamente el párrafo.°   paragraph
7. El estudiante no sabe si tiene la respuesta correcta o no.

SITUACION

*You are the teacher in the pictures in Lesson 17, Ex. C, **Comunicación—Forma**. Tell what you would say to each child.*   (Review 8.9, 9.12.)

LECCION 12

Asignaturas		Subjects
Consejero	*Estudiante*	
¿Qué asignatura te gusta más?	**Me interesa más _____.**	What subject do you like best?/ _____ is most interesting.
	la historia	
	la economía	
	el inglés	
	la educación física	
	la biología	
	la química	chemistry
	la física	physics
	el comercio	business
	las lenguas	
	las matemáticas	
	las artes industriales	
	las artes prácticas	
	las ciencias sociales	
	la ciencia computadora	
	la mecanografía	typing

PRACTICA

Choose a subject from the above list that can be associated with each statement.

Ejemplo: Puede incluir estudio de álgebra, geometría, trigonome-
tría, y cálculo.
Las matemáticas.

1. Nuestra escuela ofrece tres de éstas: francés, inglés y español.
2. Estudiamos el pasado de nuestro país.
3. Puede incluir sociología, historia, y ciencia política.
4. Se aprende a cocinar y confeccionar ropa.
5. Estudiamos sobre la vida de plantas y animales.
6. Aprendemos a escribir a máquina.
7. Recientemente, muchas escuelas han incluido este requisito en el currículo.
8. Aprendemos a jugar al tenis, al béisbol, y otros deportes.

SITUACION

You are the counselor of a high school sophomore who wants to enter an honors program at a large university. The student is hard-working, but thinks the most important thing is to take easy subjects so he can make good grades. (He's really a strong "B" student.) You try to convince him that he needs to get a strong academic background, even if his grades are not outstanding. You also discuss with him other kinds of universities that he might consider.

LECCION 13

El primer día en la escuela   The First Day of School

Padre	*Maestra*
Quiero matricular al niño.	Muy bien.
¿Qué necesito?	Ud. necesita _____.
	el certificado de nacimiento
	el certificado de sus immuniza-
	ciones
	llenar la solicitud
¿Para qué?	Para _____.

	tener todos los datos que el niño reciba el almuerzo gratis
¿Necesito comprarle libros?	No los libros los da _____. el estado el distrito
Gracias. Es Ud. muy amable.	Los padres siempre son bienve- nidos a la clase.

PRACTICA

Answer the questions in a few words in Spanish.

1. ¿Quiénes son bienvenidos?
2. ¿Qué documentos son necesarios?
3. ¿Quién les da los libros?
4. ¿Qué tienen que hacer para recibir el almuerzo gratis?
5. ¿Qué documentos necesitan tener los padres?

SITUACION

Parents who have just arrived from El Salvador come to enroll two children in your school. You explain the enrollment procedures to them and what the children will need for the first day of class.

LECCION 14

Conferencias entre padres y profesores

Parent/Teacher Conferences

Profesor/a

Padre/Madre

Quisiera _____.
tener una conferencia con Ud.
visitarlo/la en casa

Muy bien. ¿Cuándo?

I should like _____.

¿Por qué está ausente su hijo/hija?

Porque _____.

Why is your son/daughter absent?/
Because . . .

está enfermo(a)

he's/she's sick

tiene que trabajar

he/she has to work

lo/la necesitamos en casa

we need him/her at home

tiene que cuidar a sus herma-
nitos

He/she has to take care of his/her
younger brothers and sisters.

tiene que acompañamos

he/she has to go with us

Dígame _____.   Tell me _____.

   cómo anda mi hijo   Siento decirle que no muy bien.   how my child's getting along./I'm sorry
                                                   to tell you not very well.

   con quién anda mi hijo   Anda con _____.   who he's running around with./He's
                                                   running around with . . .

PRACTICA

Give the questions that might have evoked these answers:

Ejemplo: Pregunta: *¿Por qué está ausente su hija?*
                  Respuesta: Porque está enferma.

1. Pregunta: _____.
   Respuesta: Sacó una nota de 98 en su examen.
2. Pregunta: _____.
   Respuesta: ¿Por qué quiere venir a mi casa?
3. Pregunta: _____.
   Respuesta: Estoy preocupado. Anda peor.
4. Pregunta: _____.
   Respuesta: Anda con unos muchachos que casi no estudian y fal-
              tan a muchas clases.
5. Pregunta: _____.
   Respuesta: ¿Cuándo quiere la conferencia?

SITUACION

*A child in your class talks out of turn, falls asleep during class,
and doesn't return notes sent home for signature. In a parent-
teacher conference, the mother tells you that the child is an angel,
refusing to believe your report. Members of your group role-play
both parts. How does the conference end?*

LECCION 15

En el campo de juegos   On the Playground

Niña   *Niño*

¿Dónde quieres jugar?   **Sí, en** _____.
   ¿_____?
   ¿En el campo de juegos?   (Also: *el patio de recreo*)
   ¿En el columpio?   swing
                                  (Also: *el balanceo*/*la amaquita*)
   ¿En el carrusel?   merry-go-round
                                  (Also: *el tío vivo*)

¿En la escalera? · slide
(Also: *la canalita/el resbaladero*)

¿A qué quieres jugar? ¿_____?   Sí, _____.

¿A la cuerda? · skip rope
(Also: *la comba/el combo/el saltador*)

¿A la rayuela? · hopscotch

¿A las canicas? · marbles

¿Con qué quieres jugar?
      ¿_____?

¿Con el globo? · balloon

¿Con la cometa? · kite
(Also: *el cometa/el papalote*)

PRACTICA

Give the name of each item described:

1. un asiento suspendido por cuerdas, para mecer por placer
2. un plano inclinado en el campo de juegos en el cual los niños se deslizan.
3. una cuerda que los niños usan para gozar y los boxeadores usan para mejorar su coordinación.
4. una bolsa elástica que se puede inflar, simboliza la alegría
5. un aparato que se mueve en círculos y que los niños gozan por lo rápido que pueden hacerlo andar; en el circo, los niños se sientan en caballos.

SITUACION

You explain your plans for a new playground to the board of directors. One member of the board criticizes everything from locations planned to types of equipment. You must convince him/her that your plans should be adopted.

LECCION 16

¿Qué pasó?		What Happened?
Maestra	*Niña/o*	
¿Por qué llegaste tarde?	_____	
	Me perdí.	I got lost.
	Me caí.	I fell down.
	Me resbalé.	I slipped.
¿Por qué lo hiciste así?	Me equivoqué.	Why did you do it like that?/I made a mistake.

¿Qué pasó con la nota?

¿Se te olvidó?	Sí, se me olvidó.
¿Se te perdió?	Sí, se me perdió.
¿Se te mojó?	Sí, se me mojó.

What happened to the note?
Did you forget it?/Yes, I forgot it.
Did you lose it?/Yes, I lost it.
Did it get wet?/Yes, it got wet.

PRACTICA

Use the verbs in the above frame to ask a parent questions. Change te *to* le *and add other information as needed. Another classmate can answer the question.*

(Other verbs that are used in the same way: *caerse, quebrarse*)

Ejemplo: *Señora, ¿se le olvidó la reunión?*
No, mi hija estaba enferma.

SITUACION

You are the teacher of a class that is difficult to discipline. Students purposely drop books on the floor, talk to one another, and leave their seats. When the students misbehave, they make excuses for their behavior. Your group can role-play the teacher and the students. How does the teacher correct the situation?

LECCION 17

Notas a los padres

Notes to Parents

Read aloud the following patterns for notes to parents.

Queridos Padres,
  Cuando su hijo esté ausente, debe traer una nota firmada por usted diciendo la causa de su ausencia. Sólo las enfermedades de niño, emergencia en la familia o muerte en la familia son excusas legales que justifican la ausencia del niño en la escuela.

(You may want to investigate local policy.)

          Sinceramente,

_____

Querida Sra. _____,
  Muchas gracias por su ayuda en el Carnaval _____. Sus servicios en _____ fueron muy importantes para el éxito de nuestro programa.

(Suggestions: *el puesto de vender, refrescos, dulces, billetes*)

  Con el dinero recibido vamos a comprar _____. Los alumnos de esta escuela van a gozar de _____ por mucho tiempo.
  Todos agradecemos su ayuda.

(*materiales para el patio de recreo, libros para la biblioteca, un televisor,* etc.)

          Sinceramente,

_____

Queridos Padres,

Su hijo/hija _____ pidió un libro de la biblioteca y ya está vencido. El título es _____. Por favor, recuérdele que termine de leerlo y que lo devuelva tan pronto como sea posible.

Gracias,

_____

SITUACION Y PRACTICA

Write notes to parents, using the ideas suggested for models.

LECCION 18

Objetivos de enseñanza

Teaching Objectives

Enfoque	Objetivo	Focus/Objective
Restar números de dos dígitos	El niño podrá restar _____.	Add/. . . will be able to add
Demostrar comprensión de poesía	El estudiante podrá explicar _____.	Demonstrate/. . . will be able to explain
Trazar letras del alfabeto	El niño podrá trazar _____.	Trace/. . . will be able to trace
Dibujar figuras humanas	El estudiante podrá dibujar _____.	Draw/. . . will be able to draw
Demostrar comprensión de la lengua hablada	El estudiante podrá contestar _____.	Demonstrate/. . . will be able to answer
Contestar preguntas acerca de un cuento	El estudiante podrá contestar _____.	Answer/. . . will be able to answer
Hacer un resumen del cuento	El estudiante podrá resumir _____.	Summarize/. . . will be able to summarize
Identificar las partes de un árbol	El estudiante podrá identificar _____.	Identify/. . . will be able to identify

PRACTICA

Complete the objectives in the right-hand column above, specifying the exact objective.

Ejemplo: El niño podrá trazar _____.
El niño podrá trazar las letras mayúsculas° y minúsculas° A, C, D, E and T.

capitals/lower-case

SITUACION

Write a "mini" lesson plan for teaching a game. Then teach the game to your group members.

LECCION 19

Una reunión

A Meeting

Presidente	Miembro	/Member
Se abre la sesión.		The meeting will come to order.
La secretaria leerá el acta.		. . . will read the minutes.
¿Hay correcciones?	No hay.	
Si no hay correcciones, el acta queda aprobada.		. . . is approved.
Ahora el tesorero leerá su informe.	Gracias, señor presidente.	
¿Hay correcciones?	No, no hay.	
Si no hay correcciones, se aprueba el informe presentado.		
¿Hay _____?		
informe de los comités		committee reports
asuntos pendientes		old business
asuntos nuevos	Propongo que tengamos un proyecto para recaudar fondos.	new business/I move that . . ./fund-raising project.
¿Hay alguien que secunde la moción?	La secundo.	
¿Hay discusión?	Votemos.	
¿Están listos para votar?	Sí.	. . . ready to vote?
La moción se pone a votación.		The motion will be put to a vote.
Los que estén a favor digan «sí.»		. . . in favor say "aye."
Los que estén en contra digan «no.»		. . . against say "no."
La moción quede aprobada.		The motion carries.
La moción pasa por unanimidad.		
¿Hay otros asuntos?	Propongo que se elijan la lista de candidatos.	Is there any other business? . . . the slate of officers be elected.
¿Hay nombramientos de la sala?	No, no hay.	Are there nominations from the floor?
Queda elegida la lista de candidatos.		
Se cierra la sesión.		The meeting is adjourned.

PRACTICA

A colleague from Argentina is attending a meeting of your Civic Club. Explain to her in Spanish what each of these phrases means.

1. The meeting will come to order.
2. The secretary will read the minutes.

3. The motion passes unanimously.
4. Are there committee reports?
5. Those opposed, say "no."
6. Are there any corrections?
7. Is there any old business?
8. Is there any new business?
9. the slate of officers
10. The meeting is adjourned.

SITUACION

Turn the class into a club and hold an election.

LECCION 20

Más notas para los padres

More Notes to Parents

Read aloud the notes to parents.

Querida Sra. _____,
         _____ no sabe las letras del alfabeto. Si usted tiene tiempo,
ayúdelo/la, por favor, a aprender el alfabeto. Repase algunas letras
cada día y yo lo/la ayudaré en la clase. A él/ella le gusta estudiar y yo
creo que él/ella va a aprender pronto.

> Gracias por su ayuda,
> _____

Querida Sra. _____,
         Quisiera tener la oportunidad de verla tan pronto como pueda.
Debo hablarle acerca de la conducta de José.

> Sinceramente,
> _____

Querida Sra. _____,
         Siento mucho tener que escribirle esta nota pero no puedo tole-
rar más la conducta de José. He tratado de hablar con él, pero el continúa portándose mal en clase. Por favor, venga a verme cuando pueda. Mi hora libre es de 10:00 a 11:00 de la mañana.

> Sinceramente,
> _____
>
> 22 de abril, 19 _____

Queridos Padres,

Tenemos el gusto de invitarlos al programa que el primer y segundo grados van a presentar en la escuela Hidalgo en conmemoración del Cinco de Mayo. El programa va a ser el 4 de mayo a las 7:00 de la noche en la cafetería.

Nos alegraría mucho que ustedes pudieran estar con nosotros en esta ocasión.

Sinceramente,

_____

SITUACION Y PRACTICA

Write notes to parents about some of the following situations:

1. El estudiante ha perdido un libro que había sacado de la biblioteca y tiene que pagar el precio antes que pueda recibir la tarjeta de notas.
2. La escuela Elemental _____ va a vender dulces para recaudar fondos para la Asociación de Padres y Profesores.
3. El niño sufre de dolores de cabeza y usted quiere aconsejarles a los padres que lo lleven a ver al médico.
4. Una invitación a un programa de Navidad.
5. Ud. envía a los padres una lista de palabras para deletrear. Les pide que le ayuden al niño en esto.
6. _____
7. _____

VIAJES   TRAVEL

Learning Activities	**Learning Hints**

LECCION 1

¿Qué necesito?

<table>
<tr><td>Turista</td><td>Agente</td><td>What Do I Need?</td></tr>
<tr><td>¿Qué necesito para el viaje?</td><td>Ud. necesita _____.</td><td>What do I need for the trip?/You need _____.</td></tr>
</table>

	cheques de viajero	traveler's checks
	maletas	suitcases
	reservaciones	reservations
	ropa	clothing
	dinero	money
	equipaje	luggage
	boletos	tickets
	visa	
	pasaporte	

PRACTICA

Arrange the items on the list in order of their importance to the traveler. Read your list aloud.

SITUACION

You are planning a trip to _____. You go to a travel agency to discuss your plans with the agent. Ask him what you need for the trip.

LECCION 2

¿Cuánto cuesta?		How Much Does It Cost?
Turista	*Agente*	
¿Cuánto cuesta _____?	Cuesta _____.	(Practice the larger numbers in Frame 6.5 before answering.)

el viaje de ida y vuelta	round-trip fare
la habitación	room (also **cuarto**)
la entrada al museo	museum ticket (lit., "entrance")
el paquete	package
el regalo	gift
el franqueo	postage
la estampilla	stamp
un rollo de película	roll of film

PRACTICA

What do you think each of the following would cost today in/to Mexico City?

1. el viaje de ida y vuelta	
2. la habitación en un hotel de lujo°	luxury
3. el franqueo aéreo° de una carta	air-mail postage
4. estampillas para dos cartas a los E.E.U.U.°	(abbreviation for **Estados Unidos**)
5. la comida en un restaurante de lujo	
6. el vino doméstico	
7. un rollo de película	
8. la habitación en una pensión barata	inexpensive rooming house

SITUACION

Obtain a travel guide from a travel club or from the library and plan a trip to Mexico. Find out the current exchange rate and give the prices in pesos.

LECCION 3

¿Cómo vamos?		How Are We Going?
Turista	*Turista*	
¿Cómo vamos?	Vamos _____.	Let's go by _____.
	en avión	by plane
	en taxi	
	en tren	by train

en automóvil	by car
en barco	by boat
en autobús	by bus
en el metro	by subway (also **subterráneo**)
a caballo	on horseback
a pie	on foot
en bicicleta	by bicycle

PRACTICA

From the following list choose at least one advantage or disadvantage for each means of transportation.

1. La comida es muy buena.
2. Es muy rápido.
3. Es muy lento.°
4. Cuesta mucho.
5. Es gratis.
6. Cuesta poco.
7. Es muy privado.
8. Hay demasiada gente.°
9. Es muy divertido.°
10. Es un buen ejercicio.°

slow/too many people
It's a lot of fun.
It's good exercise.

SITUACION

You are a travel agent. A customer asks you what the best means of transportation are for getting to different places.

LECCION 4

¿Qué vamos a hacer?   What Are We Going To Do?

Turista

Turista

Vamos a _____ lo.

visitar	
cobrar	
ver	
enviar	
facturar	
reservar	
entregar	
enseñar	

¿Cuándo?

¿Ahora mismo?
¿Pronto?
¿Mañana?
¿La semana que viene?

Let's _____ it./When?

visit/Right now?
charge/Soon?
see/Tomorrow?
send/Next week?
check (luggage)
reserve
deliver/hand over
show

PRACTICA

Answer the questions using times of the day or days of the week.

Ejemplo: ¿Cuándo lo pago?
            Ud. lo paga el jueves.

1. ¿Cuándo lo compro?   4. ¿Cuándo lo facturo?
2. ¿Cuándo lo entrego?   5. ¿Cuándo lo cobro?
3. ¿Cuándo lo reservo?   6. ¿Cuándo lo enseño?

SITUACION

*You are a tourist talking to a travel guide. The guide gives you in-
structions as to what you're going to do, when you're going, how
you'll get there, and what you'll need.*

LECCION 5

¿Dónde está?		Where Is It?
Turista	*Guía*	
¿Dónde está _____, por favor?	**Está _____.**	(Review 5.1.)
el aeropuerto	cerca	airport/near
la estación de ferrocarril	a dos cuadras	train station
el mercado		market
la frontera		border
el parque		park
el hipódromo		racetrack
la plaza de toros		bullring
la agencia de autos de alquiler		car rental agency

PRACTICA

*Associate a word in the first column with a word in the second
column.*

1. avión   a. cine
2. carta   b. correo
3. cheques de viajero   c. tren
4. damas/caballeros   d. banco
5. película   e. aeropuerto
6. habitación   f. carta
7. alquilar   g. hotel
8. pasaporte   h. baños
                            i. regalos
                            j. automóvil
                            k. aduana

SITUACION

Make a map with these places on it. Then tell how you would get from one place to another.

LECCION 6

Lugares de interés		Places of Interest
Residente	*Turista*	
¿A dónde fue Ud.?	**Fui** _____.	Where did you go?/I went to _____.
	a la exposición	exhibition
	al museo	museum
	al monumento nacional	national monument
	al club nocturno	night club
	al teatro	theater
	a la catedral	cathedral
	al Palacio Nacional	National Palace
	al jardín zoológico	zoo
	al jardín botánico	botanical gardens

PRACTICA

Where do you see these things? Relate each one with one or more of the places you have just practiced.

1. obras de arte°
2. artículos históricos
3. estatuas° de héroes
4. bailes
5. artistas
6. ópera
7. animales
8. misa°
9. revistas musicales
10. agentes de gobierno
11. plantas

works of art

statues/mass

SITUACION

Your guide wants to take you to these places listed above. You explain that you have already been to each one and when you were there.

LECCION 7

¿Quién es?   Who Is It?

Turista   *Recepcionista*

¿Cómo se llama _____?   **Se llama _____.**

   el agente/la agente de viajes   travel agent
   el mesero/la mesera   waiter (Also *mozo/a*)
   el dependiente/la dependiente   clerk
   el botones   bellboy
   el camarero/la camarera   servant/maid
   el asistente/la asistente de   flight attendant (Also *azafata* for a
     vuelo   woman)
   el viajero/la viajera   traveler
   el pasajero/la pasajera   passenger

PRACTICA

Give the place or vehicle in which each person works.

SITUACION

You call these people on the telephone. After each one identifies himself or herself, ask the person something else.

Ejemplo: *¿Puedo hablar con el chófer?*
             Sí, soy el señor Valenzuela.
             ¿Puede Ud. llevarme al aeropuerto?

1. el guía/Aurelio Calzadilla
2. la camarera/Ofelia del Río
3. la asistente de vuelo/Victoria Velázquez
4. el inspector/Kim Chan Li López

5. el mesero/Ernesto Perera
6. el botones/Diego Martínez
7. la dependiente/Delia Villa-rreal
8. el pasajero/Claudio Valen-zuela

LECCION 8

En el hotel   In the Hotel

Turista   *Camarera*

Necesitamos _____, por   **Ahora _____ traigo.**
  favor.
   hielo   lo
   vasos   la   ice
   otra frazada   los   glasses
   percheros   las   another blanket
                                                         hangers (also *perchas, ganchos*)

toallas	towels
jabón	soap
sábanas limpias	clean sheets
otra almohada	another pillow
otra cama	another bed

PRACTICA

*Ask someone in your group where each thing mentioned above
would be placed.*

¿Dónde hay _____?

The person asked may choose from these answers:

Está/Están en el baño.
Está/Están en la cama.   bed
Está/Están en la mesa.
Está/Están en el ropero.°   closet (also **armario**)
Está/Están en el vaso.
Está/Están en el cuarto.

SITUACION

*You're staying in a very unsatisfactory hotel. It isn't clean and
everything is wrong. Call the desk and ask for the things you
need, at the same time expressing your annoyance.*   (Review 8.9.)

LECCION 9

De compras   ## Shopping

Dependiente	Cliente	Clerk/Customer
¿En qué puedo servirle?	Estoy mirando solamente.	I'm just looking.
¿Cuál es su talla?	Es el 34.	What's your size?
¿Qué desea?	Quiero probarme esto.	I want to try this on.
¿Cómo le queda?	No me sirve.	How does it fit?/It's not for me.
¿Le queda bien?	No, me queda grande.	Does it fit you?/No, it's too big.
	No, me queda estrecho.	No, it's too tight.
¿Le quedan bien los zapatos?	No, me aprietan.	No, they pinch.
Esto no es demasiado caro.	Bueno, me quedo con esto.	This isn't too expensive./Well, I'll take this one.
¿Algo más?	No, ¿quiere envolverlo, por favor?	Something else?/No, please wrap it.
	Favor de ponerlo en una caja.	Please put it in a box.

PRACTICA

Answer the clerk's questions.

1. ¿Por qué quiere devolver esto?
2. ¿Por qué quiere comprar esto?
3. ¿Cómo le queda la camisa?
4. ¿Quiere quedarse° con los zapatos? keep
5. ¿Qué le parece el vestido?
6. ¿Quiere llevarlo en un perchero?
7. ¿Quiere ponerlo todo en su tarjeta de crédito?

SITUACION

You want to buy the following items and have them sent to your hotel. Explain to the clerk what you want, and ask how much each item is:

(Sizes in many countries are different from ours. You can look in a travel book and convert the sizes.)

a blue shirt, size 15, 34 sleeve
women's shoes, black, size 7B
a red bikini, size Small
a pink dress for a 24-month-old girl
men's pants, size 30 waist (What about the length?)

LECCION 10

En el restaurante

In the Restaurant

Turista	Mesero	
Me trae _____, por favor?	**¡Con mucho gusto!**	Would you please bring me _____?/Gladly.
un cenicero		ashtray
fósforos		matches (Also *cerillas*)
el menú		
un coctel		cocktail
el salero		salt shaker
el pimentero		pepper shaker
¿Hay menú _____?	**Sí, hay.**	
especial		
turístico		tourist
¿Qué recomienda Ud.?	El pescado está muy rico hoy.	What do you recommend?/The fish is especially good today.
Gracias. Aquí tiene su propina.	Gracias. Muy amable.	Thanks. Here's your tip./Thanks. Very kind of you.

SITUACION Y PRACTICA

Use the following menu to order lunch and then dinner. Take turns role-playing the part of the waiter and the part of the tourists.

Menú del día

DESAYUNO

Se sirve todo el día
Jugo o fruta
Tostadas francesas
Huevos revueltos   Tostadas/Panecillos
Café   Leche   Té

ALMUERZO

Sandwich de pollo
Sandwich de jamón y queso
Hamburguesa
Ensalada mixta
Sopa de vegetales
Pastel de manzana
Café   Leche   Té

COMIDA

Pollo asado al horno
Bisté empanizado
Arroz con frijoles
Papas asadas
Brocoli
Ensalada mixta
Pan con ajo
Pastel de chocolate
Flan
Helado de fresa
Vino   Cerveza   Café   Leche   Té

LECCION 11

En la tienda de departamentos

In the Department Store

Cliente	*Información*	
¿Dónde puedo encontrar _____?	**En la planta baja.** **En el _____ piso.**	Where can I find?/On the ground floor. On the _____ floor.

cristalería		crystal and fine china
ropa de cama		bed clothes
tarjetas y papelería		greeting cards and stationery
artículos para acampar		camping equipment
accesorios para hombres		men's accessories
joyas finas		fine jewelry
secadoras de pelo		hair dryers
cortinas y tapicería		draperies and upholstery
tocadiscos estereofónicos		stereo record players

PRACTICA

A. *Draw a floor plan for a department store and locate various departments in it. Then ask classmates to explain where each department is located.*

B. *Describe in Spanish each item of merchandise in the above frame.*

Ejemplo: Cortinas
Las cortinas son artículos que ponemos en las ventanas para controlar la luz y la privacidad.

(Many large department stores have brochures with floor plans available for tourists. Bring one to class for this exercise if you can.)

LECCION 12

Las medidas

Measurements

Cliente	*Empleado*	
Yo necesito _____.	**Perdón, señor/a, lo/la vendemos al _____.**	I need _____/Pardon, sir/ma'am, we sell it in/by _____.

dos yardas de tela	metro	two yards of cloth/meter
12 pulgadas de cinta	centímetro	12 inches of ribbon/(Also *listón*)/centimeter
dos onzas de canela	gramo	two ounces of cinnamon/gram
cinco libras de harina	kilo	five pounds of flour/kilo
10 galones de gasolina	litro	10 gallons of gas/liter
una taza de aceite	mililitro	one cup of (cooking) oil/milliliter

Dependiente

¿Cuántos dulces quiere?

Turista

Me da _____, por favor.
  medio kilo.
  200 gramos

Turista

Dispense, señor, ¿estamos muy lejos de San Vicente?
¿Qué tiempo hace hoy?

Empleado

No, señor, sólo a unos 25 kilómetros.
Según el termómetro, 26 grados.

Tabla de Conversión

1 metro = 39 pulgadas
2¹/₂ centímetros = 1 pulgada
33 gramos = 1 onza
1 kilo = 2.2 libras
1 litro = ¹¹/₁₀ de un cuarto
(4 cuartos = 1 galón)
1 kilómetro = ⁶/₁₀ de una milla
Centígrados = 5/9(Fahrenheit − 32)

PRACTICA

A. *You are in the store. Give a quantity you want to buy for each item.*

Ejemplo: azúcar
  medio kilo

1. canela
2. leche
3. galletas
4. harina
5. salsa de tomate
6. café

B. *Bring several food containers or bottles to class. Name the product in Spanish, and read its metric weight or measure.*

(American food products are now labeled in metric weights and measures. If you bring empty containers, you can label them in Spanish for future practice and review.)

SITUACION

You are a tourist in Mexico. You want to buy the following things: perfume, candies, large-size bottles of refreshments, gasoline, etc. Group members can role-play the vendors and the tourists.

LECCION 13

Las tallas

Sizes

Turista

¿Son iguales las tallas a las de Estados Unidos?

Necesito compar _____.
  guantes y medias

  una blusa, talla americana 34

Dependiente

No, señorita. ¿Qué quiere comprar?

Esas tallas son más o menos iguales.
Eso será _____.

Are they the same as the sizes in the U.S.?/No, ma'am. What do you want to buy?

I need to buy _____.

gloves and hose/Those sizes are more or less the same.

blouse, American size 34/That will be

_____.

(Look at the conversion table to fill in the clerk's conversation.)

un vestido, talle de jovencita 13		dress, junior size
una camisa de hombre talla 15½		man's shirt
pijama de hombre talla 40		men's pajamas
vestido de mujer, talla 12		ladies' dress
¿Puedo probarlo?	Sí, sería buena idea porque las tallas varían según los fabricantes y el país.	May I try it on?/Yes, it would be a good idea because the sizes vary according to the manufacturer and the country.

PRACTICA

Use the conversion chart to find these sizes. Then convert them to the sizes used in Latin America, and ask for the articles using the appropriate size.

Ejemplo: woman's blouse, size 36
Quiero comprar una blusa de mujer, talla 42.

1. woman's sweater, size 34
2. man's coat, size 44
3. blouse, size 40
4. skirt, junior size 7
5. man's suit, size 36
6. ladies' dresses, size 10
7. dress, junior size 15
8. man's shirt, size 14½

Tallas

Tallas de jovencita

U.S.	7	9	11	13	15	17
HISP.	34	36	38	40	42	44

Tallas de mujer

U.S.	8	10	12	14	16	18
HISP.	38	40	42	44	46	50

Suéteres y blusas

U.S.	30	32	34	36	40	42	44
HISP.	36	28	40	42	46	48	50

Trajes, abrigos y piyamas de hombre

U.S.	34	36	38	40	52	44	46
HISP.	44	46	48	50	52	54	56

Camisa de hombre

U.S.	14	14½	15	15½	16	16½
HISP.	36	37	38	39	40	41

SITUACION

The airline has lost your luggage, but the airline has given you credit up to $500. Clothing is not expensive in the country you are in, but the clerk wants to sell you the most expensive of everything. Take the part of the traveler(s) and the clerk to role-play the situation.

LECCION 14

Asuntos de dinero

Money Matters

Turista

Agente de turismo

¿Cuál es la tasa de cambio?

Hoy el dólar se cotiza a _____ pesos.

What's the exchange rate?/Today the dollar's quoted at _____ pesos.

¿Dónde puedo _____?

cambiar cheques de viajero	En el banco.
conseguir cambio	
telegrafiar para pedir dinero	En el correo.
comprar cheques de viajero	En el banco.
comprar seguros	En la agencia de viajes.

¿Aceptan Uds. _____?

Sí, los/las aceptamos.
No, no los/las aceptamos.

tarjetas de crédito
cheques personales

Where can I _____?

cash traveler's checks
get smaller bills (Also *sencillo*)
wire for money/At the post office.
buy traveler's checks
buy insurance

PRACTICA

Explain in Spanish what each place or thing is.

Ejemplo: correos
El correo es la institución del gobierno donde vamos para enviar cartas y paquetes, comprar sellos, y en muchos países, enviar telegramas.

1. banco
2. cheque personal
3. tarjeta de crédito
4. tasa de cambio
5. seguro de automóvil
6. agencia de viajes
7. cheques de viajero

SITUACION

You are in a restaurant with your family. You are ready to pay the bill and you realize your wallet has been lost or stolen. Role-play this situation. How do you resolve it?

LECCION 15

Servicios del hotel

Cliente

¿Hay cajas de seguridad?
¿Puede conectarme con _____?

el servicios de botones
el servicio de cuartos
la recepción
servicios de huéspedes
el ama de llaves
el servicio de mensajes
el servicio para el ciudado de niños

Empleado

Sí, las hay sin costo.
Sí, con mucho gusto.

Hotel Services

safety-deposit boxes
Can you connect me with _____?/
Yes, gladly.

bellboy service
room service
reception desk
guest services
housekeeper
messenger service
baby-sitting services

PRACTICA

Imagine that you telephone each of the above places. Give one question you might ask each one. Another group member can answer the question.

SITUACION

You are a family of four traveling on a strict budget. You had asked for a room for four, but the management has given you a suite with living room and two bedrooms. The bellboy who has brought up your luggage understands no English. Whom do you call to straighten out the situation and how is it resolved?

LECCION 16

Giras turísticas

Sightseeing Trips

Turista	Agente de viajes	
¿Qué giras recomienda Ud.?	**Hay giras _____ .**	What trips do you recommend?/There are trips _____ .
	por barco	by ship
	alrededor de la bahía	around the bay
¿Dónde queda el centro turístico?	Queda en la Calle _____ .	Where is the tourist center?/It's on _____ Street.
		(*Quedarse,* lit., "to stay or remain," is often used to give the location of buildings.)
¿Dónde puedo conseguir _____ ?		Where can I get _____ ?
una mapa	Aquí tiene uno gratis.	map/Here's a free one.
una guía turística	Aquí tiene una gratis.	tourist guide (booklet)/Here's a free one.
un guía	En la agencia de viajes.	a guide/At the travel agency.
¿Vale la pena verlo?	**Sí, es _____ .**	Is it worth seeing?/Yes, it's _____ .
	muy antiguo	very old
	una vista panorámica de la ciudad	a panoramic view
	pintoresco	picturesque

PRACTICA

Write descriptions of places you have seen today. Use the present perfect tense.

Ejemplo: ver una catedral antigua
Esta mañana hemos visto una catedral antigua.

1. ver una vista panorámica
2. hablar con un guía muy conocedor
3. viajar alrededor de la bahía en barco
4. ir al centro turístico a pedir direcciones
5. tener una experiencia fuera de lo común°   out of the ordinary
6. hacer una gira de las ruinas

SITUACION

A group of Spanish-speaking business persons have come to your community. You have been assigned to explain how to get to some of the places of interest.

LECCION 17

El alquiler de autos		Car Rental
Turista	***Agente***	
Quiero alquilar un auto.	Muy bien. ¿De qué tamaño?	I want to rent a car./All right. What size?
No muy grande, pero con aire-acondicionado.	Muy bien. ¿Lo prefiere automático?	Not very big, but with airconditioning./All right. Do you prefer automatic shift?
Sí. ¿Cuánto es la tarifa?	¿Por día o por semana?	Yes. What is the rate?/By the day or the week?
Por semana.		By the week.
¿Se cobra por kilómetro?	Sí, se cobra _____ por kilómetro.	Is there a kilometer charge?/Yes, it's _____ per kilometer.
¿Qué seguros se incluyen?	Póliza de seguro de colisión con un deducible.	What insurance is included?/Collision insurance with a deductible.
Quiero inspeccionar el carro.	Bien. Nosotros inspeccionamos todo. El interior y el exterior.	I want to inspect the car./Okay. We inspect everything. The inside and the outside.
Quiero revisar _____.	Muy bien, señor.	I want to check _____.
la presión de las llantas		tire pressure
la presión de la llanta de repuesto		pressure of the spare tire (also ***refacción***)
el gato		jack

PRACTICA

Conteste en español.

1. Para usted, ¿qué es más importante, el precio del carro que va a alquilar, o la impresión que va a crear?
2. ¿Con qué frecuencia alquila Ud. carros?
3. ¿Tiene Ud. una agencia de preferencia?
4. ¿Le gusta a Ud. tener placas° personalizadas en su carro particular?   license plates (also **chapas**)
5. ¿Es necesario que el tapón de la gasolina° se cierre con llave°?   gas cap/be locked
6. ¿Cree Ud. que las compañías de alquiler cobran demasiado por los carros?

SITUACION

You want to rent a car at the lowest rate available. Convince the agent that he should give you a special discount because you have three different discount cards.

LECCION 18

En la estación de servicio

At the Service Station

Motorista	*Empleado*	
Llénelo, por favor.	Muy bien. ¿Regular o sin plomo?	Fill it, please./Okay, regular or unleaded?
Limpie el parabrisas, por favor.	Bien.	Clean the windshield, please./Okay.
Revise el aceite, por favor.	¿Quiere abrir la capota?	Check the oil, please./Do you want to open the hood?
¿Necesitan más aire las llantas?	¿Cuánta presión quiere poner?	Do the tires need air?/How much pressure do you want?
No arranca.	¿La ignición, tal vez?	It won't start./The ignition, perhaps?
No funciona. ¿Qué puede ser?	**Puede ser _____.**	It's not working. What can it be?/It could be _____.
	el embrague	clutch
	la batería	battery
	el radiador	
	el bujía	spark plug
	el distribuidor	
	la bomba de gasolina	fuel pump
Los frenos no funcionan bien.	Podemos ajustarlos.	The brakes aren't working well./We can adjust them.

PRACTICA

Conteste en español:

1. Ud. va a hacer un viaje en su carro. ¿Qué debe revisar el mecánico?
2. Ud. ha puesto nuevas llantas radiales en su coche. ¿Cuántas millas puede Ud. manejar con estas llantas?

3. ¿Prefiere Ud. una palanca de velocidades manual o una automática?
4. ¿Usan bujías los motores de diesel?
5. Todas las marcas de aceite son iguales, ¿verdad? ¿Por qué sí o por qué no?
6. ¿Qué hace el embrague?
7. ¿Cuánto tiempo debe durar° una buena batería? last
8. ¿Qué llevamos en el baúl° del carro? trunk (also *cajuela*)

SITUACION

Your car has broken down on an isolated road. A Spanish-speaking motorist stops to help. You think you may have a broken fuel pump, but the motorist disagrees. Discuss the situation and ask the motorist to send a tow truck at the next town.

LECCION 19

Lavandería y tintorería

Laundry and Dry-cleaning

Señor/Señora

Tengo varios artículos que necesito hacer limpiar.
¿Hasta qué hora se puede entregar la ropa?
¿Cuánto es el servicio de lavandería para _____?
  pantalones cortos
  batas de baño
  playeras
¿Cuánto es el servicio de planchado para _____?
  vestido fino
  pantalones de señora

Empleado

Ofrecemos servicios de lavandería, tintorería, y planchado.
Para entregarlo el mismo día, hasta las 10:00 de la mañana.
Es _____.

Es _____.

. . . have cleaned
. . . and pressing
. . . send clothing

shorts (also *shorts deportivos*)
bathrobes
sport shirts

fancy dress
women's pants

PRACTICA

Review the articles of clothing in Frames 8.1 and 8.2. Make a laundry list and a dry cleaning list. Divide each list into two parts: men's clothing and women's clothing. Then assign prices based on current prices in your community.

(You might enjoy converting the prices to the currency of a country you'd like to visit. See the exchange rates in your daily paper or business paper. You'll probably find that laundry and dry-cleaning are much cheaper in Spanish-speaking countries, but this will give you experience in converting prices.)

SITUACION

You have sent an expensive shirt to the laundry and it has been returned poorly pressed with all the buttons missing. Try to convince the manager of the laundry service that he should reimburse you for the cost of the shirt.

LECCION 20

Funciones culturales

Cultural Events

Amigo/amiga	*Turista*	
Dicen que _____ es muy buena.	**Sí, dicen que es un éxito tremendo.**	They say _____ is very good./Yes, they say it's a tremendous success.
la ópera		
la pieza teatral		play
la conferencia		lecture
la orquesta sinfónica		
Dicen que _____.	**Así dicen.**	They say _____ is very good./So they say.
es muy bueno		
el ballet folklórico		
el programa de sonido y luz		sound and light show
¿Quieren Uds. asistir al estreno?	Sí, nos encantaría.	Do you want to attend the opening?/ Yes we'd love to.
¿Qué asientos compramos?	¿En la galería?	What seats shall we buy?/ . . . gallery?
	¿En el balcón?	balcony
	¿En el palco?	boxes
	¿En la planta baja?	orchestra

PRACTICA

You're talking about the things your friends hoped they would be able to do on their trip. Complete each sentence with the indicated words. Use the past subjunctive or the infinitive as needed.

Ejemplos: Ojalá/conseguir buenos asientos
Ojalá que consiguieran buenos asientos.

Quería/quedarme/pensión cómoda
Quería quedarme en una pensión cómoda.

1. Amigos/insistían/nosotros/ir/museo
2. Esperaban/ballet folklórico/presentar/programa
3. Sus amigos/querían/ellos asistir/al estreno
4. Ojalá/encontrar/el balcón/parecer/muy lejos
5. Sus amigos/esperaban/tener tiempo/para ver las pirámides

6. Se alegraban de/sus amigos/invitarlos
7. Temían/perder la oportunidad de ver el Palacio
8. Ojalá/tener bastante tiempo/ver todo

SITUACION

Your secretary had promised to reserve tickets for you for the Ballet Folklórico but he forgot. You are at the ticket window trying to convince the employee that there really are tickets in your name, and that it is the ticket center that is in error.

MEDICINA	MEDICINE

Learning Hints	Learning Activities

LECCION 1

Partes del cuerpo humano—I

Parts of the Human Body—I

*Turn to Lesson 7.1. Take turns giving the commands. Move the parts of the body indicated, practicing the names in Spanish. Then do the **Practica.***

PRACTICA

The doctor asks you if you have pain in a certain part of the body. You say you have pain in a related or nearby part of the body.

Ejemplo: ¿Tiene Ud. dolor en la mano?
            Sí, tengo dolor en los dedos.

Do you have pain in your hand?
Yes, I have pain in my fingers.
(Or, Does your hand hurt?)

1. ¿Tiene Ud. dolor en el brazo?
2. ¿Tiene Ud. dolor en las piernas?
3. ¿Tiene Ud. dolor en los pies?
4. ¿Tiene Ud. dolor en la cabeza?
5. ¿Tiene Ud. dolor en la nariz?

SITUACION

You are giving physical therapy to your patients. Use these commands to tell each patient what to do. Other group members can role-play the patients.

(These commands are for one patient. To give them to the group, add **-n**.)

Toque.
Mueva.
Doble.
Levante.

Touch.
Move.
Bend.
Raise.

LECCION 2

Partes del cuerpo humano—II	Parts of the Human Body—II

Turn to Lesson 7.2 and practice the parts of the body that do not move. Then do the Practica.

PRACTICA

Read each word and tell in which of these three categories it belongs: 1) cabeza; 2) tronco; 3) extremidades.°

(Review 7.1.)

limbs

cuello	nariz
tobillo	caderas
ojo	mejilla
pie	barba
cintura	pecho
oreja	muñeca
brazo	pierna
abdomen	mano

SITUACION

You role-play the parts of a doctor and patients. Each patient asks the doctor if he/she has an infection or inflammation in a part of the body.

Ejemplo: *¿Tengo infección en la oreja?*
¿Tengo inflamación en el ojo?

LECCION 3

Diagnóstico

Diagnosis

Médico	*Paciente*	
¿Cómo se siente?	No muy bien.	How do you feel?/Not very well.
¿Tiene _____?	**Sí, tengo _____.**	
tos	**No, no tengo _____.**	a cough
náuseas		nausea
diarrea		diarrhea
dolor de cabeza		headache
dolor de garganta		sore throat
fiebre		fever
mareo		dizziness

Está Ud. _____?	**Sí, estoy _____.**	
estreñido/estreñida	No, no estoy _____.	constipated
resfriado/resfriada		(Do you have) a cold?

PRACTICA

Associate one of the above problems with one or more of the following parts of the body.

1. el estómago
2. la cabeza
3. los intestinos
4. el colon
5. la nariz
6. la garganta

SITUACION

You are the nurse in the clinic. Your group members are the patients who come for advice about their symptoms. What do you tell them? Here are some suggestions:

Ud. necesita medicina.	You need medicine.
Ud. necesita descansar.	You need to rest.
Ud. necesita ir al médico.	You need to go to the doctor.
Ud. necesita ir a casa.	You need to go home.

LECCION 4

	Síntomas	Symptoms
Paciente	*Médico*	
Tengo _____.	**¿_____? ¿Desde cuándo?**	I have _____./¿_____? (Doctor repeats the symptom.) For how long?
indigestión		indigestion
desmayos		fainting spells
debilidad		weakness
escalofríos		chills
calambres		cramps
ardor al orinar		burning (sensation) when I urinate
nerviosidad		nervousness
jaqueca		(severe) migraine headache

PRACTICA

Ask questions giving the above symptoms in random order. Work in pairs, using a four-line conversation.

Ejemplo: *¿Tiene Ud. jaqueca?*
Sí, tengo jaqueca.
¿Desde cuándo?
Desde hace tres días.   For three days.

SITUACION   (Lit., "It makes three days.") (Use
hace with any time expression and
A patient who has many symptoms comes to the clinic. He or she   present tense to indicate how long
tells you all about them, all the aches and pains. The patient feels something's been going on.)
quite ill. What do you recommend?

LECCION 5

¿Qué va a hacer?   What Are You Going To Do?

Enfermera   *Médico*

¿Va a _____ esto (al   **Sí, voy a _____ lo/la.**   Are you going to _____ this?/the
paciente/a la paciente)?   patient?/Yes, I'm going to _____
examinar   it/him/her.
analizar
operar
cambiar
cortar
desinfecar
vacunar
inyectar

PRACTICA

Tell when you're going to do each thing. Change the infinitives
listed to the present tense to ask and answer the question.

Ejemplo: *¿Cuándo analizan esto?*
Lo analizamos mañana.

SITUACION

The patient asks you why you're going to do each thing. Answer
as best you can, and if you can't think of any other answer, you
*can use **Hay que** + infinitive.*

Ejemplo: *¿Por qué van a analizar esto?*
Para ver si hay infección.
or
Hay que analizarlo.

LECCION 6

Partes del cuerpo humano—III   Parts of the Human Body—III

Médico   *Paciente*

¿Dónde siente el dolor?   **Sí, en _____.**
  ¿En _____?   Where do you feel the pain? In
    la articulación   _____?/Yes, in _____.
    el muslo   joint (also **coyuntura**)
    la ingle   thigh
    el seno   groin
    la mandíbula   breast
    la pantorilla   jaw
    la axila   calf
    las nalgas   armpit
                                   buttocks (To some Spanish-speaking
                                   patients, this word is objectionable.
                                   Substitute **caderas.**)

PRACTICA

Read aloud each list of parts of the body. Then say the word or words that should not be included in the group.

1. codo, axila, muñeca, ingle, brazo, hombro
2. pantorilla, muslo, rodilla, pierna, ojo
3. cabeza, nalgas, caderas, cintura, seno
4. mandíbula, barba, tobillo, cara, nariz, boca
5. articulación, rodilla, tobillo, muñeca, codo, uñas

SITUACION

You are the doctor. A patient comes in and names several symptoms. You ask questions to elicit further information about the symptoms:

¿Desde cuándo?   For how long?
¿Con qué frecuencia?   How often?
¿Dónde tiene dolor?   Where do you have pain?
¿Qué toma Ud.?   What are you taking?

LECCION 7

Órganos del cuerpo humano		Organs of the Human Body
Técnico	*Médico*	

¿Qué le van a examinar?   **Sí, _____.**   What are they going to examine?
¿_____?

¿La garganta?	His throat?
¿Los pulmones?	lungs
¿El corazón?	heart
¿La vejiga?	bladder
¿La vesícula?	gallbladder
¿El hígado?	liver
¿Los riñones?	kidneys
¿La vagina?	vagina
¿La matriz?	uterus
¿El pene?	penis
¿Los testículos?	testicles

(Definite articles rather than possessives are used with parts of the body.)

PRACTICA

Describe a problem that patients might have with each organ:

1. Tiene inflamación en _____.
2. Tiene obstrucción en _____.
3. Tiene infección en _____.
4. Tiene un tumor en _____.

SITUACION

You are the **médico de turno**° *at an emergency clinic. A man comes in with several complaints: he has a bad cold, a sore throat, a headache, dizziness and a burning sensation when he urinates. What questions do you ask him, and what do you tell him to do?*

doctor on duty

LECCION 8

	lo	
Historia médica	la	Medical History
Médico *Paciente*	las	

¿Ha tenido Ud. _____?   **Sí, doctor, _____ he tenido.**

No, doctor, no (lo/la/las) _____ he tenido.

Have you had _____?/Yes, doctor, I've had _____./No, I've not had _____.

cáncer	cancer
diabetes	diabetes
palpitaciones	palpitations
parálisis	
un ataque al corazón	heart attack
enfermedades de la sangre	blood diseases
hinchazón en las piernas	swelling
dolor en el pecho	pain/chest
cansancio al caminar	tiredness when walking
dificultad al respirar	difficult breathing

PRACTICA

Are the two words in each following pair logically associated? Read each pair aloud. If they are associated, say **Sí**. *If not, say* **No** *and give a word that could be associated with the first one.*

1. respiración/alta
2. cansancio/caminar
3. cáncer/tumor
4. parálisis/cara
5. pecho/hinchazón
6. dolor/piernas
7. enfermedad/diabetes
8. enfermedades de la sangre/anemia

SITUACION

You are taking a medical history. Ask the patient if he/she has had some of the above diseases and symptoms, and for how long. Add other symptoms from previous lessons.

Ejemplo: Ud.:   *¿Desde cuándo ha tenido usted _____?*
             Paciente: *Hace _____.*

How long have you had _____? (lit., since when?)
For _____.

LECCION 9

Medicinas		Medicines
Médico	*Enfermera*	(Give comments or questions for the nurse.)

Voy a recetarle _____.   _____.

I'm going to prescribe _____ for him/her.

un antibiótico — antibiotic
ungüento germicida — germicidal ointment
jarabe para la tos — cough syrup
gotas — drops
penicilina

Debe frotarse con _____.   _____.

You should rub _____ on it.

linimento — liniment
loción de calamina — Calamine lotion
Debe hacer gárgaras. — You should gargle.

PRACTICA

What medicine do you think the patient should use in each of the following cases?

1. Le duele la garganta.
2. Tiene erupción de hiedra venenosa°   poison ivy
3. Tiene pulmonía.   pneumonia
4. Se he torcido un músculo.
5. Tiene un virus.
6. Tiene dolor de oído.

SITUACION

You are the pharmacist. A patient comes in with no prescription insisting that you should sell him penicillin because his wife is very sick and really needs medicine. Having recently come from a Spanish-speaking country where prescriptions are not required for many medicines, he does not understand that you cannot sell him penicillin. Explain to him the prescription system used in the United States.

LECCION 10

Direcciones en el hospital

Visitante	Recepcionista	Directions in the Hospital
¿Dónde está _____?	**Siga adelante.**	(Review 5.3; add other directions.)

el laboratorio	laboratory
la sala de emergencia	emergency room
el salón de rayos X (equis)	X-ray room
la sala de operaciones	operating room
la sala de recuperación	recovery room
la unidad de cuidados intensivos	intensive care unit
el cuarto de materiales	stockroom
la clínica de pacientes externos	outpatient clinic

PRACTICA

Give a place that might be associated with each of the following words:

1. un ataque al corazón
2. apendicitis
3. sábanas limpias°y batas°   clean sheets/hospital gowns
4. un accidente de automóvil
5. una fractura de la pierna
6. una serie° de exámenes   series
7. el período después de la operación
8. una serie de tratamientos°   treatments

SITUACION

You are the receptionist in the hospital and various patients come to ask you how to get from one part of the hospital to another.   (To make the practice more real, you can draw a hospital floor plan.)

LECCION 11

La cirugía

Médico	Pariente	Surgery
¿Qué le hicieron?	**Lo/La operaron _____.**	What did they do to him or her?/They operated on his/her _____.
	de la vejiga	gallbladder
	de la vesícula	bladder
	del hígado	liver
	Le sacaron _____.	They took out _____.

las amígdalas.	his/her/tonsils
el apéndice	his/her appendix
un riñón	a kidney
Le pusieron _____.	They gave him/her (lit., put in) _____.
una inyección	injection
suero intravenoso	I.V.

PRACTICA

A. *State that the doctor or nurse has performed each action in the above frame. Preface each statement with **el médico** or **la enfermera** and change the verb accordingly.*

Ejemplo: Lo operaron.
              El médico lo operó.

B. *State that you performed each action in the above frame. Change the verb to the **yo** form.*

Ejemplo: Lo operaron.
              Lo operé.

SITUACION

*You are the orthopedic surgeon. You have recently operated on a patient with a slipped disc **(disco dislocado)**. Give a report to your colleagues, explaining the examinations ordered and the treatments undertaken before the operation.*

LECCION 12

¿En qué condición estaba?

In What Condition Was He or She?

¿Cuándo lo vio?	Anoche.	When did you see him?
¿En qué condición estaba?	**Estaba** _____.	What condition was he in?
	quieto	(also **tranquilo, tranquilito**)
	lloroso	crying
	deshidratado	dehydrated
¿Cuándo la trajeron?	Hace una hora.	When did they bring her?/An hour ago.
¿Cómo estaba?	**Estaba** _____.	How was she?/She was _____.
	semicomatosa	semicomatose
	desangrando	bleeding
	inconsciente	unconscious
	en estado de choque	in shock

PRACTICA

What happened to each patient? Give a logical cause for each state.

Ejemplo: Estaba inconsciente.
Tuvo un accidente de automóvil.

SITUACION

You are the telephone answering service telling your physician the various non-emergency calls that have come in on the answering service. Report 5 or 6 cases.

LECCION 13

Accidentes   Accidents

Enfermera	*Pariente*	
¿Qué pasó?	Se cortó.	What happened?/He/She cut himself/herself.
	Se quemó.	burned
	Se cayó.	fell down
	Se torció el tobillo.	sprained his/her ankle
	Se lastimó.	was injured
	Se dio golpes.	was beaten
	Se rompió el brazo.	broke his/her arm
	Se mató.	was killed
	Se murió.	died
¿Cuándo?	Hace _____.	/_____ ago.
	unos minutos.	
	una hora	

PRACTICA

A. You need more information about the emergencies given. Practice asking further information about each emergency. Use the questions ¿Cuándo? ¿Dónde? ¿Por qué? Other members of your group can answer.
B. Give a place in which each emergency might have happened.

SITUACION

You are the admitting clerk in the hospital. A patient comes in limping, with his foot swollen and bleeding. He speaks no English. You need to find out all the admitting information, and interpret for the doctor on duty.

(Review 4.4, 4.5.)

LECCION 14

Enfermedades transmisibles		Communicable Diseases
Empleado	*Padre/Madre*	
¿Se ha vacunado contra	**Sí, se ha vacunado.**	Has he been vaccinated against
_____?	**No, no se ha vacunado.**	_____?/Yes, he's been vacci-
		nated. . . . No, . . .
la escarlatina		scarlet fever
las paperas		mumps
la viruela		smallpox
las viruelas locas		chickenpox (also *varicelas*)
el sarampión		measles
la rubéola		German measles
la tos ferina		whooping cough
la influenza		flu (also *la gripe*)
¿Le prendió la vacuna?	Sí, le prendió?	Did the vaccination take?/Yes, it took.

PRACTICA

Conteste en español:

1. ¿Qué enfermedades de la infancia ha tenido Ud.?
2. ¿Qué vacunas se requieren para que los niños se inscriban en el primer año de la escuela?
3. De las enfermedades arriba mencionadas, ¿cuál es más seria?
4. ¿Cuál es menos seria?
5. ¿Qué afectos pueden resultar de la poliomielitis?
6. ¿Qué efectos pueden producir las viruelas?

SITUACION

You are the school nurse who must check vaccination records. One mother says that her child has been vaccinated, but she didn't bring the certificate. She'll bring it tomorrow. When you insist that the child cannot enroll without the certificate, she becomes enraged. How do you resolve the situation?

(Review 8.9.)

LECCION 15

El embarazo		Pregnancy
Enfermera	*Señora*	(Give answers or comments for the patient.)
¿Ha tenido _____?	_____	
un aborto accidental		miscarriage
toxemia		

el examen de amniosentisis
el examen ultrasónico
dolores agudos   sharp pains
pujos seguidos   frequent contractions

Hay que _____.

respirar profundamente   breathe deeply
quedarse en cama porque se   stay in bed because your bag of
    le rompió la fuente.   waters broke

PRACTICA

Tell if the following occurrences are normal or abnormal during pregnancy.

1. eclampsia
2. ver puntos oscuros°   see dark spots
3. no tener el período menstrual
4. náuseas
5. flujo de sangre
6. aumento de peso
7. calambres

SITUACION

You are the nurse who gives classes for parents-to-be at the community hospital. Explain prenatal care and problems to watch for. Members of your group can role-play the parents. What questions do they ask?

LECCION 16

Acuéstese, por favor.	Lie Down, Please.

Enfermero	*Paciente*	
_____, por favor.	**No quiero.**	
	No puedo.	
	Después, no ahora.	
	No me gusta _____.	

Acuéstese   Lie down.
Voltéese   Turn over.
Siéntese en la cama   Sit up in bed.
Póngase la bata   Put on your hospital gown.

Péinese	Comb your hair.
Vístese	Get dressed.
Quédese en la cama	Stay in bed.
Abríguese los pies.	Cover up your feet.

PRACTICA

Give a complete answer to the nurse's command. Begin your answer with No quiero or No puedo.

Ejemplo: Acuéstese.
   No quiero acostarme.

SITUACION

You have a patient who is uncooperative. Convince him/her to get out of bed, sit in the wheel chair, sign the permission, and go with you to the laboratory.

(Review 1.9, 7.12.)

LECCION 17

Los exámenes

Tests

Técnico	*Paciente*	
Cierre el puño, por favor.	Muy bien.	Make a fist, please.
Levante la manga, por favor.		Roll up your sleeve.
Vaya al baño y orine en este recipiente, por favor.		Go to the bathroom and urinate in this receptacle.
Le voy a _____.	**¿Me va a doler?**	I'm going to _____./Is it going to hurt? When will I know the results?
	¿Cuándo sabré los resultados?	
sacar sangre	**¿Para qué?**	take some blood
hacer un conteo	**¿Para qué?**	do a blood count
hacer un urinálisis		do a urinalysis
hacer una radiografía.		take an X-ray
dar el exámen para ver si está embarazada.		give you a pregnancy test
¿Cuándo tuvo Ud. un reconocimiento médico?	Hace seis meses.	When did you have a physical examination?

PRACTICA

A. Answer the patient's questions.

B. Explain why each of the examinations might be given.

SITUACION

The hospital runs a free clinic in a Spanish-speaking nieghbor-hood. Group members role-play the patients who come to the clinic. Explain what you are going to do to each patient. Suggestions:

hacer exámenes
recetar medicinas
tomar la presión
pesar al paciente
poner vacunas, etc.

LECCION 18

Molestias menores		Minor Discomforts
Madre	*Vecina*	
No sé lo que tiene.	**Será _____.**	I don't know what's the matter with him.
	una paja en el ojo	speck in his eye
	un callo	callus
	una astilla	splinter
	una garrapata	tick
	una picada de insecto	an insect bite
	una ampolla	a blister
¿Qué serán?	**Serán _____.**	
	lombrices	worms
	pulgas	fleas
	liendres	nits

PRACTICA

Give the following statements using the conditional of probability to express what you believed the situation to be.

Ejemplo: Se cortó.
              Se cortaría.

1. Se quemó.
2. Le picó un insecto.
3. Se murió.
4. Le pusieron una inyección.
5. Tenía lombrices.
6. Tenía una ampolla.
7. Tenía dolor de oído.

SITUACION

You are a school nurse. Some of your students have fleas and nits. You also suspect they have worms. You call one of the mothers to advise her of the problem. She tells you that she is aware of it, but she feels the children become reinfected at school. Discuss the situation and what can be done about it.

LECCION 19

¿Qué dijo el médico?   What Did the Doctor Say?

Familia	*Enfermera*	
¿Qué dijo el médico?	**Dijo que _____.**	He said that _____.
	había fracturado la pierna	he/she had broken leg
	había torcido el tobillo	he/she had sprained his/her ankle
	era _____	it was
	una fractura mayor	major fracture
	fractura múltiple	multiple fracture
¿Qué dijo que hiciera?	**Dijo que _____.**	What did he say to do?/ He said to _____.
	se pusiera un cabestrillo	put it in a sling
	se pusiera una venda elástica	put on an elastic bandage
	usara muletas	use crutches
	tomara un calmante para el dolor	take a sedative for the pain

PRACTICA

Complete each sentence to indicate what the doctor told each patient on the last visit.

Ejemplos: tener las presión alta
El médico me dijo que tenía la presión alta.

(Indicative, because the doctor states a fact; imperfect, because it's description.)

operarme del corazón
El médico me dijo que me operaran del corazón.

(Subjunctive, because the doctor is telling you what he wants you to do.)

1. bajar de peso
2. hacerme un reconocimiento médico
3. tener alergías
4. estar resfriado
5. hacerme unos exámenes
6. darme una inyección
7. sufrir de artritis
8. haberme fracturado la rodilla

SITUACION

You have just completed a first-aid course. A neighbor comes over to tell you that her daughter has fallen out of a tree and cannot move her leg. What do you say to the mother and what do you do?

LECCION 20

¿Qué pasó?		What Happened?
Médico	*Policía*	(Give answers for the *policía*)
Ese hombre fue _____.	**¿Por quién?**	That man was _____./By whom?
herido		wounded
robado		robbed
atacado		attacked
secuestrado		kidnapped (also *raptado*)
golpeado		beaten
Esa mujer fue _____.	**¿Por quién?**	
violada		raped
golpeada		beaten
matada		killed
asesinada		assassinated

PRACTICA

The policeman has found the solutions to the above crimes. Change each statement to active voice, preceding it with the person who committed the crime.

Ejemplo: El hombre fue atacado por el ladrón.
El ladrón atacó al hombre.

SITUACION

You are a reporter covering the emergency room. Describe 5 or 6 cases to the Spanish-speaking night editor.

TRABAJO SOCIAL   SOCIAL WORK

Learning Activities	Learning Hints

LECCION 1

¿Cómo se llama?   What's His or Her Name?

Cliente	*Recepcionista*	
¿Cómo se llama _____?	**Se llama _____.**	
el trabajador social/la trabaja- dora social		social worker
el consejero/la consejera		counselor
el visitador social/la visitadora social		case worker
el funcionario/la funcionaria		official/employee
el enfermo/la enferma		patient
el psicólogo/la psicóloga		psychologist
el psiquiatra/la psiquiatra		psychiatrist
el director/la directora		director

PRACTICA

Ask who each person is.

Ejemplo: consejero/Cruz Pulido
            ¿Quién es el consejero?
            Es Cruz Pulido.

1. funcionario/Miguel Blanco
2. enferma/Zenaida Gómez
3. trabajadora social/Silvia Pineda
4. psiquiatra/Dolores Hernández
5. director/Marcos Martínez
6. visitadora social/Ana Andrade
7. psicólogo/Hilario Contreras

SITUACION

You are a reporter doing a story about a social service agency.
You talk to the receptionist and ask what each person's name is.

LECCION 2

<table>
<tr><td colspan="2" align="center">**Los documentos**</td><td>Documents</td></tr>
<tr><td>*Trabajador/a social*</td><td>*Cliente*</td><td></td></tr>
<tr><td>**¿Tiene Ud. _____?**</td><td>**Sí, tengo.**</td><td></td></tr>
<tr><td>su tarjeta de identificación</td><td></td><td>identification card</td></tr>
<tr><td>su tarjeta de seguro social</td><td></td><td>social security card</td></tr>
<tr><td>su tarjeta de medicare</td><td></td><td>medicare card</td></tr>
<tr><td>su tarjeta de compensación de trabajo</td><td></td><td>workman's compensation card</td></tr>
<tr><td>su certificado de nacimiento</td><td></td><td>birth certificate</td></tr>
<tr><td>cédula electoral</td><td></td><td>voter's card (Also **certificado de votar**)</td></tr>
<tr><td>su licencia de manejar</td><td></td><td>driver's license</td></tr>
<tr><td>su seguro de automóvil</td><td></td><td>car insurance</td></tr>
<tr><td>su seguro de hospitalización</td><td></td><td>hospitalization insurance</td></tr>
<tr><td>su visa</td><td></td><td>visa</td></tr>
<tr><td>su tarjeta de residencia</td><td></td><td>resident's card</td></tr>
<tr><td>sus estampillas para alimentos</td><td></td><td>food stamps</td></tr>
</table>

PRACTICA

Ask and answer questions telling whose name each item is in.

Ejemplo: seguro
¿A nombre de quién está el seguro?
A nombre de mi esposo.

SITUACION

*You're the receptionist at a social service agency. Ask each person that comes to your desk for the necessary documentation.
Use the question:* **¿Puedo ver su _____?**   May I see your _____?

LECCION 3

<table>
<tr><td colspan="2" align="center">**Los contactos**</td><td>Contacts/Referrals</td></tr>
<tr><td>*Consejero/a*</td><td>*Cliente*</td><td>Counselor</td></tr>
<tr><td>**Vamos a hablar con**</td><td>**Muy buena idea.**</td><td></td></tr>
<tr><td>**_____.**</td><td></td><td></td></tr>
<tr><td>los padres</td><td></td><td></td></tr>
<tr><td>la madre</td><td></td><td></td></tr>
<tr><td>**Vamos a llamar a _____.**</td><td>**Sí, es importante.**</td><td></td></tr>
<tr><td>la profesora</td><td></td><td></td></tr>
<tr><td>la trabajadora social</td><td></td><td></td></tr>
</table>

Vamos a ponernos en contacto con _____.	**¿Cuándo?**	We're going to get in contact with _____./When?
la persona responsable		the responsible party
la profesora de educación especial		special education teacher
Vamos a comunicarnos con _____.	**Está bien.**	We're going to get in touch with _____./All right.
la oficina de la protección al niño		child welfare office
el vigilante		guard/night watchman

PRACTICA

Answer the questions according to the examples. Use names from your community, your class or the text for the second question.

Ejemplo: ¿Conoce Ud. a la madre?
           Sí, la conozco.
           ¿Cómo se llama?
           Se llama Carmen Calderón.

1. ¿Conoce Ud. al vigilante?
2. ¿Conoce Ud. a la trabajadora social?
3. ¿Conoce Ud. a la persona responsable?
4. ¿Conoce Ud. al profesor de educación especial?
5. ¿Conoce Ud. a la directora de la agencia?
6. ¿Conoce Ud. al director de la oficina de protección a los niños?
7. ¿Conoce Ud. a la consejera?
8. ¿Conoce Ud. al psicólogo?

SITUACTION

You are a social worker. You receive a report from neighbors that they suspect a young child is being abused in the apartment next to them. Tell them whom you will get in touch with and what you will do about the situation.

LECCION 4

Favor de hacerlo.   Please Do It.

Director/a	*Empleado/a*	
Favor de _____ lo/la.	**Sí, lo más pronto possible.**	Please _____ it/him/her./Yes, as soon as possible.
arreglar		arrange
aconsejar		counsel/advise

referir	refer
cambiar	change
visitar	
investigar	
consultar	
informar	

PRACTICA

Answer the questions in the present tense.

Ejemplo: ¿Cuándo arregla Ud. eso?
Lo arreglo mañana.

(In Spanish, present tense can express the near future: "When will you arrange that?/I'll arrange it tomorrow.")

1. ¿Cuándo investiga Ud. la situación?
2. ¿Cuándo consulta al consejero?
3. ¿Cuándo visita a la madre?
4. ¿Cuándo informa al policía?
5. ¿Cuándo aconseja al niño?
6. ¿Cuándo cambia Ud. la orden?
7. ¿Cuándo arregla Ud. el asunto°?   matter
8. ¿Cuándo llama al enfermo?

SITUACION

You and your assistant are going on a home visit. You discuss what you're going to do. Arrange the verbs in the order your visit is going to go.

Ejemplo: *Visitamos a _____.*
Hablamos con _____.

LECCION 5

¿Dónde está?

Where Is It?

Cliente

¿Dónde está _____?
  la clínica
  la agencia
  el centro familiar
  la oficina del condado
  la oficina del estado
  la oficina de bienestar para niños
  la oficina de mantenimiento para niños

Recepcionista

Está _____.
  a la derecha
  a la izquierda
  arriba
  abajo

family center
county office
state office
child welfare office

office of child support services

la oficina del director	director's office
la oficina del juez	judge's office
la oficina del alguacil	sheriff's office

PRACTICA

Associate each word or phrase with a place (or places) you have practiced in the above Frame.

1. la orden judicial
2. la enferma
3. el abuso de niños
4. el policía
5. el bienestar de la familia
6. el gobierno° local   government
7. el jefe
8. los servicios especiales para niños
9. una organización del gobierno
10. el gobierno estatal

SITUACION

You are the receptionist at a government building. You have a map of the building with the offices marked on it. You tell clients how to get to the various offices.

(You can draw your own map!)

LECCION 6

Tiene que pagar.

You Have To Pay.

Trabajadora Social	*Cliente*	
Tiene que pagar _____.	**¿A quién?**	You have to pay for _____./ Who(m)?
la consulta		consultation
la multa		fine
la guardería		day care
el alquiler		rent
Tiene que pagar _____.	**¿Cuánto es?**	
la clase especial		special class
la cuenta		account
el servicio		service
la cuota		fee/admission

PRACTICA

Where or to whom would you pay each of the following? Choose an answer from the column on the right.

1. la consulta	a. a la secretaria del psicólogo
2. la multa	b. al dueño/a la dueña
3. el hospital	c. a la cajera° cashier
4. el carro	d. en la oficina de la pre-escuela
5. la clase especial	e. en la oficina de la escuela
6. el seguro	f. en la estación de policía
7. el alquiler	g. en la compañía de seguros
8. la guardería	h. al mecánico

SITUACION

You have a client who took advantage of services that he now says he cannot pay for. How do you handle the situation?

LECCION 7

Los problemas emocionales   Emotional Problems

Trabajadora social	*Psicóloga*	
¿Qué problema tiene?	**Tiene _____.**	
	crisis	
	ansiedad	anxiety
	fobia al trabajo	phobia of work
	fobia a la escuela	phobia of school
	disturbios mentales	(He's) emotionally disturbed.
	tendencias suicidas.	suicidal tendencies
	Abusa del niño/de la niña.	He/She abuses the child.
	No se adapta.	He/She can't cope.
	Se aisla.	He's/She's withdrawn.

PRACTICA

Tell when the person has this problem. Choose an answer from those on the list to the right.

1. ¿Cuándo tiene disturbios?	a. Algunas veces.
2. ¿Cuándo se aisla?	b. Cuando no trabaja.
3. ¿Cuándo tiene tendencias suicidas?	c. Cuando tomo mucho.
	d. Cuando está en un grupo.
4. ¿Cuándo no se adapta?	e. Cuando está bajo presión.
5. ¿Cuándo tiene la crisis?	f. Cuando no se sale con la suya.° When he doesn't get his own way.

6. ¿Cuándo abusa de la niña?
7. ¿Cuándo tiene ansiedad?
8. ¿Cuándo tiene fobia?

SITUACION

You're a psychiatric nurse. First you find out general information about your patient, and then you determine what mental/emotional problems the patient has.

(Review 4.4, 4.5.)

LECCION 8

Programas de asistencia

Assistance Programs

Trabajador social	Cliente	
¿Está recibiendo _____?	**Ahora no. ¿Soy elegible?**	Are you receiving _____?/Not now. Am I eligible?

servicio de ayuda	assistance
almuerzo gratis	free lunch
desayuno gratis	free breakfast
servicios médicos	medical services
consejos para la familia	family counseling
alquiler reducido	reduced rent
atención en la clínica de salud mental	mental health clinic services
beneficios para sobrevivientes	survivor's benefits

PRACTICA

Answer the questions in Spanish.

1. ¿Es gratis el almuerzo en el restaurante? ¿Dónde es gratis el almuerzo?
2. ¿Quiénes pueden recibir desayuno gratis?
3. ¿Quién puede dar consejos?
4. ¿Qué es necesario para recibir alquiler reducido?
5. ¿Quién atiende, un voluntario o un profesional?
6. ¿Prefiere Ud. tener que pagar o recibir servicios gratis?
7. ¿Son los servicios públicos mejores que los privados?

SITUACION

You have not received help **(servicio de ayuda)** this month. Your landlord is asking for his money, you don't have food in the house, and everything is impossible. You go to the agency, and you become really angry with the official.

(Review 8.9.)

LECCION 9

Servicios domésticos		Housekeeping Services
Cliente	*Funcionario*	Client/Official
¿Qué servicios ofrecen?	**Ofrecemos _____.**	What services do you offer?/We offer _____.
	terapia física	physical therapy
	limpieza de casa	house cleaning
	preparación de comidas	meal preparation
	lavado de ropa	laundry
	transporte al médico	transportation to the doctor
	asistencia telefónica	telephone assistance
	entrega de comidas	meal delivery
	equipo especial como silla de ruedas	special equipment such as wheel chairs
	varios servicios para ancianos	various services for the elderly

PRACTICA

What kind of help does each person need?

1. No puede manejar y necesita ir al médico.
2. Tiene artritis y no puede caminar.
3. No tiene lavadora de ropa.
4. La casa está sucia.°   dirty
5. No puede preparar la comida.
6. Tiene dolores en la espalda después de una caída.°   fall
7. No tiene familia. Está solo/a.

SITUACION

You are a social worker visiting an elderly person. Find out what services he or she needs and when.

LECCION 10

Solicitudes		Applications
Empleado	*Cliente*	
¿Solicitó Ud. _____?	**Todavía no.**	Did you apply for _____?/Not yet.
un préstamo		loan
su pensión de seguro social		your Social Security pension
su retiro		your retirement
ayuda legal		legal aid

asistencia social	welfare
indemnización de desempleo	unemployment compensation
indemnización de trabajo	workman's compensation
sus beneficios	your benefits

PRACTICA

Answer the questions, stating what each person obtained.

Ejemplo: Su esposo la abandonó. Tiene seis hijos menores de edad.

Obtuvo° asistencia social.　　　　　　　　　　　She got/obtained

1. Se jubiló° el mes pasado.　　　　　　　　　　　retired
2. Está acusado de asaltar a un vecino.
3. Tuvo° un accidente en el trabajo.　　　　　　　had
4. Perdió el trabajo.
5. Murió° el esposo.　　　　　　　　　　　　　　died
6. Compró un carro nuevo.
7. Tiene muchos problemas con la familia.

SITUACION

A person who is going to retire goes to the Social Security office. He wants to know what benefits he is entitled to. You cannot find his records and he doesn't have documents such as his birth certificate, or his social security number. What do you do?

LECCION 11

Las visitas en casa　　　　　　　　　　　　　Home Visits

Trabajador/a social

Es un placer estar en su casa.

Vengo a ofrecerle mi ayuda.　　　　　　　　　　I've come to offer my help.

¿Cómo van las cosas?

Necesito verificar el reporte en cuanto a los niños.　　　　　　　　　　　I need to verify the report in regard to your children.

¿Quiere contarme de los problemas que ha tenido?

Por favor, necesito preguntarle sus planes respecto a _____ .

Necesito saber lo que le ha dicho el trabajador de rehabilitación.

¿Cuándo puede Ud. ir a la agencia?

Sí, tiene que ir en persona para hacer la solicitud.

Ama de casa

Gracias. El gusto es mío.

Sí, necesito hablar con Ud.

Un poco mejor, gracias.

¿Qué necesita saber?

No sé lo que Ud. puede hacer.

Ni he pensado en eso.

Me ha hablado de las posibilidades que hay.

¿Tengo que ir?

¿Cuándo tengo que ir?

PRACTICA

Take turns practicing the parts in the conversation. Expand the conversation between the social worker and the housewife by filling in the blanks, adding information and answering the questions.

SITUACION

You are a social worker who works with an agency dealing with child abuse cases. You receive a report from neighbors of child abuse. You go to the home to talk to the parents. The mother admits that she has beaten her child. What do you do then?

LECCION 12

El niño con problemas especiales

The Child with Special Problems

Profesor/a	Trabajador/a social	
¿Es retardado/a en su desarrollo?	Sí, en su desarrollo _____. emocional social físico intelectual	Is he retarded in his development?/ Yes, in his _____ development.
¿Qué concepto tiene de sí mismo?	Tiene _____. buen concepto mal concepto	How is his self-concept?/
¿Qué necesita?	Necesita _____. que lo animen un programa especial un tutor sesiones con un terapista sesiones con un especialista	to be encouraged
¿Qué dificultades tiene?	No tiene concepto de la realidad. Tiene serios disturbios emocionales.	

PRACTICA

You are describing children whom you saw yesterday. Give the whole conversation in the imperfect.

(Imperfect is needed for description.)

SITUACION

You are the social worker in a school. You are having a conference with a mother whose child is emotionally disturbed. The child is alienated, has no friends, doesn't participate in class discussions, and doesn't take part in playground activities. The mother thinks this is normal. Quiet children never make problems for anyone, she says. Role-play the situation, concluding it with your handling of the matter.

LECCION 13

Los incapacitados		The Handicapped
Trabajador social	*Trabajadora social*	
¿Qué problemas tiene?	**Es _____.**	What problems does he have?/He's _____.
	ciego	blind
	tuerto	one-eyed
	mudo	deaf
	sordomudo	deaf mute
	autístico	
	epiléptico	
	cojo	lame
	manco	maimed in the arm or hand; one-armed or one-handed
	paralítico	
	parapléjico	
¿Cómo perdió _____?	**En un accidente.**	How did he lose _____?/It was an accident.
	Fue gradual.	It was gradual.
el brazo		
la pierna		
la voz		
el oído		
el ojo		

PRACTICA

A. *Review the questions in the second half of the frame, giving appropriate times for the answers.*

B. *In what way is each person handicapped?*

Ejemplo: No puede ver.
        Es ciego.

1. No puede oír.
2. No puede oír ni hablar.

3. Tiene artritis severa en una rodilla.
4. Tiene sólo un ojo.
5. Tiene un brazo paralizado.
6. No puede mover las piernas.
7. No puede mover nada desde el cuello para abajo.
8. Le falta una mano.
9. Es imposible comunicarse con él.
10. Tiene convulsiones si no toma la medicina.

SITUACION

You are talking to a group of volunteers who work with an agency providing service for the blind. You suggest to them some of the things that can be done to make the routines of daily life easier for the blind.

LECCION 14

Cambios en la vida　　　　　　　　Life Changes

Señora

¿Por qué tiene él _____?
　tensión
　depresión

¿Por qué tiene ella proble-mas?

Consejero/a

Porque _____.

se ha mudado de casa	/he's moved
ha cambiado su carrera	/he's made a career change
no se ha adaptado	he hasn't adjusted
ha tenido tremendo éxito	she's had tremendous success
no ha aceptado los cambios en su carrera	she hasn't accepted changes in her career
ha muerto su padre	her father has died
sus hijos se han casado	her children have gotten married
está pasando por la meno-pausa	she's going through the menopause
se ha jubilado	she's retired
se ha mudado para un asilo ancianos	She's moved to a nursing home.

PRACTICA

Now it is a year later. Practice the same sentences in the past tense. Use the imperfect for the questions and the preterite for the answers.

(The questions are descriptions and the answers are actions.)

SITUACION

A client comes to you for counseling. He has undergone many changes in only a year. He is understandably depressed. He ex-

plains to you that his wife and his father have died. In addition he has had two promotions, he has been transferred, a daughter has married, and his son went through a difficult divorce. Divide into groups to role-play the situation.

LECCION 15

El presupuesto		The Budget
Trabajador social	*Cliente*	
¿Cuántos son _____?	**Son _____.**	
sus ingresos		income
sus gastos		expenses
¿Cuánto es _____?	**Es _____.**	
su sueldo anual		annual salary
su sueldo mensual		monthly salary
el pago inicial		down payment
el pago mensual		monthly payment
¿Cuánto pagan		
Uds. por _____?	_____	
el alquiler		rent
las utilidades		utilities
el transporte		transportation
la ropa		clothing
los comestibles		food
las diversiones		entertainment
¿Cuánto le dan para sus gastos personales?		. . . as an allowance?

PRACTICA

Practice the questions in the above frame, giving logical answers based on a family of four with a net income of $10,000.00.

SITUACION

You are a social worker in an agency that helps families with financial problems straighten out their budgets. A client comes to you on the fifteenth of the month saying that she has no money left and many bills due. Role-play the parts of counselor and client.

LECCION 16

El Seguro Social

Social Security

Cliente	Agente	
¿Quiénes pueden recibir los beneficios?	Los que _____.	
	son trabajadores incapacitados	are disabled workers
	tienen 62 años y van a jubilarse	are 62 and are going retire
	sufren de insuficiencia renal permanente	suffer from permanent liver insufficiency
	Si muere _____.	If _____ dies.
	el esposo/la esposa	
	un hijo/un hija que mantenía a los padres.	a son/daughter who supported the parents
¿Cuándo se debe solicitar los beneficios?	Tres meses antes de jubilarse.	/Three months before retirement. (also *retirarse*)
	Dentro de dos años después de la muerte del trabajador.	
	Seis meses después de la incapacidad.	
¿Qué tipos de cheques hay?	Cheques de _____.	
	retiro	retirement (also *jubilación*)
	incapacidad	disability
	sobrevivientes	survivors
¿Hay beneficios _____?	Bajo ciertas condiciones.	Are there _____ benefits?/Under certain conditions.
reducidos		
mayores		
especiales		

PRACTICA

Explain in Spanish what each term means.

Ejemplo: beneficios
 el dinero que reciben ciertas personas del Seguro Social

1. jubilarse
2. beneficios reducidos
3. insuficiencia renal
4. sobreviviente
5. jubilación
6. incapacidad
7. cheque
8. muerte
9. trabajador
10. Seguro Social

SITUACION

You are an employee at the local Social Security office. Role-play the employee and the people who come with questions about their benefits.

(Of course there'll be many questions you won't know the answers to, but you can turn this practice into a futuristic game by giving the answers you think should be true.)

LECCION 17

Los ancianos

The Elderly

¿Qué ofrece la comunidad para los ancianos?	Hay _____.	What does the community offer for the elderly?
	programas de ejercicio	exercise programs
	clases de nutrición	nutrition classes
	un centro para los ancianos	senior citizen center
	descuentos para los ancianos	senior citizen discounts
	una clínica geriátrica	a geriatrics clinic
	asistencia en la casa	home assistance
	asistencia telefónica	telephone assistance
	comidas servidas en casa	meals served at home ("meals on wheels")
	terapia física	physical therapy
Con asistencia de varias clases, puede mantenerse en casa.	Es preferible entrar a un asilo ancianos.	. . . stay at home.

PRACTICA

*Explain the services available to the elderly. Use the answers in the second column of the above frame, preceding each service with **Se da, Se dan, Se ofrece, Se ofrecen.***

(Review 15.8.)

SITUACION

You are the social worker arranging for help for a lady in her 80's who is blind. Her husband, who was helping to care for her, has died, and now she needs many kinds of special services. Explain to her the services that your community can provide.

LECCION 18

Seguro médico federal   Medicare

Cliente	*Empleado*	
¿Quién es eligible?	El que tenga 65 años y está cubierto por el Seguro Social.	
	En ciertos casos el que sea menor de 65 años.	
	Si Ud. necesita diálisis regular o transplante de riñón.	
¿Cómo consigo el seguro de hospital?	Si Ud. está recibiendo cheques de Seguro Social, la protección empezará automáticamente a los 65.	How can I get hospitalization?
	Si Ud. no se ha jubilado, puede hacer una solicitud a los 65 años.	
¿Y si no tengo bastantes trimestres bajo el Seguro Social para ser eligible?	Ud. puede comprar el seguro de hospital.	And if I don't have enough quarters . . ./
¿Cuánto cuesta?	La prima básica es $113 al mes.	/The basic premium . . .
¿Hay otro seguro?	Sí, hay seguro médico.	
¿Cuánto es la prima básica?	Va a subir, pero es muy bajo— menos de $20 al mes.	/It's going to increase . . .
¿Qué paga el seguro?	Paga el cuidado del paciente hospitalizado, o en un asilo para ancianos o en el hogar.	
¿Cuánto paga?	Por 60 días, todos menos una deducción de unos trescientos dólares.	
¿Y después de 60 días?	Paga todos los servicios cubiertos menos $65 al día.	

PRACTICA

React to the answers of the employee by telling what you hoped the eligibility and the benefits would be.

Ejemplo: El que tiene 65 años y está asegurado bajo el Seguro Social.
Esperaba que no tuviera que tener 65 años.
Esperaba que no estuviera asegurado bajo el Seguro Social.

SITUACION

You are the social worker assigned to take applications from kidney patients too ill to come to the Social Security office. Role-play the social worker and the patient and family of a man who needs dialysis treatments.

LECCION 19

	Jubilación	Retirement
Señor/a	**Agente**	
Pienso jubilarme pero necesito más información.	Sí, hay que tomar en cuenta varias circunstancias.	. . . retire/ . . . take into account
He considerado _____.	Está bien.	
mi situación financiera		
mi capacidad de seguir trabajando		
la pensión de mi compañía		
Quiero saber como mi edad afecta los beneficios.	Serán aumentados si Ud. trabaja después de los 65 años.	They will be increased . . .
¿Y si me retiro a la edad de 62?	Serán reducidos si Ud. empieza a recibir cheques antes de la edad de 62.	
Señor/Señora	**Oficina de Beneficios**	
¿Cuánta es _____?	_____	
la pension		pension
la anualidad		annuity
¿Qué porción es exento de impuestos?		tax exempt
Tengo el Plan de IRA.	Sí, señor/a.	I have an IRA plan.
¿Puede Ud. hacer la deducción de mi cheque?		Can you deduct it from my check?
¿Puedo establecer el Plan Keogh?	No, señor/a.	Can I establish a Keogh Plan?
	Ese plan es para los que trabajan independientemente.	No, that plan is for those who are independently employed.

PRACTICA

Conteste en español:

1. ¿A que edad le gustaría jubilarse?
2. Después de jubilarse, si Ud. pudiera vivir en cualquier parte del mundo, ¿dónde le gustaría vivir?

3. ¿A qué edad deben empezar los beneficios de jubilación?
4. ¿Cree Ud. que sería mejor bajar la edad de retiro forzoso o dejarla como es, o aumentarla a 70 años?
5. ¿Cree Ud. que el sistema de Seguro Social va a quedarse en bancarrota° antes de que Ud. llegue a la edad de jubilarse?   bankruptcy
6. ¿Debe ser obligatorio el Seguro Social para todos los trabajadores?
7. Hoy en día, ¿cuánto dinero por mes necesita una persona jubilada para vivir cómodamente?
8. ¿Qué ventajas y qué desventajas tienen las residencias que son solamente para personas jubiladas?

SITUACION

You are a Social Security employee who has been asked to address a group of middle-aged business people. They have many questions about retirement. One person keeps asking you the same question over and over.

(The class can role-play the business people.)

LECCIÓN 20

Los fallecimientos

Death

Trabajadora social	*Señora*	
¿En qué puedo servirle?	La llamo para decirle que mi papá ha fallecido.	May I help you?/I'm calling to tell you that my father has passed away.
Mi sentido pésame.	Gracias.	My deepest sympathy.
¿Cuándo falleció?	Hace una semana.	When did he pass away?/A week ago.
Lo siento tanto.	Gracias. ¿Qué necesito hacer en cuanto al Seguro Social?	I'm so sorry./
Ud. necesita comunicarse con la oficina de Seguro Social.	¿Necesito prueba del fallecimiento?	. . . contact/ . . . death certificate?
Sí, para que su madre reciba los beneficios de sobreviviente.	¿Y el cheque de este mes?	
Hay que devolverlo a la oficina de Seguro Social.	Pero nosotros no lo tenemos. Fue depositado directamente al banco.	
Entonces deben notificar al banco y el banco lo devolverá.	Gracias, señora.	
Avíseme si puedo ayudarles en algo más.	Gracias, es Ud. muy amable.	Let me know if there's anything else I can do./

PRACTICA

A. *Dé sinónimos para las siguientes palabras.*

1. la muerte
2. certificado de muerte
3. institución financiera
4. simpático
5. Quiero expresar mi condolencia/mis sentimientos.
6. ¿Cómo puedo ayudarlo?

B. *Choose five of the synonyms you have given and write sentences with the words. Then reread the sentences substituting the synonyms.*

SITUACION

You are trying to help a man who has lost his wife. Paralyzed by grief, he doesn't know what to do, and he has no other family. You explain to him what arrangements need to be made.

LEARNING HINTS FOR VERBS

1. All verbs in their infinitive forms end in either *-ar, -er,* or *-ir: mirar, beber, vivir.* The *-er, -ir* verbs have the same verb forms except in the first and the second persons of the plural in the present tense:

   bebemos   vivimos
   bebéis   vivís

2. There are only three verbs that are irregular in the imperfect: *ser, ir, ver.*

   ser: era, eras, era, éramos, eran
   ir: iba, ibas, iba, íbamos, iban
   ver: veía, veías, veía, veíamos, veían

3. **Ser** and **ir** have the same forms in the preterite tense.

   fui, fuiste, fue, fuimos, fuísteis, fueron   (I was, etc./I went, etc.)

4. There is a group of common verbs that have irregular past participles:

abrir	abierto	morir	muerto
cubrir	cubierto	poner	puesto
decir	dicho	romper	roto
escribir	escrito	ver	visto
hacer	hecho	volver	vuelto

5. Compound forms of a verb (for example, **poner, componer; volver, devolver**) have the same irregularities as the simple verb.

1st Per. Ind.	Pret.	Past Participle
compongo	compuse	compuesto
devuelvo		devuelto

6. Perfect tenses are formed with a form of **haber** and the past participle:

Present Perfect	Pluperfect	Future Perfect
he mirado	había mirado	habré mirado

7. Progressive tenses are formed with a form of **estar** and the present participle:

Present Progressive	Past Progressive
estoy comiendo	estaba comiendo

8. The same change that an irregular verb has in the third person of the preterite tense is carried into the present participle:

   pedir: pedí, pediste, pidió, pedimos, pidieron
                            pidiendo

9. The present subjunctive stem is taken from the stem of the first person of the present indicative:

Infinitive	Present Indicative	Present Subjunctive
tener	tengo	tenga
conocer	conozco	conozca

   There are many irregular verbs or verbs with spelling changes in the first person of the present tense.

10. The imperfect subjunctive is formed from the stem of the third person of the preterite. Note that many verbs are irregular in the preterite of the indicative.

    Preterite: dormí, dormiste, durmió, dorminos, durmieron
    Past Subjunctive: durmiera, durmieras, durmiera, durmiéramos, durmieran

11. Commands are formed from the stem of the first person of the present indicative, except the familiar affirmative command. Note that many verbs are irregular or have spelling changes in the first person of the present indicative.

    pedir: yo pido:
                    pida, pidas, pida, pidamos, pidan
    conocer: yo conozco:
                    conozca, conozca, conozca, conozcamos, conozcan

536

COMMON QUESTION STRATEGIES

I. PRESENT TENSE—INDICATIVE

Question	**-ar**	Answer	Question	**-er, -ir**	Answer
-as	(tú—yo)	-o	-es	(tú—yo)	-o
-a	(Ud.—yo)	-o	-e	(Ud.—yo)	-o
-a	(él, ella—él, ella)	-a	-e	(él, ella—él, ella)	-e
-amos	(nosotros—nosotros)	-amos	-emos	(nosotros—nosotros)	-emos
-an	(Uds.—nosotros)	-amos	-imos		-imos
-an	(ellos, -as—ellos, -as)	-an	-en	(Uds.—nosotros)	-emos
					-imos
			-en	(ellos, -as—ellos, -as)	-en

Irregular
(In first person or according to consistent pattern)

Question		Answer
hace	(Ud.—yo)	hago
pone		pongo
sale		salgo
trae		traigo
conoce		conozco
da		doy
está		estoy
va		voy

Other Irregular
(Unless otherwise indicated, the **tú** form has the same irregularity as the **Ud.** form)

Question		Answer
dice	(Ud.—yo)	digo
dicen	(Uds.—nosotros)	decimos
tiene		tengo
tienen		tenemos
viene		vengo
vienen		venimos
oye		oigo
oyen		oímos
es		soy
eres (tú)		soy
son		somos

Stem-Changing
(**Tú** form has the same stem change as **Ud.** form)

Question		Answer
	o > ue	
muestra	(Ud.—yo)	muestro
muestran	(Uds.—nosotros)	mostramos
	e > ie	
enciende		enciendo
encienden		encendemos
	e > i	
pide		pido
piden		pedimos

II. PRETERITE TENSE—INDICATIVE

Question	**-ar**	Answer	Question	**-er, -ir**	Answer	Irregular Question	Answer
-aste	(tú—yo)	-é	-iste	(tú—yo)	-í	fue	fui
-ó	(Ud.—yo)	-é	-ió	(Ud.—yo)	-í	fueron	fuimos
-ó	(él, ella—él, ella)	-ó	-ió	(él, ella—él, ella)	-ió	dio	di
-amos	(nosotros—nosotros)	-amos	-imos	(nosotros—nosotros)	-imos	dieron	dimos
-aron	(Uds.—nosotros)	-amos	-ieron	(Uds.—nosotros)	-imos		
-aron	(ellos, -as—ellos, -as)	-aron	-ieron	(ellos, -as—ellos, -as)	-ieron		

Patterned Irregular

Question	**-ar, -er, -ir**	Answer
-iste	(tú—yo)	-e
-o	(Ud.—yo)	-e
-o	(él, ella—él, ella)	-o
-imos	(nosotros—nosotros)	-imos
-(i)eron	(Uds.—nosotros)	-imos
-(i)eron	(ellos, -as—ellos, as)	-(i)eron

Examples of Patterned Irregular

Question	Answer
dijo	dije
estuvo	estuve
tuvo	tuve
anduvo	anduve
hizo	hice
vino	vine
puso	puse
supo	supe
pudo	pude
quiso	quise

Stem-Changing Verbs
(Only **-ir** verbs in 3rd person) (**tú** does not change)

	o > u	
durmió	dormí	
durmieron	dormimos	
	e > i	
pidió	pedí	
pidieron	pedimos	

Forms and Examples of Spanish Verb Tenses

* Most frequently used tenses for conversation
** Most essential tenses for minimum communication
(By using only these tenses you can communicate, although not always correctly.)
The **vosotros** form is not included because of its limited use in Latin America.

MOOD	TENSE (time) SIMPLE TENSES	FORMATION		EXAMPLE	TYPICAL TRANSLATION
Indicative	*Present* * **	**-ar** infinitive minus **-ar** plus:	**-er, -ir** infinitive minus **-er, -ir** plus:	Carlos *mira* su libro.	Carlos looks at his book.
Statements, declara- tions, ques- tions	more or less now	mir O	com O viv O	*mira*	he looks at
		mir AS	com ES viv ES		he does look at
		mir A	com E viv E		he is looking at
					does he look at
		mir AMOS	com EMOS viv IMOS		is he looking at
		mir AN	com EN viv EN		
	Preterite * **	**-ar** infinitive minus **-ar** plus:	**-er, -ir** infinitive minus **-er, ir** plus:	Carlos *miró* el programa anoche.	Carlos watched the program last night.
	Past tense used for action, events that can be pinpointed at a definite past time.	mir É	com Í viv Í	*miró*	he watched
		mir ASTE	com ISTE viv ISTE		he did watch
		mir Ó	com IÓ viv IÓ		did he watch
		mir AMOS	com IMOS viv IMOS		
		mir ARON	com IERON viv IERON		
	Imperfect *	**-ar** infinitive minus **-ar** plus:	**-er, -ir** infinitive minus **-er, ir** plus:	Carlos *miraba* la televisión todas las noches.	Carlos used to watch television every night.
	Past tense used for description, action extended over a period of time.	mir ABA	com ÍA	*miraba*	he watched
		mir ABAS	com ÍAS		he used to watch
		mir ABA	com ÍA		he was watching
		mir ÁBAMOS	com ÍAMOS		he would watch
		mir ABAN	com ÍAN		did he (used to) watch
	Future	**-ar, -er, -ir** infinitive plus endings from **haber** in present tense		Carlos *mirará* el programa.	Carlos will watch the program.
	Formal future tense. Substitutions: **ir a** + inf.; present tense for near future.	mirar É mirar ÁS mirar Á mirar EMOS mirar ÁN		*mirará*	he will watch he'll watch he won't watch (neg.)

538

Tense	Formation	Example (Spanish)	Example (English)
Conditional For implying or stating a condition to be met.	infinitive plus endings from *-er, -ir* imperfect mirar ÍA mirar ÍAS mirar ÍA mirar ÍAMOS mirar ÍAN	Carlos *miraría* el programa (si tuviera tiempo). *miraría*	Carlos would watch the program (if he had time). he would watch he'd watch he wouldn't watch (neg.)

COMPOUND TENSES

Tense	Formation	Example (Spanish)	Example (English)
Present Progressive • Shows action in progress right now.	Present tense of *estar* plus *-ando* *-iendo* form **-ar** **-er, -ir** estoy mir ANDO estoy com IENDO estás mir ANDO estás com IENDO está mir ANDO está com IENDO estamos mir ANDO estamos com IENDO están mir ANDO están com IENDO	Carlos *está comiendo* ahora. *está comiendo*	Carlos is eating (right) now. he is eating he's eating
Past Progressive • Shows action going on in the past.	Imperfect tense of *estar* plus *-ando* *-iendo* forms **-ar** **-er, -ir** estaba mir ANDO estaba com IENDO estabas mir ANDO estabas com IENDO estaba mir ANDO estaba com IENDO estábamos mir ANDO estábamos com IENDO estaban mir ANDO estaban com IENDO	Carlos *estaba mirando* el programa (cuando lo llamé). *estaba mirando*	Carlos was watching the program (when I called him). he was watching was he watching wasn't he watching (neg.) he wasn't watching (neg.)
Present Perfect • *have, has* plus 3rd principal part of verb	Imperfect tense of *haber* plus *-ado* *-ido* forms **-ar** **-er, -ir** infinitive minus *-ar* plus infinitive minus *-er, -ir* plus *-ado* *-ido* (Irregular *-ito, -to, -cho*) he mir ADO he com IDO has mir ADO has com IDO ha mir ADO ha com IDO hemos mir ADO hemos com IDO han mir ADO han com IDO	Carlos no *ha comido* hoy. *ha comido*	Carlos hasn't eaten today. he has eaten he's eaten he hasn't eaten (neg.)

MOOD	COMPOUND TENSES	FORMATION	EXAMPLE	TYPICAL TRANSLATION
Indicative (cont.)	Pluperfect (past perfect) had plus 3rd principal part of verb	Imperfect tense of **haber** plus **-ado -ido** forms **-ar** **-er, -ir** había mir ADO había com IDO habías mir ADO habías com IDO había mir ADO había com IDO habíamos mir ADO habíamos com IDO habían mir ADO habían com IDO	Carlos *había comido* tarde. *había comido*	Carlos had eaten late. he had eaten he'd eaten he hadn't eaten (neg.)
	Preterite perfect (rarely used) Used only with a few time expressions.	Preterite tense of **haber** plus **-ado -ido** forms hubo mir ADO hubo com IDO	hubo mirado	he had watched
	Future Perfect	Future tense of **haber** plus **-ado -ido** form	Carlos *habrá comido.* *habrá comido*	Carlos will have eaten. he'll have eaten
	Conditional Perfect	Conditional tense of **haber** plus **-ado -ido** form	Carlos *habría comido.* *habría comido*	Carlos would have eaten. he'd have eaten

Subjunctive
Shows imposition of will, emotion, doubt, dependency of one event on another. Substitute indicative and preterite if necessary.
	Present •	**-ar**
		regular 3rd person indicative minus **-a** plus **-e**
		mir A mir E
		     mir ES
		     mir E
		     mir EMOS
		     mir EN
		
		-er, -ir
		regular 3rd person indicative minus **-e** plus **-a**
		com E com A
		     com AS
		     com A
		     com AMOS
		     com AN
		
		Irregular: *first* person singular indicative, minus **-o** plus vowel from other conjugation:
		-ar verbs use **e** endings;
		-er, -ir verbs use **a** endings.
			Quiero que Carlos *coma.*
			    coma
				I want Carlos to eat.
				eat
				to eat
				he may eat
				(English translation seldom shows subjunctive)

Subjunctive (cont.)

Past (Imperfect)

Technically called imperfect, though you learn to form it from the preterite indicative.

Formation and Example: Third person plural preterite tense minus -ron plus

-ar	-er, -ir
mir ARA	com IERA
mir ARAS	com IERAS
mir ARA	com IERA
mir ÁRAMOS	com IÉRAMOS
mir ARAN	com IERAN

Equivalent but less common is the same formation using -se endings:

mir ASE	com IESE
mir ASES	com IESES
mir ASE	com IESE etc.

Example: Yo quería que Carlos comiera. / comiera

Translation: I wanted Carlos to eat. ate, to eat, might eat (English translation seldom shows subjunctive.)

Present Perfect

Formation and Example: Present subjunctive of **haber** plus -**ado** -**ido**

haya mir ADO   haya com IDO

Example: Espero que Carlos haya comido. / haya comido

Translation: I hope Carlos has eaten. he has eaten (English translation seldom shows subjunctive.)

Pluperfect (Past Perfect)

Formation and Example: Pluperfect subjunctive of **haber** plus -**ado** -**ido**

hubiera mir ADO   hubiera com IDO

Example: Esperaba que Carlos hubiera comido. / hubiera comido

Translation: I hoped Carlos had eaten. he had eaten (English translation seldom shows subjunctive.)

Imperative

All commands are given in present time. (Most commands are same as subjunctive.)

PERSON	FORMATION AND EXAMPLE	DIRECTED TO	TRANSLATION
	Use the corresponding person of the present subjunctive:		
• Ud.	mire (Ud.) coma (Ud.) / no mire (Ud.) no coma (Ud.)	you (formal)	Look! Eat! / Don't look! Don't eat!
• tú (neg.)	no mires (tú) no comas (tú)	you (first name basis)	Don't look! Don't eat!
• Uds.	miren (Uds.) coman (Uds.) / no miren (Uds.) no coman (Uds.)	you all (pl.)	Look! Eat! / Don't look! Don't eat!
• nosotros nosotras	miremos comamos / no miremos no comamos	us	Let's look! Let's eat! / Let's not look! Let's not eat!
any person usually 1st or 3rd (Softened imperative or Indirect command)	**que** plus subjunctive / Que mire yo. / Que mire Carlos.		Let me look. / Let Carlos look.

MOOD	PERSON	FORMATION AND EXAMPLE	DIRECTED TO	TRANSLATION
Non-subjunctive imperatives (Negatives of these are subjunctive.)	• tú	Same as third person singular INDICATIVE if regular. mira (tú) come (tú)	you (familiar)	Look! Eat!
		This command is the form that usually goes with **Ud.** ***mira, él mira, ella mira.*** But when directed in the familiar ***tú*** and with a commanding tone of voice, it is the familiar imperative.		
	nosotros nosotras	***vamos a*** plus infinitive Vamos a mirar. Vamos a comer.	us	Let's look! Let's eat!

IRREGULAR VERBS*

andar
Preterite	anduve, anduviste, anduvo, anduvimos, anduvieron
Past Subj.	anduviera, anduvieras, anduviera, anduviéramos, anduvieran

caer
Pres. Ind.	caigo, caes, cae, caemos, caen
Pres. Subj.	caiga, caigas, caiga, caigamos, caigan
Preterite	caí, caíste, cayó, caímos, cayeron
Past Subj.	cayera, cayeras, cayera, cayéramos, cayeran
Pres. Part.	cayendo
Command	cae tú, caiga usted

conducir
Pres. Ind.	conduzco, conduces, conduce, conducimos, conducen
Pres. Subj.	conduzca, conduzcas, conduzca, conduzcamos, conduzcan
Preterite	conduje, condujiste, condujo, condujimos, condujeron
Past Subj.	condujera, condujeras, condujera, condujéramos, condujeran
Command	conduce tú, conduzca usted

dar
Pres. Ind.	doy, das, da, damos, dan
Pres. Subj.	dé, des, dé, demos, den
Preterite	di, diste, dio, dimos, dieron
Past Subj.	diera, dieras, diera, diéramos, dieran
Command	da tú, dé usted

decir
Pres. Ind.	digo, dices, dice, decimos, dicen
Pres. Subj.	diga, digas, diga, digamos, digan
Preterite	dije, dijiste, dijo, dijimos, dijeron
Past Subj.	dijera, dijeras, dijera, dijéramos, dijeran
Future	diré, dirás, dirá, diremos, dirán
Conditional	diría, dirías, diría, diríamos, dirían
Command	di tú, diga usted
Pres. Part.	diciendo
Past Part.	dicho
Command	di tú, diga usted

estar
Pres. Ind.	estoy, estás, está, estamos, están
Pres. Subj.	esté, estés, esté, estemos, estén
Preterite	estuve, estuviste, estuvo, estuvimos, estuvieron
Past Subj.	estuviera, estuvieras, estuviera, estuviéramos, estuvieran

haber
Pres. Ind.	he, has, ha, hemos, han
Pres. Subj.	haya, hayas, haya, hayamos, hayan
Preterite	hube, hubiste, hubo, hubimos, hubieron
Past Subj.	hubiera, hubieras, hubiera, hubiéramos, hubieran
Future	habré, habrás, habrá, habremos, habrán
Conditional	habría, habrías, habría, habríamos, habrían

hacer
Pres. Ind.	hago, haces, hace, hacemos, hacen
Pres. Subj.	haga, hagas, haga, hagamos, hagan
Preterite	hice, hiciste, hizo, hicimos, hicieron
Past Subj.	hiciera, hicieras, hiciera, hiciéramos, hicieran
Future	haré, harás, hará, haremos, harán
Conditional	haría, harías, haría, haríamos, harían
Past Part.	hecho
Command	haz tú, haga usted

*Only irregular tenses are listed here.

ir

Pres. Ind.	voy, vas, va, vamos, van
Pres. Subj.	vaya, vayas, vaya, vayamos, vayan
Imperfect	iba, ibas, iba, íbamos, iban
Preterite	fui, fuiste, fue, fuimos, fueron
Past Subj.	fuera, fueras, fuera, fuéramos, fueran
Pres. Part.	yendo
Past Part.	ido
Command	ve tú, vaya usted

oír

Pres. Ind.	oigo, oyes, oye, oímos, oyen
Pres. Subj.	oiga, oigas, oiga, oigamos, oigan
Preterite	oí, oíste, oyó, oímos, oyeron
Past Subj.	oyera, oyeras, oyera, oyéramos, oyeran
Pres. Part.	oyendo
Past Part.	oído
Command	oye tú, oiga usted

poder

Pres. Ind.	puedo, puedes, puede, podemos, pueden
Pres. Subj.	pueda, puedas, pueda, podamos, puedan
Preterite	pude, pudiste, pudo, pudimos, pudieron
Past Subj.	pudiera, pudieras, pudiera, pudiéramos, pudieran
Future	podré, podrás, podrá, podremos, podrán
Conditional	podría, podrías, podría, podríamos, podrían
Pres. Part.	pudiendo

poner

Pres. Ind.	pongo, pones, pone, ponemos, ponen
Pres. Subj.	ponga, pongas, ponga, pongamos, pongan
Preterite	puse, pusiste, puso, pusimos, pusieron
Past Subj.	pusiera, pusieras, pusiera, pusiéramos, pusieran
Future	pondré, pondrás, pondrá, pondremos, pondrán
Conditional	pondría, pondrías, pondría, pondríamos, pondrían
Past Part.	puesto
Command	pon tú, ponga usted

querer

Pres. Ind.	quiero, quieres, quiere, queremos, quieren
Pres. Subj.	quiera, quieras, quiera, queramos, quieran
Preterite	quise, quisiste, quiso, quisimos, quisieron
Past Subj.	quisiera, quisieras, quisiera, quisiéramos, quisieran
Future	querré, querrás, querrá, querremos, querrán
Conditional	querría, querrías, querría, querríamos, querrían

saber

Pres. Ind.	sé, sabes, sabe, sabemos, saben
Pres. Subj.	sepa, sepas, sepa, sepamos, sepan
Preterite	supe, supiste, supo, supimos, supieron
Past Subj.	supiera, supieras, supiera, supiéramos, supieran
Future	sabré, sabrás, sabrá, sabremos, sabrán
Conditional	sabría, sabrías, sabría, sabríamos, sabrían

salir

Pres. Ind.	salgo, sales, sale, salimos, salen
Pres. Subj.	salga, salgas, salga, salgamos, salgan
Future	saldré, saldrás, saldrá, saldremos, saldrán
Conditional	saldría, saldrías, saldría, saldríamos, saldrían
Command	sal tú, salga usted.

ser

Pres. Ind.	soy, eres, es, somos, son
Pres. Subj.	sea, seas, sea, seamos, sean

Preterite	fui, fuiste, fue, fuimos, fueron
Past Subj.	fuera, fueras, fuera, fuéramos, fueran
Imperfect	era, eras, era, éramos, eran
Command	sé tú, sea usted

tener

Pres. Ind.	tengo, tienes, tiene, tenemos, tienen
Pres. Subj.	tenga, tengas, tenga, tengamos, tengan
Preterite	tuve, tuviste, tuvo, tuvimos, tuvieron
Past Subj.	tuviera, tuvieras, tuviera, tuviéramos, tuvieran
Future	tendré, tendrás, tendrá, tendremos, tendrán
Conditional	tendría, tendrías, tendría, tendríamos, tendrían
Command	ten tú, tenga usted

traer

Pres. Ind.	traigo, traes, trae, traemos, traen
Pres. Subj.	traiga, traigas, traiga, traigamos, traigan
Preterite	traje, trajiste, trajo, trajimos, trajeron
Past Subj.	trajera, trajeras, trajera, trajéramos, trajeran
Pres. Part.	trayendo
Past Part.	traído

valer

Pres. Ind.	valgo, vales, vale, valemos, valen
Pres. Subj.	valga, valgas, valga, valgamos, valgan
Future	valdré, valdrás, valdrá, valdremos, valdrán
Conditional	valdría, valdrías, valdría, valdríamos, valdrían
Command	val tú, valga usted

venir

Pres. Ind.	vengo, vienes, viene, venimos, vienen
Pres. Subj.	venga, vengas, venga, vengamos, vengan
Preterite	vine, viniste, vino, vinimos, vinieron
Past Subj.	viniera, vinieras, viniera, viniéramos, vinieran
Future	vendré, vendrás, vendrá, vendremos, vendrán
Conditional	vendría, vendrías, vendría, vendríamos, vendrían
Pres. Part.	viniendo
Command	ven tú, venga usted

ver

Pres. Ind.	veo, ves, ve, vemos, ven
Pres. Subj.	vea, veas, vea, veamos, vean
Imperfect	veía, veías, veía, veíamos, veían
Preterite	vi, viste, vio, vimos, vieron
Past Subj.	viera, vieras, viera, viéramos, vieran
Past Part.	visto

STEM-CHANGING VERBS

Group I. Verbs that change the **e** of the stem to **ie**.

cerrar

Pres. Ind.	cierro, cierras, cierra, cerramos, cierran
Pres. Subj.	cierre, cierres, cierre, cerremos, cierren
Command	cierra tú, cierre usted

Other verbs in this group are **ascender, defender, despertarse, encender, entender, empezar, pensar, perder, recomendar, sentarse.**

Group II. Verbs that change the **o** of the stem to **ue**.

contar

Pres. Ind.	cuento, cuentas, cuenta, contamos, cuentan
Pres. Subj.	cuente, cuentes, cuente, contemos, cuenten
Command	cuenta tú, cuente usted

Other verbs in this group are **acordarse, acostarse, almorzar, apostar, costar, demostrar, devolver, doler, encontrar, morder, mover, recordar, sonar, torcer, volver.**

The verb **jugar** is the only verb in the Spanish language that changes the **u** of the stem to **ue**. It also has an orthographic change (see below).

Pres. Ind.	juego, juegas, juega, jugamos, juegan
Pres. Subj.	juegue, juegues, juegue, juguemos, jueguen
Command	juega tú, juegue usted

Group III. The verbs in this group have two changes in the stem, from **e** to **ie** and from **e** to **i** in some tenses. (-**ir** verbs only)

sentir

Pres. Ind.	siento, sientes, siente, sentimos, sienten
Pres. Subj.	sienta, sientas, sienta, sintamos, sientan
Preterite	sentí, sentiste, sintió, sentimos, sintieron
Past Subj.	sintiera, sintieras, sintiera, sintiéramos, sintieran
Pres. Part.	sintiendo
Command	siente tú, siente Ud.

Other verbs in this group are **mentir** and **preferir.**

Group IV. The verbs in this group change the **o** of the stem to **ue**. (-**ir** verbs only)

dormir

Pres. Ind.	duermo, duermes, duerme, dormimos, duermen
Pres. Subj.	duerma, duermas, duerma, durmamos, duerman
Preterite	dormí, dormiste, durmió, dormimos, durmieron
Pres. Subj.	durmiera, durmieras, durmiera, durmiéramos, durmieran
Pres. Part.	durmiendo
Command	duerme tú, duerma usted.

Another verb in this group is **morir.**

Group V. Verbs that change the **e** of the stem to **i**. (-**ir** verbs only)

pedir

Pres. Ind.	pido, pides, pide, pedimos, piden
Pres. Subj.	pida, pidas, pida, pidamos, pidan
Preterite	pedí, pediste, pidió, pedimos, pidieron
Past. Subj.	pidiera, pidieras, pidiera, pidiéramos, pidieran
Pres. Part.	pidiendo
Command	pide tú, pida Ud.

Other verbs in this group are **freír, reír, vestirse, seguir, servir.**

VERBS WITH SPELLING CHANGES

Group I. Verbs that end in *-car* or *-gar*

buscar
Preterite   busqué, buscaste, buscó, buscamos, buscaron
Pres. Subj. busque, busques, busque, busquemos, busquen

pagar
Preterite   pagué, pagaste, pagó, pagamos, pagaron
Pres. Subj. pague, pagues, pague, paguemos, paguen

Other verbs in this group are **acercarse, apagar, chocar, equivocarse, explicar, indicar, juzgar, llegar, marcar, pegar, pescar, picar, sacar, tocar.**

Group II. Verbs that end in *-ger* or *-gir*

recoger
Pres. Ind.   recojo, recoges, recoge, recogemos, recogen
Pres. Subj. recoja, recojas, recoja, recojamos, recojan

dirigir
Pres. Ind.   dirijo, diriges, dirige, dirigimos, dirigen
Pres. Subj. dirija, dirijas, dirija, dirijamos, dirijan

Other verbs in this group are **proteger, coger,** and **fingir.**

Group III. Verbs that end in *-zar*

gozar
Preterite   gocé, gozaste, gozó, gozamos, gozaron
Pres. Subj. goce, goces, goce, gocemos, gocen

Other verbs in this group are **autorizar, avanzar, cazar, comenzar, empezar, organizar, tranquilizarse.**

Group IV. Verbs that end in *-cer* or *-cir*

conocer
Pres. Ind.   conozco, conoces, conoce, conocemos, conocen
Pres. Subj. conozca, conozcas, conozca, conozcamos, conozcan

Other verbs in this group are **carecer, conducir, nacer, padecer, parecer, pertenecer, vencer.**

Group V. These verbs have a vowel in the stem after the infinitive ending is dropped.

creer
Preterite   creí, creíste, creyó, creímos, creyeron
Past Subj.   creyera, creyeras, creyera, creyéramos, creyeran
Pres. Part. creyendo

Other verbs in this group are **huir, incluir, influir, leer, oír, concluir.**

About the Vocabularies

In the Spanish–English vocabulary, the lesson number after the word indicates its first introduction in the text. For words that are introduced in the special interests appendix only, the following abbreviations follow the lesson number reference:

e	Enseñana	Teaching
j	Justicia	Law Enforcement
m	Medicina	Medicine
n	Negocios	Business
s	Trabajo social	Social Work
v	Viajes	Travel

In accordance with the Spanish system of alphabetizing, Spanish words are alphabetized as follows: **c** before **ch, l** before **ll, n** before **ñ, r** before **rr.**

In the Spanish–English vocabulary, parts of speech are not given, as the form of the word should indicate the part of speech. Gender of nouns is given for words that do not end in **-o** or **-a.** Adjectives that end in **-o** are listed with the alternative **-a.** The words in the ***Estudio de Palabras*** section of each lesson are listed only in the Spanish–English vocabulary.

In the English–Spanish vocabulary, parts of speech are not indicated unless they are needed to differentiate two words that appear the same in English.

Examples: work   trabajar *(v.);* trabajo *(n.)*

Cognates usually are given only in the English–Spanish vocabulary, but cognates that are not readily recognizable are given in the Spanish–English vocabulary as well.

The following abbreviations are used in the vocabularies:

m.	masculine	*adj.*	adjective
f.	feminine	*adv.*	adverb
n.	noun	*prep.*	preposition
pro.	pronoun	*conj.*	conjunction
v.	verb		

Spanish-English Vocabulary

A

a to (1)
  a menos que unless (17)
  a través de through (18m)
abajo downstairs (5)
abierto/a opened (14)
abogado/a lawyer (3)
aborigen (m. or f.) native; aborigine (20)
aborto accidental miscarriage (15m)
abrazo hug (8)
abril April (4)
abrelatas (m. sing.) can opener (10)
abrigarse to cover oneself up (with clothing) (15m)
abrigo coat (8)
abrir to open (2)
abrochar to fasten (6)
  abrocharse to fasten up (17)
abuela grandmother (1)
abuelo grandfather (1)
aburrir to bore (9)
  aburrido/a boring (3)
abusar to abuse (7s)
acabar de (+ inf.) to have just (+ past. part.) (5)
acampar to camp (12)
acaudalado/a financially well off (18)
accesorio/a (adj.) accessory (11v)
acción (f.) stock (17)
aceite (m.) oil (cooking; car) (13)
aceptar to accept (5)
acera sidewalk (17j)
acerca de about (19)
acercarse a to approach (18)
acero steel (12)
aclarar to clarify (19)
acogedor/a warm (atmosphere) (10)
acompañar to go with, to accompany (13)
aconsejar to counsel (15)
acontecimiento happening, event (16)
acta minutes (19e)
actitud (f.) attitude (14j)
activo/a active (3)
acuaplano surfboarding (15)
acuerdo agreement
  de acuerdo agreed, in agreement, OK (8)
acusado/a accused (1j)
adaptar to adjust (16)
  adaptarse to cope (7s)
adelante come in; forward (19, 5)

adelgazar to lose weight (9)
ademán (m.) gesture (13)
además besides (6)
adentro inside (5)
adiós good-bye (1)
adivinar to guess (12)
administración de negocios management; business management (17n)
administrador/a administrator (17n)
administrar to manage; to negotiate (4n)
adquirir(se) (ie, i) to acquire (17)
aduana customs (15)
aéreo/a pertaining to the air (16)
afectar to affect (19)
aficionado/a fond of; fan of (15)
afilar to sharpen (9j)
afuera outside (5)
agarrar to catch (15)
agencia agency (5n)
  agencia de colocaciones employment agency (5n)
  agencia de empleados employment agency (5n)
agente (m. or f.) agent (3)
  agente de ventas salesperson; sales agent (3)
  agente de carga shipping agent (13n)
agobiado/a oppressed (18)
agotado/a out of stock (9n)
agosto August (4)
agradecer (zc) to thank (17e)
agua water (1)
aguafiestas (m. or f.) "wet blanket," "party pooper" (15)
aguantar to put up with; to "stand"; to endure (8)
agudo/a sharp (15m)
ahogar(se) to drown (14)
ahora now (4)
ahorrar to save (14)
aire (m.) air (6)
  aire acondicionado air conditioning (6)
aislado/a isolated (14)
aislarse to withdraw (7s)
ajedrez (m.) chess (15)
ajustar to adjust (6)
al (+ inf.) upon (+ ing); when (+ unit of time); per (+ unit of time) (12, 13)
alarma alarm (11j)
  alarma contra ladrones burglar alarm (11j)

alcalde/alcaldesa mayor (3)
alcanzar to achieve; to reach (12)
alcohólico/a alcoholic (13j)
alegrarse (de) to be happy (13)
alegre happy (3)
alentado/a encouraged (13)
alfiler (m.) pin (8)
  alfiler de corbata tie pin (8)
alfombra carpet (10)
algo something (4)
algodón (m.) cotton (14)
alguacil (m.) sherriff (19)
alguien someone (4)
algún/alguno/a some (4)
alimento food (13)
aliviar to alleviate (17)
almacén (m.) warehouse (5n)
almohada pillow (10)
almorzar (ue) (c) to have lunch (7)
almuerzo lunch (9)
¡Aló! Hello (on the telephone) (12)
alquilar to rent (10)
alquiler (m.) rental (17v)
alrededor de around (16)
altavoz (f.) loudspeaker (20)
alto/a tall (3)
  ¿alto! halt (16j)
  en voz alta aloud (19)
  alta tecnología high technology (20)
altura height (7j)
alumno/a pupil (1e)
allá there (5)
allí there (5)
ama owner (3)
  ama de casa housewife (3)
  ama de llaves housekeeper (15v)
amanecer (m.) (cz) dawn (12)
amarillo/a yellow (6)
amasar to knead (9)
ambicioso/a ambitious (3)
ambulante walking (10)
amenaza threat (13)
amenazar (c) to threaten
amígdala tonsil (11m)
amigo/a friend (1)
amistad (f.) friendship (8)
amor (m.) love (8)
ampolla blister (18m)
ampliar to broaden (19)
amplificador (m.) amplifier (20)
amueblado/a furnished (10)
anaranjado/a orange (6)
anciano/a elderly, old (9s)
ancho/a wide (12)

andar to go *(5)*
   andar con to run around with *(14e)*
   andar bien to get along well *(15)*
anillo ring *(8)*
   anillo de compromiso engagement
   ring *(9)*
ánima soul *(11)*
animar(se) to cheer up *(20)*
ánimo encouragement *(19)*
aniversario anniversary *(11)*
   aniversario de boda wedding
   anniversary *(11)*
anochecer (cz) to grow dark; to
   become night *(17)*
ansioso/a anxious *(11)*
anteayer day before yesterday *(4)*
antena antenna *(13j)*
anteojos glasses *(1)*
   anteojos de sol sun glasses *(8)*
antes de *(prep.)* before *(5)*
   antes de que *(conj.)* before *(17)*
antiguo/a old *(16v)*
antipático nasty *(3)*
anual annual *(13)*
anunciar to announce *(12)*
anuncio advertisement *(13)*
año year *(4)*
   Año Nuevo New Year *(11)*
apagar to turn off *(6)*
   apagado/a out; burned out *(19j)*
aparador *(m.)* buffet *(10)*
aparato appliance *(10)*
aparte aside *(3)*
apelar to appeal *(20j)*
apenas barely; hardly *(16)*
aperitivo appetizer *(20)*
apio celery *(10)*
apodo nickname *(16)*
aporte *(m.)* support; contribution *(20)*
apoyar to support *(17)*
aprender to learn *(6)*
apretar (ie) to pinch; to feel tight *(9v)*
aprobado approved *(19e)*
apuntador/a scorekeeper *(15)*
apuntar to aim *(12)*
apurar(se) to hurry *(14)*
aquí here *(2)*
   aquí mismo right here *(5)*
arañar(se) to scratch *(14)*
árbitro umpire *(15)*
árbol *(m.)* tree *(6)*
archivar to file *(6)*
ardor *(m.)* burning *(4m)*
arete *(m.)* earring *(6)*
arma firearm *(9j)*
armario closet; wardrobe *(10)*
arpa harp *(20)*
articulación *(f.)* joint *(6m)*
artículo article *(12)*
   artículos de valor valuables *(11j)*
arrancar to start *(14)*

arreglar to fix *(6)*
   arreglarse to get ready *(13)*
arrepentirse to regret *(15)*
arrestar to arrest *(6j)*
arriba up; upstairs *(5)*
   arriba de on top of *(5)*
arroz *(m.)* rice *(9)*
ascender (ie) to go up; to promote *(10)*
ascensor *(m.)* elevator *(5)*
asegurar to insure, to assure *(11n)*
asesinar to assassinate, to murder
   (20m)
así thus; so *(11)*
   así, así so-so *(1)*
asignatura subject (school) *(12e)*
asiento seat *(9)*
asilo home, haven *(14s)*
   asilo para ancianos nursing home
   (14s)
asimilar to assimilate *(12)*
asistencia social welfare *(10s)*
asistente/a de vuelo flight attendant
   (7v)
asistir (a) to attend *(12)*
asomar(se) (a) to look out; to look into
   (14)
aspiradora vacuum cleaner *(10)*
astilla splinter *(18m)*
asunto matter *(7)*
asustar(se) to frighten; to be frightened
   (13)
atacar to attack *(14)*
ataque *(m.)* attack *(14)*
ataúd *(m.)* casket *(16)*
atender (ie) to attend to; to take care
   of *(14)*
ático attic *(10)*
atleta *(m. or f.)* athlete *(13)*
atletismo track; athletics *(15)*
atormentar(se) to torment (oneself)
   (12)
aumentar to increase *(17n)*
aumento increase *(17n)*
   aumento de sueldo raise in salary
   (14)
aunque although *(17)*
ausencia *absence* *(17e)*
ausente *absent* *(17e)*
auspiciado/a sponsored *(14n)*
auto car *(1)*
autodisciplina self-discipline *(13)*
automóvil *(m.)* automobile, car *(5n)*
autopista expressway; freeway *(5)*
autoritario/a authoritarian *(19)*
avance *(m.)* advance *(20)*
avanzar (c) to advance *(3)*
avena oatmeal *(9)*
aventura adventure *(17)*
avión *(m.)* airplane *(7)*
avisar to notify *(11j)*
axila armpit *(6m)*

ayer yesterday *(4)*
ayuda help *(10)*
   ayuda legal legal aid *(10s)*
ayudante *(m. or f.)* assistant *(18)*
ayudar to help *(12)*
ayuntamiento city hall *(5)*
azafata stewardess *(7v)*
azul blue *(6)*

B

bahía bay *(16v)*
bailar to dance *(3)*
baile *(m.)* dance *(1)*
bajar to get down; to get out of *(174)*
bajo/a *short* *(3)*
bajo *(prep.)* under *(12)*
bala bullet *(9j)*
balanceado/a balanced *(9)*
balanceo swing *(15e)*
balboa currency of Panamá *(20n)*
balcón *(m.)* balcony *(20v)*
balneario beach resort *(12)*
balón *(m.)* football *(15)*
banco bank *(5)*
banquete *(m.)* banquet *(14)*
bañadera bathtub *(10)*
bañar(se) to bathe; to take a bath *(13)*
baño restroom; bathroom *(5)*
   baño de caballeros men's room *(5)*
   baño de damas ladies' room *(5)*
barato/a cheap *(8)*
barba chin; beard *(7, 7j)*
barbería barber shop *(13)*
barbero barber *(13)*
barco ship *(7)*
   barco de vela sailboat *(15)*
barriga belly *(10)*
barril *(m.)* barrel *(13)*
bastante rather, enough *(1)*
basura garbage *(8)*
bata robe; hospital gown *(8, 10m)*
   bata de baño bathrobe *(19v)*
bate *(m.)* bat *(15)*
batear to bat *(15)*
batería battery *(18v)*
batidora beater *(10)*
bautismo baptism *(11)*
bautizar (c) to baptize *(11)*
bebé *(m. or f.)* baby *(4)*
beber to drink *(9)*
bebida drink *(9)*
beca scholarship *(15)*
becado/a scholarship student *(15)*
belleza beauty *(3)*
beneficio benefit; gain *(13, 17n)*
   beneficios accesorios fringe
   benefits *(13)*
   beneficios para sobrevivientes
   survivor's benefits *(8s)*

besar to kiss *(9)*
beso; besito kiss; little kiss *(8)*
biblioteca library *(9)*
bicicleta bicycle *(1)*
bien well (1)
bienes raíces *(f.)* real estate *(7n)*
biftec *(m.)* steak *(9)*
bigote *(m.)* moustache *(7j)*
billete *(m.)* bill; ticket *(13)*
biología biology *(12e)*
blanco white; fair-skinned *(6, 7j)*
bloque *(m.)* block *(8)*
blusa blouse *(8)*
boca mouth *(7)*
bocadito sandwich *(9)*
bocado bite *(12)*
boda wedding *(11)*
bodega wine cellar; food warehouse *(5n)*
boleta deposit slip *(6n)*
bolívar *(m.)* currency of Venezuela *(20n)*
bolsa handbag, purse; sack, bag *(1)*
   bolsa de agua caliente hot-water bottle *(14)*
   bolsa de hielo ice pack *(14)*
   bolsa de valores stock market *(7n)*
bolsillo pocket *(1)*
bomba pump *(18v)*
   bomba de gasolina gasoline pump *(18v)*
bombero/a firefighter *(13)*
bongoses *(m.)* bongo drums *(20)*
bonito/a pretty *(3)*
bono bond *(7n)*
   bono exento de impuesto tax-exempt bond *(7n)*
borrar to erase *(3e)*
borracho/a drunk *(3)*
bosque *(m.)* woods; forest *(12)*
bota boot *(1)*
botar to throw away *(6)*
botella bottle *(2)*
boticario pharmacist *(13)*
botiquín first-aid kit *(14)*
botón *(m.)* knob *(6)*
botones *(m.)* bellboy *(7v)*
boxeo boxing *(17)*
bracero day laborer *(17)*
brasileño/a Brasilian *(20n)*
brazalete *(m.)* bracelet *(8)*
brazo arm *(7)*
brécol *(m.)* broccoli *(9)*
brillar to shine *(12)*
brincar (qu) to jump *(8e)*
brinco jump *(18)*
brindar(se) a to offer; to offer to, to volunteer *(18)*
brindis *(m.)* toast (in honor of) *(20)*
broche *(m.)* pin, broach *(8)*
buenísmo/a very good *(20)*

bueno/a good *(1)*
   ¡Bueno! Hello! (on the telephone) *(18)*
bufanda scarf *(8)*
bufete *(m.)* lawyer's office *(3)*
bujía spark plug *(18v)*
burbuja bubble *(17)*
   hacer burbujas to blow bubbles *(17)*
burla joke *(18)*
burlarse de to make fun of *(15)*
buscar (qu) to look for *(4)*
   buscar *(+ obj.)* to come get *(14)*

C

cabello hair *(7)*
cabeza head *(7)*
cabestrillo sling *(19m)*
cabina telephone booth *(18)*
cachivaches *(m. pl.)* junk *(10)*
cada each *(13)*
cadera hip *(7)*
caer to fall
   caerle bien to like *(13)*
   caerse to fall down *(14)*
café *(m.)* coffee; cafe; brown *(1, 5, 6)*
   café solo black coffee *(9)*
cafetera coffee pot *(10)*
caída fall *(9s)*
caja box; cash register *(12, 15)*
   caja de seguridad safe *(11j)*
cajero/a cashier *(15)*
cajón *(m.)* drawer *(10)*
calambre *(m.)* cramp *(4m)*
calcar (qu) to trace *(3e)*
calcetín *(m.)* sock *(8)*
calefacción *(f.)* heating *(17)*
calmante *(m.)* tranquilizer; sedative *(17j)*
calmar(se) to calm down *(13)*
calor *(m.)*, **tener calor** to be hot *(7)*
caloría calorie *(9)*
calzoncillos (under) shorts *(8)*
calle *(f.)* street *(4)*
callo callous *(18m)*
cama bed *(10)*
cámara camera; chamber; house *(6, 19)*
cambiar to change, to exchange *(2)*
cambio change (money) *(1)*
caminar to walk *(7)*
camino road *(19)*
camión *(m.)* bus; truck *(16)*
   camión de remolque tractor trailer *(16n)*
   camión con grúa tow truck *(19j)*
camisa shirt *(8)*
   camisa de dormir nightgown *(8)*
camiseta undershirt; T-shirt *(8)*
campo country *(12)*
   campo de juegos playground *(15e)*

cana gray hair *(15)*
canalita slide *(15e)*
canción *(f.)* song *(20)*
cancha playing field *(10)*
   cancha de tenis tennis court *(10)*
candado padlock *(9j)*
canica marble (game) *(15e)*
canoso/a gray-haired *(3)*
cansado/a tired *(3)*
cansancio tiredness *(8m)*
cantante *(m. or f.)* singer *(20)*
cantidad *(f.)* quantity *(6)*
canto singing *(17)*
cantor *(m.)* singer *(20)*
caña de pescar fishing pole *(15)*
capota hood *(18v)*
cara face *(7)*
cárcel *(f.)* jail *(3j)*
carecer (zc) to lack *(19)*
carga load; shipment; freight *(12n, 16)*
cargado/a loaded *(13)*
cargamento shipment *(11)*
cargo: a cargo de in charge of *(19)*
carne *(f.)* meat *(9)*
   carne asada roast meat *(9)*
   carne molida ground beef *(9)*
carnicería butcher shop *(13)*
carnicero butcher *(13)*
caro/a expensive *(8)*
carpeta folder; file folder *(13)*
carta letter *(13)*
   carta de porte bill of lading *(10n)*
cartapacio file folder; notebook *(13)*
cartera billfold; handbag *(1)*
cartero letter carrier *(3)*
cartucho cartridge *(8j)*
carreta cart *(20)*
carretera highway *(20)*
carro car *(1)*
   carro robado stolen car *(12j)*
   carro del policía police car *(3j)*
carrusel *(m.)* merry-go-round *(15e)*
casado/a married *(4)*
casamiento marriage *(20)*
casar(se) to marry; to get married *(8)*
casco helmet *(8j)*
casero/a homebody *(20)*
casi almost *(11)*
castaño brown *(7j)*
castañuela castanet *(20)*
castigo punishment *(13)*
catálogo catalog *(9n)*
catecismo catechism *(11)*
católico/a Catholic *(4)*
catorce fourteen *(1)*
catre *(m.)* cot *(15)*
caudillismo caciquism; domination by a political boss *(19)*
cazar (c) to hunt *(12)*
ceder yield *(10j)*
cédula electoral voter's certificate *(17j)*

ceja eyebrow *(7)*
celebrar to celebrate *(11)*
cena supper *(13)*
cenicero ashtray *(10v)*
centavo cent *(2)*
centro downtown *(5)*
   centro familiar family center *(5s)*
   centro turístico tourist center *(16v)*
cepillarse to brush *(13)*
   cepillarse los dientes to brush
   one's teeth *(13)*
cera wax *(16)*
cerca (de) near *(5)*
cerilla match *(10v)*
cero zero *(1)*
certificado certificate *(13e)*
   certificado de registro registration
   paper *(12j)*
   certificado de votación voter's
   certificate *(2s)*
cerveza beer *(1)*
cerrado/a locked *(12j)*
cerradura dormida dead bolt *(11j)*
cerrar (ie) to close *(11j)*
   cerrar con llave lock *(11j)*
césped *(m.)* grass *(14)*
cicatriz *(f.)* scar *(7j)*
ciclismo cycling *(15)*
ciego/a blind *(13s)*
cielo sky *(6)*
cien/ciento one hundred *(6)*
ciencia science *(12e)*
   ciencia computadora computer
   science *(12e)*
   ciencia social social science *(12e)*
cierto/a certain *(6)*
cigarrillos cigarrettes *(1)*
cinco five *(1)*
cincuenta fifty *(2)*
cine *(m.)* movie theater *(5)*
cinta ribbon; tape *(12v)*
cintura waist *(7)*
cinturón *(m.)* belt *(8)*
círculo circle *(6)*
cirugía surgery *(11m)*
cirujano/a surgeon *(11m)*
cita date; appointment *(11)*
ciudad *(f.)* city *(3)*
claro of course *(1)*
   ¡claro que sí! Of course! *(3)*
clase *(f.)* class *(1)*
cobrar to charge *(4v)*
   cobrar aliá to call collect *(18)*
cocina kitchen *(10)*
cocinar to cook *(7)*
coctel *(m.)* cocktail *(20)*
codo elbow *(7)*
coger (j) to catch *(15)*
cognado cognate *(14)*
colchón *(m.)* mattress *(10)*

colgar (ue)(u) to hang up *(17)*
coliflor *(f.)* cauliflower *(9)*
colocar (qu) to replace; to place *(18)*
colón *(m.)* currency of Costa Rica
   (20n)
colorear to color *(8e)*
columpio swing *(15e)*
collar *(m.)* necklace *(8)*
comba skipping rope *(15e)*
comedor *(m.)* dining room *(10)*
comelona feast *(16)*
comer to eat *(6)*
comerciante *(m. or f.)* merchant;
   business person *(3)*
comercio business *(12e)*
comestibles groceries *(10)*
cometa *(m. or f.)* kite *(15e)*
comida meal *(2)*
¿cómo? how *(2)*
   ¿Cómo es? What's he/she like? *(3)*
   ¿Cómo se dice? How do you say?
   (1)
   ¡Cómo no! Of course! *(1)*
como as
   como si as if *(19)*
compañero/a companion *(8)*
compañía company *(4)*
compartir to share *(16)*
complaciente pleasing; with pleasure
   (13)
complejo complex *(17)*
complicado/a complicated *(4j)*
cómplice *(m. or f.)* accomplice *(1j)*
comportamiento behavior *(14j)*
compositor/a composer *(20)*
compra purchase *(14)*
comprador/a buyer *(9n)*
   comprador/a al por mayor
   wholesale buyer *(9n)*
comprar to buy *(2)*
comprender to understand *(4)*
comprensión *(f.)* understanding *(18)*
comprobante *(m.)* claim check *(6)*
compromiso engagement *(20)*
computadora computer *(5)*
común common *(14)*
comunidad *(f.)* community *(5)*
con with *(3)*
   con permiso excuse me
   (permission) *(1)*
   con tal que provided that *(17)*
concurso contest *(18n)*
condado county *(20j)*
condecorar to award (honor) *(20)*
conectar to plug in; to connect *(6)*
conferencia speech, conference *(11)*
confianza confidence *(11)*
   con confianza trustworthy *(15)*
congelador *(m.)* freezer *(10)*
conjunto musical group *(20)*

conocedor/a knowledgeable *(19)*
conocer (zc) to know; to be
   acquainted with *(2)*
conocimiento knowledge *(19)*
conquista conquest *(12)*
conseguir (i) to get *(7)*
consejal *(m. or f.)* councilman/woman
   (19)
consejero/a counselor *(1e)*
consejo advice; counseling *(14j)*
   consejo municipal city council *(19)*
conserje *(m. or f.)* custodian *(1e)*
conservador/a conservative *(19)*
consignatario consignee *(13)*
consigo with you, him, her *(11)*
constituir to make up, to form; to
   constitute *(20)*
consulta doctor's office *(3)*
consumidor/a consumer *(18)*
contabilidad *(f.)* accounting *(15n)*
contador/a accountant *(3)*
contar (ue) to count *(4n)*
conteo count *(17m)*
contra against *(14n)*
contrabajo bass; double bass *(20)*
contralor/a comptroller *(19)*
corazón *(m.)* heart *(7m)*
contigo with you *(fam.)* *(7)*
convenir (ie, i) to be fitting, to be
   appropriate *(16)*
coraje *(m.)* courage, anger *(19)*
córdoba currency of Nicaragua *(20n)*
cortarse to cut oneself *(14)*
corte *(f.)* court *(20j)*
   corte de apelación appeals court
   (20j)
corteza bark *(14)*
cortina curtain, drape *(10)*
corredor/a broker *(16n)*
   corredor/a de bolsa stock broker
   (7n)
corrida de toros bullfight *(15)*
corregir (i) to correct *(3e)*
correr to run *(7)*
costa coast *(12)*
costarricense *(m. or f.)* Costa Rican
   (20n)
costo cost *(12)*
costumbre *(f.)* custom *(16)*
cotización *(f.)* quoted price *(3n)*
cotizarse a to be quoted at *(14v)*
coyuntura joint *(6m)*
creer to believe *(14)*
   creo que sí I think so *(14)*
creyón *(f.)* crayon *(2e)*
crianza raising; rearing *(17)*
cristal *(m.)* glass (windows) *(10)*
criticón/a critical *(19)*
cruzeiro currency of Brazil *(20)*
cuaderno notebook *(2e)*

cuadro picture *(10)*
cualidad *(f.)* quality *(9)*
cualquier any *(7)*
¿cuánto? How much? How many? *(1)*
cuarto room *(10)*
  cuarto de materiales stockroom *(10m)*
cuatrocientos four hundred *(6)*
cuchara spoon *(9)*
cucharita teaspoon *(9)*
cuchillo knife *(9)*
cuenta account; bill *(10)*
cuerda cord *(12)*
cuerno francés French horn *(20)*
cuestión *(f.)* question, matter *(18)*
cuidado care *(8)*
  cuidado de niños baby-sitting *(15v)*
cuidarse to take care of oneself *(14)*
culpa blame, fault *(11)*
cumplir . . . años to be . . . years old *(11)*
cuota allowance *(12)*
curita Bandaid; small bandage *(14)*
cuyo/a whose *(20)*

D

dado die *(15)*
  dados dice *(15)*
dama lady *(5)*
  damas chinas checkers *(15)*
daño damage *(14n)*
dar to give *(2)*
  dar a luz to give birth *(14)*
  dar la mano to shake hands *(15)*
  dar vuelta to turn *(6)*
  darse cuenta de to realize *(6)*
  darse prisa to hurry *(13)*
  darse una ducha to take a shower *(13)*
  darse golpes to be beaten *(13m)*
datos data *(4)*
de of, from *(1)*
  de . . . en from . . . to *(13)*
  de nada you're welcome *(1)*
  de veras really *(4)*
debajo (de) under *(5)*
deber should, must; to owe *(7, 14)*
  debe haber he/she/it must have *(20)*
débil weak *(14)*
debilidad *(f.)* weakness *(4m)*
décimo tenth *(6)*
decir (i) to say, to tell *(4)*
declarar to declare *(20j)*
  declarar culpable to find guilty *(20j)*
  declarar inocente to find innocent *(20j)*
dedo finger *(7)*
  dedo del pie toe *(7)*

dejar to stop; to let; to leave *(5, 12, 15)*
  dejar de *(+ inf.)* to stop *(+ ing)* *(5)*
delante (de) in front of *(5)*
delantero/a front *(19j)*
deletrear to spell *(3e)*
delgado/a slim, thin *(3)*
demandado/a defendant (civil) *(20j)*
demandante *(m. or f.)* plaintiff *(20j)*
demás rest *(8)*
  lo demás the rest
demócrata *(m. or f.)* democratic *(19)*
demorar to delay *(11)*
demostrar (ue) to show *(12)*
dentro (de) inside of *(5)*
depender de to depend on *(18)*
dependiente/a clerk *(3)*
deporte *(m.)* sports *(6)*
  de deporte sport model *(6)*
depósito deposit *(3n)*
  depósito de autos traffic pound *(3j)*
derecha right *(5)*
  a la derecha to the right *(5)*
derechista *(m. or f.)* rightist (in politics) *(19)*
derecho straight ahead *(5)*
  derecho a right to *(20j)*
derivado/a derived *(13)*
desabrochar to unfasten *(6)*
desacuerdo disagreement *(13)*
desangrar to bleed *(12m)*
desaparecer (zc) to disappear *(20)*
desarrollar to develop *(19)*
desarrollo development *(12)*
desastre *(m.)* disaster *(13)*
desayuno breakfast *(9)*
descansar to rest *(12)*
descompuesto/a broken; out of order *(6)*
desconectar to unplug *(6)*
descuento discount *(17s)*
desde since *(6)*
  ¿Desde cuándo? How long? Since when? *(6)*
desdén *(m.)* disdain *(18)*
desfile *(m.)* parade *(11)*
desgraciado/a wretch *(8)*
deshidratado/a dehydrated *(12m)*
desmayarse to faint *(14)*
desmayo fainting *(4m)*
desocupado/a unoccupied; not busy *(18)*
despachar to dispatch *(11n)*
despedir (i) to fire *(7)*
despejado/a clear (sky) *(12)*
despertar (ie) to awaken *(20)*
  despertar(se) (ie) to wake up *(13)*
despreciar to despise *(8)*
desprecio scorn *(18)*
después (de) after *(5)*

destapar to uncover *(6)*
destreza skill *(19)*
detalle *(m.)* detail *(8n)*
detener (ie) to detain *(5j)*
  detenerse to stop *(10j)*
detrás *(adv.)* in back; behind *(11)*
  detrás de *(prep.)* behind *(5)*
devolver (ue) to return (something) *(2)*
devuelto returned *(14)*
día *(m.)* day *(1)*
diamante *(m.)* diamond *(6)*
diario newspaper *(4)*
  diario/a daily *(11)*
dibujar to draw *(8)*
diciembre December *(4)*
dictadura dictatorship *(19)*
diecinueve nineteen *(1)*
dieciocho eighteen *(1)*
dieciséis sixteen *(1)*
diecisiete seventeen *(1)*
dieta diet *(9)*
dietista *(m. or f.)* dietician *(9)*
diez ten *(1)*
  de diez en diez by tens *(1)*
difícil difficult *(3)*
difunto/a deceased (person) *(16)*
dinero money *(1)*
Dios *God* *(8)*
dirección *(f.)* address *(4)*
director/a director, head *(4)*
dirigir to guide; to direct *(17, 19)*
disco record *(11)*
discutible debatable *(13)*
discutir to discuss *(11)*
diseño design *(13)*
disparar to shoot *(16j)*
dispensar to excuse *(1)*
  dispénseme excuse me *(1)*
dispersar(se) to break up; disperse *(17j)*
disponerse a to prepare to *(20)*
distinguir(se) to distinguish; to be distinguished *(20)*
distraer(se) to cheer up; to take one's mind off something *(19)*
distraído/a distracted *(18)*
disturbio disturbance *(17j)*
  disturbio mental emotionally disturbed *(7s)*
divertido/a fun *(8)*
divertir(se) (ie–i) to amuse; to have a good time *(3)*
dividendo bonus *(13)*
divorciado/a divorced *(4)*
doblar to turn; to bend *(5, 6)*
doce twelve *(1)*
docena dozen *(13n)*
dólar *(m.)* dollar *(1)*
dolencia pain, ache *(14)*

dolor *(m.)* ache; sorrow *(7, 16)*
  dolor de cabeza headache *(7)*
  dolor de garganta sore throat *(7)*
domingo Sunday *(4)*
  Domingo de Resurrección Easter Sunday *(11)*
dominicano/a from the Dominican Republic *(20n)*
don/doña title of respect used with first names *(5)*
donde where *(4)*
dormido/a asleep; sleeping *(3)*
dormir(se) (ue–u) to sleep; to fall asleep *(11)*
dos two *(1)*
doscientos two hundred *(6)*
droga drug *(14)*
ducha shower *(10)*
ducharse to take a shower *(13)*
duelo mourning *(16)*
dueño/a owner *(3)*
dulce *(adj.)* sweet *(9)*
dulces *(m. pl.)* candy *(1)*
durar to last *(12)*

E

e and (before words beginning with *i* or *hi*) *(4)*
E.E.U.U. abbr. for **Estados Unidos,** United States *(2v)*
economía economics *(12e)*
ecuatoriano/a Ecuadorian *(20n)*
echar(se) to spill (on oneself) *(14)*
  echarse a to begin to *(12)*
  echarse a perder to spoil *(13)*
edad *(f.)* age *(4)*
  ¿Qué edad tiene Ud.? How old are you? *(4)*
edificio building *(5)*
educación *(f.)* education *(25)*
  educación especial special education *(2s)*
  educación física physical education *(12e)*
efectivo: en efectivo cash *(4)*
ejecutar to enforce *(5j)*
ejecutivo/a executive *(13)*
  ejecutivo/a mayor senior executive *(13)*
ejemplo example *(1)*
ejercicio exercise *(13)*
ejercitar to exercise *(20)*
el the *(1)*
él he *(2)*
elegir (i) to elect *(19e)*
elevador *(m.)* elevator *(5)*
  elevador de carga fork lift *(16n)*
ella she *(2)*
ellos/as they *(2)*
embajada embassy *(15)*

embajador/a ambassador *(20)*
embarazada pregnant *(3)*
embarazo pregnancy *(14)*
embarque *(m.)* shipment; take-off *(11, 16)*
embobado/a entranced *(13)*
embolia stroke *(16)*
embrague *(m.)* clutch *(18v)*
emparedado sandwich *(9)*
empezar (ie) to begin *(5)*
  empezar a to begin to *(5)*
empleado/a employee *(4)*
empresa company, business *(5n)*
empujar to push *(10)*
en on, in *(1)*
  en cuanto as soon as *(18)*
enagua slip *(8)*
enamorado/a in love *(3)*
  enamorarse to fall in love *(15)*
encantado/a delighted, charmed *(3)*
encantador/a charming *(3)*
encantar to love, to be delighted *(9)*
encarcelar to jail *(5j)*
encargarse de to be in charge of *(15)*
encargado/a person in charge *(5)*
encender (ie) to turn on *(6)*
encima de on top of *(5)*
encontrar (ue) to find *(4)*
  encontrarse to meet *(15)*
encuentro match *(15)*
enero January *(6)*
énfasis *(m.)* emphasis *(17)*
enfermar to get sick *(10)*
enfermedad *(f.)* illness *(14)*
  enfermedad transmisible communicable disease *(14m)*
enfermería infirmary *(13)*
enfermero/a nurse *(3)*
enfermo/a ill; patient, sick person *(14e, 1s)*
enfrentarse con to face *(16)*
enfrente (de) in front (of) *(5)*
enfriarse to become cold *(16)*
engañar to deceive *(15)*
engendrar to spawn *(19)*
engordar to be fattening, to fatten *(9)*
engrasar to grease *(16)*
enojado/a angry *(3)*
enriquecer (zc) to enrich *(12)*
ensalada salad *(9)*
entender (ie) to understand *(10)*
enterado/a informed *(11)*
enterarse de to find out about; to be informed about *(11)*
entero/a whole *(13)*
entierro burial *(11)*
entrada admission, ticket; entrance *(2, 5)*
entrar to come in; to enter; to get into *(5, 6j)*

entre among; between *(1)*
entrega delivery *(7)*
  entregas futuras futures *(7n)*
  entregas a término futures *(7n)*
entregar to deliver *(13)*
entrenador/a trainer *(15)*
entrenamiento training *(14j)*
entrevista interview *(12n)*
entrevistar to interview *(4)*
entremetido/a nosy *(7)*
envase *(m.)* container *(16n)*
enviar to send *(14)*
envidiar to envy *(10)*
envío shipment *(10n)*
  envío para el extranjero overseas shipment *(10n)*
envolver (ue) to wrap *(9n)*
equipado/a equipped *(1)*
equipaje *(m.)* luggage *(16)*
equipo team; equipment *(15, 8j)*
equivocado/a wrong, mistaken *(7)*
equivocarse to make a mistake *(16e)*
escala scale; stop *(3, 16)*
escalera stairway; slide *(5, 15e)*
escalofrío chill *(4m)*
escándalo scandal *(10)*
escarlatina scarlet fever *(14m)*
escoger to choose *(10)*
escribir to write *(3)*
escrito/a written *(14)*
escuba scuba diving *(15)*
escuchar to listen to *(4)*
escuela school *(1)*
  escuela secundaria high school *(5)*
ese/a that *(2)*
esforzado/a striving *(20)*
esmeralda emerald *(20n)*
eso that *(1)*
espacio space *(12)*
espalda back *(7)*
español/a Spanish
especializarse en to major in *(13)*
espejo mirror *(10)*
esperanza to hope *(15)*
esperar to wait; to hope *(4)*
esposa handcuff; wife *(8j, 1)*
esposo husband *(1)*
esquela (mortuoria) death announcement *(16)*
esqueleto skeleton *(10)*
esquí acuático water skiing *(15)*
esquiar to ski *(7)*
esquina corner *(5)*
establecer (zc) to establish *(17n)*
estación *(f.)* season; station *(4, 3)*
  estación de servicio service station *(18v)*
  estacion de policía police station *(5)*
estacionamiento parking *(5)*
estacionar to park *(10j)*
estadística statistic *(14n)*

estado state *(4)*
  en estado pregnant *(3)*
  Estados Unidos United States *(3)*
estadounidense *(m. or f.)* citizen of the U.S. *(3)*
estampilla stamp *(13)*
  estampillas para alimentos food stamps *(2s)*
estaño tin *(20n)*
estar to be (condition, location) *(1)*
  estarse quieto to be quiet *(17j)*
estatal *(adj.)* state *(19)*
este/a this *(1)*
estómago stomach *(7)*
estorbar to bother *(19)*
estrecho/a narrow; tight *(12, 9v)*
estrella star *(6)*
estreñido/a constipated *(14)*
estudiante *(m. or f.)* student *(1)*
estudiantil *(adj.)* student *(16)*
estufa stove *(10)*
estupidez *(f.)* stupidity; stupid thing *(8)*
europeo/a European *(18)*
examen examination *(17m)*
excusado toilet *(10)*
exigente demanding *(3)*
éxito success *(7)*
  tener éxito to be successful
experiencia experience *(13)*
experimentar to feel, to experience *(16)*
exterior outside *(10j)*
extranjero/a stranger *(12)*
  extranjero abroad, overseas *(12)*
extrañarse to seem strange; to miss *(12)*

F

fábrica factory *(3)*
fácil easy *(3)*
facilitar to facilitate *(13)*
factura invoice *(2n)*
  factura comercial commercial invoice *(10n)*
  factura consular consular invoice *(10n)*
facturar to check *(17v)*
falda skirt *(8)*
faltar to miss (work) *(18)*
fallar to fail *(15)*
fallecer (zc) to die *(16)*
fallecimiento death *(20s)*
fama famous *(9)*
  tener fama to be known for *(9)*
familiar *(adj.)* pertaining to the family *(6)*
fantástico/a fantastic *(3)*
farmacia pharmacy *(5)*
farol *(m.)* light; headlight *(19j)*

fascinar to fascinate *(9)*
favor: por favor please *(3)*
  favor de *(+ inf.)* please *(+ verb)* *(14)*
favorecer (zc) to favor *(19)*
fe *(f.)* faith *(19)*
febrero February *(4)*
fecha date *(4)*
felicitar to congratulate *(20)*
feliz happy *(3)*
femenino/a feminine *(7j)*
feo/a ugly *(3)*
feriado/a day off; holiday *(5)*
ferrocarril *(m.)* railroad *(5n)*
fianza bail bond *(6j)*
ficción *(f.)* story; fiction *(1)*
ficha card, disk; game piece; chip, microchip *(5, 15, 20)*
fideo noodle *(9)*
fiebre *(f.)* fever *(3m)*
fiesta party *(1)*
  fiesta brava bullfight *(15)*
  día de fiesta holiday *(5)*
fijarse to notice *(9)*
fin *(m.)* end
  fin de semana weekend *(13)*
financiamiento financial arrangement *(16n)*
financiar to finance *(11)*
fino/a fine, fancy *(10)*
firmar to sign *(14)*
fiscal *(m.)* district attorney *(1j)*
física physics *(12e)*
flaco/a skinny *(3)*
flauta flute *(20)*
flojo/a lazy *(3)*
flor *(f.)* flower *(13)*
florecer (zc) to flourish *(20)*
florería flower shop *(13)*
florero vase *(13)*
flujo flow, discharge *(15m)*
fondo content *(1)*
  sin fondo without funds *(13)*
forma form *(1)*
formar to form *(17)*
  formar una fila to form a line *(17j)*
forzar (ue) to force *(20)*
fósforo match *(10v)*
fotografía photograph *(1)*
fotografiar to photograph *(11j)*
frac *(m.)* tuxedo *(20)*
fractura fracture *(10m)*
fracturar to break *(19m)*
franela T-shirt *(15)*
franqueo postage *(2n)*
frasco bottle, small bottle *(14)*
frazada blanket *(10)*
fregadero sink *(10)*
freír to fry *(14)*
freno brake *(18v)*
frente *(f.)* forehead *(7)*

fresco/a fresh, cool *(7)*
  hacer fresco to be cool *(7)*
frialdad *(f.)* coolness *(16)*
frío/a cold *(7)*
  tener frío to be cold *(7)*
frito/a fried *(9)*
frontera border *(5v)*
frotar to rub *(14)*
  frotarse to rub on *(9m)*
fuente *(f.)* fountain; bag of waters *(5, 15m)*
fuera (de) outside (of) *(5)*
fuerte strong *(13)*
fuerza strength *(20)*
fumar to smoke *(7)*
función *(f.)* function, event, performance *(1)*
funcionar to function *(16)*
funcionario employee *(1s)*
funda cover, case *(8j)*
  funda del revólver holster *(8j)*
funerales *(m.)* funeral services *(11)*
funeraria funeral home *(16)*
fútbol *(m.)* soccer *(5)*
  fútbol americano football *(5)*

G

gabinete *(m.)* cabinet *(10)*
galón *(m.)* gallon *(12v)*
galleta cookie, cracker *(9)*
ganancia earning, income *(3n)*
  ganancias profits *(7)*
  ganancias brutas gross income *(15n)*
  ganancias netas net income *(15n)*
ganar to earn *(4)*
gancho hanger *(8v)*
ganga bargain *(8)*
garganta throat *(7)*
gárgaras: hacer gárgaras to gargle *(9m)*
garrapata tick (insect) *(18m)*
garrote *(m.)* club *(8j)*
gasa gauze *(14)*
gasto expense *(3n)*
  gasto de operación operating cost *(15n)*
gato cat; jack *(17v)*
gaveta drawer *(10)*
gemelo cufflink; twin *(8)*
género genre (category of literature) *(15)*
gente *(f.)* people *(9)*
gerente *(m. or f.)* manager *(13)*
germicida germicidal *(9m)*
gesto gesture *(19)*
gimnasia gymnastics *(15)*
gimnasio gym; gymnasium *(5m)*
gira trip; sightseeing trip *(16v)*
girar to revolve around *(3)*

globo balloon *(17)*
gobernador/a governor *(19)*
gobierno government *(19)*
golpe de estado coup d'etat; military coup *(18)*
golpear to hit *(9)*
goma rubber *(20n)*
  goma de pegar paste, glue *(2e)*
gordo/a fat, plump, heavy *(3)*
gorra cap *(8j)*
gota drop *(9m)*
gozar (de) (c) to enjoy *(3)*
grabador recorder *(20)*
gracias thanks *(1)*
graduarse to graduate *(13)*
gran, grande great; large *(17)*
grifo faucet *(15)*
gripe *(f.)* flu *(14)*
gris gray *(6)*
gritar to shout *(8)*
  gritarse to yell at one another *(8)*
grito yell, shout *(7)*
grúa crane *(16n)*
grueso/a thick *(12)*
gruesa gross *(13n)*
guagua bus (Puerto Rico, Cuba) *(16)*
guante *(m.)* glove *(8)*
guapo/a handsome, attractive *(3)*
guaraní currency of Paraguay *(20n)*
guardar to keep; to put away *(10)*
guardarropa closet *(10)*
guardería day care *(6s)*
guardia *(m. or f.)* guard *(14j)*
guatemalteco/a Guatemalan *(20)*
guía *(f.)* telephone book *(18)*
güiro percussion instrument of the Caribbean made of dried gourds *(20)*
guitarra guitar *(20)*
gustar to like *(9)*
gusto pleasure *(2)*
  con mucho gusto (gladly) *(2)*
  mucho gusto glad to know you *(2)*
  el gusto es mío it's my pleasure *(2)*

H

haber to have (aux. verb.) *(16)*
  hay there is, there are *(1)*
  hubiera sido it would have been *(20)*
hábil capable; available *(3, 13)*
habilidad *(f.)* ability *(3)*
habitación *(f.)* room *(10)*
habitante *(m.)* inhabitant *(12)*
habitar to live in *(18)*
hablar to talk *(3)*
hace *(+ time)* for *(+ length of time) (7)*
hacer to do, to make *(2)*
  hacer buen tiempo to be nice weather *(7)*

hacer calor to be hot *(7)*
hacer frío to be cold *(7)*
hacer mal tiempo to be bad weather *(7)*
hacer sol to be sunny *(7)*
hacer el favor de + *inf.* please + *verb (13)*
hacer facturas to order *(13)*
hacer la maleta to pack (suitcase) *(10)*
hacer(le) falta to need *(13)*
hacerse to become, get *(7)*
hacia towards *(5)*
  hacia atrás back *(5)*
hacha hatchet *(9j)*
halagar to flatter *(20)*
halar to pull *(5)*
hambre *(f.)* hunger *(7)*
  tener hambre to be hungry *(7)*
hamburguesa hamburger *(9)*
hasta luego until later, so long *(1)*
hay there is, there are *(1)*
  hay que *(+ inf.)* must; one must *(+ verb) (6)*
hecho made *(14)*
helado ice cream *(9)*
helado/a iced *(9)*
herido hurt, injury *(13)*
herir (ie) to hurt, to wound *(20m)*
hermana sister *(2)*
hermano brother *(2)*
herramienta tool *(15)*
hiedra venenosa poison ivy *(9m)*
hielo ice *(8v)*
hierba herb *(14)*
hígado liver *(9)*
hija daughter *(2)*
hijo son *(2)*
  hijos children *(2)*
hinchazón *(m.)* swelling *(8m)*
hipódromo racetrack *(15)*
hipoteca mortgage *(8n)*
hispano/a Hispanic *(3)*
historia story, history *(9)*
  historia médica medical history *(8m)*
hogar *(m.)* home *(11j)*
hoja leaf; sheet of paper *(13)*
hola hi *(1)*
hombre man, Man! *(expl.) (3)*
  hombre de negocios businessman *(3)*
hombro shoulder *(7)*
hondureño/a Honduran *(20n)*
honra honor (as others see it) *(16)*
honrado/a honest *(16)*
honrar to honor *(16)*
hora hour; time *(4)*
  las horas time *(4)*
  por hora per hour *(13)*
horno oven *(10)*
hoy today *(4)*

hueso bone *(7)*
huésped *(m. or f.)* guest *(15v)*
huracán *(m.)* hurricane *(12)*

I

ida one-way trip *(16)*
  ida y vuelta round-trip *(16)*
iglesia church *(5)*
igual same; the same *(13v)*
  igual a equals *(=) (4e)*
imagen *(f.)* image *(20)*
impar odd, uneven *(4)*
impermeable *(m.)* raincoat *(8)*
imponer to impose *(13)*
  imponerse a to dominate *(19)*
importación *(f.)* import *(10n)*
importar to matter; to be important *(9)*
impuesto tax *(13)*
inapropiadamente improperly, inappropriately *(10j)*
incapacidad *(f.)* disability; handicap *(16s)*
incapacitado/a handicapped *(16s)*
incendio fire *(14n)*
incluso/a including *(19)*
inconsciente unconscious *(12m)*
inconsolable unconsolable *(16)*
indemnización compensation *(10s)*
  indemnización de desempleo unemployment compensation *(10s)*
  indemnización de trabajo worker's compensation *(10s)*
indicar (que) to indicate *(2)*
índice *(m.)* index *(19)*
indígena indigenous *(20)*
infeliz miserable; unhappy *(3)*
inform *(m.)* report *(10)*
ingeniero/a engineer *(3)*
ingle *(f.)* groin *(6m)*
inglés English *(12e)*
ingresos income *(13)*
  ingresos mensuales monthly income *(4)*
  inodoro toilet *(10)*
inscribirse to enroll *(17)*
intercambio interchange, exchange *(12)*
interés *(m.)* interest *(1)*
interesante interesting *(3)*
interesarse en to be interested in *(16)*
interior/a inside *(17v)*
intérprete *(m. or f.)* interpreter *(15j)*
interrogatorio questioning *(4j)*
inundación *(f.)* flood; flooding *(14n)*
invasor *(m.)* invader *(18)*
inventar to make up, to invent *(9)*
invertir (ie) (i) to invest *(14)*
investigación *(f.)* research; investigation *(15)*
inyectar to inject *(5m)*

inyectarse to give oneself an injection *(18j)*
ir to go *(5)*
   ir de compras to go shopping *(9)*
   irse de viaje to go on a trip; to go on vacation *(11j)*
isla island *(19)*
izquierda left *(5)*
   a la izquierda to the left *(5)*
izquierdista *(m. or f.)* leftist *(19)*

J

jabón *(m.)* soap *(10)*
jalar to pull *(6)*
jamón ham *(9)*
jaqueca migraine headache *(4m)*
jarabe *(m.)* syrup *(9)*
   jarabe para la tos cough syrup *(9m)*
jardín *(m.)* garden
   jardín botánico botanical gardens *(6v)*
   jardín zoológico zoo *(6v)*
jefe/a head, chief *(4)*
joven young; young person *(3)*
joyería jewelry store *(5)*
jubilación *(f.)* retirement *(16s)*
jubilarse to retire *(10s)*
judío/a Jewish *(4)*
jueves Thursday *(4)*
juez judge *(19)*
jugar (ue) to play (games) *(5)*
jugo juice *(9)*
juguete *(m.)* toy *(4)*
julio July *(4)*
junio June *(4)*
junta meeting *(1)*
   junta directiva executive board *(19)*
junto/a (a) next (to) *(5)*
juntos together *(5)*
jurado jury *(15j)*
   jurado mayor grand jury *(15j)*
   jurado menor petit jury *(15j)*
jurar to swear *(8)*
justicia justice; law enforcement *(1)*
justificar to justify *(17e)*
justo/a just; fair *(19)*
juzgar to judge *(19)*

K

kilo: kilogramo *(m.)* kilogram *(13n)*

L

la the; her; it *(f.) (1, 2)*
lado side *(5)*
   al lado de beside *(5)*
ladrillo brick *(10)*
ladrón/a thief *(12)*
lago lake *(6)*
lágrima tear *(17)*

lámina picture *(17)*
lámpara lamp *(6)*
lápiz *(m.)* pencil *(1)*
largo/a long *(12)*
lástima shame, pity *(16)*
lastimarse to hurt oneself *(14)*
lavadora washer *(10)*
   lavadora de ropa washing machine *(10)*
   lavadora de platos dishwasher *(10)*
lavamanos *(m. sing.)* lavatory *(10)*
lavandería laundry *(19v)*
lavaplatos *(m. sing.)* dishwasher *(10)*
lavar to wash *(10)*
   lavarse los dientes to brush one's teeth *(13)*
laxante *(m.)* laxative *(14)*
le (to, for) him; (to, for) her; (to, for) you *(9)*
leche *(f.)* milk *(9)*
leer to read *(6)*
legalizar (c) to legalize *(5j)*
lejos far *(5)*
lejos de far from *(5)*
lempira currency of Honduras *(20n)*
lengua tongue; language *(7)*
lento/a slow *(14)*
les (to, for) you; (to, for) them *(9)*
letra letter of the alphabet *(18e)*
   letra de cambio bank draft; letter of exchange *(6n, 10n)*
letrero sign *(10)*
levantar(se) to lift; to get up, to stand up *(13)*
libertad *(f.)* freedom *(14)*
   libertad bajo palabra free on parole *(14j)*
   libertad provisional free on bail *(14j)*
libra pound *(9)*
libreta notebook *(13)*
libro book *(1)*
licencia license *(4)*
   licencia de manejar driver's license *(4)*
   licencia médica sick leave *(13)*
licor *(m.)* liquor *(14)*
líder *(m.)* leader *(6)*
liendre *(f.)* nit *(18m)*
ligero/a light *(9)*
límite *(m.)* limit *(10j)*
   límite de velocidad speed limit *(10j)*
limón *(m.)* lemon *(9)*
limpiar to clean *(10)*
limpieza cleaning *(10)*
línea line; lane *(13, 10j)*
linterna flashlight *(9j)*
listo/a smart, clever; ready *(3)*
listón *(m.)* ribbon *(12v)*
litro liter *(13n)*
lo him, it *(2)*
loco/a crazy *(13)*

locutor/a de radio radio announcer *(3)*
loma hill *(14)*
   loma de esquiar ski slope *(14)*
lombriz *(f.)* (intestinal) worm *(18)*
lotería lottery *(15)*
lugar *(m.)* place *(13)*
   lugar de recreo resort *(12)*
lujo: de lujo luxury; deluxe *(2v)*
luna moon *(6)*
lunes Monday *(4)*
luto mourning *(16)*
llamada call *(12)*
   llamada de larga distancia long distance call *(18)*
llamar to call *(14)*
   llamar por teléfono to telephone *(14)*
llamarse to be named, to call oneself *(1)*
llanta tire *(12j)*
   llanta de repuesto spare tire *(17v)*
llave *(f.)* key *(1)*
llegar to arrive *(5)*
llenar to fill *(3)*
llevar to take, to carry *(8)*
   llevar puesto/a to wear *(8)*
   llevarse to take with oneself *(10)*
llorar cry *(12)*
llorona crying woman *(16)*

M

madera wood *(12)*
maduración *(f.)* maturation; ripening *(20)*
madurar to mature; to ripen *(20)*
madurez *(f.)* maturity *(20)*
mal badly *(10j)*
   hacer mal to do wrong *(10j)*
maldito/a damned *(8)*
malestar *(m.)* ache, pain *(14)*
maleta suitcase *(10)*
malicia malice *(19)*
malo/a bad *(9)*
malvado/a mean *(8)*
mami *(f.)* mommy *(8)*
manco/a crippled in the arm or hand *(13s)*
mandar to send; to order *(11, 16)*
mandíbula jaw *(6m)*
manera way *(9)*
   de tal manera in such a way *(15)*
mango handle *(6)*
manija handle *(6)*
mano *(f.)* hand *(7)*
manojo handful; bundle *(12)*
manta blanket *(10)*
mantel *(m.)* tablecloth *(9)*
   mantelito placemat *(9)*
mantenimiento maintenance *(15n)*
manzanilla camomile *(14)*
mapa *(m.)* map *(14)*

máquina machine *(6)*
mar *(m. or f.)* sea *(6)*
maraca percussion instrument from the Caribbean made of dried gourd *(20)*
maravilloso/a marvelous *(11)*
marca brand *(13)*
marcar (qu) to dial *(18)*
mareo dizziness *(3m)*
marzo March *(4)*
más more, most *(7)*
   más . . . que more . . . than *(7)*
matar to kill *(20m)*
   matarse to commit suicide *(13m)*
materia matter *(14)*
   materia prima raw material *(14)*
   materiales escolares school supplies *(2e)*
matricularse to register *(13)*
matrimonio marriage *(11)*
matriz *(f.)* uterus *(7m)*
mayo May *(4)*
mayor older, oldest; greater *(7, 17n)*
mayoría majority *(3)*
mayúscula capital letter *(18e)*
me (to, for) me *(5)*
mecanografía typing *(12e)*
mediano/a median; average *(17)*
medianoche midnight *(4)*
   a medianoche at midnight
médico *(m. or f.)* doctor *(3)*
   médico de turno doctor on duty *(7m)*
medida measure; measurement *(13n)*
medias hose, stockings *(13v)*
medio/a half; means *(4, 12)*
   por medio de by means of *(12)*
mediodía *(m.)* noon *(4)*
   al mediodía at noon *(4)*
medir to measure *(7j)*
   medir . . . pies to be . . . feet tall *(7j)*
mejilla cheek *(7)*
mejor better, best *(7)*
menor younger, youngest *(7)*
menos minus; less; except *(4, 16)*
   menos mal not bad; that's good *(16)*
   no es para menos you can't overlook that *(19)*
   por lo menos at least *(12)*
mensaje *(m.)* message *(15v)*
mensajero/a messenger *(13)*
mensual monthly *(4)*
mentir (ie; i) to lie *(11)*
mentira lie *(11)*
mentiroso/a liar *(8)*
mercado market *(5v)*
mercancía merchandise *(10)*
   mercancías commodities *(7n)*
merecer (zc) to deserve *(17)*
merienda snack, tea time *(13)*

mesa table *(18)*
   mesa directiva board of directors *(18)*
ministro secretary; minister *(19)*
   ministro de relaciones exteriores secretary of state *(19)*
mes *(m.)* month *(4)*
   al mes per month *(13)*
mesa table *(10)*
   mesita small table; end table *(10)*
mesera waitress *(3)*
mesero waiter *(3)*
meter to put *(19)*
   meterse to mix into *(19)*
   metido/a mixed up in *(15)*
   metro subway *(16)*
mezclador *(m.)* mixer *(18)*
mezclar to mix *(10)*
mi my *(10)*
mí me *(after prep.)* *(3)*
   mí mismo/a I myself *(14)*
   ¿Y a mí qué? What do I care? *(13)*
miedo fear *(7)*
   tener medio to be afraid *(7)*
mientras while *(12)*
miércoles Wednesday *(4)*
mil one thousand *(6)*
   miles thousands *(6)*
millón million *(6)*
   millones millions
mimado/a spoiled *(12)*
mínimo/a minimum *(13)*
minúscula lower-case letter *(18e)*
mío/a mine, of mine *(8)*
mirar to look at *(4)*
mismo/a same *(4)*
   lo mismo the same thing *(14)*
moda style *(9)*
   de moda fad; in style
modelo style; kind *(9n)*
   modelo de depósito deposit slip *(6n)*
mojarse to get wet *(16e)*
molestar to bother *(9)*
molestia discomfort, bother *(18m)*
moneda coin; currency *(1, 20n)*
montaña mountain *(6)*
montar to ride *(12)*
   montar a caballo to ride horseback *(12)*
morado/a purple *(6)*
morder (ue) to bite *(14)*
moreno/a dark-haired; dark-skinned *(3, 12)*
morir (ue; u) to die *(11)*
   morirse to die *(13m)*
mostrador *(m.)* counter *(10)*
mostrar (ue) to show *(9n)*
movido/a vivid, moving *(20)*
movimiento movement *(20)*
moza waitress *(9)*

mozo waiter *(9)*
muchacha girl *(1)*
muchacho boy *(1)*
mucho/a a lot, much *(1)*
   muchos/as many *(1)*
muda change (of clothing) *(18)*
mudar to change *(14)*
   mudarse de casa to move; to relocate *(14s)*
mudo/a deaf *(13s)*
mueble *(m.)* piece of furniture *(10)*
   muebles furniture *(10)*
muelle *(m.)* dock *(5n)*
muerto/a dead *(11)*
mujer *(f.)* woman *(3)*
   mujer de negocios businesswoman *(3)*
muleta crutch *(19m)*
multa fine *(11)*
multitud *(f.)* multitude *(19)*
   multitudes masses; multitude *(19)*
mundo world *(6)*
muñeca wrist *(7)*
murmurar to whisper *(9)*
músculo muscle *(7)*
museo museum *(6v)*
muslo thigh *(6m)*
muy very *(1)*

N

nacer (zc) to be born *(4)*
nacimiento birth *(11)*
nada nothing *(4)*
nadar to swim *(8)*
naipe *(m.)* playing card *(15)*
nalga buttock *(6m)*
naranja orange *(9)*
nariz *(f.)* nose *(7)*
   nariz tupida stopped-up nose *(14)*
natal *(adj.)* birth *(18)*
naturaleza nature *(13)*
navegar to sail *(12)*
Navidad *(f.)* Christmas *(11)*
   Navidades Christmas season *(11)*
neblina fog *(7)*
   hay neblina it's foggy *(7)*
necesidad *(f.)* necessity *(6)*
necesitar to need *(4)*
negar(se) (ie) a to deny; to refuse to *(18j)*
negocio business; business deal *(2)*
negro (black) *(6)*
nerviosidad *(f.)* nervousness *(4m)*
nevado/a snow-covered *(17)*
nevar (ie) to snow *(7)*
nicaragüense Nicaraguan *(20n)*
nieta granddaughter *(2)*
nieto grandson *(2)*
ninguno/a none; not any *(4)*
niñez *(f.)* childhood *(12)*

niño/a child *(4)*
nivel *(m.)* level *(12)*
níveo snowy *(17)*
no no, not *(1)*
    No sé. I don't know. *(1)*
noche *(f.)* night *(1)*
nombrado/a nominated *(19)*
nombramiento nomination *(19e)*
nombrar to nominate *(19)*
nombre *(m.)* name *(3)*
norte north
    norteamericano/a North American;
    person from the U.S. *(3)*
nos (to, for) us *(9)*
nosotros/as we; us *(after prep.)* *(4, 9)*
nota grade *(7)*
notar to note, to notice *(20)*
noticia piece of news *(20)*
    noticias news *(4)*
noticiero newscast *(20)*
novecientos/as nine hundred *(6)*
novela novel *(4)*
    telenovela soap opera *(4)*
noveno/a ninth *(6)*
noventa ninety *(2)*
novia fiancée; serious girl friend *(1)*
noviembre November *(4)*
novio fiancé; serious boy friend *(1)*
nube *(f.)* cloud *(6)*
nublado cloudy *(7)*
nuera daughter-in-law *(2)*
nuestro/a our *(4)*
nueve nine *(1)*
nuevo/a new *(3)*
    de nuevo again *(19)*
número number *(4)*
nunca never *(4)*

O

objetivo objective *(17n)*
objeto object *(13)*
obra work
    obra de arte work of art *(6v)*
obrero/a worker; laborer *(3)*
obtener (ie) to obtain *(4)*
octavo eighth *(6)*
octubre October *(4)*
ocultar to hide; conceal *(15)*
ocupado/a busy; occupied *(6, 18)*
ochenta eighty *(2)*
ocho eight *(1)*
ochocientos eight hundred *(6)*
odiar to hate *(8)*
oficial *(m. or f.)* officer *(1j)*
    oficial de préstamos loan officer
    (6n)
    oficial de libertad provisional
    parole officer *(14j)*
oficina office *(3)*

oído ear (inner) *(7)*
oír to hear *(7)*
ojalá would that *(16)*
ojo eye *(7)*
olvidar(se) to forget *(13)*
olla pot *(10)*
ómnibus *(m.)* bus *(16)*
once eleven *(1)*
onza ounce *(12v)*
órden *(m. or f.)* order (arrangement);
    command; request *(11)*
    a sus órdenes at your service *(2)*
oreja ear (outer) *(7)*
orgullo pride *(18)*
orgulloso/a proud *(9)*
orinar to urinate *(4m)*
oro gold *(5)*
otoño fall *(4)*
otro/a other; another *(4)*

P

paciente *(m. or f.)* patient *(1m)*
    paciente externo out-patient *(10m)*
padecer (zc) to suffer *(14)*
padre father *(1)*
    padres parents *(2)*
pagar to pay *(1)*
pagaré *(m.)* promissory note *(6n)*
pago payment *(3n)*
paja straw
    paja en el ojo speck in one's eye
    (18m)
palanca switch; handle *(6, 17)*
palco box (theater) *(20v)*
pálido/a pale *(12)*
palo club *(15)*
pan *(m.)* bread *(9)*
    pan dulce sweet roll *(9)*
    pan tostado toast *(9)*
panadería bakery *(13)*
panadero baker *(13)*
panameño/a Panamanian *(20n)*
pandereta tambourine *(20)*
panqueque *(m.)* pancake *(9)*
pantalones *(m.)* pants *(8)*
    pantalones cortos shorts *(19v)*
pantaletas panties *(8)*
pantimedias pantyhose *(8)*
pantorilla calf (of the leg) *(6m)*
papa potato *(9)*
papalote *(m.)* kite *(15e)*
papel *(m.)* paper *(1)*
papelería stationery store *(11)*
paperas mumps *(14m)*
paquete *(m.)* package *(10)*
par *(m.)* pair, even *(15)*
para for *(3)*
    ¿Para qué? What for? *(3)*

para que in order to *(17)*
parabrisas *(m. sing.)* windshield *(18v)*
parado/a standing, stopped *(17)*
paraguas *(m. sing.)* umbrella *(8)*
paraguayo/a Paraguayan *(20n)*
paralizar (c) to paralyze *(16)*
parar to stop *(15)*
    pararse to stand up *(6e)*
    pararse contra to stand against *(2j)*
parecer (zc) to seem *(6)*
    parecerse a to look like, to resemble
    (14)
pared *(f.)* wall *(1)*
parentesco relationship *(20)*
parque *(m.)* park *(4)*
parte *(f.)* part
    ¿De parte de quién? Who's calling?
    (18)
partido game; party (political) *(15, 19)*
párrafo paragraph *(11e)*
pasado past *(4)*
    pasado mañana day after tomorrow
    (4)
pasajero/a passenger *(16)*
pasaporte *(m.)* passport *(1)*
pasar to go by; to spend (time); to
    come in; to happen *(5, 12, 19)*
    ¿Qué te pasa? What's the matter
    with you? *(19)*
    ¿Qué pasó? What happened? *(16e)*
pasear to sightsee; to stroll *(10)*
paseo ride, walk; tour *(12)*
    dar un paseo to go for a ride, to
    walk
pasillo hall, hallway *(5)*
pastel *(m.)* pastry, pie *(9)*
patear to kick *(15)*
patín *(m.)* skate *(15)*
patinar to skate *(8)*
patio de recreo playground *(5e)*
patrulla patrol *(19j)*
peatón *(m.)* pedestrian *(10j)*
pecho chest *(7)*
pedazo piece *(14)*
pedir (i) to ask for; to order; to apply
    for *(9, 15, 11n)*
pegar to glue *(6)*
peinarse to comb one's hair *(13)*
peine *(m.)* comb *(13)*
peineta comb *(13)*
pelea fight *(15)*
    pelea de gallo cock fight *(15)*
pelear to fight *(9)*
    pelearse to get into a fight *(17)*
película movie; film *(4)*
peligrar to be in danger *(11)*
peligroso/a dangerous *(7)*
pelirrojo/a redheaded *(3)*
pelo hair *(7)*
pena sorrow *(19)*
pene *(m.)* penis *(7m)*

pensar (ie) to think
  pensar (+ *inf.*) to intend *(10)*
  pensar en to think about *(12)*
pensativo/a thoughtful *(13)*
pensión *(f.)* rooming house *(2v)*
peor worse, worst *(7)*
pequeño/a small *(6)*
percha hanger *(8v)*
perchero hanger *(8v)*
perdedor/a loser *(17)*
perder (ie) to lose *(6)*
  perderse to get lost *(16e)*
pérdida loss *(8)*
perdón *(m.)* pardon *(1)*
  perdóneme pardon me *(1)*
perezoso/a lazy *(3)*
periodista *(m. or f.)* journalist *(4)*
período period, time *(13)*
  período de descanso break *(13)*
perjudicar to damage *(18)*
permiso permit *(20)*
pero but *(3)*
perseguir (i) to pursue *(5j)*
persona person *(4)*
personal *(m.)* personnel *(4)*
pertenecer (zc) to belong, to pertain *(13)*
peruano/a Peruvian *(20n)*
pesadez *(f.)* heaviness *(18)*
pesado/a tiresome; heavy *(4, 12)*
pésame (dar el) condolences (to express) *(20)*
pesar to weigh *(18)*
pescado fish *(9)*
pescar to fish *(12)*
peseta money; currency of Spain *(6)*
peso weight; currency of many Latin American countries *(18, 20n)*
pestillo de resorte bolt *(11j)*
petróleo petroleum *(20n)*
picada bite *(9)*
picador *(m.)* horseback rider who thrusts at bull during bullfight *(18)*
picante hot (spicy) *(9)*
picar to bite *(14)*
pico beak; bite *(5, 18)*
pie *(m.)* foot *(7)*
piedra stone *(10)*
piel *(f.)* skin; fur *(7, 12)*
pierna leg *(7)*
  dormir a pierna suelta to sleep soundly *(13)*
pieza teatral play *(11)*
pijama *(m.)* pajamas *(8)*
píldora pill *(14)*
pimienta pepper *(9)*
pintar to paint *(9)*
piropo compliment (paid by a man to a woman) *(5)*
piscina swimming pool *(10)*
piso floor *(5)*

piyama *(m.)* pajama *(8)*
pizarra blackboard *(1)*
placa license plate *(12j)*
placer *(m.)* pleasure *(11)*
plana statement, page *(15n)*
planchar to iron *(14)*
planear to plan *(13)*
planta plant *(4)*
  planta baja ground floor *(5)*
plata silver *(12)*
plátano banana *(9)*
platillo saucer; cymbal *(9, 20)*
playa beach *(6)*
playera sport shirt *(19v)*
plazo: a plazo largo long term *(11)*
pleito law suit *(20j)*
plomo lead *(18v)*
  sin plomo lead free; unleaded *(18v)*
pluma pen *(1)*
pobre poor *(3)*
poco/a little *(3)*
  por poco almost *(14)*
poder (ue) to be able *(4)*
poderoso/a powerful *(18)*
poesía poetry *(5)*
poeta *(m.)* poet *(20)*
poetiza (female) poet *(20)*
policía *(m.)* police officer; *(f.)* police force *(3, 3)*
político/a politician *(3)*
póliza policy *(14n)*
pollo chicken *(9)*
ponedor *(m.)* person who places bets *(19)*
poner to put *(6)*
  poner la mesa to set the table *(9)*
  poner pie en to set foot on *(18)*
  ponerse to put on *(13)*
  ponerse al día to catch up *(16)*
  ponerse bien to get well *(14)*
  ponerse en línea to get in line *(6e)*
  ponerse de pie to stand up *(13)*
poniente setting *(19)*
por for, through, by *(1)*
  por ciento percent *(2n)*
  por favor please *(1)*
  ¿Por qué? Why? *(4)*
  por supuesto of course *(15)*
porque because *(3)*
portarse bien to behave *(7)*
porte: carta de porte bill of lading *(10n)*
portería porter's office *(13)*
portero porter *(13)*
porvenir *(m.)* future *(19)*
poseedor/a possessor, owner *(19)*
poseer to possess, to own *(19)*
poseído/a possessed; vain *(19)*
precio price *(2n)*
precioso/a darling *(9)*
precipitarse a to rush into *(15)*

pre-escuela preschool *(8)*
preferencia preference *(4)*
preferir (ie; i) to prefer *(10)*
preguntar to ask a question
prender to turn on *(6)*; to take (vaccination) *(4, 14m)*
prensa press *(5)*
preocupado/a worried *(3)*
preocupar to worry *(6)*
  preocuparse to be worried *(13)*
presencia: de buena presencia good-looking *(18)*
presenciar to see, to witness *(16)*
presentarse to present oneself; to report to a place *(14j)*
presillar to staple *(6)*
presión *(f.)* pressure *(14)*
préstamo loan *(7)*
prestar to lend *(10)*
  prestado/a borrowed, loaned *(9)*
pretérito past *(20)*
prima premium *(14n)*
primavera spring *(4)*
primer, primero/a first *(6)*
  primeros auxilios first aid *(14)*
primo/a cousin *(2)*
principal main *(9)*
principio beginning *(14)*
prisa hurry, rush *(13)*
  con prisa in a hurry *(13)*
prisionero/a prisoner *(13)*
privacidad *(f.)* privacy *(11v)*
privado/a private *(14)*
probar (ue) to try *(17)*
  probarse to try on *(13)*
procedimiento procedure *(14)*
profesor/a teacher *(1)*
programa *(m.)* program *(4)*
programador/a programmer *(13)*
prohibir to forbid *(16)*
prometedor/a promising *(20)*
prometer to promise *(19)*
pronto quickly *(4)*
propaganda advertising *(18n)*
propiedad *(f.)* property *(8n)*
proponer to propose; to move (parliamentary procedure) *(11, 19e)*
proximidad *(f.)* closeness *(17)*
proyecto project *(19e)*
prueba test *(5)*
  a toda prueba in the face of all obstacles *(19)*
psicólogo psychologist *(13)*
psiquíatra *(m. or f.)* psychiatrist *(1s)*
publicidad *(f.)* publicity; advertising *(118n)*
publicitario/a publicity *(18n)*
pueblo town; people *(10, 18)*
puerco pork *(9)*
puerta door *(5)*
puerto port *(5n)*

puertorriqueño/a Puerto Rican *(20n)*
pues well *(12)*
puesto booth, station; put *(p. part of poner)* *(13, 14)*
pulga flea *(18m)*
pulgada inch *(12v)*
pulgar *(m.)* thumb *(7)*
pulmón *(m.)* lung *(7m)*
pulmonía pneumonia *(9m)*
pulsera bracelet *(8)*
pulso pulse *(14)*
punto point, spot
   punto de vista point of view *(12)*
   puntos oscuros dark spots *(15m)*
puño fist *(17m)*
   cerrar el puño to make a fist *(17m)*
puñalada stab *(14)*
   dar una puñalada to stab *(14)*
puro/a pure, certain *(9)*

Q

que than, that *(3)*
   ¿Qué? What? *(1)*
   ¿Qué tal? How's it going? *(1)*
quedar to be located *(16)*
   quedarse to stay *(4)*
   quedarse con to keep *(9v)*
quehacer *(m.)* chore *(17)*
queja complaint *(16)*
   dar quejas to register complaints *(19)*
quejarse to complain *(16)*
quemar to burn *(14)*
   quemarse to get burned *(12m)*
queque *(m.)* cake *(9)*
querer (ie) to want; to love *(1, 15)*
   querer decir to mean *(13)*
quetzal *(m.)* currency of Guatemala *(20n)*
quien who *(2)*
   ¿A quién(es)? To whom? *(2)*
quieto/a quiet *(12m)*
quijada chin *(7)*
química chemistry *(12e)*
quince fifteen *(1)*
quinceañera fifteen-year-old *(11)*
quinientos five hundred *(6)*
quinto fifth *(6)*
quisiera I/he/she would like *(14)*
quitarse to take off *(13)*

R

radiografía X-ray *(17m)*
raíz *(f.)* root *(14)*
raptar to kidnap *(20m)*
raqueta racket *(15)*
raro/a rear *(17)*
   raramente rarely
rasparse to scratch *(17)*

rastro trace *(20)*
rayuela hopscotch *(15e)*
raza race *(11)*
razón *(f.)* reason, right *(7)*
   tener razón to be right *(7)*
reaccionar to react *(17)*
recado message *(13)*
recámara bedroom *(10)*
recaudar fondos to raise funds *(19e)*
recepción *(f.)* reception; reception desk *(5)*
recepcionista receptionist *(4)*
receptor *(m.)* receiver *(18)*
receta recipe; prescription *(1, 14)*
recetar to prescribe *(9m)*
recibimiento reception; welcome *(20)*
recibo receipt *(20)*
   recibo de venta sales check *(13j)*
recién recently *(20)*
recipiente *(m.)* receptacle *(17m)*
reclamación de equipaje baggage claim *(16)*
reconocimiento médico physical examination *(16)*
recordar (ue) to remember *(13)*
recreo break *(13)*
rectángulo rectangle *(6)*
rechazar to dismiss, to reject *(20j)*
redondo/a round *(6)*
reducir (zc) to reduce *(8s)*
reembolso refund *(9n)*
referir (ie; i) to refer *(4s)*
   referirse a to refer to; to have to do with *(19)*
regadera shower *(10)*
regalo gift *(2v)*
registrar to search *(2j)*
regla rule; policy *(7, 11)*
regresar to return *(14)*
regular *(adv.)* all right *(1)*
reina queen *(19)*
reino kingdom *(18)*
relámpago lightning *(12)*
reloj *(m.)* clock; watch *(5)*
remedio remedy *(14)*
   remedio casero home remedy *(14)*
   no hubo remedio it couldn't be helped *(20)*
remesa shipment *(13n)*
remordimiento regret *(20)*
renal *(adj.)* pertaining to the kidney *(16s)*
renta income; investment income *(15n)*
reparación *(f.)* repair *(15n)*
repollo cabbage *(9)*
representante *(m. or f.)* representative *(19)*
reprimir to repress *(19)*
requisito requirement *(17)*
resbaladero slide *(15e)*
resbalarse to slip *(16e)*

resfriado cold *(14)*
   estar resfriado/a to have a cold *(14)*
respiración *(f.)* breathing *(14)*
   respiración boca a boca mouth-to-mouth resuscitation *(14)*
respirar to breathe *(8m)*
responder to answer *(1)*
respuesta answer *(13)*
restaurante *(m.)* restaurant *(5)*
restaurar to restore *(14)*
resto/a rest; the rest *(11)*
resucitación cardiopulmonar CPR *(14)*
resultado result *(10)*
resumen *(m.)* summary *(18e)*
resumir to summarize *(18e)*
retardado retarded *(12s)*
retirarse to retire *(19)*
retiro retirement *(10s)*
reunión *(f.)* meeting *(4)*
reunirse to meet *(12)*
revés *(m.)* reverse *(5)*
   al revés the opposite *(5)*
revisar to check *(16)*
revuelto/a scrambled *(9)*
rey *(m.)* king *(19)*
   Reyes Magos Three Wise Men *(11)*
rico/a rich *(3)*
riesgo risk *(7)*
rincón *(m.)* corner (of a room) *(17)*
riñón *(m.)* kidney *(7m)*
río river *(6)*
risa laughter *(19)*
rodear to surround *(19)*
rodilla knee *(7)*
rojo/a red *(6)*
rompecabezas *(m. sing.)* puzzle *(17)*
romper to tear; to break *(6, 10)*
   romperse to get broken *(13m)*
ron *(m.)* rum *(20)*
ropa clothing *(8)*
   ropa de cama bed clothing *(11v)*
ropero closet *(10)*
rosado/a pink *(6)*
roto/a broken *(14)*
rozagante wholesome *(10)*
rubéola German measles *(14m)*
rubio/a blonde *(3)*
rueda wheel *(12j)*
ruido noise *(7)*

S

sábado Saturday *(4)*
sábana sheet *(10)*
sabedor knowing *(19)*
saber to know; to know how to *(4)*
sabido known *(19)*
sabihondo wise; all-knowing *(19)*
sacar to take out *(10)*
sacarina saccarine *(9)*

sagrado/a sacred *(15)*
sal *(f.)* salt *(9)*
sala large room; living room *(5, 10)*
 sala de clase classroom *(3)*
 sala de emergencia emergency room *(14)*
 sala de empleados employees' lounge *(5)*
 sala de espera waiting room *(14)*
 sala de maternidad maternity room *(14)*
 sala de recuperación recovery room *(10m)*
saldo balance *(8n)*
 saldo de la hipoteca loan balance *(8n)*
salero salt shaker *(10v)*
salida exit *(5)*
 salida de emergencia emergency exit *(5)*
salir to go out; to leave *(6, 7)*
 salir bien to come out well *(15)*
 salir con la suya to get one's own way *(7s)*
salón *(m.)* large room *(5)*
 salón de rayos X X-ray room *(10m)*
 salón para profesores teachers' lounge *(5e)*
salsa sauce *(9)*
saltador *(m.)* jump rope *(15e)*
saltar to skip *(8e)*
salto jump *(12)*
salud *(f.)* bless you!; health *(1, 14)*
saludar to greet *(20)*
saludable healthy *(10)*
saludo greeting *(1)*
salvadoreño/a Salvadorean *(20n)*
sandalia sandal *(8)*
sangre *(f.)* blood *(8m)*
sanidad *(f.)* sanitation *(12n)*
sano/a healthy *(16)*
santo saint; saint's day *(11)*
sarampión *(m.)* measles *(14m)*
sartén *(f.)* frying pan *(10)*
satisfecho/a satisfied *(13)*
se himself, herself, yourself *(13)*
 se dice they say; it is said *(13)*
 se me cayó I fell down *(15)*
 se me ocurrió it occurred to me *(15)*
 se me olvidó I forgot *(15)*
 se me perdió I lost *(15)*
 se me rompió I broke *(15)*
secadora clothes drier *(10)*
 secadora de pelo hair drier *(11v)*
sección *(f.)* section *(16)*
 sección de fumadores smoking section *(16)*
 no fumadores no smoking *(16)*
secretario/a secretary **(3)**
secuestrar to kidnap *(20m)*
secundar to second *(19e)*

sed *(f.)* thirst *(7)*
 tener sed to be thirsty *(7)*
segmentado/a fragmented, divided *(19)*
seguida: en seguida right away *(13)*
seguir (i) to follow *(6)*
 seguir caminando to keep on walking *(17j)*
según according to *(10)*
segundo/a second *(5)*
seguro insurance *(4)*
 seguro social social security *(4)*
 seguro de colisión collision coverage *(17v)*
seguro/a *(adj.)* sure *(11)*
seis six *(1)*
seiscientos six hundred *(6)*
sello stamp *(3)*
semáforo traffic light *(10)*
semana week *(4)*
 a la semana per week *(13)*
semanal weekly *(12)*
semejante similar, same, such *(6)*
senador *(m.)* senator *(3)*
sencillo/a plain; change; smaller bill *(12, 14v)*
seno breast *(6m)*
sentado/a sitting down *(17)*
sentimiento sentiment *(20)*
sentir (ie; i) to regret *(16)*
 sentirse to feel *(7)*
señal *(f.)* signal *(10j)*
señalar to point out *(20)*
señor Mr., man *(1)*
señora Mrs., woman *(1)*
señorita Miss, young woman *(1)*
separar to separate *(9)*
separado/a separated *(4)*
septiembre September *(4)*
séptimo seventh *(6)*
ser to be *(2)*
 ser querido loved one *(16)*
serenarse to be calm *(16)*
serie *(f.)* series *(10m)*
serio/a serious *(12)*
serpiente *(f.)* snake *(14)*
servicio service *(12n)*
 servicio de ayuda assistance, help *(8s)*
servilleta napkin *(9)*
servir (i) to serve *(11)*
 servir para to be used for *(12)*
sesenta sixty *(2)*
sesión *(f.)* meeting *(19e)*
setecientos seven hundred *(6)*
setenta seventy *(2)*
sexo sex *(7j)*
sexto sixth *(6)*
sí yes *(1)*
si if *(4)*
siempre always *(4)*

siete seven *(1)*
signo sign *(3e)*
 signo vital vital sign *(14)*
siguiente following *(13)*
silla chair *(2)*
 silla de ruedas wheel chair *(9s)*
sillón *(m.)* armchair *(10)*
simpático pleasant, nice *(3)*
sin without *(5)*
 sin que unless *(17)*
sindicato union *(13)*
sino but (contradiction) *(16)*
síntoma *(m.)* symptom *(4m)*
sirviente/a servant *(3)*
soberano/a sovereign *(18)*
sobre above *(5)*
sobremesa after-dinner conversation *(12)*
sobreviviente *(m. or f.)* survivor *(16s)*
sobrevivir to survive *(20)*
sobrina niece *(2)*
sobrino nephew *(2)*
sociedad *(f.)* society; organization *(13)*
socio/a member *(15)*
¡socorro! Help! *(14)*
soda soda *(1)*
sofá *(m.)* sofa *(10)*
soga rope *(16s)*
sol *(m.)* sun *(5)*
solicitar to apply for; to seek *(4, 12b)*
 solicitar favores to ask for favors *(2)*
solicitud *(f.)* application; request *(3, 13e)*
solitario/a lonely *(16)*
sólo/a only *(9)*
soltero/a single (unmarried) *(4)*
sollozar (c) to sob *(17)*
sombrero hat *(8)*
someter to subjugate *(19)*
sonar to sound; to ring *(10, 12)*
 sonarse la nariz to blow one's nose *(17)*
sonido y luz sound and light *(20v)*
sonreír to smile *(11)*
sopa soup *(9)*
soportar to put up with *(8)*
sorber to sip *(18)*
sordomudo/a deaf mute *(13s)*
sorprender to surprise; to be surprised *(9)*
sorpresa surprise *(12)*
sospecharse to suspect *(12)*
sospechoso/a suspicious *(1j)*
sostén *(m.)* bra; brassiere *(8)*
sostener (ie) to support *(16)*
sótano basement *(5)*
su your, his, her, their *(2)*
subir to climb; to go up *(17)*
subterráneo subway *(16)*
suceso incident; event *(4j, 11)*

sucio/a dirty *(10)*
sucre *(m.)* currency of Ecuador *(20n)*
suegra mother-in-law *(2)*
suegro father-in-law *(2)*
sueldo salary *(13)*
sueño sleep *(7)*
  tener sueño to be sleepy *(7)*
suero intravenoso IV; intravenous
  serum *(11m)*
suerte *(f.)* luck *(12)*
  tener suerte to be lucky *(12)*
sufrimiento suffering *(16)*
sugerir (ie; i) to suggest *(16)*
sujetar to subdue *(8j)*
sumar to add *(4e)*
supermercado supermarket *(5)*
suponer to suppose *(19)*
sur *(m.)* south *(18)*
surgir to arise *(18)*
suspender to stop *(11j)*
  suspender la entrega stop delivery
  (11j)
suyo/a his, hers, yours, theirs *(15)*

T

tablero game board *(15)*
tal vez perhaps *(11)*
talla size *(13)*
tambor *(m.)* drum *(20)*
tan so *(5)*
  tan . . . como as . . . as *(8)*
  tan pronto como as soon as *(17)*
tanto/a como as much as *(8)*
  tantos/as como as many as *(8)*
tapar to cover *(5)*
tapicería upholstery *(11v)*
tarde *(f.)* afternoon *(1)*
  de la tarde p.m. *(4)*
  por la tarde in the afternoon *(4)*
tarde *(adv.)* late *(5)*
tardío/a *(adj.)* late *(17)*
tarea homework *(10)*
tarifa rate *(17j)*
tarjeta card *(1)*
  tarjeta de crédito credit card *(1)*
  tarjeta de embarque boarding pass
  (16)
tasa rate *(3n)*
tasador/a appraiser *(8n)*
tatuaje *(m.)* tattoo *(7j)*
taza cup *(9)*
te you *(fam., obj. or refl. pron.)* *(4)*
té *(m.)* tea *(9)*
teatro theater *(5v)*
técnico/a technician *(3)*
tela cloth *(12)*
  tela adhesiva adhesive tape *(14)*
teléfono telephone *(4)*
telefónico/a *(adj.)* telephone *(18)*
telegrafiar to telegraph *(14v)*

televisión *(f.)* television (media) *(4)*
televisor *(m.)* television set *(6)*
temor *(m.)* fear *(6)*
temperatura temperature *(14)*
temporada period of time; stay *(19)*
temprano early *(6)*
tender (ie) to tend to *(16)*
tenedor *(m.)* fork *(9)*
tener (ie) to have *(4)*
  tener cuidado to be careful *(8)*
  tener ganas de *(+ inf.)* to feel like
  (19)
  tener la bondad de *(+ inf.)* please
  (+ verb) *(13)*
  tener lugar to take place *(19j)*
  tener que *(+ inf.)* to have to *(4)*
teocracia theocracy *(19)*
terapia therapy *(9s)*
  terapia física physical therapy *(9s)*
tercer; tercero/a third *(6)*
terminado/a completed *(11n)*
terminar to finish *(4)*
tertulia get-together *(12)*
terremoto earthquake *(12)*
terreno land *(19)*
terrestre *(adj.)* land; earth *(16)*
testigo witness *(4j)*
ti you *(obj. of prep.)* *(9)*
tía aunt *(2)*
tiempo time; weather *(4, 12)*
  ¿Qué tiempo hace? What kind of
  weather is it? *(6)*
tienda store *(1)*
  tienda de departamentos
  department store *(11v)*
tiernamente tenderly *(14)*
tierno/a tender, young *(16)*
tijeras scissors *(2e)*
tina bathtub, tub *(9)*
tintorería dry cleaners *(19v)*
tío uncle *(2)*
  tío vivo merry-go-round *(15e)*
tipo type *(6n)*
tirar to throw; to pull; to shoot *(6, 10,
  12)*
tiza chalk *(2e)*
toalla towel *(10)*
tobillo ankle *(7)*
tocador *(m.)* dresser *(10)*
tocar to touch; to play (musical
  instrument) *(6, 7)*
  tocarle a uno to be someone's turn
  (9e)
tocino bacon *(9)*
todavía yet *(8)*
todo all *(11)*
  todo el día all day *(12)*
  todos los días every day *(12)*
tolete *(m.)* club, stick, cudgel *(8j)*
tomar to take *(2)*
  tomar agua to get a drink *(17)*

  tomar decisiones to make
  decisions *(17n)*
tomate *(m.)* tomato *(9)*
tonelada ton *(13n)*
tono tone *(18)*
  tono de discar dial tone *(18)*
tontería stupid thing or action; silliness
  (20)
tonto/a dumb *(3)*
torcer (ue) to twist *(14)*
tormenta storm *(12)*
torniquete *(m.)* tourniquet *(14)*
toronja grapefruit *(9)*
torta cake *(9)*
tos *(f.)* cough *(14)*
  tos ferina whooping cough *(14m)*
trabajador/a *(adj.)* hard-working *(3)*
trabajador/a worker *(4)*
  trabajador/a social social worker
  (4)
trabajar to work *(4)*
trabajo work *(2)*
  trabajo social social work *(1)*
traer to bring *(8)*
tragamonedas *(m. sing.)* vending
  machine *(5v)*
trago drink, swallow *(15)*
traguito little swallow *(10)*
traje *(m.)* suit *(8)*
trámite *(m.)* procedure; paperwork
  (16n)
  trámites de descargues unloading
  procedures *(16n)*
tranquilo/a calm, quiet *(3)*
tranquilizarse to be calm *(12)*
tránsito traffic *(10j)*
transporte *(m.)* transportation *(6)*
  transporte aéreo by air freight
  (16n)
  transporte marítimo by ship
  (16n)
trasero/a back *(19j)*
tratamiento treatment *(14)*
tratar to try
  tratar de *(+ inf.)* to try to *(5)*
  tratarse de to deal with *(7)*
travieso/a mischievous *(3)*
trece thirteen *(1)*
tren *(m.)* train *(16)*
tres three *(1)*
trescientos three hundred *(6)*
triángulo triangle *(6)*
tribunal *(m.)* court *(20j)*
  tribunal supremo Supreme Court
  (20j)
tronco trunk *(7)*
trueno thunder *(12)*
tu your *(1)*
tú you *(2)*
tuerto/a one-eyed *(13s)*
turista *(m. or f.)* tourist *(16)*

turno turn *(12)*
  de turno on duty
tuyo/a yours *(15)*

U

un, una a/an *(1)*
ungüento ointment *(14)*
unirse a to join *(13)*
uno/a one *(1)*
unidad *(f.)* unit *(10m)*
  unidad de cuidados intensivos intensive care unit *(10m)*
universidad *(f.)* university *(2)*
  universidad intermedia community college *(5)*
universitario/a university student *(18)*
uña nail *(7)*
urnas electorales ballot box *(19)*
uruguayo/a Uruguayan *(20n)*
usualmente usually *(3)*
usar to use *(2)*
usted (Ud.) you *(formal)* *(1)*
uva grape *(8)*

V

vacaciones *(f. pl.)* vacation *(12)*
vaciar to empty *(2j)*
vacunar to vaccinate *(5m)*
  vacunarse contra to be vaccinated against *(14m)*
valor *(m.)* value *(14)*
vanguardista *(m. or f.)* avantgarde *(12)*
varicelas chickenpox *(14m)*
vaso glass *(9)*
vedar to prohibit *(12)*
vegetal *(m.)* vegetable *(9)*
veinte twenty *(2)*
veinticinco twenty-five *(2)*
veinticuatro twenty-four *(2)*
veintidós twenty-two *(2)*
veintinueve twenty-nine *(2)*
veintiocho twenty-eight *(2)*
veintitrés twenty *(2)*
veintiuno twenty-one *(2)*
vejez *(f.)* old age *(15)*
vejiga bladder *(7m)*
vela wake; candle *(16)*
velocidad *(f.)* speed *(10j)*
velorio wake *(11)*
vencer (z) to expire *(11)*

vencido defeated *(19)*
vencimiento defeat; victory *(19)*
venda bandage *(14)*
  venda elástica elastic bandage *(19m)*
vendaje *(m.)* bandage *(14)*
vendedor/a seller *(2)*
  vendedor/a al por mayor wholesaler *(9n)*
vender to sell *(2)*
veneno poison *(14)*
venezolano/a Venezuelan *(20n)*
venir (ie) to come *(4)*
venta sale *(8)*
  en venta on sale *(8)*
  ventas a detalle retail sales *(9n)*
ventaja advantage *(13)*
ventana window *(1)*
ventanilla window (car window, small window) *(9)*
ver to see *(7)*
  a ver let's see *(7)*
verano summer *(4)*
verdad *(f.)* truth *(2)*
verde green *(5)*
vergüenza shame *(7)*
  tener vergüenza to be ashamed *(7)*
verificar to verify *(15)*
vestido dress *(8)*
  vestido/a de dressed in (as) *(20)*
vestirse (i) to get dressed *(12)*
vez *(f.)* time (no. of times) *(6)*
  de vez en cuando from time to time *(6)*
  en vez de instead of *(16)*
  había una vez once upon a time *(12)*
  muchas veces often *(6)*
  otra vez again *(11)*
  pocas veces seldom, few times *(6)*
viajar to travel *(12)*
viaje trip, travel *(1)*
  de viaje traveling; on a trip *(18)*
viajero/a passenger *(7v)*
vida life *(6)*
video video *(11)*
  juegos de video video games *(11)*
viejo/a old; old person *(3, 5)*
viento wind *(7)*
  hacer viento to be windy *(7)*
viernes Friday *(4)*
  Viernes Santo Good Friday *(11)*
vigilante *(m. or f.)* guard *(3s)*

vigilar to watch *(12)*
vino wine *(1)*
  vino tinto red wine *(9)*
  vino blanco white wine *(9)*
violar to rape *(14)*
violincelo cello *(20)*
virar to turn *(17)*
  virar la cabeza to turn one's head *(17)*
viruela smallpox *(14m)*
  viruelas locas chickenpox *(14m)*
visitador visitor *(1s)*
  visitador/a social case worker *(1s)*
visitante *(m. or f.)* visitor *(2)*
vista view *(16v)*
visto seen *(14)*
viuda widow *(4)*
viudo widower *(4)*
vivaz vivacious *(16)*
viviente living *(16)*
vivir to live *(4)*
voltearse to turn over *(16m)*
voluntario/a volunteer *(14)*
volver(se) (ue) to return; to turn around, to turn over *(16m)*
votante *(m. or f.)* voter *(19)*
voz *(f.)* voice *(12)*
  a toda voz loudly *(16)*
vuelo flight *(16)*
vuelto returned *(14)*

Y

y and; plus *(1, 4e)*
ya already *(4)*
yate *(m.)* yacht *(2)*
yerno son-in-law *(2)*
yo I *(4)*
yodo iodine *(14)*

Z

zanahoria carrot *(9)*
zapatería shoe store *(13)*
zapatero shoemaker *(13)*
zapato shoe *(2)*
zona zone, area; zip code *(4)*
  zona para peatones pedestrian walkway *(10j)*
  zona prohibida no-parking zone *(10j)*
  zona telefónica area code *(18)*

English-Spanish Vocabulary

A

a un, una
able, be able poder(ue)
abroad extranjero
absence ausencia
absent ausente
abundance abundancia
abuse abusar
accept aceptar
accessory accesorio/a
accompany acompañar
accomplice cómplice *(m. or f.)*
according to según
account cuenta
  savings account cuenta de ahorros
accountant contador/a
accounting contabilidad *(f.)*
ache dolor *(m.)*, malestar *(m.)*
ache doler (ue) *(v.)*
achieve alcanzar (c)
acquainted: to become acquainted
  with conocer (zc)
active activo/a
accused acusado/a
add sumar
address dirección *(f.)*
adhesive adhesivo/a
  adhesive tape tela adhesiva
adjust ajustar (things), adaptarse
  (people)
administration administración *(f.)*
administrator administrador/a
admission entrada
advance avance *(m.)*
advance avanzar (c) *(v.)*
advantage ventaja
adventure aventura
advertisement anuncio
advertising propaganda, publicidad *(f.)*
advise aconsejar
affect afectar
afraid miedo
  be afraid tener miedo
after después de
afternoon tarde *(f.)*
again otra vez
against contra
age edad *(f.)*
  What is your age? ¿Qué edad tiene
  Ud.?
agent agente *(m. or f.)*
  shipping agent agente de carga
agency agencia

employment agency agencia de
  colocaciones; agencia de empleados
agreed de acuerdo
ahead adelante
aim apuntar
air aire *(m.)*
  air conditioning aire acondicionado
  air freight transporte aéreo
airplane avión *(m.)*
alcohol alcohol *(m.)*
all todo
  all day todo el día
  all right bien; está bien
allergic alérgico/a
alleviate aliviar
allowance cuota; gastos personales
almost casi; por poco
aloud en voz alta
alphabet alfabeto
already ya
although aunque
always siempre
a.m. de la mañana
ambassador embajador/a
ambition ambición *(f.)*
ambitious ambicioso/a
amniocentesis amniosintesis *(f.)*
among entre
amplifier amplificador *(m.)*
analyze analizar (c)
ancient antiguo/a
and y
anger enojo
Anglo-American angloamericano/a
angry enojado/a
announce anunciar
announcement anuncio
announcer (radio) locutor/a de radio
annoy molestar
annual anual
another otro/a
answer contestar (v.)
  answer courteously responder
  cortesmente
antacid antiácido
antibiotic antibiótico/a
antique antiguo/a
anxiety ansiedad *(f.)*
anxious ansioso/a
any cualquier
apartment apartamento
appeal apelación *(f.)*
  appeals court corte *(f.)* de apelación
appetizer aperitivo

appliance aparato
application solicitud *(f.)*
apply for solicitar; pedir (i)
appointment cita
appraiser tasador/a
appreciate apreciar
approach acercarse a
approved aprobado/a
April abril
area zona, área
  area code zona telefónica
Argentinian argentino/a
argument discusión *(f.)*
arise surgir
arithmetic aritmética
arm brazo
armpit axila
around alrededor de
arrest arresto
arrive llegar
art arte *(f.)*
article artículo
artist artista *(m. or f.)*
as como
  as . . . as tan . . . como
  as if como si
  as much . . . as tanto/a . . . como
  as many . . . as tantos/as . . . como
  as soon as en cuanto
  as soon as possible en cuanto sea
  posible; tan pronto como
  at the same time as a la vez; a
  medida que
ashamed, to be tener vergüenza
ashtray cenicero
aside aparte
ask preguntar
  ask for pedir (i)
  ask for favors solicitar favores
asleep dormido/a
aspirin aspirina
assassinate asesinar
assess hacer una evaluación
assimilate asimilar
assistance asistencia
assistant ayudante *(m. or f.)*
associate asociar
at en; a
athlete atleta *(m. or f.)*
attack atacar (v.) ataque (n.)
attend asistir a
  attend to atendir (ie)
attic ático
attitude actitud *(f.)*

attractive atractivo/a
auditorium auditorio
August agosto
aunt tía
authorize autorizar
available disponible (want ads)
avant-garde vanguardista
awaken despertar (ie)

B

baby bebé *(m. or f.)*
  baby-sitting cuidado de niños
back espalda
bacon tocino
bad mal; malo/a
  not bad menos mal
badge chapa
bag bolsa
  bag of waters fuente *(f.)*
baggage equipaje *(m.)*
  baggage claim reclamación de
  equipaje
bail bond fianza
bailiff alguacil *(m.)*
bakery panadería
balance balancear
  balance of the mortgage saldo de la
  hipoteca
balcony balcón *(m.)*
balloon globo
ballot box urna electoral
banana plátano
banda banda; conjunto (small musical
  group)
bandage venda; vendaje *(m.)*
  Bandaid curita
  elastic bandage venda elástica
bank banco
  bank draft letra de cambio
banquet banquete *(m.)*
baptism bautismo
baptize bautizar (c)
barber barbero
  barber shop barbería
barely apenas
bargain ganga
bark (tree) corteza
bark (dog) ladrar
barril barril *(m.)*
basement sótano
bass; double bass contrabajo
bat bate *(m.)* batear (v.)
bathrobe bata; bata de baño
bathroom baño
bathtub bañadera; tina
battery batería
bay bahía
be ser; estar
  be located quedar

beach playa
  beach resort balneario
beard barba
beat golpear *(give blows)*; ganar *(win)*
  get beaten darse golpes
beater batidora
beautiful hermoso/a
beauty belleza
because porque
become hacerse
bed cama
  bed clothes ropa de cama
bedroom recámara, dormitorio, cuarto
before antes de *(prep.)*; antes de que
  (conj.)
begin empezar (ie)
  begin to empezar a
beginning principio
behave portarse bien
behavior comportamiento
behind detrás de
beige beige
believe creer
bellhop botones *(m. sing.)*
belly barriga
belong pertenecer (zc)
belt cinturón *(m.)*
bend doblar
benefit beneficio
  fringe benefits beneficios accesorios
beside al lado de
besides además
better mejor
between entre
bicycle bicicleta
big grande
bill billete *(m.) (money)*; cuenta
  bill of lading carte de porte
  bill of sale cuenta de ventas
billfold cartera
bingo lotería
biology biología
birth nacimiento *(n.)*; natal *(adj.)*
  give birth dar a luz
birthday cumpleaños
bite bocado *(food)*; picada *(sting)* picar
  (v.)
black negro/a
  Black person negro/a; moreno/a
blackboard pizarra
bladder vejiga
blame culpa
blanket frazada; manta
bleed desangrar
Bless you! ¡Salud!
blister ampolla
block cuadra *(city)*; bloque *(m.) (toy)*
blood sangre *(f.)*
blonde rubio/a
blouse blusa
blow golpe *(m.)*

blow one's nose sonarse la nariz (ue)
blue azul
board of directors mesa directiva
boarding pass tarjeta de embarque
boat barco
bolt pestillo de resorte
  dead bolt cerradura dormida
bond bono
bone hueso
bonus dividendo
book libro
boot bota
booth puesto
border frontera
bore aburrir
boring aburrido/a
born: to be born nacer (zc)
borrowed prestado/a
boss jefe/a
botanical botánico/a
botanical gardens jardín botánico
bother molestar; estorbar
bottle botella; frasco *(small bottle)*
bottom fondo
box caja; palco *(theater)*
boxing boxeo
boy chico; muchacho
  boyfriend novio
bra; brassiere sostén *(m.)*
bracelet brazalete *(m.)*; pulsera
brake freno
brand marca
Brazilian brasileño/a
bread pan *(m.)*
break período de descanso; recreo
break romper, quebrar, fracturar *(bone)*
  break up dispersarse
  get broken romperse
breakfast desayuno
breast seno
breath respiración *(f.)*
  breath test examen *(m.)* de la
  respiración
breathe respirar
brick ladrillo
bridge puente *(m.)*; bridge *(m.) (game)*
bring traer
broaden ampliar
broccoli brécol *(m.)*
broken descompuesto/a; roto/a
broker corredor/a
brother hermano
brother-in-law cuñado
brown café; castaño *(hair)*
brush: brush one's teeth cepillarse los
  dientes; lavarse los dientes
bubble burbuja
buffet aparador *(m.)*
building edificio
bullet bala
bullfight corrida de toros; fiesta brava

bullring plaza de toros
burial entierro
burn quemarse
burning ardor (m.)
bus camión (m.); omnibus; guagua
business negocio; empresa; comercio
   business deal negocio
   business management
   administración de negocios
   business person hombre/mujer de
   negocios
busy ocupado/a
but pero (reason); sino (contradiction)
butcher camicero
   butcher shop camicería
buttock nalga
buy comprar

C

cabbage repollo
cabinet gabinete (m.)
cable cable (m.)
cafe café (m.)
cafeteria cafetería
caffeine cafeína
cake queque (m.); torta
calf (of the leg) pantorilla
call llamada.
call llamar
   May I ask who's calling? ¿De parte
   de quién?
callous callo
calm tranquilo/a
   be calm calmarse
   calm down tranquilizarse (c)
calorie caloría
camera cámara
camp acampar
can lata
   can opener abrelates (m. sing.)
cancellation cancelación (f.)
cancer cáncer (m.)
candy dulces (m.)
cap gorra
capable hábil
capture capturar
capital letter letra mayúscula
car carro; auto; automóvil (m.)
card tarjeta; ficha (data); naipe (game)
   credit card tarjeta de crédito
   identification card tarjeta de
   identificación
   residence card tarjeta de residencia
care cuidado
   intensive care unit unidad de
   cuidados intensivos
   What do I care? ¿Y a mí qué?
careful cuidado
   carefully con cuidado
carpet alfombra

carrot zanahoria
cartridge cartucho
case worker visitador/a social
cash dinero en efectivo
cash register caja
cashier cajero/a
   cashier's check cheque de cajero
casket ataúd (m.)
castanet castañuela
catalog catálogo
catch agarrar; coger
   catch up ponerse al día
catechism catecismo
cathedral catedral (f.)
Catholic católico/a
cause causar
celebrate celebrar
celery apio
cello violincelo
cent centavo
centimeter centímetro
cereal cereal (m.)
certain cierto/a
certificate certificado
chair silla
   arm chair sillón (m.)
   wheel chair silla de ruedas
chalk tiza; gis (f.)
champaign champaña
change cambio
   change of clothing muda de ropa
change cambiar
charge cobrar
   charge for cobrar por
   in charge of encargado/a de
charming encantador/a
chart esquema
cheap barato/a
check facturar, revisar (v.); cheque (n.m.)
   traveler's check cheque de viajero
checkers damas chinas
cheek mejilla
chemistry química
chest pecho
chicken pollo
chickenpox viruelas locas
child hijo/a
   child support mantenimiento para
   niños
   child welfare protección al niño
childhood niñez (f.)
children hijos/as
chill escalofrío
chin barba
chocolate chocolate (m.)
   hot chocolate chocolate caliente
choose escoger
chop chuleta
chore quehacer (m.)
Christian cristiano/a
Christmas Navidad (f.)

church iglesia
cigarrette cigarrillo
circle círculo
citizen ciudadano/a
city ciudad (f.)
   city council consejo municipal
   city hall ayuntamiento
claim check comprobante (m.)
clarify aclarar
clarinet clarinete (m.)
class clase (f.)
   classroom sala de clase
clean limpiar
cleaning limpieza
clerk dependiente/a
climb subir
clinic clínica
clock reloj (m.)
close cerrar (ie)
closeness proximidad (f.)
closet ropero; guardarropa; armario
cloth tela
clothes ropa
   clothes dryer secadora de ropa
cloud nube (f.)
cloudy nublado/a
club club (m.) (organization); garrote
   (m.), palo
clutch (car) embrague (m.)
coast costa
coat abrigo
cock fight pelea de gallos
cocktail coctel (m.)
coffee café (m.)
   coffee pot cafetera
   black coffee café solo
cognate palabra cognada
coin moneda
cold frío/a
   be cold tener frío
   have a cold estar resfriado/a
   get a cold enfriarse
collect recoger
college universidad; universidad
   intermedia
collision coverage seguro de
   accidentes
color color (m.)
Columbian colombiano/a
comb peine (m.), peineta
comb (one's hair) peinarse
come venir (ie)
   come in adelante; pase
   come out well salir bien
   come after (someone) buscar
commission comisión (f.)
commit suicide suicidarse
commercial comercial
   commercial invoice factura
   comercial
committee comité (m.)

commodities mercancías
common común
communion comunión *(f.)*
communicable disease enfermedad transmisible
communist comunista *(m. or f.)*
community comunidad *(f.)*
   community college universidad intermedia
companion compañero/a
company compañía; empresa
complain quejarse
complaint queja
complex complicado/a
complicate complicar
compliment piropo *(given by a man to a woman)*
composer compositor/a
comptroller contralor/a
computer computadora
   computer programming programar la computadora
condition condición *(f.)*
condolences sentido pésame
conference conferencia
   parent-teacher conference conferencia entre padres y profesor/a
confidence confianza
confirm confirmar
congratulate felicitar
connect conectar; comunicar *(telephone)*
conquest conquista
conservative conservador/a
consignee consignatario/a
constantly constantemente
constipated estreñido/a
consular consular
   consular invoice factura consular
consult consultar
consultation consulta
consumer consumidor/a
contact contacto
container envase *(m.)*
contest concurso
contribution aporte *(m.)*
control controlar
converse conversar
cook cocinar
cookie galleta
cool fresco
   be cool hacer fresco
coolness frialdad *(f)*
cope adaptarse
copy copiar
cooperate cooperar
cord cuerda
corner esquina *(street)*; rincón *(m.) (room)*
correct corregir *(v.)*; correcto/a *(adj.)*

cosmetic cosmético/a
cost costar *(ue)*
   costly costoso/a
Costa Rican costarricense
cot catre *(m.)*
cotton algodón *(m.)*
cough tos *(f.)*
   cough syrup jarabe para la tos
   whooping cough tos ferina
council representative concejal *(m. or f.)*
counsel aconsejar
counseling consejo
counselor consejero/a
count contar *(ue)*
counter mostrador *(m.)*
coup d'etat golpe de estado
courage coraje *(m.)*
court corte *(f.)*
cousin primo/a
cover tapar
   cover up abrigarse
CPR resuscitación cardio-pulmonar
cramp calambre *(m.)*
crane grúa
crash choque *(m.)*
crayon creyón *(m.)*
crazy loco/a
cream crema
credit crédito
crippled (arm, hand) manco/a
crisis crisis *(f.)*
crutch muleta
cry llorar
   crying lloroso/a
crystal (and china) cristalería
Cuban cubano/a
cufflink gemelo
cultivate cultivar
cup taza
cure curar
currency moneda
curtain cortina
custodian conserje *(m. or f.)*
custom costumbre *(f.)*
customer cliente *(m. or f.)*
customs aduana
cut corte *(n., m.)*; cortar *(v.)*
   cut oneself cortarse
cycling ciclismo
cymbal platillo

D

dad papá *(m.)*
   daddy papi *(m.)*
daily diario/a
damage daño
dance bailar *(v.)*; baile *(n., m.)*
danger peligro
   be in danger peligrar

dangerous peligroso/a
dark oscuro/a; moreno/a
   dark-haired moreno/a
   dark-skinned moreno/a
   dark spots puntos oscuros
darling precioso/a; querido/a
data datos
date fecha *(calendar)*; cita *(appointment)*
   What's the date? ¿Cuál es la fecha?, ¿A cuánto estamos?
daughter-in-law nuera
dawn amanecer *(m.)*
day día *(m.)*
   day after tomorrow pasado mañana
   day before yesterday anteayer
   day off día feriado; día de fiesta
   day laborer bracero
   day care guardería
   Labor Day Día de Trabajo
dead muerto/a; difunto/a
   dead bolt cerradura dormida
deaf sordo/a
   deaf mute sordomudo/a
deal with tratarse de
death fallecimiento; muerte *(f.)*
debatible discutible
debenture obligación *(f.)*
deceive engañar
December diciembre
decide decidir
decloration decloración *(f.)*
decorate (award) condecorar
deductible deductible
defeat vencimiento
   defeated vencido
defendant demandado/a *(civil)*, acusado/a *(criminal)*
degree grado
dehydrated deshidratado/a
delay demorar
delicious delicioso/a; rico/a *(foods)*
delighted encantado/a
deliver entregar
delivery entrega
demand demanda
demanding exigente
democracy democracia
democratic demócrata
demonstrate demostrar *(ue)*
department departamento
   department store tienda de departamentos
depend on depender de
deposit depósito
   deposit slip modelo de depósito
description descripción *(f.)*
deserve merecer *(zc)*
design diseño

despise despreciar
detail detalle *(m.)*
detain detener (ie)
detective detective *(m. or f.)*
determine determinar
develop desarrollar
development desarrollo
diabetes diabetes *(f.)*
diagnosis diagnosis *(f.)*
dial marcar; discar
  dial tone tono de discar
dialisis diálisis *(f.)*
diarrhea diarrea *(f.)*
dice dados
dictatorship dictadura
die morir (ue); fallecer (zc)
dietetic dietético/a
dietitian dietista *(m. or f.)*
difficult difícil
digit dígito
dining room comedor *(m.)*
direct dirigir (j)
director director/a
dirty sucio/a
disability incapacidad *(f.)*
disabled incapacitado/a
disagreeable antipático/a
disagreement desacuerdo
disappear desaparecer (zc)
disaster desastre *(m.)*
discharge flujo
discipline disciplina
discomfort molestia
disconnect desconectar
discount descuento
discuss discutir
discussion discusión *(f.)*
disdain desdén *(m.)*
dishwasher lavaplatos *(m.)*
disk; diskette ficha
dismiss rechazar
dispatch despachar
distinguish distinguir
  be distinguished
  distinguirse
distracted distraído/a
distributor distribuidor *(m.)*
district distrito
  district attorney fiscal *(m.
  or f.)*
disturbance disturbio
divide dividir
divorced divorciado/a
dizziness mareo
do hacer
dock muelle *(m.)*
doctor médico, doctor/a
  doctor's office consulta;
  consultorio
  doctor on duty médico de
  turno

document documento
doll muñeca
dollar dólar *(m.)*
dominate imponerse a, dominar
door puerta
downstairs abajo
downtown centro
dozen docena
drapes cortinas
draw dibujar
drawer cajón *(m.)*; gaveta
dress vestir, vestirse *(v.)*; vestido *(n.)*
  dressed in vestido/a de
dresser tocador *(m.)*
drink beber *(v.)*, tomar *(v.)*; bebida *(n.)*;
  trago *(n.)*
  get a drink (of water) tomar agua
drive manejar
  driving while intoxicated manejar
  bajo la influencia del alcohol
driver chófer *(m.)*
  driver's license licencia de manejar
  taxi driver chofer de taxi
drop gota
drown ahogar
  be drowned ahogarse
drug droga
drug store farmacia
drum tambor *(m.)*
drunk borracho/a
dry cleaning tintorería
dryer secadora
  clothes dryer secadora de ropa
  hair dryer secadora de pelo
dues cuota
dumb tonto/a
duty deber *(m.)*; impuesto *(tax)*
D.W. I. manejar bajo la influencia del
  alcohol

E

each cada
ear oído *(inner)*; oreja *(outer)*
early temprano
earn ganar
earning ganancia
earring arete *(m.)*
earthquake terremoto
Easter Pascuas
  Easter Sunday Domingo de
  Resurrección
easy fácil
eat comer
eclampsia eclampsia
economics economía
Ecuadorian ecuatoriano/a
effective efectivo
egg huevo
eight ocho
  eight hundred ochocientos/as

eighteen dieciocho
  eighteen-wheeler camión de
  remolque
eighty ochenta
elastic elástica
  elastic bandage venda elástica
elbow codo
elderly person anciano/a
elect elegir (i)
elegible elegible
elegant elegante
elevator ascensor *(m.)*; elevador *(m.)*
eleven once
eliminate eliminar
emerald esmeralda
emergency emergencia
  emergency room sala de emergencia
emotion emoción *(f.)*
  be emotionally disturbed tener
  disturbios mentales
emphasis énfasis *(m.)*
employee empleado/a
employment empleo
  employment agency agencia de
  colocaciones; agencia de empleados
empty vaciar *(v.)*; vacío/a *(adj.)*
encouraged alentado/a
encouragement ánimo
engagement compromiso
  engagement ring anillo de
  compromiso
engineer ingeniero/a
English inglés/a
enjoy gozar (c)
enough bastante
enrich enriquecer (zc)
enroll inscribirse
enterprise empresa
entertain entretener (ie)
entrance entrada
envy envidiar
epileptic epiléptico/a
equipment equipo
equipped equipado/a
erase borrar
establish establecer (zc)
estimated estimado
  estimated damage daño estimado
Europe Europa
European europeo/a
evaluate evaluar
even par *(number)*
even though aunque
event suceso; función *(f.)*
every cada
  every day todos los días
evident evidente
examine examinar
example ejemplo
except menos
exchange cambiar

excursion excursión *(f.)*
excuse excusa
  excuse me (permission) con permiso
execute ejecutar
executive ejecutivo/a
exercise ejercicio
exhibition exhibición *(f.)*
exit salida
  emergency exit salida de emergencia
expense gasto
expensive caro/a
experience experiencia
expired vencido/a
explain explicar
export exportación *(f.)*
exposition exposición *(f.)*
expressway autopista
extend extender
extensive extensivo/a
eye ojo
eyeglasses anteojos
eyebrow ceja
eyelash pestaña

F

fabric tela
face cara
facilitate facilitar
factory fábrica
fad moda; de moda
fainting desmayo
fair justo/a
fair-skinned blanco/a
faith fe *(f.)*
fall otoño *(season)*; caída *(tumble)*
fall down caerse
fall in love enamorarse
fame fama
family familia
  pertaining to the family familiar
fan of aficionado/a
fancy fino/a
fantastic fantástico/a
far lejos *(adv.)*; lejos de *(prep.)*
fascinate fascinar
fascinating fascinante
fast rápido/a
  fast-food restaurant restaurante de servicio rápido
fasten abrochar
fat gordo/a
  be fattening engordar
father padre
father-in-law suegro
faucet grifo
fault culpa
favor favorecer (zc)
fear miedo
  be afraid tener miedo

feast comelona
February febrero
feel sentirse
  feel bad sentirse mal
  feel like tener ganas de
feminine femenino/a
fever fiebre *(f.)*
fiancé novio
fiancée novia
fiction ficción *(f.)*
fifteen quince
fifth quinto/a
fight pelearse
  cock fight pelea de gallos
file archivar
  file folder cartapacio; carpeta
film película
fill llenar
finance financiar
  financial arrangements financiamientos
find encontrar (ue)
  find out about enterarse de
  find guilty declarar culpable
  find innocent declarar inocente
fine multa *(fee)*
finger dedo
  fingernail uña
finish terminar
fire incendio
fire despedir (i) *(disemploy)*; incendio *(n.)*
firearm arma
firechief jefe/a de bomberos
firefighter bombero/a
first primer, primero/a
  first aid primeros auxilios
  first-aid kit botiquín *(m.)*
fish pescar *(v.)*; pescado *(n.—food)*; pez *(n.—alive)*
  fishing pole caña de pescar
fist puño
  make a fist cerrar el puño
fit, be appropriate convenir (ie); quedarle bien
five cinco
  five hundred quinientos/as
fix arreglar
flashlight linterna
flatter halagar
flirt piropear
flight vuelo
  flight attendant asistente/a de vuelo; azafata *(f.)*
flood inundación *(f.)*
floor piso
  ground floor planta baja
flow flujo
flower flor *(f.)*
  flower shop florería
flu gripe *(f.)*

flute flauta
fog neblina
  it's foggy hay neblina
folder carpeta
following siguiente
fond (of) aficionado/a
food alimento
  food stamps estampillas para alimento
fool tonto/a
foot pie *(m.)*
football fútbol *(m.)*; balón *(m.)*
for para; por
  for *(+ length of time)* hace *(+ time)*
forbid prohibir
force forzar (ue)
forehead frente *(f.)*
forget olvidarse
fork tenedor *(m.)*
  fork lift elevador de carga *(m.)*
form forma
form groups reunirse
form a line ponerse en fila
forty cuarenta
forward adelante
fountain fuente *(f.)*
four cuatro
  four hundred cuatrocientos/as
fourteen catorce
fourth cuarto
fracture fractura
freezer congelador *(m.)*
freight carga
French francés
  French horn cuerno francés
frequent frecuente
  frequent contractions pujos seguidos
  frequently con frecuencia
fresh fresco/a
Friday viernes
fried frito/a
friend amigo/a
friendship amistad *(f.)*
frighten asustar
  be frightened tener miedo
fringe benefits beneficios accesorios
from de
front enfrente; delantero/a *(adj.)*
  in front of enfrente de
frying pan sartén *(f.)*
fuel gasolina
  fuel pump bomba de gasolina
fun divertido/a
function funcionar *(v.)*; función *(n., f.)*
funds fondo
  insufficient funds sin fondo
funeral funeral
  funeral home funeraria
  funeral services funerales *(m.)*
fur piel *(f.)*

furnished amueblado/a
furniture muebles *(m.)*
   piece of furniture mueble
future porvenir *(m.)*
   futures entregas futuras; entregas a término

G

gain beneficio; ganancia
gallbladder vesícula
gallery galería
gallon galón *(m.)*
game juego
   game board tablero
   video games juegos de video
garbage basura
gargle hacer gárgaras
gasoline gasolina
   gasoline station gasolinera
gathered reunido/a
gauze gasa
gelatin gelatina
generally generalmente
German measles rubéola
germicida germicida
gesture ademán *(m.)*; gesto
get conseguir (i), obtener (ie)
   get along well andar bien
   get down bajar
   get dressed vestirse
   get in entrar
   get lost perderse
   get married casarse
   get one's own way salirse con la suya
   get out salir
   get to llegar a
   get up levantarse
   get well ponerse bien
   get wet mojarse
get-together tertulia
gift regalo
girl muchacha; chica
give dar
glad; be glad alegrarse
   glad to meet you mucho gusto
glass vaso *(drinking)*; cristal *(window)*
glasses (eye) anteojos
glove guante *(m.)*
glue pegar *(v.)*; goma *(n.)*
go ir
   go back retroceder
   go by pasar
   go out salir
   go around (with) andar (con)
   go on vacation ir de vacaciones
   go shopping ir de compras
   go up subir
   go with acompañar
God Dios

gold oro
good bueno/a
   have a good time divertirse
good-looking guapo/a
Good Friday Viernes Santo
good-bye adiós
gossip chisme *(m.)*
   gossipy chismoso/a
government gobierno
   government overthrow golpe de estado
governor gobernador/a
grade nota; año escolar
graduate graduarse
grain cereal *(m.)*, grano
gram gramo
granddaughter nieta
grandfather abuelo
grandmother abuela
grandson nieto
grape uva
grapefruit toronja
grass césped *(f.)*, yerba
gray gris
   gray-haired canoso/a
   gray hair cana
grease engrasar
great gran, grande
   greater, greatest mayor
green verde
greet saludar
groceries comestibles
groin ingle *(f.)*
gross gruesa
   gross income ganancias brutas
ground molido/a
   ground beef carne molida
   ground floor planta baja
group conjunto *(musical)*
guard guardia *(m. or f.)*; vigilante *(m. or f.)*
Guatemalan guatemalteco/a
guess adivinar
guest invitado/a; huésped *(m. or f.)*
guide dirigir
guitar guitarra
gun revólver *(m.)*; pistola
gymnasium gimnasio
gymnastics gimnasia

H

hair cabello; pelo
   hair dryer secadora de pelo
half medio/a
hall, hallway pasillo
ham jamón *(m.)*
hamburger carne molida
hand mano *(f.)*
handbag bolsa

handcuffs esposas
handicapped incapacitado/a
handle mango; manija; palanca
handsome guapo/a
hang up colgar (ue)
hanger gancho; percha; perchero
happen pasar
   What's happening ¿Qué pasa?
happening acontecimiento
happy alegre; contento/a; feliz
   be happy alegrarse
hard-working trabajador/a
hardly apenas
harp arpa
hat sombrero
hatchet hacha
hate odiar
have tener; haber *(aux.)*
   have just *(done something)* acabar de *(+ inf.)*
   have a good time divertirse
he él
head cabeza *(phys.)*; jefe/a *(chief)*
headache dolor de cabeza; jaqueca
health salud *(f.)*
healthy saludable; sano/a
heart corazón *(m.)*
   heart attack ataque *(m.)* al corazón
heating calefacción *(f.)*
heaviness pesadez *(f.)*
heavy pesado/a
hear oír
height altura
helicopter helicóptero
hello hola; aló; ¿bueno?, oigo *(telephone)*
helmet casco
help ayudar *(v.)*; ayuda *(n.)*
help! ¡socorro!
hemorrhage hemorragia
her la; **to, for her** le
herb hierba
here aquí; acá
hero héroe/heroína
hi hola
hide ocultar
high alto/a
   high school escuela secundaria
   high technology alta tecnología
highway carretera
   highway patrol patrulla de carretera
him lo; **(to, for him)** le
hip cadera
his su, sus
hispanic hispano/a
history historia
hit golpear
holiday feriado/a
holster funda de revólver
Holy Week Semana Santa
hood capota

home casa; hogar *(m.)*
  at home en casa
  home remedy remedio casero
homebody casero/a
homework tarea
Honduran hondureño/a
honest honrado/a
hope esperanza
hopscotch rayuela
horn cuerno
  French horn cuerno francés
horse caballo
  go horseback riding montar a
  caballo
hose medias
hospital hospital *(m.)*
  hospital gown bata
hostility hostilidad *(f.)*
hot calor *(m.)*; picante *(adj.) (spicy);*
  caliente *(adj.) (temp.)*
  be hot tener calor
  hot-water bottle bolsa de agua
  caliente
hotel hotel *(m.)*
hour hora
  per hour por hora
house casa
  house cleaning limpieza de casa
  housewife ama de casa
how como
  How do you say? ¿Cómo se dice?
  how long desde cuando
  how much, how many cuanto/a;
  cuantos/as
  How goes it? ¿Qué tal?
hug abrazo
hundred cien; ciento
hunger hambre *(f.)*
hunt cazar (c)
hurricane huracán *(m.)*
hurry darse prisa
husband esposo
hurt herido/a
hurt oneself lastimarse

I

I yo
ice hielo
  iced helado
  ice cream helado
  ice pack bolsa de hielo
identification identificación *(f.)*
  identification card tarjeta de
  identificación *(f.)*
idiot idiota *(m. or f.)*
if si
ill enfermo/a
illegal ilegal

illegitimate ilegítimo/a
illness enfermedad *(f.)*
image imagen *(m.)*
imaginable imaginable
imagine imaginar(se)
imbecile imbécil *(m. or f.)*
immediately inmediatamente
immigrant inmigrante
important importar *(v.);* importación
  (f.)
impose imponer
imprisoned encarcelado/a
improperly impropiamente
in en; a
  in back (of) detrás de
  in charge of encargado/a de
  in front of delante de
  in order to para que
Inca inca *(m. or f.)*
inch pulgada
incident suceso
including incluso/a
income ingresos
  investment income renta
  gross income ganancias brutas
  monthly income ingresos mensuales
  net income ganancias netas
increase aumentar
independence independencia
index índice *(m.)*
indicate indicar
indigestion indigestión *(f.)*
industrial industrial
  industrial arts artes industriales
infinite infinito/a
inflation inflación *(f.)*
influenza influenza; gripe *(f.)*
inform informar; enterarse
informal informal; sin ceremonia
informed enterado/a
inhabitant habitante *(m. or f.)*
inject inyectar
injure herir (ie)
insect insecto
  insect bite picada de insecto
inside interior *(n.),* adentro *(adv.)*
  inside of dentro de
inspection inspección *(f.)*
  inspection expired inspección
  vencida
inspire inspirar
instead (of) en vez de
instrument instrumento
insufficient funds sin fondo
insurance seguro
insure asegurar
  insured asegurado/a
intelligent inteligente
intend (to) pensar (ie) *(+ inf.)*
intensive intensivo
  intensive care unit unidad de
  cuidados intensivos

interchange intercambio
interest interés *(m.)*
  be interested in interesar
interesting interesante
interpreter intérprete *(m. or f.)*
interrogate interrogar
interruption interrupción *(f.)*
interview entrevistar *(v.);* entrevista *(n.)*
intimately íntimamente
intravenous intravenoso/a
  intravenous serum suero
  intravenoso
invest invertir (ie)
investigate investigar
invoice factura
  consular invoice factura consular
involve meterse en
  involved in metido/a en
iodine yodo
iron planchar
isolated aislado/a
island isla
it lo *(obj. pro.)*
its su, sus
I.V. inyección de suero intravenoso

J

jack gato (automóvil)
jacket chaqueta
jail cárcel *(f.)*
jail encarcelar
January enero
jaw mandíbula
jewelry joya
  jewelry store joyería
Jewish judío/a
join unirse a
joint coyuntura; articulación *(f.)*
joke chiste, broma
journalist periodista *(m. or f.)*
judge juzgar *(v.);* juez *(n.)*
judicial judicial
juice jugo
July julio
jump brincar *(v.);* salto; brinco *(n.)*
June junio
junior size talla de jovencita
junk cachivaches *(m.)*
jury jurado
  grand jury jurado mayor
  petit jury jurado menor
just justo/a
justice justicia
justify justificar

K

keep guardar
  keep on *(continue)* seguir (i)
  keep on walking seguir caminando

key llave *(f.)*
kick patear
kidnap raptar; secuestrar
kidney riñón *(m.);* renal *(adj.)*
kill matar
  be killed; kill oneself matarse
kilogram kilogramo
king rey *(m.)*
kingdom reino
kiss besar *(v.);* beso *(n.)*
kitchen cocina
kite cometa *(m. or f.);* papalote *(m.)*
knee rodilla
knife cuchillo
knob botón *(m.)*
know saber; conocer (zc)
  I don't know No sé.

L

labor trabajo
  Labor Day Día de Trabajo
  labor room sala de maternidad
laboratory laboratorio
laborer obrero/a
lack carecer; hacer falta
lady dama, señora
lake lago
lame cojo/a
lamp lámpara
land terreno *(n.);* terreste *(adj.)*
lane línea
language lengua
lap asiento
last durar *(v.);* último/a *(adj.)*
late tardío/a *(adj.);* tarde *(adv.)*
later más tarde
laughter risa
lavatory lavamanos *(m. sing.)*
law ley *(f.)*
  law enforcement justicia
lawsuit pleito
lawyer abogado/a
laxative laxante *(m.)*
lazy perezoso/a; flojo/a
lead plomo
  lead-free sin plomo
leader líder *(m.)*
leaf hoja
learn aprender
least menos
  at least por lo menos
leather piel *(f.)*
leave dejar; salir
left izquierdo/a
  to the left a la izquierda
left quedarse
leftist izquierdista *(m. or f.)*
leg pierna
legal legal
  legal aid ayuda legal
legalize legalizar (c)

legislative legislativo/a
lemon limón *(m.)*
lend prestar
let dejar; permitir
letter carta; letra *(of the alphabet)*
  letter of exchange letra de cambio
  letter of the alphabet letra
level nivel *(m.)*
liar mentiroso/a
library biblioteca
license licencia
  license plate chapa, placa
  driver's license licencia de manejar
lie mentir (ie) *(v.);* mentira *(n.)*
life vida
light luz *(n.);* ligero/a *(adj.)*
  headlight farol *(m.)*
lightning relámpago
like gustar
lime lima; limón *(m.)*
line línea
  line up, get in line ponerse en línea
liniment linimento
liquor licor *(m.)*
listen escuchar; oír
liter litro
little pequeño/a *(size);* poco/a *(quantity)*
live vivir
  live in habitar
liver hígado
living viviente
  living room sala
load cargar
loan prestar *(v.);* préstamo *(n.)*
  loan officer oficial de préstamos
lock cerrar (ie) con llave
  locked cerrado/a
look (at) mirar
  look (for) buscar
  look into; look out at asomarse a
  look like parecerse a
lonely solitario/a
long largo/a
  long term a plazo largo
  long-distance call llamada a larga distancia
  for how long desde cuando
lose perder (ie)
  lose weight adelgazar (c)
loss pérdida
lotion loción *(f.)*
loudspeaker altavoz *(m.)*
loudly a toda voz
lounge sala de empleados
love amar *(v.);* amor *(n, m.)*
love (be delighted) encantar
  loved one ser querido
lover amante *(m. or f.)*
low bajo/a
lower case (letter) letra minúscula
luck suerte *(f.)*
  be lucky tener suerte

luggage equipage *(m.)*
lunch almuerzo
  have lunch almorzar (c) (ue)
lung pulmón *(m.)*
luxury lujo; de lujo

M

machine máquina
made hecho/a
maid sirviente/a; camarero/a
mail carrier cartero/a
main principal *(m.)*
maintenance mantenimiento
major in especializarse en; estudiar
majority mayoría
make hacer
  make up inventar
  make fun of burlarse de
malice malicia
malicious malicioso/a
man hombre
many muchos/as
manage administrar
manager gerente *(m. or f.)*
map mapa *(m.)*
marble canica *(toy)*
March marzo
maritime marítimo; por mar
mark marca
market mercado
marriage matrimonio; casamiento
marry casarse
  get married casarse
married casado/a
marvelous maravilloso/a
Marxist marxista *(m. or f.)*
masculine masculino/a
mass misa
match encuentro *(sports);* fósforo; cerilla *(flame)*
mathematics matemática
matter asunto
matter importar
  What's the matter with you? ¿Qué te pasa?
mattress colchón *(m.)*
maturation maduración *(f.)*
mature madurar *(v.)* maduro/a *(adj.)*
maturity madurez *(f.)*
maximum máximo/a
  maximum security seguridad máxima
May mayo
mayor alcalde/alcaldesa
me me *(to, for me),* mí *(after prep.)*
meal comida
mean malvado/a
mean querer decir
means medio
  by means of por medio de

measles sarampión *(m.)*
  German measles rubéola
measurement medida
meat carne *(f.)*
mechanical mecánico/a
median mediano/a
medical médico/a
  medical history historia médica
Medicare Seguro Médico Federal
medicine medicina
medium medio/a
meet conocer; encontrar; reunirse
  meet (someone) encontrarse con
meeting junta; reunión *(f.)*; sesión *(f.)*
member socio/a; miembro/a
menopause menopausa
mental mental
  mental health salud *(f.)* mental
merchandise mercancía
merchant comerciante *(m. or f.)*
merry-go-round carrusel *(m.)*; tío vivo
message mensaje; recado
messenger mensajero/a
meter metro
Mexican mexicano/a
  Mexican-American mexicoamericano/
  a; chicano/a
microcomputer microcomputadora
midnight medianoche
migraine headache jaqueca
milk leche *(f.)*
milliliter mililitro
million millón *(m.)*
mine mío/a
minimum mínimo/a
  minimum security seguridad
  mínima
minus menos
minutes acta
miracle maravilla
mirror espejo
miscarriage aborto accidental
mischievous travieso/a
miserable infeliz
Miss; Ms. señorita
miss faltar; perder (ie) *(not attend)*;
  echar de menos *(psych.)*
mistake error *(m.)*
  make a mistake estar equivocado/a
mistress amante
mix mezclar
  mixed up in metido/a en
mixer batidora
moment momento
Monday lunes
money dinero
monotonous monótono/a
month mes *(m.)*
  per month al mes
monthly mensual
  monthly income ingresos mensuales
monument monumento

moon luna
more más
  more . . . than más . . . que
morning mañana
mother madre
mother-in-law suegra
motion moción *(f.)*
mountain montaña
mourning luto; duelo
moustache bigote *(m.)*
mouth boca
  mouth-to-mouth resuscitation
  respiración boca a boca
move *(residence)* mudarse de casa
movement movimiento
movie película
  movie theater cine *(m.)*
Mr. señor
Mrs. señora
much mucho/a
  how much/how many cuantos/as
multiply multiplicar
mumps paperas
muscle músculo
museum museo
music música
musical musical
  musical comedy revista musical
must; one must hay que *(+ inf.)*; deber
  must have debe haber
my mi; mía
myself mí mismo/a

N

nail (finger, toe) uña
name nombre *(m.)*
  be named llamarse
napkin servilleta
narrow estrecho/a
nasty antipático/a
nation nación *(f.)*
native aborigen; autóctono/a
nature naturaleza
nausea náusea
near cerca *(adv.)*; cerca de *(prep.)*
necessity necesidad *(f.)*
neck cuello
necklace collar *(m.)*
need hacer(le) falta; faltar
nephew sobrino
nervousness nerviosidad *(f.)*
net neto/a
  net income ganancias netas
never nunca
new neuvo/a
  New Year Año Nuevo
  news noticias
newscast noticiero
newspaper periódico; diario
  newspaper page plana del diario
next próximo/a

  next to junto a
Nicaraguan nicaragüense *(m. or f.)*
nickname apodo
niece sobrino
night noche *(f.)*
  at night de noche; por la noche
  night watchman vigilante *(m.)*
nightclub club nocturno
nightgown camisa de dormir
nine nueve
  nine hundred novecientos/as
nineteen diecinueve
ninety noventa
ninth noveno/a
nit liendre *(f.)*
no no
noise ruido
nominate nombrar
nomination nombramiento
nominee candidato
none ninguno/a
noodle fideo
noon mediodía *(m.)*
  at noon al mediodía
nose nariz *(f.)*
nosy entremetido/a
not no
  not any ninguno/a
note notar
notebook cuaderno; libreta
nothing nada
notice fijarse (en) *(v.)*; anuncio *(n.)*
notify notificar
November noviembre
now ahora
number número
nurse enfermero/a
nursing enfermería
  nursing home asilo para ancianos

O

oatmeal avena
object objeto
objective objetivo
obtain obtener *(ie)*
occupied ocupado/a
ocean océano
October octubre
odd (uneven) impar *(m.)*
of de
  of course claro; claro que sí; como
  no; por supuesto
offer ofrecer (zc)
  offer *(to do something)* ofrecerse a;
  brindirse a
office oficina
  doctor's office consulta; consultorio
officer oficial *(m. or f.)*
official oficial
often muchas veces
oil aceite *(m.) (cooking)*; petróleo

ointment ungüento
old viejo/a; antiguo/a
   be . . . years old tener . . . años; cumplir . . . años
      old age vejez *(f.)*
      old man viejo
older mayor
oldest el mayor
on en
   on top of arriba de; sobre; encima de
one uno/a
   the one that el/la que
   the ones that los/las que
one-eyed tuerto/a
only sólo; solamente
open abierto/a
open abrir *(v.)*
opening *(first performance)* estreno
opera ópera
operate operar
   operating costs gastos de operación *(f.)*
   operating room sala de operaciones
operator operador/a
oppressed agobiado/a
orange anaranjado/a
orchestra orquesta
   symphony orchestra orquesta sinfónica
order órden *(m.) (sequence); (f.) (command)*
   out of order descompuesto/a; malo/a
order pedir; mandar; hacer facturas; órden *(m.–sequence)*; órden *(f.–command)*
organ órgano
ounce onza
our nuestro/a
out fuera
   out of stock agotado/a
   out of order descompuesto/a; malo/a
out-patient paciente externo/a
outside exterior *(m.)*; afuera *(adv.)*
   outside of fuera de
outstanding descatado/a
oven estufa
over sobre
overseas extranjero
   overseas shipment envío para el extranjero
overtime pago por horas extras
overturn revocar
owe deber
owner dueño/a

P

p.m. de la tarde
pack hacer la maleta
package paquete *(m.)*
padlock candado
pain dolor *(m.)*

paint pintar
pajamas pijama *(m.)*; piyama
palace palacio
pale pálido/a
palpitation palpitación *(f.)*
Panamanian panameño/a
pancake panqueque *(m.)*
panoramic panorámico/a
panties pantaletas
pants pantalones
pantyhose pantimedias
paper papel *(m.)*
paperwork trámites *(m. pl.)*
parade desfile *(m.)*; parada
paragraph párrafo
Paraguayan paraguayo/a
paralize paralizar
paralysis parálisis *(f.)*
paraplegic parapléjico/a
pardon perdón *(m.)*
parents padres
park estacionar *(v.)*; parque *(n.–m.)*
parking estacionamiento
   no-parking zone zona prohibida
parole libertad provisional; libertad bajo palabra
   parole officer oficial de libertad provisional
party fiesta; partido (political)
pass salir bien *(test, course)*
passenger pasajero/a
passport pasaporte *(m.)*
paste goma de pegar
pastry pastel *(m.)*
patient enfermo/a; paciente *(m. or f.)*
patrol patrulla
pay pagar
payment pago
pedestrian peatón/a
   pedestrian walkway zona para peatones
pediatrics pediatría
pen pluma
pencil lápiz *(m.)*
penicillin penicilina
penis pene *(m.)*
people gente *(f.)*; pueblo
pepper pimienta
   pepper shaker pimentero
per por; al/a la
percent por ciento
performance función *(f.)*
perhaps tal vez, quizás
permanent permanente
permit permiso
person persona
   person to person persona a persona
personal personal
personnel personal *(m.)*
Peruvian peruano/a
petroleum petróleo
pharmacist boticario

pharmacy farmacia
philosophy filosofía
photo foto *(f.)*
photograph fotografía
physical físico/a
   physical education educación física
   physical examination reconocimiento médico
   physical therapy terapia física
physics física
piano piano
picture cuadro; lámina
picturesque pintoresco/a
pie pastel *(m.)*
piece pedazo; ficha *(game)*
   piece of advice consejo
   piece of news noticia
pijama pijama *(m.)*; piyama
pill píldora
pillow almohada
pin alfiler *(m.)*; broche *(m.)*
pinch apretar (ie)
pink rosado; color de rosa
pistol pistola
pity lástima
   What a pity! ¡Qué lástima!
place colocar *(v.)*; lugar *(n. —m.)*
placemat mantelito
plain sencillo/a
plaintiff demandante *(m. or f.)*
plan planear *(v.)*; plan *(m., n.)*
plane avión *(m.)*
plant planta
plastic plástico/a
plato plato
   small plate platillo
play jugar (ue) *(games)*; tocar *(v.) (music)*; pieza *(n.)* teatral
playground campo de juegos; patio de recreo
pleasant simpático/a
please por favor; favor de *(+ inf.)*
pleasing complaciente
pleasure gusto
plug in enchufar
plump gordito/a
plus y; más
pneumonia pulmonía
pocket bolsillo
poetry poesía
point punto
   point of view punto de vista
point out indicar
poison veneno
   poison ivy hiedra venenosa
police force policía *(f.)*
police officer policía *(m.)*
police station estación *(f.)* de policía
policy regla; póliza
politician político/a
pollution contaminación *(f.)* del aire
poor pobre

pork puerco
port puerto
porter portero
positive positivo/a
   positive reinforcement expresiones
   positivas
possessor poseedor/a
post office correo
pot olla
potato papa
postage franqueo
pound libra
practical arts artes prácticas
practice ensayar
prefer preferir (ie)
pregnancy embarazo
pregnant en estado; embarazada
premium prima
prepare preparar
   prepare to disponerse a
preschool pre-escuela
prescribe recetar
prescription receta
president presidente/a
press prensa
pressing servicio de planchar
pressure presión (f.)
pretty bonito/a
   pretty good bastante bien
prevent prevenir (ie)
price precio
pride orgullo
priest cura (m.)
principal director/a
prison prisión (f.)
prisoner prisionero/a
privacy privacidad (f.)
private privado/a
probability probabilidad (f.)
probably probablemente; a lo mejor
problem problema (m.)
procedure procedimiento
professional profesional
profit ganancia
program programa (m.)
programmer programador/a
prohibit prohibir
project proyecto
promise prometer
promising prometedor/a
promissory note pagaré (m.)
promote ascender (ie)
property propiedad (f.)
propose proponer
prosperity prosperidad (f.)
Protestant protestante (m. or f.)
proud orgulloso/a
provided that con tal que
psychiatrist psiquíatra (m. or f.)
psychologist psicólogo/a
public público

publicity publicidad (f.)
Puerto Rican puertorriqueño/a
pull jalar; tirar; halar
pulse pulso
pump bomba
punishment castigo
pupil alumno/a
purchase compra
pure puro/a
purple morado/a
purse bolsa
pursue perseguir (i)
push empujar
put poner; meter
   put away guardar
   put on ponerse
   put on makeup maquillarse
   put up with aguantar
puzzle rompecabezas (m. sing.)

Q

quality calidad (f.)
quantity cantidad (f.)
queen reina
question pregunta; cuestión (f.)
questioning interrogatorio/a
quickly pronto
quiet tranquilo/a
   be quiet estarse quieto/a; callarse
quinine quinina
quote cotizar (prices)
   quoted prices cotización (f.)

R

race raza (ethnic group); carrera
   (competition)
   race track hipódromo
racket raqueta
radiator radiador (m.)
radio radio (f.) (broadcast) (m.)
   (apparatus)
railroad ferrocarril (m.)
raincoat impermeable (m.)
raise funds recaudar fondos
raise (in salary) aumento de sueldo
rape violar
rarely raramente
rate tasa; tarifa
rather bastante
raw crudo/a
   raw material materia prima
reach alcanzar (c)
react reaccionar
reaction reacción (f.)
read leer
   read you your rights leerle sus
   derechos
ready listo/a
real estate bienes raíces

realize darse cuenta (de)
really de veras
rear trasero/a
receipt recibo
receiver receptor (m.)
recently recién
receptacle recipiente (m.)
reception recepción (f.); recibimiento
   reception desk recepcionista
recipe receta
recommend recomendar (ie)
record disco (music); récord (m.)
recorder grabador (m.)
recovery recuperación (f.)
   recovery room sala de recuperación
rectangle rectángulo
rectangular rectangular
red rojo
redheaded pelirrojo/a
reduce reducir
refer to referirse (a)
referral referencia
refrigerator refrigerador (m.)
refund reembolso
refuse to negarse (ie) a
regionalism regionalismo/a
register matricularse; inscribirse
registration registro
   registration paper certificado de
   registro
rehabilitation rehabilitación (f.)
regret sentir (ie); arrepentirse (ie) (v.);
   remordimiento (n.)
rehearse ensayar
relationship parentesco
religion religión (f.)
remain quedar
   remain silent permanecer en
   silencio
remember recordar (ue)
rent alquilar (v.); alquiler (n.–m.)
rental alquiler (m.)
repair reparación (f.)
report reporte (m.); informe (m.)
report (to a place) presentarse
repress reprimir
representative representante (m. or f.)
republican republicano/a
reputation reputación (f.)
request solicitud (f.)
requirement requisito
research investigación (f.)
reservation reservación (f.)
residence residencia
   residence card tarjeta de residencia
resort lugar (m.) de recreo
respectable respetable, decente
responsibility responsabilidad (f.)
rest descansar (v.); resto (n.); demás
   (adj.)
restaurant restaurante (m.)

restroom baño
result resultado
retail sales ventas a detalle
retarded retardado/a
retire retirarse; jubilarse
retirement retiro; jubilación *(f.)*
return volver (ue); regresar *(go back)*; devolver (ue) *(give back)*
reverse revés *(m.)*
revolve around girar
revolver revólver *(m.)*
ribbon cinta; listón *(m.)*
rice arroz *(m.)*
rich rico/a
ride pasear
  go horseback riding montar a caballo
rifle rifle *(m.)*
right derecho
  to the right a la derecha
  to be right tener razón
  right away en seguida
  right of way derecho de vía
rightist derechista *(m. or f.)*
ring sonar *(v.)*; anillo *(n.)*
  engagement ring anillo de compromiso
risk riesgo
river río
road camino
roast carne asada
robe bata
roll rollo
roll up one's sleeve levantar la manga
room cuarto; habitación *(f.)*; sala
  room service servicio de cuartos
root raíz *(f.)*
rope cuerda, soga
round redondo/a
  round-trip de ida y vuelta
rub frotar
rubber goma
ruler regla
rum ron *(m.)*
rumor rumor *(m.)*
run correr
  run around with andar con
  run into chocar con
rush into precipitarse (a)

S

saccharine sacarina
sack bolsa
sacred sagrado/a
safe seguro/a
sail navegar
sailboat barco de vela
saint santo/a
  saint's day día del santo

salad ensalada
salary sueldo
sale venta
  on sale en venta
salesperson vendedor/a; agente de ventas
salt sal *(f.)*.
  salt shaker salero
Salvadoran salvadoreño/a
same mismo/a
  the same thing lo mismo
sandal sandalia
sandwich bocadito; emparedado
sanitation sanitación *(f.)*
Saturday sábado
sauce salsa
saucer platillo
sausage salchicha
save ahorrar
saving ahorro
  savings account cuenta de ahorros
saxophone saxofón *(m.)*
say decir (i)
saying dicho
scale escala
scandal escándalo
scarf bufanda
scarlet fever escarlatina
scholarship beca
school escuela
  school supplies materiales escolares
scientific científico/a
scissors tijeras
scorekeeper apuntador/a
scorn desprecio
scrambled revuelto/a
scratch arañarse; rasparse
scuba diving escuba
sea mar *(m.)*
search registrar
seat asiento
second segundo/a
secretary secretario/a; ministro
  Secretary of State ministro de relaciones exteriores
security seguridad *(f.)*
  maximum security seguridad máxima
  minimum security seguridad mínima
sedative calmante *(m.)*
see ver
  let's see a ver
seek solicitar
seem parecer (zc)
seldom pocas veces
selection surtido
self sí mismo/a
  self concept concepto de sí mismo
  self-discipline auto-disciplina
  self-sufficiency auto-suficiencia
sell vender
senator senador/a

send enviar; mandar
senior citizen anciano/a
sentiment sentimiento
separated separado/a
September septiembre
series serie *(f.)*
serious serio/a
servant sirviente/a
serve servir (i)
service station gasolinera
set the table poner la mesa
seven siete
  seven hundred setecientos/as
seventeen diecisiete
seventh séptimo/a
seventy setenta
sex sexo
shake hands dar la mano
shame vergüenza
  be ashamed tener vergüenza
shampoo champú *(m.)*
share compartir
sharp agudo/a
sharpen afilar
she ella
sheet sábana
  sheet of paper hoja de papel
sheriff alguacil *(m.)*
ship barco
shipment cargamento; embarque *(m.)*; carga; remasa
  shipping agent agente de carga
shirt camisa
shock choque *(m.)*
shoe zapato
shoot tirar; disparar
shop ir de compras
short bajo/a
short pantalones cortos; shorts deportivos
  undershorts calzoncillos
shoulder hombro
shout gritar
show mostrar (ue); enseñar
shower ducha; regadera
shrimp camarón *(m.)*
sick: to get sick enfermar *(v.)*; enfermo/a *(adj.)*
sick leave licencia médica
side lado
sidewalk acera
sign señal *(f.)*
  vital signs signos vitales
sign firmar
signal señal *(f.)*
silver plata
sincerely sinceramente
sing cantar
singing canto
single soltero/a *(unmarried)*
sink fregadero

six seis
  six hundred seiscientos/as
sixteen dieciséis
sixty sesenta
size talla
skip saltar
  skip rope jugar a la cuerda
slide canalita; escalera; resbaladero
sling cabestrillo
slip resbalarse
small pequeño/a *(size)*; poco/a
  (quantity)
smallpox viruela
smoke fumar *(v.)*; humo *(n.)*
social social
  social science ciencia social
sorber sip
sister hermana
sister-in-law cuñada
sit down sentarse (ie)
six seis
sixteen dieciséis
sixth sexto/a
size talla
  junior size talle de jovencita
skate patín *(m.)*
skate patinar *(v.)*
skeleton esqueleto
ski esquiar *(v.)*; esquí *(n.–m.)*
  ski slope loma de esquiar
skill destreza
skin piel *(f.)*
skinny flaco/a
sky cielo
sleep dormir (ue) *(v.)*; sueño *(n.)*
  be sleepy tener sueño
slim delgado/a
slow lento/a; despacio/a
small pequeño/a
smart listo/a
smile sonrisa
smoke fumar
  smoking section sección de
  fumadores
  no-smoking section sección de no
  fumadores
snack merienda
snake serpiente *(f.)*
snow nevar *(v.)*; nieve *(n.–f.)*
so tan
soap jabón *(m.)*
soap opera telenovela; novela
sob sollozar (c)
soccer fútbol *(m.)*
social social
  social security seguro social
  social worker trabajador/a social
socialist socialista *(m. or f.)*
soda soda
sofa sofá *(m.)*
so-so así así

software software *(m.)*
solution solución *(f.)*
some algún, alguno/a
someone alguien
son hijo
song canción *(f.)*
sore throat dolor de garganta
sorrow dolor *(m.)*
soul ánima
sound sonar (ue)
  sound and light show sonido y luz
soup sopa
south sur *(m.)*
sovereign soberano/a
space espacio
Spanish español/a
spare tire llanta de repuesto
spark plug bujía
special especial
  special education educación
  especial
speck *(in the eye)* paja
speech discurso; conferencia
speed velocidad *(f.)*
  speed limit límite *(m.)* de velocidad
spell deletrear
splinter astilla
spoil echarse a perder; mimar
sponsored auspiciado/a
spoon cuchara
sport deporte *(m.)*
sprain torcer (ue)
spring primavera
square cuadrado/a
stairway escalera
stamp estampilla; sello
stand estar de pie
  stand up levantarse; pararse; ponerse
  de pie
  stand against pararse contra
  standing parado/a
staple presillar
star estrella
start *(a car)* arrancar (qu)
state estado
statement plana
  statement of profit or loss plana de
  ganancias o pérdidas
station estación *(f.)*
statue estatua
stay quedarse
steak biftec
steal robar
steel acero
step paso
stereo (phonic) estéreo (fónico)
sting picada
stock acción *(f.)*
  stock broker corredor de bolsa
  stock market bolsa de valores
stockroom cuarto de materiales

stolen robado/a
  stolen car carro robado
stomach estómago
stone piedra
stop dejar; detenerse; parar; suspender
  (v.); escala *(n.)*; parada *(n.)*
  stop *(doing something)* dejar de +
  inf.
store tienda
storeroom cuarto de materiales
storm tormenta
story historia
stove estufa
straight ahead derecho
strange extraño/a *(seem strange)*
  seem strange extrañarse
street calle *(f.)*
strength fuerza
string cuerda
stroke embolia
strong fuerte
student estudiante *(m. or f.)*; estudiantil
  (adj.)
stupendous estupendo/a
stupid estúpido/a
stupidity tontería
style modelo
subdue sujetar
subject *(school)* asignatura
subtract restar
subway metro; subterráneo
success éxito
  be successful tener éxito
such semejante; tal
suffer padecer (zc)
suffering sufrimiento
sufficient suficiente
sugar azúcar *(m.)*
  sugar bowl azucarero
suggest sugerir (ie)
suicide suicidio
  suicidal tendencies tendencias
  suicidas
  commit suicide suicidarse; matarse
suit traje *(m.)*
suitcase maleta
summarize resumir
summary resúmen *(m.)*
summer verano
sun sol *(m.)*
  be sunny hacer sol
  sunglasses anteojos de sol
Sunday domingo
supermarket supermercado
supper cena
support apoyar *(v.)*; apoyo *(n.)*
suppose suponer
Supreme Court Tribunal Supremo
sure seguro/a
surfboard acuaplano
surgeon cirujano/a

surgery cirugía
surprise sorpresa
  be surprised sorprender
surround rodear
survive sobrevivir
survivor sobreviviente
  survivor's benefits beneficios para sobrevivientes
suspect sospecharse
swallow tragar
swear jurar
sweater suéter (m.)
swelling hinchazón (m.)
swing amaquita; balanceo; columpio
switch palanca
symphony sinfonía
  symphony orchestra orquesta sinfónica
symptom síntoma (m.)
syrup jarabe (m.)
  cough syrup jarabe para la tos

T

T-shirt camiseta; franela
tabacco tabaco
table mesa
tablecloth mantel (m.)
take tomar
  take a bath bañarse
  take a shower darse una ducha; ducharse
  take care of oneself cuidarse
  take off quitarse
  take out sacar
  take place tener lugar
  take with llevarse
  take (vaccination) prender
take-off embarque (m.)
talk hablar
tall alto/a
tambourine pandereta
tape cinta
  adhesive tape tela adhesiva; esparadrapo
tattoo tatuaje (m.)
tax impuesto
  tax-exempt bond bono exento de impuesto
taxi taxi (m.)
  taxi driver chofer de taxi
tea té (m.)
teach enseñar
teacher maestro/a; profesor/a
  teacher's lounge salón (m.) para profesores
teaching enseñanza
  teaching assistant ayudante (m. or f.)
team equipo
tear romper (v.)

tear lágrima
teaspoon cucharita
technical técnico/a
technician técnico/a
technology tecnología
telegraph telegrafiar
telephone telefonear; llamar por teléfono; teléfono; telefónico/a (adj.)
  telephone book guía telefónica
  telephone booth cabina telefónica
television televisión (f.)
  television set televisor (m.)
tell decir (i); contar (ue)
temperature temperatura
ten diez
  count by tens contar de diez en diez
tend (to) tender (ie) (a)
tender tierno/a
tenderly tiernamente
tennis tenis (m.)
  tennis court cancha de tenis
tenth décimo/a
terminal terminal (f.)
test prueba; examen (m.)
testicle testículo
than que
thank agradecer (zc)
thanks gracias
  Thanksgiving Día de Dar Gracias
that ese (m.), esa, eso (neut.) (dem. adj.); que (rel. pro.)
the el, la
  the one who el/la que
theater teatro
them los/las; (to, for them) les
theocracy teocracia
there allá, allí
  there is, there are hay
thermometer termómetro
these estos/as
they ellos/as
thick grueso/a
thief ladrón/a
thigh muslo
thing cosa
think pensar (ie)
  think about pensar en
third tercer; tercero/a
thirst sed (f.)
  be thirsty tener sed
thirteen trece
thirty treinta
this este (m.), esta, esto (neut.) (dem. adj.)
thousand mil
three tres
  three hundred trescientos
  Three Wise Men Los Tres Reyes Magos
threat amenaza

throat garganta
  sore throat dolor de garganta
through a través de
throw tirar
  throw away botar
thumb pulgar (m.)
thunder trueno
Thursday jueves
thus así
tick garrapata
ticket boleto; entrada
tie corbata
  tie pin alfiler (m.) de corbata
tight estrecho/a
time tiempo; vez (f.) (no. of times); temporada (period of time)
  from time to time de vez en cuando
  Once upon a time Había una vez
tin estaño
tire llanta
  spare tire llanta de repuesto
tired cansado/a
tiredness cansancio
tiresome pesado/a
toast pan tostado
  toast (in honor of) brindis (m.)
today hoy
toe dedo del pie
  toenail uña del pie
together juntos/as
toilet inodoro; escusado
tomato tomate (m.)
tomorrow mañana
ton tonelada
tongue lengua
tonsil tónsil (m.)
tool herramiento
touch tocar (qu)
tour paseo
tourist turista (m. or f.)
  tourist center centro turístico
towards hacia
towel toalla
  towel rack toallero
town pueblo
toy juguete (m.)
trace calcar (v.); rastro (n.)
track atletismo
traffic tránsito
  traffic light semáforo
  traffic pound depósito de carros
train tren (m.)
trainer entrenador/a
training entrenamiento
tranquilizer calmante (m.)
transaction transacción (f.)
transportation transporte (m.)
travel viajar (v.); viaje (n.)
  travel agent agente de viajes
traveler viajero/a
  traveler's checks cheques de viajero

treatment tratamiento
tree árbol *(m.)*
tremendous tremendo/a
triangle triángulo
triangular triangular
trip viaje *(m.)*
  on a trip de viaje
trombone trombón *(m.)*
trompet trompeta
trousers pantalones *(m. pl.)*
truck camión *(m.)*
  tow truck camión con grúa
true verdad *(f.)*
trunk tronco
trust confianza
  trustworthy de confianza
try tratar
  try to tratar de
  try on probarse
Tuesday martes
tumor tumor *(m.)*
turn dar vuelta; doblar *(v.)*; turno *(n.)*
  turn off apagar
  turn on encender (ie); prender
  turn one's head virar la cabeza
  be someone's turn tocarle
  turn over voltearse
tutor tutor *(m.)*
tuxedo frac *(m.)*
twelve doce
twenty veinte
  twenty-eight veintiocho
  twenty-five veinticinco
  twenty-four veinticuatro
  twenty-nine veintinueve
  twenty-one veintiuno
  twenty-seven veintisiete
  twenty-six veintiséis
  twenty-three veintitrés
  twenty-two veintidós
twin gemelo/a
twist torcer (ue)
two dos
  two hundred doscientos/as
type tipo
typing mecanografía

U

ugly feo/a
ultrasound ultrasonido
umbrella paraguas *(m. sing.)*
umpire árbitro
uncle tío
unconscious inconsciente
uncover destapar
under bajo *(adv.)*; debajo de *(prep.)*
undershirt camiseta
undershorts calzoncillos
understand comprender
understanding comprensión *(f.)*

unemployment desempleo
  unemployment compensation indemnización de desempleo
unfasten desabrochar
unhappy infeliz
uniform uniforme *(m.)*
union unión *(f.)*
unit unidad *(f.)*
  intensive care unit unidad de cuidados intensivos
United States Estados Unidos
  United States citizen estadounidense
unity unidad *(f.)*
university universidad *(f.)*
  university student universitario/a
unlawful ilegal
  unlawful assembly reunirse ilegalmente
unlawfully ilegalmente
unless a menos que; sin que
unloading descargue *(m)*
  unloading procedures trámites de descargue
unoccupied desocupado/a
unplug desconectar
until hasta
  until later hasta luego
upstairs arriba
urinalysis urinalisis *(m.)*
urinate orinar
Uruguayan uruguayo/a
us nos
use usar
  be used for usar para
utensil utensilio
uterus matriz *(f.)*

V

vacation vacaciones
vaccinate vacunar
  vaccinate against vacunarse contra
vaccination inmunización *(f.)*
vacuum cleaner aspiradora
vagina vagina
value valor *(m.)*
vegetable vegetal *(m.)*
vending machine máquina; tragamonedas *(m. sing.)*
verify verificar
verse verso
very muy
video video
  video games juegos de video
view vista
  point of view punto de vista
viola viola
violin violín *(m.)*
visit visitar

visitor visitante *(m. or f.)*
vital vital
  vital signs signos vitales
vivacious vivo/a
vivid vivaz *(adj.)*
volunteer voluntario/a
vomit vomitar
vote votar
voter votante *(m. or f.)*
  voter's card certificado de votar
  voter's certificate cédula electoral

W

waist cintura
wait esperar
waiter mesero; mozo
waitress mesera, moza
wake velorio
walk caminar
wall pared *(f.)*
want querer (ie)
warehouse almacén *(m.)*
watch guard *(night)* vigilante *(m.)*
water agua
  water skiing esquí acuático
wax cera
way manera
  in such a way de tal manera
  one-way de ida
we nosotros
weakness debilidad *(f.)*
Wednesday miércoles
week semana
  per week a la semana
weekly semanal
weigh pesar
weight peso
welfare asistencia social
well bien, pues
what? ¿Qué?
  What for? Para que?
wheel rueda
  wheel chair silla de ruedas
when? ¿cuándo?
where? ¿dónde?
which? ¿cuál?
while mientras
whisper murmurar
white blanco/a
who quien, quienes
whole entero/a
wholesale comprar al por mayor
wholesome rozagante
whooping cough tos ferina
whose cuyo/a
why? ¿por qué?
wide ancho/a
widower viudo
widow viuda
wife esposa

win ganar
  winnings ganancias
wind viento
  be windy hacer viento
window ventana
  car window, ticket window
  ventanilla
windshield parabrisas *(m. sing.)*
wine vino
  red wine vino tinto
  wine cellar bodega
with con
  with me conmigo
  with you contigo
withdraw retirarse
witness testigo/a
wood madera
  woods bosque *(m.)*
word palabra
  word processing procesar palabras
work trabajo
  work of art obra de arte
worker obrero/a; trabajador/a
  worker's compensation
  compensación de trabajo

world mundo
worms lombrices
worry preocupar
worse peor
worst el peor
wound herir (ie)
wreck choque *(m.)*
wrist muñeca
write escribir
written escrito/a
wrong equivocado/a
  do wrong hacer mal

X

X-ray radiografía
  X-ray room salón *(m.)* de rayos X
  (equis)
X-rays rayos equis

Y

yacht yate *(m.)*
yard yarda

year año
yell grito
yell gritar
yellow amarillo/a
yes sí
yesterday ayer
  day before yesterday anteayer
yield ceder
you usted, tú, ustedes *(subj. pro.)*; te, le, les *(ind. obj. pro.)*; te, lo, la, los, las *(dir obj. pro.)*
  you're welcome de nada
young joven
  young girl joven, señorita
younger menor
youngest el/la menor
your tu, tus; su, sus

Z

zero cero
zone zona
zoo jardín zoológico

Index*

*Grammar/Structure references are to
the page numbers on which material is
explained. References are generally to
the Explanation section at the end of
each lesson, or in the case of short explanations, to the Learning Hints. Content material and functions are listed by
the page numbers where they are first
introduced.

PHOTO CREDITS